Valentia, George Viscount

Reisen nach Indien, Ceylon, dem roten Meere, Abyssinien und Ägypten

1. Teil

Valentia, George Viscount

Reisen nach Indien, Ceylon, dem roten Meere, Abyssinien und Ägypten

1. Teil

Inktank publishing, 2018

www.inktank-publishing.com

ISBN/EAN: 9783747772119

Georg Viscount Valentia's

und

Heinrich Salt's

Reisen

nach

Indien, Ceylon, dem rothen Meere, Abyssinien und Aegypten,

in den Jahren 1802, 1803, 1804, 1805 u. 1806.

Aus dem Englischen

im Auszuge übersetzt und mit einigen Anmerkungen begleitet

von

Friedrich Rühs.

Erster Theil.

Weimar,

im Verlage des Landes-Industrie-Comptoirs.

1811.

Vorrede.

Das Original der Reise, die ich dem teutschen Publikum verteutscht übergebe, führt den Titel: *Voyages and travels to India, Ceylon, the red Sea, Abyssinia and Egypt in the years* 1802, 1803, 1804, 1805, *and* 1806. *By George Viscount Valentia.* In three Volumes. London, 1809. I, 496, II, 520, III, 506. gr. 4. mit 70 Kupfern und Charten und 3 Vignetten, welche aber unnöthig und ein bloßer Luxus des Engl. Originals sind. Der Preis der Urschrift beträgt 9 Guineen, und überdies ist es beschwerlich, bei der gesperrten Communication mit England, sie zu erhalten; daher hoffte ich, daß eine teutsche Bearbeitung meinen Landesleuten willkommen seyn werde. Zugleich beschloß ich die Auswüchse des Originals, die unerträgliche Weitschweifigkeit desselben, zu beschneiden und abzukürzen; es ließen sich die 3 Theile der englischen Ausgabe ohne Nachtheil für die Belehrung auf zwei mäßige Octavbände reduciren; und in Hinsicht des Interesse hat die Uebersetzung dadurch gewonnen. Die Anmerkungen habe ich absichtlich nicht häufen wollen; ich glaubte, daß es den meisten Lesern interessant seyn würde, Valentia's Nachrichten selbst mit den Erzählungen früherer Reisenden zu vergleichen. Valentia bedient sich einer Menge indischer und andrer fremden Ausdrücke, sehr oft ohne sie zu erklären. Meistens habe ich, da wo ein solches Wort zum ersten Male vorkommt, eine kurze Erklärung gleich im Texte beigesetzt; ich werde aber dem zweiten Bande ein Register derselben beifügen und zugleich diejenigen, die etwa ausgelassen seyn mögen, nachtragen. Ich habe mich bemüht, den Sinn des Verf. so treu als möglich wieder zu geben; ob es mir immer gelungen ist, lasse ich dahin gestellt seyn, denn der Styl des Verf. ist sehr uncorrect und nachlässig. Wegen einiger Druckfehler muß ich um Entschuldigung bitten; ich werde sie bei'm nächsten Bande, an dem ununterbrochen gedruckt wird, anzeigen.

Rühs.

Inhalt.

Seite

Erstes Kapitel.

Zweites Kapitel.

Seite

Seite

Eilftes Kapitel.

Zwölftes Kapitel.

Georg Viscount Valentia

Reise

nach

Indien, Ceylan, dem rothen Meere, Abyssinien und Egypten.

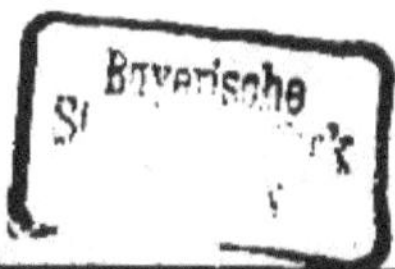

Erstes Kapitel.

Einschiffung. — Abreise vom Kap Lizard. — Ankunft zu Madeira — Bemerkungen über diese Insel. — Pflanzen — Weinhandel u. s. w. — Kap Palmas. — Fahrt über die Linie. — St. Helena. — Besuche und andre Verrichtungen daselbst. — Bemerkungen über diese Insel und ihr Werth für Großbritannien. — Reise nach dem Vorgebirge der guten Hoffnung. — Ankunft daselbst. — Reise im Lande. — Bemerkungen über seine Wichtigkeit als eine Station für die Schiffahrt. — Abreise. — Insel St. Paul. — Nicobarische Inseln. — Ankunft in dem Fluß Ugly. (Hoogly.)

Am 3ten Jun. 1802 verließ ich London, begleitet von Hrn. Henry Salt, meinem Sekretär und Zeichner, um mich am Bord der Minerva, eines Extra-Ostindienfahrers, unter Kapt. Weltden, einzuschiffen, die am 4ten in den Dünen erwartet wurde. Am 5ten Morgens traf das Schiff ein; wir giengen sogleich an Bord; aber Gegenwinde und Windstillen

A 2

waren Schuld, daß wir erst am 20sten Kap Lizard verließen. Unser Fahrzeug segelt vortrefflich; nur waren wir durch den Befehl, in Gesellschaft mit dem Lord Eldon, einem andern Extra-Ostindienfahrer, zu bleiben, gezwungen öfters beizulegen; dennoch waren wir am 28sten bereits im Gesichte von Porto Santo. Der frische Wind ließ uns die schnelle Veränderung des Klima's wenig empfinden; nach Sonnenuntergang war es auf dem Verdeck so kühl, daß wir Ueberkleider nöthig hatten.

Am 29sten hatten wir beim Anbruch des Tages den vollen Anblick von Madeira. Die Annäherung war schön; das reiche Blau der See, im Kontrast mit dem Dunkelbraun der hohen Felsen, die den Wellen eine unübersteigliche Schranke darboten; die Morgennebel, die den Berg bedeckten, sich aber allmälich erhoben und die Weinberge zwischen den weißen Landhäusern der Kaufleute und andrer reichen Einwohner entfalteten, bildeten eine Scene, die nur der Pinsel darstellen kann. Wir flogen die Dörfer Machico und Santa Cruz vorüber, und indem wir Brazenhead umsegelten, öffnete sich uns die Stadt Funchal mit dem Fort Lu.*) Der Ort scheint größer zu

*) The Fort of the Loo nennen die Engländer das Fort Ilheo, das im Haven von Funchal etwa 600 Fuß vom Ufer liegt; Brazenhead (die eherne Spitze?) ist mir unbekannt und ich habe daher den engl. Ausdruck beibehalten.

R.

seyn, als er ist; diese Täuschung wird durch die Bauart bewirkt; die Häuser sind alle weiß mit platten Dächern und liegen auf einem schroffen Hügel, dem Gipfel desselben so nah als möglich. Als es fast still war, um eilf Uhr, verließen Kapt. Weltden und ich das Schiff und nahten uns in seinem Boot dem Ufer. Eine Kanone ward vom Fort Lu abgefeuert; da sie sich aber in keiner verständlichen Sprache ausdrückte, fuhren wir weiter. Nun erfolgte ein zweiter Schuß und eine Kugel pfiff über uns. Wir merkten, daß er uns galt, und begaben uns also nach dem Fort, das auf einem Felsen, vom Lande abgeschnitten, gebaut ist. Wir wurden von einem Offizier in schlechtem Englisch und gleich schlechtem Französisch angeredet, das uns beides eben so unverständlich war, als der erste Kanonenschuß. Nach einem Aufenthalt von einer halben Stunde erhielten wir Erlaubniß, uns an den Strand zu begeben. Mir fiel der Anblick der Fischer sehr auf, die ganz nackt in ihren Booten ruderten; und der Weiber, die mit einer Sorglosigkeit aus den Fenstern blickten, die nur die Gewohnheit geben konnte. —

Nach den verschiedenen Berichten, die ich gelesen hatte, überraschte es mich, nicht einmal eine solche Brandung am Strande zu finden, als gewöhnlich zu Deal ist. Wir landeten ohne die geringste Schwierigkeit; nachdem wir uns durch eine Menge engl. Kaufleute, ihrer Schreiber und Diener, die nach Briefen fragten, gedrängt, die gewöhnlichen Förmlichkeiten bei Vorzeigung unsrer Pässe überstanden und der Gesundheitskommission bewiesen hatten, daß wir nicht aus dem mitelländischen Meere kämen, mithin nicht wegen Ansteckung verdächtig wären, giengen wir zu der Wohnung des Konsuls, Herrn Pringle; ich hatte Briefe an ihn und er bot mir sein Haus für die Zeit meines Aufenthalts auf der Insel an. Gerade an diesem Tage, dem Feste des heil. Peter, gab Hr. Murdoch, einer der ersten Kaufleute, ein Mittagsmahl auf seinem Landhause, wozu Hr. Pringle eingeladen war; ich begleitete ihn.

Es war ein Glück, daß wir gerade am St. Peterstage ankamen; denn die Fischer würden um keinen Preis an dem Feste ihres Schutzheiligen gearbeitet haben; wir waren daher sicher, daß der Wein vor dem nächsten Tage nicht an Bord gebracht werden würde. Der Verzug bei den Behörden hinderte uns, so schnell als wir wünschten, nach unsern Freunden zu schicken; und da eine Windstille eintrat, trieb das Schiff so weit vom Ufer, daß sie nicht im Stande waren, vor vier Uhr zu kommen. Hr. Salt und ich nebst Herrn Pringle begaben uns sogleich auf den Weg, um den Hügel zu ersteigen; unglücklicher Weise regnete es; ich kam dadurch um den Genuß der an sich schönen Landschaft, die für mich zugleich den Reiz der Neuheit hatte, da ich nie vorher die Banana, den Feigenbaum, die Guave, die Orange und den Granatapfel in ihrer natürlichen Ueppigkeit wachsen gesehen hatte; sie bildeten einen schönen Kontrast mit den Rebengeländern und dem hellen Grün der Arundo donax. Die Ströme von den Bergen hatten tiefe Rinnen gewühlt, worüber schmale Brücken führten. Der Abhang ist so jäh, daß die Landstraßen, wenn sie nicht gepflastert wären, in der regnigen Jahreszeit durchaus unwegsam seyn würden.

Längs der Mitte eines jeden Wegs ist ein offner Graben gezogen, der das Wasser ableitet. Herrn Murdoch's Haus liegt mitten in einem Garten voll Wohlgerüche. Nicht zufrieden mit dem, was die Natur darbot, hat er keine Mühe noch Kosten gespart, um alles herbeizuschaffen, was zur Verschönerung beitragen konnte. Die Erythrina Corallodendron glänzte vorzüglich hervor; und das Jasminum grandiflorum durchwürzte die Luft sogar stärker, als die Orange und Limonie. Ich ergötzte mich sehr an der Banksia serrata in voller Blüte und verschiedenen andern Gewächsen aus Botanybai, die in großer Ueppigkeit wuchsen; die Mauern waren mit dem Alexandrischen Lorber (ruscus racemosus) und convolvulus speciosus bedeckt. Die Magnolia's waren doppelt so groß, als die ich je gesehen hatte; und im Abstich gegen verschiedene Palmarten, machten sie eine sehr gute Wirkung. Herr Murdoch bringt diese und viele andre Pflanzen vermittelst großer Wasserbehälter fort, welche in trocknen Jahreszeiten jeder Pflanze regelmäßig das Wasser zuführen. Die Rhododendron's, Kalmia's und Azalea's waren in einem andern Zustande und zeigten deutlich, daß der Boden und das fast tropische

Klima von Madeira ihrer Natur oder vielmehr ihrer Existenz durchaus nicht angemessen wären.

Ich würde Herrn Murdoch den Ruhm nicht geben, den er verdient, wenn ich nur die Einführung von Zierpflanzen erwähnte; er hat nämlich die Pompelmuß, die fortkommt, und das Bambusrohr eingeführt, das wahrscheinlich unschätzbar für die Insel werden wird, wie ich nachher zeigen will. Nach dem Mittagsessen ward ich durch den Anblick der wilden englischen Erdbeere sehr erfreut und überrascht; ich hörte, daß sie vor kurzem auf der Nordseite der Insel entdeckt worden sey, von den trägen Einwohnern ganz vernachlässigt und verachtet. Das Klima ist schwerlich fähig, die Ananas zur Reife zu bringen. Man hat vorgeschlagen, sie während der beiden Regenmonate mit Matten zu bedecken, was vielleicht dem Zweck entsprechen würde. Es ist ein einziger Baum von Laurus Persea vorhanden, der reife Früchte hervorbringt. Die Kastanien und Wallnüsse sind gut; Aepfel und andre europäische Früchte äußerst schlecht.

Den nächsten Morgen um 9 Uhr waren wir am Bord der Minerva. Die Stadt Funchal wird durch eine sehr niedrige Mauer vertheidigt, die von zwei durchaus unnützen Forts flankirt wird. Sie hat auch, um den Haven zu beschützen, eine Citadelle und das Fort Lu. In den Händen der Portugiesen ist der Ort ohne Zweifel dem ersten Preis gegeben, der ihn angreift. Die Straßen sind enge und abscheulich schmutzig. Das Innere der Häuser ist gut; die Wände sind, der Kühle wegen, mit Gyps abgesetzt und mit Kupferstichen verziert. Einige Wohnungen sind geräumig. Die besten derselben waren von den Besitzern den englischen Truppen während ihres Aufenthalts eingeräumt. Die Eingebornen waren über die Disciplin des 85sten Regiments sehr erstaunt; der Kontrast zwischen ihren Paraden und denen der erbärmlichen Bürgermiliz der Insel muß äußerst auffallend gewesen seyn; es ist mir sehr angenehm, hinzusetzen zu können, daß sowohl die Offiziers als Gemeinen sich ganz untadelhaft betragen haben. Don Joze Manuel da Camura, natürlicher Sohn eines edlen Portugiesen, ist jetziger Gouverneur; er soll nicht sehr für die Engländer eingenommen seyn und noch immer die kränkende Erinnerung fühlen, daß brittische Truppen die Insel einst besetzten. Er behauptet die Würde seiner Stelle und lebt auf einem glänzenden Fuß. Seine jährliche Besoldung ist unter 2000 Pfund; doch ist die Stelle sehr gesucht, weil sie zum Gouvernement der einträglichern amerikanischen Besitzungen führt. Er hat ein Landhaus zwei Meilen auf dem Hügel, das sehr angenehm in einem Walde liegt und eine schöne Aussicht auf das Thal, die Stadt und die Bai von Funchal genießt. Es ist ein Irrthum, wenn man diese für den einzigen Landungsplatz der Insel hält; zu Machico und Santa Cruz bemerkten wir viele Boote, und bei stillem Wetter scheint die Landung leicht und sicher.

Die natürliche Trägheit der Einwohner hält sie ab, den ganzen Vortheil von dem schönen Eiland zu ziehen, das sie besitzen; nicht die Hälfte ist angebaut; wo der Wein nicht wachsen will, säen sie gelegentlich etwas Weizen; düngen jedoch niemals den Boden. Obgleich es sehr leicht seyn würde, Baumwolle, Kaffee und Oliven auf diesen Stellen zu gewinnen, haben sie doch nicht einmal den Versuch gemacht. Arundo donax nimmt einen Raum ein, der weit besser benutzt werden könnte; es wird zur Unterstützung des Weins gebraucht, wozu es wenig geschickt ist, da es in zwei Jahren verfällt. Die Einführung des Bambusrohrs durch Herrn Murdoch wird ihn unnütz machen; und wegen seiner Dauerhaftigkeit wird zu seinem Anbau nicht die Hälfte des Platzes erfordert werden.

Man hat mich versichert, daß die Produktion der Insel neulich sehr gestiegen ist. Es werden jetzt ungefähr 30,000 Pipen Wein gewonnen, wovon im Durchschnitt 16,000 ausgeführt werden; das Uebrige wird in der Insel verzehrt. Die Londoner vorzügliche Sorte kostet 40 Pf. die Pipe; aber man kann recht guten Wein zu 35 Pf. kaufen, was der gewöhnliche Preis für den indischen Markt ist. Ich kostete bei Herrn Murdoch einen sehr starken Wein, Sercial genannt, der aus Reben von Hochheim gemacht war; er ist lieblich, aber sehr feurig und muß einige Jahre liegen; er hat nur geringe Aehnlichkeit mit dem Hochheimer; er kostet ungefähr 6 Pf. mehr, als die Londoner, vorzügliche Sorte. Die ursprünglichen Reben wurden vom mitelländischen Meere eingeführt. Der Haupthandel der Insel ist in den Händen der Engländer; wäre das Land es auch, so würde es sehr ergiebig seyn; nicht die Hälfte ist gegenwärtig unter Kultur. Die Einwohner sind genöthigt, ihr Korn aus Amerika einzuführen; dennoch bringt das Eiland weit mehr als die Verwaltungskosten, durch eine Auflage von 10 pro Cent auf alle Importen außer Lebensmitteln, und 11 pro Cent auf die Exporten, so wie einige andre Taxen; im Durchschnitt werden jährlich ungefähr 20,000 Pfund nach dem Mutterlande geschickt. Die Bevölkerung wird auf 100,000 Köpfe geschätzt; es wohnen daselbst viele Leute von Vermögen und Stande. Ein Edelmann hatte jährlich über 16,000 Pfund, die er auf eine freigebige Weise verwendete. Er war in England erzogen. Die Damen behalten die schwere, ungefällige Portugiesische Tracht bei. Die gemeinen Leute sind faul und schmutzig; Aberglaube und Unwissenheit sind natürlich noch immer vorherrschend.

1. Julius. Als wir Madeira verließen, kamen wir sogleich in den nordöstlichen Passatwind. Wir sahen nur wenige Fische; und wegen des kupfernen Bodens unsers Schiffs fiengen wir noch wenigere. Der Delphin, der Albicor oder Thunfisch, der Bonito und der fliegende Fisch waren unsre einzigen Begleiter, außer einem kleinen Hai, der gefangen und sogleich von den Matrosen getheilt ward.

Am 2ten Julius segelten wir die kanarischen Inseln vorbei, zwei Seemeilen entfernt von Palma und

13 von Ferro; der Passatwind war uns so günstig, daß wir 9 Knoten in der Stunde machten; am 8ten hörte er auf und Südwest trat an seine Stelle; er setzte uns in den Stand, am 19ten Kap Palmas zu passiren, das auf allen Charten falsch angesetzt ist; es liegt 8° westl. Länge; die Charte, die Laurie und Whittle von der ganzen Küste bekannt gemacht haben, ist voll grober Fehler; es verdient öffentlich gerügt zu werden, da manches Menschenleben darüber eingebüßt seyn mag.

Den 22sten. — Wir fiengen einen schönen Albicore, wie ihn die Seeleute nennen, und ließen ihn zubereiten; er war vortrefflich; den Bonito fanden wir schlechter. Beide verfolgen den fliegenden Fisch und trugen viel zu unsrer Unterhaltung bei, indem sie das Schiff dicht umschwärmten. Am Nachmittag erblickten wir einen jungen Hai, der dem Schiffe folgte, begleitet von dem Sauge- und Pilotfisch. Ein Stück Schweinefleisch war eine zu verführerische Lockspeise; er biß an und ward zu großer Zufriedenheit der Matrosen auf's Verdeck gezogen, und bald in Stücke gehauen; es war ein junges Thier, nur sechs Fuß lang, vom Geschlecht Carcharias. Zwei Saugefische, die an ihm hiengen, wurden mit herauf gezogen. Um unsre ichthyologische Ergötzung zu vollenden, bemerkten wir bald einen Wallfisch, der seine Reise nach der afrikanischen Küste majestätisch fortsetzte; ich hätte ihn gern näher gesehen, aber er war weit zurück, und wir verloren ihn bald aus dem Gesichte.

26sten Julius. — Gestern passirten wir, ungefähr gegen 8 Uhr Morgens, die Linie; da es Sonntag war, wurde erst heute die herkömmliche Taufe mit denjenigen vorgenommen, die die Fahrt noch nicht gemacht hatten. Alle Passagiere des Kapitäns waren ausgenommen; die Seekadetten und mein Bedienter kamen am gnädigsten ab.

10ten August. In diesen letzten 14 Tagen hatten wir sehr angenehmes Wetter mit Gegenwinden und Windstillen; wir wurden daher nach Osten getrieben und kamen nur wenig nach Süden vorwärts; endlich erreichte uns jedoch der Passatwind und half uns weiter; wir segelten über den Ort, wo es den Herrn Lawrie und Whittle gefallen hat, die Insel Annabon zu setzen. Die Art, wie Charten in England bekannt gemacht werden, ist eine Schande für eine handelnde Nation. In den drei letzten Tagen hat sich das schöne Blau des bodenlosen Oceans in ein dunkles Grün verändert; es wird für ein Zeichen gehalten, daß Grund vorhanden sey, wir konnten ihn aber mit 120 Faden nicht finden.

20sten August. Bei der frühsten Dämmerung war St. Helena sichtbar; wir berechneten die Entfernung nach unsern Seeuhren auf eine Meile; wir erreichten nach einer Reise von zwei Monaten die Bai; nur ein Mal vor etwa 11 Jahren hatte ein Schiff den Weg in so kurzer Frist zurückgelegt; es segelte aber allein; und wir würden die Insel weit früher erreicht haben, hätte uns der Lord Eldon nicht in den ersten 14 Tagen aufgehalten. Wir nahmen den innern oder östlichsten Weg, welcher wahrscheinlich der gewöhnlichere werden wird, da ihn neulich Schiffe in kürzerer Zeit zurückgelegt haben, als wenn sie bis zur Küste von Amerika heranlaufen. Kapitän Weltden und Hr. Salt giengen vor mir an's Land; ich folgte jedoch bald, zu Folge einer sehr höflichen Einladung vom Oberst Patton, dem Gouverneur, der, sobald er meine Ankunft erfuhr, den Kapitän Hudson, einen seiner Adjudanten, abschickte. Er entschuldigte die Enge seines Hauses, die ihm, bei der Größe seiner Familie, nicht erlaube, mir ein Bett anzubieten, ersuchte mich aber sein Haus in der Stadt sowohl, als auf dem Lande in andern Hinsichten als das meinige zu gebrauchen.

22sten August. Hr. Salt und ich wanderten am Morgen zu Fuß den Hügel hinauf nach der Gouvernementspflanzung; wir zogen es dem Reiten vor, da es uns Gelegenheit gab Pflanzen zu sammeln. Da wir den halben Weg zurückgelegt hatten, störte die Heftigkeit der Windstöße, mit Regen begleitet, unsre Pläne und zwang uns zu der möglichsten Eile. Naß und müde kamen wir in etwa anderthalb Stunden an. Glücklicher Weise klärte es sich für eine kurze Zeit auf; wir giengen die Gärten durch; sie empfangen einen gewissen Reiz durch den Kontrast ihres Grüns gegen die traurigen, nackten Berge umher und die Mischung der Pflanzen aus verschiedenen Himmelsstrichen, die hier versammelt sind. Die Eiche und der Bambus verdrängen einander und die schöne Iria vom Kap, sticht gegen die englische Brombeere ab, die sie an vielen Stellen fast verhüllt.

23sten August. Die schönen Töchter des Gouverneurs kamen diesen Morgen nach dem Fort in einem leichten Fuhrwerk, das von Ochsen gezogen wird, den einzigen Thieren, die im Stande sind, Ladder Hill hinab und hinauf zu steigen. Sie begleiteten uns nach dem botanischen Garten, der, obgleich ein Botaniker durch die ostindische Kompagnie angestellt wird, keinen Anspruch auf diesen Namen hat, da noch kein Versuch gemacht ist, nur die einheimischen Pflanzen der Insel zu sammeln. Der Garten in der Stadt, der den Einwohnern offen steht, enthält einige wenige schätzbare Pflanzen; der Mango, die Kokospalme, die Dattel, der ächte Banianbaum, und andre Feigenarten kommen fort. Der Bambus bildet einen angenehmen Schatten; und ein sehr schönes Exemplar von der Barringtonie hatte gerade ausgeblüht, schien aber, zu meiner großen Freude, völlig reifen Saamen zu versprechen. Erythrina corallodendron und Melia Azederac, sind in diesem Augenblick große Zierden. Es ist hier tief im Winter und die Eichen haben alles Laub verloren.

26sten August. Wir ritten zum Frühstück nach dem Pflanzungshause und von dort nach der Sandbai. Die Gegend ist sonderbar und prächtig. Die Bergreihe der Sandbai bis zu ihrem höchsten Gipfel, Diana's

Spitze, ist mit Grün bedeckt. Das Thal unten ist angebaut und mit Hütten besetzt, unter denen sich die unsres Wirths, Hrn. Doveton's durch ihre Schönheit auszeichnet. Die entgegengesetzte Seite, nackt, als wenn sie aus dem großen Abgrund hervorrage, mit verschiedenen rauhen Felsen, deren Häupter sich ziemlich hoch über den rothen, weißen und purpurnen Thon erheben, der die Hügel in regelmäßige Lagen von ungleicher Dicke theilt, bildet zusammen eine magische Scene, zu der der Ocean selbst, von dem Punkte, wo das Thal zuerst sichtbar wird, allein ein angemeßner Hintergrund ist.

27sten August. Herr Porteus, der Botaniker der indischen Kompagnie und ich begaben uns am Morgen auf den Weg, um die Vegetation auf der Hügelreihe der Sandbai (Sandy-bay ridge) zu untersuchen. Wir verließen unsre Pferde, nachdem wir mit ihnen nicht höher kommen konnten, und kletterten in eine Pflanzenwelt, die mir völlig neu war. Die verschiedenen Arten der Kohlpalme sind zahlreich; da sie aber erst anfiengen zu blühen, konnte ich ihre Namen nicht bestimmen; sie sind Syngenesisten. Die Dicksonia oder der Farnbaum wächst zu einer Höhe von 14 Fuß und hat 5 Fuß lange Blätter; die andern Farnarten sind zahlreich und schön. Sie waren alle auf dem Gipfel von Dianenspitze zusammengedrängt, an einigen Stellen vom Gummibaum (Solidago Leucodendron Linn.) und andern mir unbekannten Bäumen überschattet. Ich mußte nur bedauern, daß der Frühling noch nicht weiter vorgerückt, und unser Aufenthalt zu kurz war, um die Pflanzen dieser Insel vollständig zu untersuchen, ein Geschäft, das die Mühe eines Botanikers gewiß belohnen würde. Wir sammelten verschiedene Arten und kehrten nach der Stadt zurück.

28sten August. In Abwesenheit des Vicegouverneurs, verwaltet Hr. Doveton diese Stelle; und benutzt folglich den damit verbundenen Landsitz Longwud. Wir begleiteten ihn, auf seine Einladung, heute dahin. Der Weg ist auf der, Ladderhill entgegengesetzten Seite der Stadt, und gar nicht abschüssig; er windet sich beinahe 3 Meilen längs dem Bergrükken und schließt Ruperts-Thal fast ein; er endigt zuletzt in eine weite erhabene Ebene oder vielmehr eine mäßige Anhöhe, auf deren Spitze eine Flaggenstange angebracht ist, woher der Ort den Namen hat (Longwud, Langholz). Keine Stelle der Insel hatte eine größere Aehnlichkeit mit England; und sie wird von den Eingebornen eines Grundes wegen bewundert, der für uns ohne Gewicht war; sie ist ebener und war einst mit Gummibäumen bedeckt; es wurden aber Oeffnungen gemacht, die dem Südwestwinde einen freien Spielraum eröffneten und ihre almähliche Zerstörung zur Folge hatten; es sind junge Bäume in Ueberfluß gepflanzt, die dem Winde zum Trotz, der bei dem erhöhten Boden und der Lage mit voller Kraft wirken kann, gedeihen. Schade, daß man statt des Gummibaums, der nur ungefähr 30 Fuß hoch wird und allein zur Feuerung dient, nicht eine andere Holzart gewählt hat. Oberst Patton sucht die Lärche einzuführen, die, wie ich nicht zweifle, fortkommen wird, wenn sie vor den Ziegen geschützt werden kann. Diese leben überall auf der Insel, obgleich sich der Schaden, den sie anrichten, nicht berechnen läßt; alle Anpflanzungen sind ohne die vorläufigen Kosten einer Befriedigung unmöglich; sie versehen freilich das Hospital mit frischem Fleische; aber dies könnte gewiß besser eingerichtet werden; denn die Landleute würden sich, bei erlaubter Austottung dieser Thiere, gern zu einem Ersatz für die Kranken verstehen. Der Boden ist zu Longwud, wie an allen hohen Stellen der Insel, vortrefflich; er leidet aber an einem besondern Uebel, dem Mangel an Wasser; es läßt sich indessen mit Grund hoffen, daß ihm abgeholfen werden kann; in diesem Falle werden 1500 Morgen Wiesenland, die jetzt fast ganz unnütz sind, zur Viehzucht fähig werden, und ihr Ertrag wird hinreichen, die Insel und die hier einlaufenden Schiffe mit frischen Vorräthen zu versehen.

30sten August. Diesen Morgen kam der Lord Eldon, zehn Tage nach uns, an; er hatte sehr gelitten, wie der Kapitän versichert, durch den Druck der Segel, die er hatte beisetzen müssen, um es mit uns auszuhalten; seine Ankunft ist ein unglücklicher Umstand, da wir warten müssen, bis er seine Ladung gelöscht hat.

12ten September. Um 7 Uhr giengen wir in der Barke des Gouverneurs ab, um die entgegengesetzten

Seiten der Insel zu besuchen; zum Unglück war die Flut größer, als je vorher seit unsrer Ankunft; auch war der Wind stark, wir waren daher genöthigt, diesen Theil unsers Plans aufzugeben, und unsre Fahrt auf die Felsen zwischen dem Zuckerhut und Barn Cliff zu beschränken, wo wir uns mit Fischen ergötzten. Wir fiengen verschiedene Arten; Hr. Salt zeichnete einige derselben, die sehr schön waren. Der Anblick dieser Felsen läßt mich nicht zweifeln, daß dieser Ort der Krater eines der Vulkane war, der wahrscheinlich einst der Insel St. Helena ihr Daseyn gab.

14ten September. Hr. Salt und ich wurden von Kapitän Hudson begleitet, um die Sandbai zu sehen, den Hauptlandungsplatz auf der andern Seite der Insel. Der Tag war schön, als wir abgiengen, und das Wetter blieb gut, bis wir den Bergrücken der Sandbai zurückgelegt hatten; dann fieng es an zu regnen, und da der Wind uns gerade in's Gesicht blies, waren wir bald völlig durchnäßt; dessen ungeachtet hielten wir aus, und erreichten Kapt. Hudson's kleine Wohnung. Der Regen hörte auf und die Hitze der Sonne trocknete uns bald. Wir besuchten das Fort und die Felsen, fanden aber nichts Besonderes. Es werden hier die Saamen zweier Arten von Convolvulus und die große Bohne der Mimosa gigantea an's Ufer gespült, die von der afrikanischen Küste kommen müssen. —

23sten September. Da Kapt. Sweet, der den Lord Eldon führte, völlig segelfertig war, nachdem er uns 14 Tage hier aufgehalten hatte, zeigte uns Kapt. Weltden an, daß er am Abend unter Segel gehen würde. Als ich an Bord gieng, begrüßte mich das Fort auf Ladderhill mit 15 Schüssen; eine Höflichkeit, die mir auch Kapitän Weltden bei meiner Ankunft auf dem Schiffe erzeigte. —

Die Ostindische Kompagnie bot, als sie zuerst durch die Schenkung Karls II. den Besitz der Insel St. Helena erhielt, jedem, der sich hier niederlassen würde, zehn Morgen Land und eine Kuh gegen einen Erbzins von 1 Sch. für den Morgen an. Auf diese Art wurden über 2300 Morgen frei; nur ein geringer Theil derselben ist bei den Nachkommen der ersten Kolonisten geblieben, der Ueberrest ist von den reichern Einwohnern gekauft und zu größeren Gütern zusammengeschlagen. Nach dem gegenwärtigen Werth des Landes bringt der Ertrag die Kaufsumme ungefähr in 25 Jahren ein. Vier Tausend Morgen sind von der Kompagnie zu verschiedenen Zeiten gegen eine sehr geringe Pachtsumme, deren höchste nicht über 16 Sch. für den Morgen beträgt, ausgethan. Ehemals wurden Ländereien auf Lebenszeit oder auf einen Zeitraum von 99 Jahren verpachtet, allein diese Pachtungen sind meistens abgelaufen, und gegenwärtig werden sie nicht länger als auf 21 Jahre geschlossen. Ungefähr 1500 Morgen sind im Besitz des Gouverneurs, des Vicegouverneurs und der Kompagnie; es sind also jetzt zwischen 7 bis 8000 Morgen in Kultur; das Uebrige der Insel, das im Ganzen zu 30,000 Morgen berechnet wird, liegt in hohem Grade unnütz, obgleich ein großer Theil als Weide benutzt werden könnte, wenn es nicht der Mangel an Wasser verhinderte.

In keinem Lande der Welt ist die Landwirthschaft so einträglich, als auf St. Helena. Der reichste Boden giebt in guten Jahren eine dreimalige Kartoffelärndte, und ein Morgen liefert einen Ertrag von 400 Scheffeln (Bushels), deren jeder hier 8 Schillinge werth ist; ein ganz ungeheuerer Gewinn! Da die große Menge Ratzen, die alle Felder verwüsten, den Kornbau durchaus unmöglich macht, so sind die Landleute auf Wiesen, und die Kultur von Obst und Gemüsen beschränkt. Orangen, saure und süße Limonien, Feigen, Trauben, Guavas, Bananas, Pfirschen, Granatäpfel, Melonen, Wassermelonen, Kürbisse sind die Produkte einer jeden Wirthschaft. Nur auf dem Tische des Gouverneurs sieht man einige wenige Mangos, Kokosnüsse, Ananas und Erdbeeren. Ein einziger Apfelgarten kommt fort und wirft dem Eigenthümer nicht selten 500 Pfund in einem Jahre ab. In allen andern Gegenden der Insel, wo man diese europäische Lieblingsfrucht anzupflanzen versucht hat, ist sie fehlgeschlagen. Das Arum esculentum wird nur zum Gebrauch der Sklaven gebaut. Die Schafheerden sind dem Bedürfniß des Eilands nicht angemessen, das eine weit größere Anzahl ernähren könnte. Die engl. Zucht würde am besten einschlagen; aber die Gesetze Englands verbieten die Ausfuhr von Schafen, und bis jetzt hat noch keine Ausnahme zum Besten dieser bedeutenden kleinen Kolonie ausgewirkt werden können, obgleich, wie ich weiß, häufige Anträge in dieser Hinsicht gemacht sind. Wegen ihres geringen Vorraths sind die Bewohner genöthigt, ihre Hämmel zu jung zu schlachten; das Fleisch ist daher sehr mittelmäßig; derselben Ursache wird die Magerkeit und das schlechte Ansehen des Rindfleisches zugeschrieben. Das Schweinefleisch auf den Tischen der vermögendern Einwohner ist gut; was aber auf dem Markte gekauft wird, ist abscheulich, weil die Thiere mit den Köpfen und dem Abfall von den schlechtern Fischarten gefüttert werden. Die Ziegen sind zahlreich und wohlschmeckend.

Ich habe die Produkte St. Helena's so umständlich aufgezählt, weil ihr einziger Werth in der Versorgung der Flotten besteht, die im Lauf einer langen Reise daselbst anlegen. Zum Unglück sind diese Unterstützungen nicht so groß, als sie selbst bei'm gegenwärtigen Zustande der Insel seyn könnten, indem der verderbliche Geist der Monopolien sich sogar bis in das südliche atlantische Meer verbreitet hat; alle oben erwähnte Artikel, das Rindfleisch ausgenommen, das zu Folge eines von der Regierung bestimmten Maximums, das Pfund zu 5 Pence verkauft werden muß, stehen in einem Preise, der ihren Gebrauch auf die Tafeln der Offiziers einschränkt. Ich kann nicht umhin die Preise einiger Gegenstände, zum Beweise meiner Behauptung, zu bemerken; wälsche Hühner, zwei Guineen; eine Gans, eine Guinee; kleine Enten 8 Schillings das Stück; Hühner, das Stück eine halbe

Krone bis 5 Schillinge; lebendige Ferkel 1 Sch. für's Pfund; Kartoffeln 8 Sch. der Scheffel; ein Kohlkopf 18 Pence; ein Dutzend Limonen 1 Sch. und ein Kürbis eine halbe Krone. Fische, obgleich mehr als 70 Arten und meist in Ueberfluß um die Insel gefangen werden, sind unmäßig theuer.

Es ist durchaus keinem Zweifel unterworfen, daß nicht eine solche Menge von allen bis jetzt erwähnten Früchten und Vegetabilien zu Markt gebracht werden könnte, die hinreichte, um die Mannschaft eines jeden ankommenden Schiffs zu versorgen. Gegenwärtig haben sich die Landleute vereinigt, ihre Produkte in einem gleich hohen Preise zu halten und sie lassen die Früchte und Gemüse lieber verderben, als daß sie sie wohlfeiler verkaufen sollten. Diesem Uebel könnte man leicht durch einen öffentlichen Garten abhelfen, der von den Sklaven des Gouvernements bestellt würde, und der den Schiffen ihre Bedürfnisse zu einem verhältnißmäßigen Preise lieferte; in diesem Garten könnten verschiedene fremde Bäume gezogen und hernach über die Insel verbreitet werden. Der Mango, der jetzt allein im Besitz des Gouverneurs ist, würde in den verschiedenen Thälern fortkommen; der Loquot und andere sinesische Früchte würden wahrscheinlich überall wachsen; aber Privatpersonen, die nur an den gegenwärtigen Gewinn denken, dürften wohl nie die nöthigen Versuche anstellen; sie müssen von der Regierung unternommen werden, wenn sie einen guten Erfolg haben sollen.

Die Vermehrung der Viehzucht ist ein Gegenstand von noch größerer Wichtigkeit. Gegenwärtig, obgleich Rindfleisch an die Besatzungen der Ostindienfahrer bei ihrer Ankunft ausgetheilt wird, ist der Vorrath so unbedeutend, daß die Einwohner für einen großen Theil des Jahrs genöthigt sind, von gesalzenem Fleische zu leben, das aus den Magazinen der Kompagnie mit einem jährlichen Verlust von vollen 6000 Pf. geliefert wird. Sehr ansehnliche Strecken Landes, besonders zu Longwud, sind gegenwärtig aus Mangel an Wasser unbenutzt. Da alle Thäler mit Flüssen angefüllt sind, die ihre Quellen in einer beträchtlichen Höhe haben, so ist es wahrscheinlich, daß auch irgend eine abgelegene Quelle oberhalb der Fläche dieser Gegenden vorhanden ist; sollte es nicht seyn, so könnte durch Maschinen Wasser hinauf geführt werden; das Gewässer, das längs dem Ruperts-Thal in die See fließt, würde diesem Zweck sehr gut entsprechen und hat gegenwärtig keinen Nutzen. Es soll Zeiten gegeben haben, wo die Dürre den Verlust des ganzen Viehstandes auf der Insel drohte.

Die Hügel auf St. Helena, ausgenommen Dianenspitze, sind leer von Bäumen; deswegen bleibt, ungeachtet die vom S. O. Passat hergetriebenen Wolken beständig über ihre Seiten und Gipfel rollen, wenig Nässe zurück; auf Dianens-Spitze hingegen hindert der tiefe Schatten der üppigen Vegetation die Sonnenstrahlen in den Boden, wenn er einmal befeuchtet ist, einzudringen und ihn aufzutrocknen; im Winter vergeht selten ein Tag ohne einige Regenschauer. Würden daher die übrigen Hügel, wenn sie bis an ihre Gipfel mit Wald bedeckt wären, nicht ebenfalls die Wolken an sich ziehen und hernach, troz der tropischen Sonne, die Nässe im Boden zurückhalten? Nach dem, was ich in andern Himmelsstrichen gesehen habe, bin ich geneigt es zu glauben, und auf jeden Fall wäre die Sache einen Versuch werth, da der Mangel an Brennholz nicht nur für die Schiffe, sondern auch für den Verbrauch der Einwohner, groß ist. Das einheimische Holz taugt gar nichts; die Bäume erreichen keine beträchtliche Höhe und das Holz ist im Allgemeinen leicht und schwammig. Die ostindische Kompagnie sollte die Einführung der mancherlei Waldbäume aus Bengalen veranlassen; viele derselben würden in den verschiedenen Gegenden der Insel gedeihen; vielleicht mögen auch die Riesen der östlichen Forsten, der Tekund der Banianbaum, in Zukunft die Höhen des Dianengebirgs bedecken. Viel muß noch geschehen, wenn St. Helena ein passender Ort werden soll, wo Schiffe Bedürfnisse einnehmen können. Der Damm, der in der Stadt James angelegt ist, ist zu klein, um Fässer und Waaren zu landen; wäre er etwas weiter fortgeführt, so würde er, nach der Entfernung einiger versenkter Felsen, allen Zwecken entsprechen, und eine Art Bassin bilden, wo Boote, troz der bisweilen sehr starken Flut, landen könnten. Bis zur Ankunft des Obersten Pattan mußten die Wasserfässer an's Land gebracht werden; jezt wird das Wasser durch Röhren bis in die Boote geleitet. —

Die Insel St. Helena ist eine sehr kostb Niederlassung für die ostindische Kompagnie. D Civil- und Militärverwaltung kostet im Durchschn jährlich 40,000 Pfund; und die Ausgabe kann nic verringert werden, da keine überflüssige Civilbeam vorhanden sind, und die Garnison jetzt geringer i als die Vertheidigung der Insel erfordert, die nur a einem Infanterieregiment und zwei Artilleriekompagni besteht. An zufälligen und außerordentlichen Ausga ben kommen jährlich wenigstens noch 10,000 Pfund hinz und wenigstens 200,000 Pfund sind als ein todtes Kap tal, auf Kriegs- und Schiffsbedürfnisse, Magazine un öffentliche Werke verwandt. Eine Ausgabe macht der Menschlichkeit der ostindischen Kompagnie große Ehre; es finden sich in ihren Waarenhäusern alle Artikel, die von den anlandenden Schiffen verlangt werden, oder zum Bedürfnisse und Bequemlichkeit der Einwohner gereichen können; sie begnügt sich mit einem Gewinn von 10 pro Cent, der nicht einmal die übrigen Ausgaben, geschweige die Fracht deckt. Die einzigen Einkünfte der Kompagnie fließen aus den Ländereien, die gegenwärtig ungefähr jährlich 1100 Pfund betragen, obgleich sie, wenn die jetzigen Kontrakte erloschen sind, dreimal so viel bringen werden, und dem Arrakmonopol, das im Durchschnitt jährlich 6000 Pfund abwirft.

St. Helena war ursprünglich durch zwei Linien quer durch die beiden weitesten Thäler, das St. James- und Ruperts-Thal, befestigt, die als die einzigen Landungsplätze betrachtet wurden. Als Kapt.

Munden die Insel 1673 den Holländern wieder abnahm, errichtete er eine Batterie, um den schmalen Einlauf zu beherrschen, wo er landete. Seit dieser Zeit sind an verschiedenen Stellen Festungswerke angelegt worden, obgleich wegen der starken Flut, die der Passatwind aus dem südlichen Theil des atlantischen Oceans bringt, selbst in dem stillsten Wetter schwerlich ein Boot daselbst landen kann. Die meisten Batterien sind so hoch, daß kein Schuß ein Schiff unter Segel treffen wird. Neulich ist ein neues System der Vertheidigung angenommen, indem man ein Fort auf High Knowl baute; 20,000 Pfund wurden an einen Ort verwandt, der kein Wasser hat. Da St. Helena von großem Nutzen ist und ihr Verlust ein außerordentliches Unglück seyn würde, so sollte sie zweckmäßig befestigt werden. Die Natur hat sie sehr stark gemacht; aber ich zweifle, ob irgend eine von allen bisherigen Anlagen etwas zur Vermehrung der natürlichen Stärke beigetragen hat; es ist Schade, daß kein Ingenieur von Einsicht die Insel besucht und einen Plan zu ihrer Vertheidigung angegeben hat.

Mit dem größten Beifall muß ich von den Sklavengesetzen auf St. Helena sprechen; indessen thut es mir leid zu bemerken, daß vor der Zeit des Obersten Patton manche Verfügungen umgangen, andere offenbar übertreten worden sind. Mit einer, einem christlichen Lande angemeßnen Rücksicht auf ihre Moralität, ward ausdrücklich befohlen, daß die Sklaven religiösen Unterricht erhalten und verpflichtet seyn sollten, zu heurathen. Das Erste ist vernachlässigt worden; und ich glaube, daß sich in Hinsicht des letzten Punktes in den jüngsten 15 Jahren nicht ein einziges Beispiel finden wird; es ward auch befohlen, daß Niemand einen Sklaven frei lassen sollte, ohne der Kompagnie Sicherheit zu geben, daß er ihr nie zur Last fallen würde. Einige Zeit war es jedoch gewöhnlich, Sklaven ohne diese Kaution frei zu lassen, mit Erlaubniß des Gouverneurs und Konseils; und diese Leute leben nun in ihrem Alter auf Kosten der Kompagnie. Viele derselben haben ihre Freiheit von ihren Herrn für die Ersparnisse ihres Extra = Verdienstes gekauft; andere sind freigelassen, um die Kosten des Unterhalts und der Kleidung im Alter, wozu das Gesetz die Herrn verbindet, zu vermeiden. Ein Sklave kann von seinem Gebieter nur mit 12 Streichen gezüchtigt werden; jede schwerere Strafe kann nur auf Befehl einer obrigkeitlichen Person vollzogen werden, die gleichfals allen Klagen eines Sklaven, daß er nicht gehörig genährt oder gekleidet werde, abhelfen muß. Die Menge Hunde, die von den Sklaven widergesetzlich gehalten wird, ist ein großes Uebel; sie werden nicht nur gebraucht, um das Wild zu tödten, woran die Insel Ueberfluß hat, sondern auch sehr oft Schafe in der Nacht zu greifen, wenn der Sklave sich so weit im Lande aufhält, daß eine unmittelbare Entdeckung unwahrscheinlich wird.

Zwei Vorfälle dieser Art ereigneten sich während meines Aufenthalts. Diese Verbrechen können bloß dem Mangel an moralischem Unterricht beigemessen werden. Ich zweifle nicht, daß der Sklave von St. Helena bei gehöriger Belehrung bald ein schätzbares Mitglied der Gesellschaft werden würde. Er besitzt die gewöhnlichen guten Eigenschaften seines Stammes, und ist eben so gut von der Natur bedacht, als der Landsmann in England. Es giebt an diesem abgesonderten Orte in der That sehr wenige Veranlassungen zu Verbrechen. Die Negereinfuhr hat lange aufgehört; und es ist eine in mehrern Hinsichten interessante Thatsache, daß ihre Zahl seit dieser Periode zugenommen hat und noch zunimmt. Die Bewohner von St. Helena begegnen ihren Sklaven mit großer Güte, und scheinen wirklich in jeder Hinsicht ein guter Menschenschlag zu seyn.

5ten Oktbr. Wir müssen oft unsere Segel einziehen, um auf den Lord Eldon zu warten, der schlechter als je segelt, und ungeachtet er alle Segel beigesetzt hat, es doch nicht mit uns aufnehmen kann. Das Wetter ist so durchdringend kalt, daß wir gezwungen sind, Betten hinzuzufügen und unsere Winterkleider hervorzusuchen. Wir beobachteten verschiedene Tage das Seebarometer, und wurden gänzlich von ihm getäuscht. Vor dem frischen Winde der vier letzten Tage stieg er plötzlich und schnell; nun da das Wetter milde wird, fällt er eben so plötzlich. Ich betrachte es als eine Anzeige von einer Windveränderung; die Feuchtigkeit, die gewöhnlich einen südwestlichen Wind begleitet, macht das Barometer fallen, und der trockene Südost hat eine entgegengesetzte Wirkung.

9ten Oktbr. Wir sind jetzt in der Breite des Kaps, müssen aber 28 Längengrade herablaufen; eine Menge Seevögel, Pintado's, Albatrossen u. a., umschwärmen das Schiff; einige der erstern wurden mit Leinen und Angeln, woran ein Stück Schweinefleisch als Lockspeise hieng, gefangen; die letztern waren zu vorsichtig.

20sten Oktbr. Gestern um 12 Uhr ward das Kap von der Spitze des Mastbaums sichtbar. Um 2 Uhr des Morgens weckte mich der Kapitän mit der Nachricht, daß wir in der Tafelbai wären. Die Neugierde ließ mich aufstehen, um einen Blick auf den Tafelberg zu werfen, der bei'm Mondlichte eine schöne Wirkung hervorbrachte und dessen Größe meine Erwartungen keinesweges täuschte. Um drei Uhr warfen wir Anker. Gleich nach dem Frühstück giengen Kapt. Weltden und ich in seinem Boote nach dem Ufer ab; der Wind blies frisch aus N. O. und wir erreichten nicht ohne Schwierigkeit den Landungsplatz. Wir hätten billig die Ankunft des Gesundheitsbeamten am Bord erwarten sollen, unterließen dies aber, da die Beschaffenheit des Wetters es zweifelhaft machte, ob er sich heraus wagen würde; und wenn der Wind stärker ward, konnten wir durch diese Zögerung mehrere Tage auf dem Schiffe zurückgehalten werden; ein in dieser Jahrszeit durchaus nicht ungewöhnliches Ereigniß! Unser erster Besuch war bei dem Admiral Sir Roger Curtis, in dessen Hause wir glücklicher Weise auch den gegenwärtigen Gouverneur Generallieutnant Dundas und den Agenten der ostindischen Kompagnie und Generalkommissär, Herrn

Pringle, trafen, an den ich Briefe von seinem Vetter in Madeira hatte. Wir wurden artig empfangen, und erkundigten uns sogleich nach der endlichen Bestimmung der Schiffe. Zu unserem großen Mißvergnügen erfuhren wir, daß Ceylan nicht mehr in Frage komme, da der nach diesem Ort bestimmte Ueberrest eines Regiments in einem Fahrzeuge Raum habe; und da zugleich Befehl gegeben war, die Minerva und den Lord Eldon nicht zu trennen, mußten wir zusammen die Reise nach Bengalen fortsetzen.

Wahrscheinlich konnte ich auf einen vierzehntägigen Aufenthalt am Kap rechnen; ich beschloß daher einen Besuch im Innern zu machen; mein alter Freund, Brigadegeneral Hall, den ich das Vergnügen hatte hier zu treffen, versprach mir Gesellschaft zu leisten; und sein Brigademajor Hippisley übernahm es, alle Vorbereitungen zu der Reise zu treffen, die auf den 23sten festgesetzt ward.

21sten Oktbr. Um 7 Uhr des Morgens holte General Hall Herrn Salt und mich mit Pferden ab, um bei einem Herrn Kersteen in dessen Weinberge zu frühstücken. Der Tag war hell, und die Sonne während unseres Rittes nicht sehr stark; der Weg war gut, und führte über fast ebenen Boden, bedeckt mit Gestrüpp von Eriken und Proteen; zu unserer Rechten erhob sich majestätisch der Tafelberg. Die Aussicht machte mir, der Neuheit wegen, viel Vergnügen; im Anfang konnte ich mich kaum halten, zu verweilen und die vielen Geranien, Irien und andere Pflanzen in der Nähe zu betrachten, die ich in England mit so vieler Sorgfalt gezogen hatte und die hier ganz vernachlässigt, in solchem unermeßlichen Ueberfluß wuchsen; die Aristaea cyanea war vorherrschend. Ich bemerkte viele Pflanzen, die in England noch selten sind, vermuthlich weil jeder Sammler glaubt, daß sie ihrer Nähe bei der Kapstadt wegen, schon vorher dahin gesandt sind. Unser Wirth empfieng uns sehr gütig; wir fragten ihn über unsre beabsichtigte Reise um Rath, und er gab uns nicht nur Belehrungen darüber, sondern auch einen Empfehlungsbrief an einen seiner Freunde, in dessen Hause wir das erste Nachtlager halten sollten. Wir waren nur 5 [englische *)] Meilen von Constantia, und da wir schwerlich noch auf eine andre Gelegenheit rechnen durften, diesen berühmten Ort zu besuchen, beschlossen wir, unsre Reise bis dahin fortzusetzen, ungeachtet die Sonne sehr heiß war. Major Hippesley, der uns begleitet hatte, blieb bei mir, während der General und Hr. Salt voraus ritten. Indem wir uns aufhielten, einige Pflanzen zu suchen, verloren wir unsre Begleiter und bald hernach den Weg; und so angenehm mir zu andrer Zeit die dadurch bewirkte Verlängerung der Reise gewesen seyn würde, wünschte ich doch sobald als möglich der unerträglichen Sonnenhitze überhoben zu seyn. Ein Weinberg mag in Italien ein reizender Gegenstand seyn,

*) Unter Meilen sind in Zukunft allemal englische zu verstehen. R.

am Kap aber ist nichts so unscheinbar und unbedeutend. Man läßt die Weinstöcke nur drei Fuß hoch werden, und sie sehen ganz wie eben gefälltes Holz aus. Es war gerade im Anfang des Sommers, folglich waren noch keine Früchte reif. Um unsre Erwartung noch mehr zu täuschen, war der Besitzer abwesend; ich mußte daher nach der Stadt zurückkehren, ohne seine Keller gesehen zu haben, die für die schönsten in der Kolonie gehalten werden.

23. Oktbr. Major Hippesley hatte zwei bedeckte Wagen gemiethet, deren jeder von 8 Pferden gezogen ward; sie wurden von einem Hottentotten, der einen Sklaven zum Beistand hatte, regiert. Um 7 Uhr fuhren wir ab. Diese Wagen sind stark, können nicht leicht umwerfen, und sind daher für die unebenen Wege ganz passend. Die Holländerinnen gebrauchen sie beständig; eine englische Dame würde aber schwerlich die heftigen Stöße ertragen, welche die vielen, durch den Regen bewirkten Löcher in den Landstraßen unaufhörlich verursachen; die Kolonisten denken nicht daran sie zu verbessern, bis sie so groß werden, daß der Uebergang nicht gefährlich, sondern unmöglich wird. Wir setzten uns, um der Gesellschaft willen, unsrer fünf in einen Wagen, der nur für vier geräumig genug war. Der hintere Sitz war höher und statt in ledernen Riemen zu hängen, befestigt, daher so unangenehm, daß wir übereinkamen, uns abzuwechseln. Mein Bedienter und die Ordonanz des Generals, der zugleich als Kochsgehülfe dienen sollte, erhielten nebst

den Flinten, der Bagage und einem Kasten mit Wein, dem einzigen, was wir außer einem englischen Käse an Mundvorrath mitnahmen, ihre Stelle in dem zweiten Wagen. Der Kapwein, obgleich durchaus nicht unangenehm, wird Fremden doch leicht zuwider, und der Käse ist abscheulich; wir waren dem Kapt. Weltden daher sehr verbunden, daß er uns mit diesen beiden Artikeln versah.

Unser Weg gieng über die Sandebene, die die Halbinsel der Kapstadt vom Hottentotten-Lande trennt; eine Gegend, die ohne Zweifel ehemals von der See bedeckt war. Nichts Traurigeres läßt sich denken, auch in botanischer Hinsicht war sie nicht sehr interessant; wir sammelten indessen eine beträchtliche Anzahl Pflanzen. Unsre Pferde giengen sehr gut, ungefähr 6 Engl. Meilen in der Stunde; unser Fuhrmann, der September hieß, behandelte sie mit großer Geschicklichkeit; einer Eigenschaft, wodurch die hiesigen Sklaven sich überhaupt auszeichnen; sie lenken acht Zugthiere mit der größten Leichtigkeit und können einen kleinen Vogel auf dem Wege mit der Spitze ihrer langen Peitsche tödten. Zu Mittag hielten wir an, um die Pferde füttern und ausruhen zu lassen, und suchten Pflanzen und Vögel, aber mit schlechtem Erfolg. Um vier Uhr trafen wir zu Kuhberg ein, wo wir die Nacht zu bleiben dachten; wir fanden auf Herrn Kersteen's Empfehlung eine gute Aufnahme bei Mynheer Andreas Conti.

23. Oktbr. Wir hielten ein vortreffliches Frühstück; die Milch, Butter und Eier waren sehr gut. Unser Wirth weigerte sich klüglich eine Rechnung zu machen, wir bezahlten ihm daher 15 Dollars, aber nichts an die Sklaven, weil wir wußten, daß die Frau unser Geschenk ihnen abnehmen würde. Wir reisten um 7 Uhr ab. Das Land war in den ersten 4 Stunden eben so einförmig, wie das, was wir gestern gesehen hatten. Um 2 Uhr hielten wir an, und nahmen unser Mittagsmahl ein, während die Pferde graseten. Wir schickten zu einem benachbarten Bauer, Wein für unsre Bediente und Sklaven zu holen, und erfuhren, daß eine Hochzeit gefeiert werde; wir begaben uns dahin, der Braut und dem Bräutigam unsre Aufwartung zu machen. Der jüngere Theil der Gesellschaft tanzte lustig nach einer Trommel und Pfeife, während die ältern Männer rauchten und die Weiber Wein austheilten. Wir Alle, ausgenommen Major Hippesley, nahmen Theil an dem Tanze, was ihnen sehr zu gefallen schien, besonders da sie von unsern Bedienten erfahren hatten, wer der General und ich waren. Es war sehr unterhaltend und wir würden länger geblieben seyn, hätte man uns nicht gesagt, daß wir noch einen großen Weg zu machen und einen Fluß zu passiren hätten. Wir nahmen daher Abschied von der Gesellschaft unter einem Gruße aus kleinem Gewehr.

Die Umgebungen wurden besser, da wir uns den Bergen näherten. Der Bergfluß war sehr malerisch.

An der Stelle, wo wir übergiengen, theilte er sich in zwei Arme; den ersten machten große Felsen beschwerlich, worüber die Wagen gezogen werden mußten; der zweite war weiter und viel tiefer. Ich gestehe, daß mir nicht wohl zu Muthe ward, als das Wasser in den Wagen stieg und die Pferde genöthigt waren zu schwimmen; September gebrauchte seine Peitsche indessen so vortrefflich, daß wir jenseits in Sicherheit waren, ehe wir Zeit hatten, uns unsre Gefahr deutlich vorzustellen. Wir waren jetzt allein für unsre Diener und Bagage besorgt; da sie nach einiger Zeit noch nicht erschienen, spannte September ein Pferd ab und schwamm wieder zurück. Seine überlegne Geschicklichkeit brachte bald Alles in Ordnung und der andre Wagen ward eben so leicht über den Fluß gebracht, als der unsrige. Diese zweite Zögerung, obgleich sie uns in den Stand setzte, die Gegend mit Muße zu bewundern, bei weitem die schönste, die wir seit unsrer Abreise vom Kap gesehen hatten, machte es so spät, daß uns die Nacht auf einer der weiten Sandebenen überfiel, die in diesem Lande so gewöhnlich sind und, nur mit Gestrüpp bedeckt, dem Wanderer keine Merkzeichen darbieten, wonach er sich richten kann. Endlich entdeckten wir ein Licht in einem kleinen Hause, worauf wir zugiengen; wir erfuhren, daß wir ungefähr zwei Stunden von dem Orte entfernt waren, wo wir unser Nachtlager zu halten gedachten. Es war völlig dunkel, und unsre Pferde waren müde, denn wir hatten gut 40 Engl. Meilen zurückgelegt.

Es war schwer zu bestimmen, was wir thun sollten; nach unserm eigentlichen Bestimmungsort zu kommen, war unmöglich; das Haus, wo wir waren, bestand bloß aus einer Küche, die mit einer großen Hottentotten-Familie angefüllt war, und einem Schlafgemach für den Herrn und die Frau, die stündlich ihrer Niederkunft entgegen sah; es war daher auch nicht daran zu denken, dort zu bleiben, obgleich der Besitzer sehr gastfreundlich sich erbot, uns aufzunehmen und Alles zu geben, was seine Hütte vermöge. Wir erfuhren endlich, daß wir nicht weit entfernt bei einem Manne, Nicolas Bestern, ein gutes Unterkommen finden würden; ein Glas Branntwein bewegte einen Hottentotten voran zu laufen und die Pferde in den Weg zu leiten. Etwa in einer halben Stunde führte er uns wohlbehalten nach der erwarteten Wohnung, wir fanden uns aber sehr getäuscht. Als wir die Thür öffneten, entdeckten wir einen alten Mann im Schlafrock beim Abendessen, und neben ihm zwei Ideale von holländischen Bauern mit ihren Weibern und Kindern; nie sah ich schwerfälligere und wohlbeleibtere Thiere in Menschengestalt. Der alte Mann war verdrießlich und taub; er murrte viel über unsre Ankunft und schalt uns, daß wir so spät reisten. Zum Glück gieng er bald zu Bett, worauf wir uns von seinen gefälligen Töchtern ein vortreffliches Abendbrod von Butter und Eiern verschafften. Unser Nachtlager war weit schlechter, denn wir konnten nur drei und noch dazu so abscheulich schlechte Betten entdecken, daß die beiden Herren, die auf der Bagage schlafen mußten, eben nicht Ursache hatten, sich über ihr Loos zu beklagen.

25sten Oktober. Nach dem Frühstück reisten wir ab nach Mynherr de Wall, neben dem Vierundzwanzig-Fluß; wir kamen in etwa zwei Stunden an, nachdem wir über den kleinen Bergfluß gegangen waren, der zwar ziemlich breit ist, aber durch das letzte schöne Wetter so niedrig war, daß er kaum die Schenkel der Pferde naß machte. Die Flüsse in dem ganzen Lande kommen von den hohen Bergen herab und sind im Winter tiefe und reißende Ströme, aber des Sommers sind ihre Betten beinahe trocken; ein Regen von wenigen Stunden schwellt sie indeß zu einer Höhe, daß man sie nicht passiren kann; aber eben so schnell sinken sie wieder zu ihrem gewöhnlichen Bette. Der Tag war windig und regnig; wir mußten daher die Vorhänge unsers Wagens niederlassen, und sahen nur wenig von der Gegend und ihren Gewächsen. Es war kein Verlust für uns, wie wir nachher erfuhren, da wir genöthigt waren, auf demselben Wege zurückzukehren.

Mynheer de Wall nahm uns sehr gastfrei auf; da der Regen anhielt, beschlossen wir, bei ihm zu Mittag zu speisen und am Abend die Reise nach de roode Sand fortzusetzen. Er war ein gebildeter Mann; seine Familie schien zufrieden und gutmüthig zu seyn; sein Haus war vortrefflich und seine Küche gut. Er rieth uns zuerst nach seinem Schwager in de roode Sand zu gehen, was wir zu thun beschlossen. Nichts konnte trauriger seyn, als die Ebene von niedrigem Gesträuch, worüber wir zuerst reisten; sie war eben wie das Meer und von den entfernten Bergen begränzt, die ungeachtet ihrer Höhe, uns doch gewöhnlich geworden waren. Doch änderte sich die Aussicht und ward schöner, als wir uns dem Paß nahten, wo der kleine Bergfluß seinen Lauf von de roode Sand durch die hohe Gebirgsreihe nimmt, die das Kapland von dem innern Afrika trennt. Glücklicher Weise klärte es sich auf; wir beschlossen daher durch den Kloof zu gehen, sowohl um einen bessern Anblick von dem Flusse zu haben, als auch das unerträgliche Stoßen unserer Wagen zu vermeiden.

Der Weg lief in verschiedener Höhe neben den Ufern des Flusses; er war fast unbrauchbar durch die Massen von großen Steinen, die oben von der Höhe herabgerollt waren, und die Ungleichheit des Felsens selbst; die Bauern hatten sich nicht die Mühe gegeben, sie zu ebenen. Nach drei sehr beschwerlichen Meilen war de roode Sand-Kloff zurückgelegt und wir hatten das Thal mit dem vortrefflichsten Wege vor uns, der uns bald nach Mynheer de Witt führte. Weder er noch seine Frau waren zu Hause; aber wir wurden von einem kleinen artigen Mädchen, seiner Tochter, empfangen, die uns in zwei Zimmer führte, wo wir zu unserer großen Freude fünf gute Betten entdeckten. Der ganze Anblick des Orts war achtungswerth und gab uns eine günstige Meinung von unsern Wirthe, worin uns seine Ankunft völlig bestärkte. General Hall verstand Holländisch und wir waren gezwungen, uns durch ihn zu unterhalten, was zur Noth hinreichte. Endlich erschien unser Abendessen, in seiner Art gut und für 20 Personen hinlänglich; nachdem wir ihm Ehre gemacht hatten, legten wir uns zur Ruhe.

26sten Oktbr. Es regnete die ganze Nacht und einen Theil des Morgens; zum Glück hellte es sich gegen 8 Uhr auf, da wir uns zur Abreise rüsteten. Wir mußten abermals den Kloof passiren; es geschah zu Fuß. Herr Eden und der Major nahmen ihre Flinten, fanden aber kein Wild. Ich war glücklicher in meinen botanischen Bemühungen und Herr Salt entwarf zwei schöne Zeichnungen. Man hatte uns gesagt, wir hätten nur fünf Stunden bis nach Wagenmachers-Thal, wo wir die Nacht bleiben wollten, und wir reisten daher langsamer als gewöhnlich; wir wurden aber gut bezahlt, denn es war völlig dunkel, als wir ankamen; Mynheer Wagh aß mit einem andern Mann bei'm Abendessen. Obgleich die Holländer sich gegen die Fremden gern gastfrei bezeigen, was auch in einem Lande, wo es keine Wirthshäuser giebt, nothwendig ist, sind sie doch immer mißvergnügt, wenn sie zu einer ungelegenen Stunde kommen; Mynher de Wagh machte zuerst unzählige Entschuldigungen, um unseres Besuchs überhoben zu seyn; da wir aber darauf bestanden zu bleiben und erklärten, daß es zu spät sey, eine andere Wohnung zu suchen, ward er bald wieder guter Laune und versah uns mit einem vortrefflichen Abendessen.

27sten Oktober. Bei unserer Abreise wollte unser Wirth keine Bezahlung nehmen, wir waren daher genöthigt, das Geld den Sklaven zu geben, überzeugt, daß es von ihnen schon den Weg zum Herrn finden würde. Ich muß bemerken, daß sich bei seinem alten Hause, das nicht weit von seiner gegenwärtigen Wohnung entfernt ist, die schönste Orangerie in der Kolonie befindet; die Bäume waren 50 Fuß hoch und mit den köstlichsten Früchten bedeckt, während zugleich der Duft der Blüten die Luft in beträchtlicher Entfernung durchwürzte. Der Tag war sehr schön und die Gegend unterschied sich von allen, die wir bisher noch gesehen hatten. Verschiedene Bäche kamen von den Bergen herunter und gaben diesem Thal das nur für das Auge eines Botanikers Interesse hat, eine Fruchtbarkeit, die sehr gegen den dürren, mit verkrüppeltem Gesträuch bedeckten Sand abstach. Es war eine vollkommne Oase in den Wüsten Südafrika's. Wir gelangten bald zu einem Flusse, der gewöhnlich der Bergfluß genannt wird; wir passirten ihn auf einem Boote, das, nach teutscher Art, an einem Reife gezogen ward. Der Verzug, den unsere beiden Wagen verursachten, gab einigen von der Gesellschaft Gelegenheit sich zu baden und setzte einen Bauern, der auf einem vortrefflichen Pferde ritt, in den Stand, uns einzuholen; er hatte einen kleinen Hottentotten bei sich;

auf einem zweiten Pferde, und führte ein drittes. Die Bauern können auf diese Art eine außerordentliche Entfernung zurücklegen, da sie gelegentlich das Pferd wechseln und des Nachts in verschiedenen Häusern bleiben. Er war seit dem 23sten von seiner Heimath und fragte uns, woher wir kämen, wohin wir giengen, und was die Ursache unsrer Reise sey? Solche Fragen sind unter den Holländern gewöhnlich und werden gar nicht für unbescheiden gehalten. Er war munter und unterhaltend; sagte uns seinen Namen, sein Geschäft, die Zahl seiner Kinder u. s. w. Nachdem er uns einige Meilen Gesellschaft geleistet und seine Pfeife, die er auf eine geschickte Art mit einem Feuerstein anzündete, geraucht hatte, ließ er den Zügel schießen und wir verloren ihn bald aus dem Gesichte.

Gegen Mittag erreichten wir de Paarl, ein schönes Dorf; die Häuser desselben waren, wie gewöhnlich, weiß angestrichen und von Bäumen umgeben. Ein hoher Berg bildete den Hintergrund der Aussicht. Auf unserm Wege nach Stellenbosch kamen wir durch die Meierei des Herrn Duckett zu Klapmuty. Dieser wissenschaftliche Oekonom kam mit Sir George Yonge herüber, um die englische Landwirthschaft in die Kolonie einzuführen. Die Holländer bewiesen Anfangs eine gänzliche Verachtung gegen seine Verbesserungen und seine Art den Boden zu behandeln; die Erfahrung hat sie indessen überzeugt, daß er Recht hatte; und wären die Engländer Herrn der Kolonie geblieben, so zweifle ich nicht, daß seine Ankunft großen, wesentlichen Nutzen gehabt haben würde; ich bedauerte sehr, daß er nicht zu Hause wär. Wir kamen bei guter Zeit in Stellenbosch an und nahmen unsern Aufenthalt bei einem alten Bekannten des Generals, einem Hessen von Geburt, Wolferum, der eine reiche Frau in Batavia geheurathet und sich hierher zurückgezogen hatte, wo er auf eine gemächliche Weise lebt. Er und seine Familie sprechen Englisch; und da er viel mit unserer Nation umgegangen ist, hat sein Betragen nichts Holländisches. Die Stadt ist sehr nett, und die Eichen, die in jeder Gasse eine Allee bilden, tragen zu ihrer Kühle und Schönheit bei. Ich habe selten schönere Bäume gesehen, als die vor dem Hause des Landdrostes. Sie wachsen sehr schnell und können auch bei einer beträchtlichen Größe verpflanzt werden; das Holz aber ist erbärmlich und nicht einmal dem schlechtesten gleich, das in nördlichen Klimaten wächst.

29sten Oktbr. Da die Pferde seit der Abreise vom Kap ununterbrochen gearbeitet hatten, gaben wir ihnen gestern einen Rasttag. Der Morgen war regnig; wir beschlossen jedoch, die Kaskade bei French Hoek zu besuchen. Um die Gesellschaft des Herrn Wolferum und seiner Töchter zu genießen, nahmen wir die beiden Wagen. Das Wetter blieb unerträglich schlecht, bis wir zum Hause Jakob de Villiers kamen, wo wir zu Mittag speisen wollten. Ich war desto verdrießlicher über den unlieblichen Tag, da wir noch durch keine so schöne Landschaft gekommen waren; Hr. de

Villiers führte uns zu dem Wasserfall; glücklicherweise klärte es sich auf, da wir herankamen und die sich verziehenden Wolken enthüllten nach und nach eine wahrhaft prächtige Scene. Durch einen Riß des Berges fiel eine beträchtliche Wassermasse über 170 Fuß senkrecht herab und rollte dann über unermeßliche, von Gesträuch überschattete Felsen fort, bis sie das Thal unten erreichte. Der Regen verursachte verschiedene kleinere Kaskaden, die von verschiedenen Stellen des Berges herabstürzten. Uebrigens sahen wir den Wasserfall in einem sehr günstigen Augenblicke, da er sonst gewöhnlich in dieser Jahreszeit beinahe ganz trocken ist. Von allen Stellen, die wir auf unserer Reise gesehen haben, möchte ich keine so gern einmal wieder besuchen, als French Hoek, nicht bloß wegen der Kaskade, sondern wegen der Schönheit der ganzen umliegenden Gegend. Naß und müde kehrten wir zurück. Troz des Regens hatte ich zu French Hoek einigen Saamen von der Protea grandiflora und eine beträchtliche Menge von Zwiebeln, hauptsächlich Haemanthus gesammelt, die den Pavianen, die zwischen den felsigen Bergschlüchten in Menge sich aufhalten, zur Nahrung dienen. Nie habe ich ein so reiches Feld für einen Botaniker gefunden. [illegible]

[illegible]

30sten Oktbr. Um 10 Uhr reisten wir ab; zufrieden über unsern Aufenthalt bei Herrn Wolferum und die — nicht erheuchelte Vorliebe, die er für die Engländer bezeugte. Wir aßen zu Mittag, wie gewöhnlich, kalte Küche an einem Bache und leerten unsre letzte Flasche; tödteten die erste Brillenschlange (Covracapelle), die wir sahen, und noch eine schöne Schlange, die Bandschlange genannt. Ohne den geringsten Unfall endigten wir eine Reise von ungefähr 300 Engl. Meilen und kamen ungefähr um 7 Uhr wohlbehalten in der Kapstadt an.

31sten Oktober. General Dundas und Sir Roger Curtis haben gefunden, daß die Minerva 300 Mann einnehmen kann; General Vandeleure ist entschlossen, selbst mit ihr zu gehen, mithin wird ein Theil seines Regiments (des achten leichten Dragoner=) ihn begleiten. Das Schiff ist noch nicht fertig, weil jetzt für einen weit größeren Vorrath von Wasser und Lebensmitteln gesorgt werden muß.

3ten Nov. Bei einem Besuche, den ich diesen Morgen Sir Roger Curtis abstattete, hatte er die Güte, mir den Brief der Direktoren mitzutheilen, worin befohlen ward, daß die Minerva und der Lord Eldon in Gesellschaft bleiben sollten; und als Grund war angeführt, „daß sie wahrscheinlich Barren von einem beträchtlichen Werth zu St. Helena an Bord nehmen würden." Ich hatte nie gehört, daß dies geschehen sey und gieng sogleich zum Kapt. Weltden, der meine Vermuthung bestätigte; mir schien es daher, daß durchaus keine Einwendungen gegen unsre Trennung weiter vorhanden waren. Ich sprach wieder mit dem Admiral, der mir Recht gab, aber sagte, daß es allein von Hrn. Pringle abhange; ich gieng daher zu ihm, und wandte alle mögliche Gründe an, um ihn zu überreden, daß er erlaube, uns zu trennen. Endlich versprach er es, wenn die beiden Kapitäns schriftlich versicherten, keine Barren an Bord zu haben und den Wunsch äußerten, allein zu reisen. Dies geschah; wir sind also frei vom Lord Eldon und werden wahrscheinlich 14 Tage früher in Calcutta eintreffen.

Am 5ten Nov. sagte mir Kapt. Weltden am Morgen, daß er sogleich an Bord gehen würde. Herr Salt und ich begleiteten ihn, und um 5 Uhr verließen wir mit einem frischen Winde das Kap der guten Hoffnung.

Bei meiner innigen Ueberzeugung von der Wichtigkeit dieser Niederlassung für Großbritannien sah ich während meines kurzen Aufenthalts mit großer Trauer die Vorbereitungen, es den Holländern zurückzugeben. Mit Erstaunen bemerkte ich den systematischen Plan der Direktoren der ostindischen Kompagnie, den Werth dieser Kolonie herunterzusetzen; dem Gewicht, das die Minister ihren Versicherungen gaben, schreibe ich größtentheils die Leichtigkeit zu, womit es im Frieden aufgegeben ward. Ich will hoffen, daß nicht eine theure Erfahrung sie von ihrem Irrthume überzeugen wird; allein ich fürchte sehr, daß sie bei einem neuen Kriege zwischen Frankreich und Großbritannien die Verluste, die sie durch die Kaper von Mauritius erlitten haben, unbedeutend finden werden, verglichen mit dem, was sie durch eine feindliche Flotte leiden werden. Die Direktoren haben in der That ihren Kapitäns Befehl ertheilt, sich demselben nicht auf 100 Seemeilen zu nähern, haben aber nicht erwogen, daß unter dem 39sten Grad südlicher Breite die Südwestwinde mit solcher Gewalt das ganze Jahr hindurch wehen, daß kein Schiff ihnen entgegen segeln kann; da hingegen dicht bei der Bank Lugullus der Wind gemeiniglich östlich ist, oder doch der Strom so stark nach Westen geht, daß er ein Schiff in einem Tage 40 Meilen fort treibt.

Aus diesen Umständen ist jedes Schiff gezwungen, sich nahe am Kap zu halten, und würde also im Fall eines Krieges jedem Feinde Preis gegeben seyn, in dessen Händen sich diese Niederlassung befindet. Diesem könnte freilich durch ein starkes Geschwader, das dort beständig kreuzte, abgeholfen werden; aber wie will man es mit Lebensmitteln versehen? St. Helena reicht in seiner gegenwärtigen Beschaffenheit dazu nicht hin; die nächsten Häven sind die Brasilianischen, können aber unter einem Monat nicht erreicht werden. Die schweren Winde, die bei diesem Vorgebirge so häufig sind, machen es einer Flotte unmöglich, ihre Station zu behaupten; wird sie einmal durch Ungewitter verschlagen oder durch den Verlust eines Mastes oder eine andre Beschädigung gezwungen, nach St.

Helena zu segeln, so können die feindlichen Schiffe herauskommen und jeden unbeschützten Ostindienfahrer, jedes vorbeisegelnde Kaufmannsschiff aufbringen. Zum Glück würde das Uebel nicht von langer Dauer seyn; und der Werth des Kaps so sichtbar werden, daß wir es wieder angreifen und, wie ich nicht zweifle, leicht nehmen würden; denn so lange Großbritannien die Herrschaft der See behauptet, kann es immer jede Truppenzahl in einer Entfernung von der Kapstadt landen und, durch Besetzung der Halbinsel, alle Zufahr aus dem Innern abschneiden und sie zur Uebergabe zwingen.

Die Festungswerke auf der Landseite sind durchaus nicht stark, und die Citadelle selbst wird durch hohe Gegenden beherrscht, so daß, wenn für rathsam gehalten werden sollte, sie ohne Zeitverlust anzugreifen, das Resultat gewiß günstig ausfallen würde. Das Betragen der Britten während ihres Besitzes hat alle achtungswerthen Bewohner der Kolonie gewonnen, und sie nahmen keinen Anstand ihre Trauer über ihren Abzug auszudrücken. Sie sagten, es würde anders seyn, wäre das Mutterland frei; nun aber betrachten sie es als eine französische Provinz; sie haben die Franzosen seit der Zeit gehaßt, da das Kap im amerikanischen Kriege von ihnen besetzt war. Ein Mann, in dessen Hause wir uns mit einigen Lebensmitteln versehen mußten, sagte uns zuletzt: „wir wären um nichts besser als die Franzosen und zwängen sie Alles herbei zu schaffen, was uns beliebe, nur wäre der Unterschied, daß wir für Alles bezahlten, woran diese sich nie gekehrt hätten."

Die Holländer haben noch einen wichtigern Grund, den Abzug der Engländer zu bedauern, wegen der Lage, worin sie sich gegenwärtig mit den Kaffern befinden. Diese brave und kriegerische Nation ist durch die Empörung der Bauern in ihrer Nachbarschaft gereizt worden, über den Fischfluß zu gehen und einen Versuch zur Wiedereroberung des Landes zu machen, das die Holländer ihnen entrissen haben. Der Brigadier General Vandeleure war mit dem 8ten Dragonerregiment, einiger Infanterie und den Hottentotten wider sie ausgeschickt worden; er fand es sehr schwer, ihrer rohen Tapferkeit zu widerstehen, und hatte sogar 40 Mann in den verschiedenen Gefechten mit ihnen verloren; zwanzig derselben und ein Offizier wurden zu gleicher Zeit niedergemacht. Da der Friede den General nach der Kapstadt zurück rief, blieb keine Macht zurück, um ihnen zu widerstehen; sie rückten fast so weit in das Land vor, als er sich zurückzog, und gegenwärtig ist ein beträchtlicher Theil der Kolonie in ihrem Besitz. Obgleich der Zeitpunkt lange vorüber war, worin das Kap übergeben werden sollte, war noch kein Regiment angekommen, um die brittischen Truppen zu ersetzen; und bei der jetzigen Lage Hollands ist es zweifelhaft, ob es im Stande seyn wird, eine hinreichende Macht zu schicken, um diese fürchterlichen Feinde zurück zu treiben, die durch die mächtigsten Beweggründe, durch Raubsucht und Rache angespornt werden.

Fast eben so sehr sind die Einwohner vor den Hottentotten in Furcht. Dieser harmlose Menschenschlag, von dem man ehemals nur wußte, daß er in Völlerei, Trägheit und Bestialität ganz versunken sey, ist, seitdem die Engländer die Kolonie besaßen, merklich weiter gebracht. Ein großer Theil von ihnen ist enrollirt und in europäischer Taktik unterrichtet worden; es hat sich dadurch gezeigt, daß sie verständig, thätig, treu und brav sind; und daß ihre früheren Fehler den Holländern zur Last fallen, die, den Hang aller rohen Nationen zu geistigen Getränken benutzend, ihre Kraft durch Trunkenheit zerstörten und ihre Gemüther durch die verworfenste Sklaverei erniedrigten. Die Grausamkeiten, die sich die Bauern gegen diese wehrlosen Wesen erlaubten, übersteigen allen Glauben. General Vandelure versicherte mich, daß er selbst die Flinte einem Holländer aus der Hand geschlagen habe, da er eben auf einen Hottentotten zielte; das Ungeheuer war hierüber sehr aufgebracht und schloß nach vielen Vorwürfen mit der Frage, ob er ihn hindern wolle, seine Sklaven zu schießen? Es ist erstaunlich, daß sich die Hottentotten so lange der Tyrannei ihrer Herrn unterworfen haben; und man darf sich daher über die jetzige Unruhe der letztern nicht wundern, da ein großes Corps der erstern wohl disciplinirt und bewaffnet ist. Indessen halte ich nach Allem, was ich von der Sanftmuth des hottentottischen Charakters gehört habe, diese Furcht für grundlos, und sie werden nicht beleidigt werden, wenn sie keine Veranlassung geben. Sollten die Engländer das **Kap** wirklich wieder angreifen, so zweifle ich nicht, daß sich die Hottentotten gern mit einer Nation vereinigen würden, der sie ihre Befreiung verdanken.

Die Entwürfe des außerordentlichen Mannes, der **Frankreich** und den Kontinent beherrscht, geben dem **Kap** noch eine besondere Wichtigkeit, er mag nun zuerst entweder einen Angriff auf die brittische Macht in **Indien** oder die Sicherheit der spanischen Besitzungen in Südamerika beabsichtigen; er kann daselbst im Frieden allmählich eine Macht sammeln, und im Anfang eines Kriegs oder noch vor der Erklärung desselben mit unwiderstehlicher Gewalt unerwartet über seine Beute herfallen. Die Gesundheit der Luft wird seine Soldaten akklimatisiren und an die Hitze eines tropischen Klima gewöhnen; und bis sie gebraucht werden, können sie dort mit weit geringeren Kosten, als in irgend einem Theile der Welt unterhalten werden.

Die Ausgaben für den Civil- und Militärdienst haben die Einkünfte von jährlich 200,000 bis 300,000 Pf. überstiegen; man hat angeführt, daß der Besitz des **Kaps** einer solchen Aufopferung nicht werth sey; diese Behauptung begründet sich auf die Berechnung des Zuschusses zur Zeit der englischen Herrschaft, was durchaus nicht zu einem sichern Maaßstaabe dienen kann. Die Holländer ließen die Festungswerke in Trümmern;

die öffentlichen Gebäude drohten den Umsturz, und die Baracken waren mit nichts versehen, da die holländischen Soldaten gewohnt sind, sich Alles selbst zu halten. Der englische Gouverneur, nicht beschränkt durch den kleinlichen Geist der holländischen Regierung, stellte nicht nur die alten Werke wieder her, sondern legte auch verschiedene neue an; er setzte die öffentlichen Gebäude in einen durchaus guten Stand, und versah, wie es die Gewohnheit im Dienste mit sich bringt, alle Baracken mit den nothwendigen Geräthschaften.

Diese mannichfaltigen Ausgaben können nicht als ein Theil der beständigen Verwaltungskosten angesehen werden. Während des Kriegs ward eine Besatzung von beinahe 6000 Mann gehalten, die im Frieden sehr vermindert werden kann; eine zweite sehr wesentliche Veränderung in den Ausgaben für das Kap dürfte durch die Vermehrung des Hottentotten-Corps Statt finden, das gegenwärtig nur aus 500 Mann besteht. Die Erfahrung hat ihre Fähigkeit zum Dienst so vollkommen gezeigt, daß die europäische Kriegsmacht fast in dem Verhältniß ihrer Vermehrung verringert werden könnte. Ihre Treue gegen die Engländer haben sie bewiesen, indem sie selbst gegen ihre eignen Landsleute fochten; ihre große Abneigung gegen die Bauern macht jede Vereinigung zwischen ihnen, zum Nachtheil der Britten, unmöglich. Es läßt sich auch annehmen, daß die Einkünfte, die unter den Holländern jährlich nur ungefähr 25,000 Pf. betrugen, unter den Engländern aber nach und nach zu 100,000 Pf. stiegen, fortdauernd wachsen werden. Aber selbst wenn die Ausgaben die Einkünfte um 200,000 Pf. jährlich übersteigen sollten, würde ich sie für gut angewandt halten, um eine Kolonie zu bewahren, die in den Händen der Feinde unserm Handel so verderblich werden kann, als sie in unserm Besitz wohlthätig seyn würde.

Während dies Buch unter der Presse ist, erfahre ich mit Vergnügen, daß das Kap wieder und, wie ich hoffe für immer, im Besitz der Britten ist; ich führe dies bloß an, um auf die, durch die gegenwärtige Lage von Europa vermehrte Wichtigkeit dieser Niederlassung aufmerksam zu machen. Endlich ist es unserm erbitterten Feinde gelungen, uns den ganzen Kontinent zu verschließen; wir sind gezwungen uns anderwärts her mit den Bedürfnissen zu versehen, die wir von ihm zu beziehen gewohnt waren. Die bedeutendsten Artikel darunter sind Korn und Wein; das Kap würde bei den nothwendigen Vorkehrungen von Seiten der Regierung beides hinreichend liefern. Es giebt kein besseres Land für den Getraidebau und nur ein sehr kleiner Theil ist erst angebaut. Jede Traubenart, die man versucht hat, ist fortgekommen; die einzige Ursache der Schlechtigkeit des Kapschen Madeira liegt in der Unwissenheit und Nachlässigkeit der Holländer bei der Bereitung. Ihre Weinberge werden schlecht bearbeitet, sie lassen die Trauben den Boden berühren; sie schneiden den ganzen Zweig mit der Frucht ab und werfen beides zusammen in die Kelter, wodurch der Wein einen unangenehmen Beigeschmack erhält. Ich zweifle nicht, daß man verschiedene Weine, die jetzt in Frankreich, Portugal und Teutschland gebaut werden, auch in dieser Kolonie erzielen könnte; wie sehr würde unsre Unabhängigkeit von diesen Ländern dadurch vermehrt werden.

Den 6ten Nov. Wir verließen mit einem günstigen S. W. die Tafelbai, aber er ward uns bald entgegen und der Wind und die Strömungen trieben uns bis zum 15ten, da er sich noch mehr nach Süden wandte, weit aus unserm bestimmten Kours; es war dabei eben so kalt, als es um diese Zeit in England ist; die Südwinde bringen die Kälte mit. Der Kapitän denkt bis zum 39° südl. Br. zu gehen; hier hofft er westl. Wind zu treffen, um zum 90° östl. Länge zu kommen; wo er die Richtung auf Calcutta nehmen will. Er ist zu diesem grosen Winkel gezwungen, weil der Passat im indischen Ocean, und der Monsun in der Bai von Bengalen uns gerade entgegen sind. Am 18ten hatten wir einen heftigen Sturm und mußten das Schiff von dem Winde treiben lassen. Es war unmöglich auf dem Hintertheil zu stehen, ohne sich zu halten und selbst dann nicht ohne Schwierigkeit. Die Flut ward von der Gewalt des Windes niedergehalten, der den Schaum von den Wogenspitzen in solcher Menge fortführte, daß es einem Hagelsturme glich. Das Schiff arbeitete natürlich sehr, blieb aber auf dem Verdeck ziemlich trocken und zog so wenig Wasser, daß wir nur zwei Mal in 24 Stunden pumpten. Die Scene war erhaben, aber zu ängstigend, um angenehm zu seyn; ich bin froh, sie ein Mal gesehen zu haben, aber ich will hoffen, daß ich sie nicht zum zweiten Male erleben werde. Gegen 2 Uhr Morgens ließ der Sturm nach und wir konnten wieder Seegel beisetzen, der Wind war gut, aber das Wetter sehr unangenehm.

Am 3ten Dec. sahen wir die Insel St. Paul, in einer Entfernung von 5 Seemeilen; sie muß nach unsern Beobachtungen in 38° 6' südl. Br. und 77° 16' östl. L. von London, und die Insel Amsterdam 38° 42' südl. B. und 77° 20' östl. L. liegen. — Am 12ten Dec. erreichten wir den S. O. Passat; er weht ziemlich frisch, was immer sehr erwünscht ist, da er die übermäßige Hitze mildert; der Uebergang von den kalten S. W. Winden in ein tropisches Klima war so schnell, daß viele von uns unpäßlich wurden.

26. Dec. Unsern Weihnachtstag brachten wir so nah als möglich bei der Linie zu. Um 12 Uhr waren wir 17 Meilen südlich und vor dem Ende des Tags gerade nördlich. Am Abend war es ganz still; wir steckten daher die Laternen in der Takelage an und machten mit den Soldatenweibern einen muntern Tanz; und die Soldaten bedeckten die Seiten, das Hintertheil und das Tauwerk des Schiffs.

31ste Dec. Der letzte Tag des Jahrs gewährte mir den ersten Anblick von Asien; denn um 6 Uhr Morgens war die Küste von Sumatra in einer Entfernung von 14 Seemeilen sichtbar. Die Berge sind sehr hoch und im Allgemeinen mit Wolken bedeckt. Um 12 fieng es auf dem Lande an zu regnen und verhüllte Alles.

1sten Jan. 1803. — Bei Tagesanbruch sahen wir die südlichste der Nicobarischen Inseln; und um 11 Uhr hatten wir uns ihr bis auf 2 Meilen genähert. An ihrem Ende ist sie ein wenig erhaben. Auf ein schönes Ufer, an vielen Stellen bis an die Wassergränze mit Wald bewachsen, deren ebene Linie bisweilen durch die schlanke Kokospalme unterbrochen ward, folgte eine niedrige Reihe von Hügeln, die sich allmählich von der See erheben und im Hintergrund hohe, dem Anschein nach nackte Berge. Das Ganze bildete eine schöne Scene für ein Auge, das lange an die Einförmigkeit der See und das Gestrüpp und die unfruchtbaren Felsen des Kaps gewohnt war; ein Landwind wehte uns eine Atmosphäre von Wohlgerüchen zu, die uns noch mehr die Unmöglichkeit einer Landung bedauern ließ. Ein Kanoe mit Kokosnüssen, geführt von 3 Männern mit malajischen Zügen, stieß ab; sie waren kupferfarbig und wohlgebildet, wollten aber nicht an Bord kommen und der Wind trieb uns bald fort.

Während der Nacht giengen wir unter dem Schutze von Groß-Nicobar und früh Morgens den 2ten waren die Inseln Katchall und Camorta im Gesicht. Von der erstern kam ein Kanoe mit Früchten beladen heran, die wir kauften. Die Männer waren häßlich, und die Weiber durchaus keine Gegenstände der Versuchung.

Beide Geschlechter waren nackt, ausgenommen daß die Weiber eine kleine Schürze trugen welche die Männer rund, um den Unterleib und zwischen den Schenkeln geschlungen hatten. Da wir der Insel Teressa nahten, waren die Bleiwürfe unregelmäßig; und die Insel Bomboka fanden wir in allen Charten schlecht niedergelegt, da sie beinahe O. S. O. vom Südende der erstern liegt, statt N. O, wie sie angesetzt wird.

Bei'm Eingange in die Straße zwischen diesen beiden Inseln sind 2 oder 3 Felsen über dem Wasser sichtbar. Wir liefen längs der Küste von Teressa, deren Ansehen sich von den übrigen unterscheidet; auf den Hügeln sind weitläuftige Striche mit Gras bewachsen und frei von Holz; ein Umstand, der sie wahrscheinlich gesunder macht. Die Brandung schlägt heftig gegen das Ufer; und schreckte uns, in unsern Booten einen Landungsversuch zu machen; indessen hinderte sie die Eingebornen nicht, in ihren Kanoes herbei zu kommen; sie riefen uns, vor Anker zu gehen, und der Kapitän beschloß es zu thun; er ließ demnach den Anker in 10 Faden Tiefe fallen. Da aber eine Windstille eintrat, trieb uns die Flut so schnell gegen das Ufer, daß wir in wenigen Minuten nur vier Faden Wasser hatten, und unter und vor uns drohten die Felsen. Der Kapitän befahl sogleich, das Tau zu kappen; und da durch eine glückliche Schickung ein leichter Wind unsere Topsegel füllte, waren wir im Stande, uns heraus zu helfen; und entgiengen, mit dem unbedeutenden Verlust eines Ankers, der augenscheinlichen Gefahr zu scheitern. Da die Beschaffenheit der Winde uns keine kurze Reise versprach, ward es rathsam gehalten, bei Car Nicobar anzulegen, um frische Lebensmittel einzunehmen.

Am 4ten Januar ankerten wir auf der Westseite dieser Insel, einem Dorfe gegenüber, das aus Hütten bestand, die ungefähr vier Fuß vom Boden erhoben waren, um vor den Schlangen sicher zu seyn, die hier so häufig sind. Der Kapitän gieng an's Ufer und ward freundlich aufgenommen; doch verlangten die Einwohner, daß er nicht zu vielen von der Besatzung erlauben möge, an's Land zu kommen. Am folgenden Tage überredete er einige Insulaner, ihn an Bord zu begleiten, indem er einen von seinen Leuten als Geißel zurückließ. Es ist ein muskulöser, aber durchaus kein schöngebauter Menschenschlag; doch haben ihre Züge, obgleich sie häßlich sind, einen angenehmen Ausdruck; der beständige Gebrauch des Betels macht ihre breiten Mäuler sehr häßlich, und ihre unregelmäßigen Zähne ganz schwarz.

Während des Tags giengen wir Alle an's Land, und fanden die Bewohner, nachdem ihre Furcht zerstreut war, gutartig und harmlos. Umgang mit Fremden hat ihnen wahrscheinlich einen argwöhnischen Charakter gegeben; denn keiner erschien ohne seine Waffen in der Hand; die er auch keinen Augenblick ablegte. Sie forderten Geld für ihre Lebensmittel, obgleich sie auch Messer, Schnupftücher, und andre nützliche Dinge zum Geschenk erwarteten. Thaler zogen sie vor. Wir erhielten eine beträchtliche Menge Kokosnüsse, Betelnüsse, Papau's (Früchte des Melonenbaums, carica Papaya Linn.), Pisangs, Limonen, Pompelmuse und eine Wurzel, die sie cachu nennen, und die offenbar eine Art von Arum ist. Hühner und Schweine waren in großem Ueberflusse; Yams, die wir am nöthigsten hatten, waren nicht zu erhalten; auch sahen wir nicht eine einzige Ananas. Eine Art Ingwer wächst wild auf der Insel. Die Wälder bestehen hauptsächlich aus der Barringtonia, Kokosnüssen, Tournefortia, Borassus und Areca, ich sah Aletris fragrans und verschiedene Sträuche, die ich aber nicht bestimmen konnte, da sie nicht blühten; die Einwohner litten auch nicht, daß wir weit in die Wälder giengen.

Das Ufer ist Sand, vermischt mit Korallenfelsen; es schlägt darüber eine schwere Brandung, ausgenommen eine einzige Stelle dem Dorfe fast gegenüber, wo die Boote ohne Schwierigkeit landeten. Ruhd um das Dorf waren lange Stäbe von Bambus gesteckt; jeder derselben bezeichnete, wie man uns sagte, die Stelle, wo eine Person begraben war; und zwischen demselben und dem Ufer war eine Reihe dünn gespaltener Stöcke; an jedem hieng ein Stück Fleisch; sie bilden einen Talisman, um den Tod abzuhalten, der sie unter seiner fürchterlichsten Gestalt, den Blattern, besucht hat. Ein böser Geist wird aus Furcht verehrt, und hat die beste Wohnung in dem Orte; vor derselben sind Spendungen von verschiedener Art aufgehangen. Die Einwohner sprechen ein gebrochenes Englisch, mit Portugiesischem vermischt, so daß wir ohne Schwierigkeit mit ihnen umgehen konnten. In der Nacht segelten wir von der Insel ab; wir ließen eine männliche und eine weibliche Ziege zurück; die Eingebornen versprachen, sie auf's sorgfältigste in Acht zu nehmen; die hier gekauften Schweine gehörten zu der Art Sus babyrussa. Für Seefahrer, die hier künftig vielleicht anlegen wollen, bemerke ich, daß unser Ankertau durch die Korallen-Felsen, die aus einer Art Madreporen bestehen, beinahe zerrieben war. *)

Den 17ten Januar entdeckten wir das feste Land von Indien, das N. W. nach W. ungefähr 4 oder 5 Seemeilen entfernt lag. Um 12 Uhr lag die schwarze Pagode von Jagarnaut, der erste Gegenstand, den wir unterscheiden konnten, N. N. W. Wir ließen mit einem angenehmen Winde längs dem Ufer und sahen eine unermeßliche Menge von Gallertfischen; sie sind klein, und hängen an einander an, so daß sie

*) Vor einigen Jahren ist eine Beschreibung der noch nicht sehr bekannten Nicobarischen Inseln in dänischer Sprache erschienen, die, so viel ich weiß, in Teutschland noch nicht bekannt ist: B. Prahl de nicobariske Oers naervaerende Tilstand samt Nytten for den danske Handel af befolke samme. Kjöbenhavn, 1804. 8. Das Buch ist mit vielen unnützen Deklamationen und Abschweifungen angefüllt; das Eigne und Neue werde ich in den Allg. geogr. Ephemeriden mittheilen.

R.

das Ansehen einer Schlange haben; wurden sie aus dem Wasser genommen, so trennten sie sich und bewegten sich mit großer Geschwindigkeit. Da der Wind schwach war, erreichten wir erst den 20sten den Ankerplatz in der Mündung des Uglyflusses. Am 20sten verließ der Equipagenmeister das Schiff mit den öffentlichen Depeschen; und ich gab ihm Briefe an Lord Wellesley mit.

Zweites Kapitel.

Ankunft zu Calcutta. — Fest bei'm Generalgouverneur Marquis Wellesley zur Feier des Friedens. — Besuch zu Barrackpore, seinem Landsitz. — Vorkehrungen zur Reise nach Lucknow. — Abreise von Calcutta. — Reise über Ugly, Burampor, Jungepor, Bhaugulpor, Monghyr, Patna, nach Benares. — Aufenthalt daselbst. — Abreise. — Juanpor. — Brücke und Pallast des Sultans Akbar. — Reise durch das Gebiet des Nawaub Wizier. — Sultanpor. — Ankunft zu Lucknow.

Den 23 Jan. Da der Wind völlig entgegen blieb, waren wir gezwungen den Ugly heraufzutreiben, und machten nur 20 Meilen des Tags. Die Schiffahrt von Sorgur nach Calcutta ist wegen der Sandbänke und der plötzlichen Veränderungen des Flusses sehr schwierig. Schiffe, die mehr als 17 Fuß Wasser brauchen, können nicht höher als bis zum Diamanthaven kommen, ausgenommen zur Flutzeit, und selbst dann ist es gefährlich, wenn sie tiefer als 18 Fuß gehen; und doch sind an diesem Flusse die Nieverlassungen der Franzosen, Holländer und Dänen sowohl, als der Engländer. Wir liegen vor Anker bei Fultah, einem Dorfe aus Lehmhütten, gleich den andern, die wir gesehen haben. Der Fluß selbst besteht aus einer bedeutenden Wassermasse, aber die Menge Schlamm, die er herunterrollt, vermindert seine Schönheit beträchtlich. Die Ufer sind hoch, das Land umher ist völlig eben, dick mit Holz und Gesträuch bedeckt, worin unzählige Tiger ihre Schlupfwinkel haben. Nach diesen Sunderbunds*) strömen die Hinduer zu dieser Jahreszeit in unermeßlichen Schaaren, um ihre Reinigungen im Ganges zu verrichten, und viele, um sich den Krokodillen zu opfern; sie gehen in dieser Absicht in den Fluß und warten, bis die fürchterlichen Thiere sich nahen und sie herunterziehen; andere kommen durch die Tiger um, aber doch zieht die Macht des Aberglaubens sie immer nach diesem Orte.

Diesen Abend kam ein Brief von Herrn Graham an, der mir sein Haus anbot, zugleich erhielt ich eine sehr artige Antwort vom Marquis Wellesley, der mich zu einem Fest einlud, das am 26sten im neuen Gouvernementshause zur Feier des allgemeinen Friedens gegeben werden sollte. Nach wenigen Stunden kam eine von seinen Staatsbarken an, um mich nach

*) So heißen die vielen kleinen Ausflüsse und Ströme zwischen dem eigentlichen Ganges und dem Ugly, die eine Art von Delta bilden.

R.

Calcutta zu bringen. Da es schon spät war, beschloß ich bis zum nächsten Morgen zu warten.

26sten Jan. Um 7 Uhr nahm ich, begleitet von Herrn Salt, Abschied von der Minerva, auf der ich beinahe 8 Monate zugebracht hatte. Die Staatsbarke, die wir bestiegen, erinnerte mich an die Feenmährchen. Sie war im Verhältniß ihrer Breite sehr lang und reich mit Grün und Gold verziert; ihr Vordertheil war ein vergoldeter ausgebreiteter Adler, der Hintertheil der Kopf und Leib eines Tigers. Die Mitte konnte 20 Personen mit Bequemlichkeit fassen, und war mit einem Himmel und Seitenvorhängen bedeckt; vorn saßen 20 Eingeborne in Scharlach gekleidet, mit rosenfarbenen Turbans, und ruderten mit großer Schnelligkeit. Nach dem Frühstück in einem Wirthshause am Ufer setzten wir unsere Reise fort; wie wir vorwärts kamen, ward der Fluß heller und die Gegend durch die Landsitze der Engländer an beiden Ufern verschönert; sie waren an sich malerisch, weiß, mit geräumigen Säulengängen gegen Süden versehen; die Fenster waren durch grün-gemalte venetianische Blenden verschlossen. Jedes Haus war mit einer Pflanzung von Mango's und andern orientalischen Waldbäumen umringt. Wir landeten bei Hrn. Farqueharson's Garten, ungefähr 5 Meilen von Calcutta, wo Hrn. Graham's Wagen uns erwartete, um uns nach seinem Hause zu bringen; wir kamen um zwei Uhr an und wurden äußerst gastfrei aufgenommen; er wohnt in Schauringi (Chouringee) in einem herrlichen Hause, wo Zimmer für mich und

Herrn Salt bereitet waren. Nachdem wir in Gesellschaft mit einigen Freunden unsers Wirths zu Hause gespeist hatten, begaben wir uns sämmtlich nach dem Gouvernementshause. Die Staatszimmer waren zum ersten Mal erleuchtet. An dem obern Ende des größten lag ein sehr reicher persischer Teppich ausgebreitet; in der Mitte desselben war ein Musnud (orientalischer Polstersitz) von Gold und Karmesin angebracht, der vorher den Thron des Sultans Tippu verzierte. Auf demselben stand ein reicher Staatsstuhl für Lord Wellesley; an jeder Seite drei Sessel für die Mitglieder des Raths und die Richter. Nach der Thür herunter waren an beiden Seiten Sitze für die Damen, die sie nach den strengen Regeln des Ranges, den hier die längere oder kürzere Dienstzeit des Mannes bestimmt, einnahmen.

Um 10 Uhr kam Lord Wellesley, begleitet von einer großen Schaar Adjudanten u. s. w. und nahm seinen Sitz ein, nachdem er in der nördlichen Varendah die Begrüßungen einiger eingebornen Fürsten und die Vakils anderer empfangen hatte. Darauf begann der Tanz und währte bis zum Abendessen. Das Zimmer war nicht hinreichend erleuchtet, machte aber dennoch eine schöne Wirkung. Die Reihen von Chunampfeilern,*) die jede Seite trugen, nebst dem übrigen Theil des Saals machten mit ihrem glänzenden Weiß

*) Chunam ist eine schöne Art Stuck, fast dem Scagliola gleich.

einen Kontrast gegen die verschiedenen Kleider der Gesellschaft. Lord Wellesley trug die Orden von St. Patrik und den Halbmond in Diamanten. Auch viele europäische Damen waren reich mit Juweelen geschmückt.

Die schwarze Tracht der Armenier gefiel der Abwechslung wegen; und die köstlichen, aber übelkleidenden Gewänder ihrer Frauen, zusammen mit dem Aufzug der Offiziers, Nabobs, Perser und Eingebornen glichen einer Maskerade. In einer Hinsicht ward sie übertroffen; die Charaktere wurden gut behauptet und das Kostume ward von Keinem verletzt. Ungefähr 800 Personen waren gegenwärtig, die hinreichenden Raum zu speisen unten im Marmorsaal fanden; von dort wurden sie um 1 Uhr nach den verschiedenen Verandahs geladen, um das Feuerwerk und die Erleuchtungen zu sehen. Die Seite der Citadelle, die nach dem Pallaste sieht, war mit einem Lichtglanze bedeckt, und alle Zugänge waren mit Lampen an Bambusstäben eingefaßt. Der Pöbel stahl viel Oel; und da es unmöglich war, eine so große Reihe mit einemmale anzuzünden, war die Wirkung weit unter dem, was sie hätte seyn müssen. Die Feuerwerke waren unbedeutend; nur die Raketen übertrafen alle, die ich je gesehen habe. Sie wurden aus Mörsern auf den Wällen der Citadelle geworfen. Auch waren die Farben verschiedener Stücke vortrefflich, und einem Kampf zwischen zwei Elephanten von Feuer, die auf Walzen gegen einander gezogen wurden, konnte man wenigstens das Verdienst der Sonderbarkeit nicht absprechen. Die Nacht war sehr feucht und verursachte viele Erkältungen. Wir kehrten sehr zufrieden über den angenehmen Abend nach Hause.

27sten Junius. Ich hatte diesen Morgen eine Privataudienz bei Lord Wellesley, worin ich ihn über meine künftigen Plane um Rath fragte. Er rieth mir, da die Jahreszeit so weit vorgerückt war, entweder sogleich mit Dahk *) nach den obern Provinzen abzugehen, oder den übrigen Monsun zu einem Besuch zu Penang und Madras zu benutzen, hernach nach Kalkutta zurückzukehren, und mit der Regenzeit den Fluß auswärts zu gehen. Er schien geneigt, das Erstere vorzuziehen; ich stimmte damit überein, da meine Absicht war, Ceylon und Mysore zu besuchen, was ich in dieser Jahrszeit nicht thun konnte; und ohnedieß, würde der zweite Plan allein so viele Zeit weggenommen haben. Er bat mich wiederholt, zu bestimmen, worin er mir dienen könnte und versicherte mich, daß ich seines Beistandes sowohl in Hinsicht auf die Pässe, als auch der erforderlichen Eskorten völlig gewiß seyn könnte. Er gab mir eine allgemeine Einladung zu seiner Tafel, sowohl in der Stadt, als auf dem Lande, und bemerkte, daß, obgleich, genau gesprochen in Indien kein anderer Rang als aus Dienstverhältnissen Statt finde, er mir doch die Stelle

*) Die Post, wo in kurzen Entfernungen Träger stationirt sind, einander abzulösen.

über alle, außer die unmittelbaren Mitglieder der exekutiven Regierung geben würde.

4ten Febr. Verschiedene Tage fühlte ich mich durch einen heftigen Schnupfen so unpäßlich, daß ich mich zu Hause halten mußte. Unterdessen empfieng ich Besuche von vielen Freunden des Hrn. Graham und den Personen, die zum Gefolge Sr. Excellenz gehören; auch habe ich den Mitgliedern des Raths und den Richtern, aus denen die Exekutivregierung besteht, meine Aufwartung gemacht. Nach einer Berathschlagung mit meinem Freunde Hrn. Graham, entschloß ich mich bestimmt nach Lucknow zu reisen, sobald als die erforderlichen Vorbereitungen gemacht werden könnten; ich zeigte es Sr. Excellenz an, und er versicherte mich, daß alle Befehle gegeben werden sollten, um mir an den verschiedenen Orten, die ich auf meiner Reise besuchen würde, eine gute Aufnahme zu verschaffen.

12ten Februar. Bei einer Morgenexkursion besuchte ich den botanischen Garten, der unter Aufsicht des Dr. Roxburgh steht. Er enthält einen bewundernswürdigen Reichthum an Pflanzen, und übertrifft Alles was ich je in der Art gesehen habe, unendlich. Er ist in einem sehr guten Styl angelegt und sein ungeheurer Umfang macht die Beschränkung auf Beeten unnöthig; nur scheint es mir unrecht, daß man nicht auch auf wissenschaftliche Anordnung einige Rücksicht genommen hat. Der schönste Gegenstand im Garten ist ein herrliches Exemplar des Ficus bengalensis, auf deren Zweigen sich eine Menge Schmarotzerpflanzen, Epidendrons, Limodorums und Filices ernähren. Auch das Wasser ist schön und mit rothen, blauen und weißen Nymphaeen bedeckt. Man scheint mehr auf Nutzen als die Wissenschaft gesehen zu haben. Tausend Pflanzen vom Tekbaum, vom Loquot dem inokulirten Mango und andern schätzbaren Frucht- und Nutzbäumen, sind von diesem Orte über unsre östlichen Besitzungen verbreitet worden; und jetzt ist er der wahre Mittelpunkt, wo die Erzeugnisse jedes Klima's vereinigt sind, um nach jeder Stelle vertheilt zu werden, wo eine Wahrscheinlichkeit ist, daß sie nützlich seyn können. Die Muskatnuß war in großer Vollkommenheit; der Mangustin aber, obgleich oft hierher gebracht, hat seine Verpflanzung nicht ein Jahr überlebt. Die vornehmsten neuen Sachen sind aus Napal und Dschittagong. Die meisten westindischen Pflanzen finden sich hier und werden wahrscheinlich fortkommen. Für die europäischen Gewächse ist es viel zu heiß, und folglich stehen selbst unsre Topfpflanzen auf der Liste der fehlenden.

14ten Februar. Zu Folge einer allgemeinen Einladung, fuhr ich gestern nach Barrackpor, Lord Wellesley's Landsitz; Hr. Graham und Hr. Salt begleiteten mich. Wir kamen vor dem Frühstücke an und ich fand Se. Excellenz gerade von ihrem Spazierritte zurückgekehrt. Die Lage des Hauses ist über alle Vorstellung angenehm. Es ist bedeutend über den

Ugly-Fluß erhaben; gerade gegenüber liegt die dänische Niederlassung Serampor; an den Seiten sind Pagoden, Dörfer und Wälder von hohen Bäumen. Das Wasser selbst ist weit heller als zu Kalkutta und mit den Staatsbarken und Kuttern des Generalgouverneurs bedeckt; diese grün gemalt und mit Gold verziert, erhöhten durch den Kontrast mit den scharlachnen Kleidern der Ruderer das Malerische der Scene. Der Park ist in englischem Geschmacke angelegt, und das Haus, jetzt noch unvollendet, ist dem Klima sehr angemessen; es hat auf jeder Seite eine schöne Verandah und die Zimmer sind geräumig.

Dieser Platz gehörte ursprünglich dem Commandeur en Chef, Lord Wellesley nahm aber Besitz davon, als er zum Generalkapitän ernannt ward und verschönerte ihn mit seinem gewöhnlichen Geschmack; verschiedene der indischen Häuser, (Bungalows) die zu dem Bezirk gehörten, sind in den Park hereingezogen und zur Aufnahme der Sekretäre, Adjudanten und Besuchenden eingerichtet. Der Lord hatte befohlen, eins für mich in Ordnung zu bringen und ich nahm sogleich Besitz davon. Nach dem Frühstücke kehrten wir nach unsrer Wohnung bis zum Mittagsessen zurück, da Seine Excellenz nebst einigen Sekretären mit der Ausfertigung von Depeschen für England beschäftiget war. Bei der Mittagstafel hatte ich indessen das Vergnügen, mich verschiedene Stunden mit ihm über Indien und die wichtigen Erweiterungen zu unterhalten, die unsre Herrschaft hier durch ihn gewonnen hat.

Mit grossem Bedauern kehrte ich den Abend nach Kalkutta zurück, aber die heiße Witterung nahte sehr schnell und als ein Neuangekommener fürchtete ich, mich derselben zu sehr während einer Reise von 800 Meilen auszusetzen. Auf Verlangen Sr. Excellenz ließ ich Herrn Salt zurück, um Zeichnungen von diesem Orte zu machen, und schiffte mich, von Herrn Graham begleitet, nach dem Essen in eine Staatsbarke ein. Barakpor ist ungefähr 15 Meilen von der Stadt entfernt; wir landeten jedoch 3 Meilen von derselben, wo uns Hrn. Grahams Wagen erwartete. Es ist keineswegs sicher, des Nachts zu Schiffe herabzugehen, da sehr häufig wegen der Schnelligkeit der Flut die Boote an den Ankertauen der Schiffe scheitern.

20sten Febr. Am 18ten kehrte Hr. Salt zurück sehr zufrieden über seinen Besuch; er war nicht nur mit einer sehr schmeichelhaften Aufmerksamkeit behandelt worden, sondern Se. Excellenz hatte auch mit der Treue seiner Zeichnungen und über die Schnelligkeit, womit er sie vollendete, den wärmsten Beifall bezeugt. Ich machte heute meinen Abschiedsbesuch und verließ den Generalgouverneur mit den innigsten Gefühlen der Dankbarkeit. Er hegte durchaus keinen Verdacht über die Gründe meiner Reise, sondern ich erhielt mit Leichtigkeit und Vergnügen alle Aufschlüsse, die ich über den Zustand des Landes zu erhalten wünschte. Wir kehrten am Abend zurück und brachten Alles zu meiner Abreise auf Morgen in Ordnung. Hr.

Graham hat mir 3 Palankins gekauft, worin Hr. Salt, ich und mein englischer Bedienter mit Dahk reisen; mein Gepäck geht größtentheils in einem kleinen Boote auf dem Ganges, unter der Aufsicht von zwei einheimischen Bedienten, und der Eskorte zweier Sihpoys. Wir nehmen in 6 Bangy's *) hinreichende Wäsche zum Wechseln mit, da die Bagage wegen des niedrigen Wassers vor 3 Wochen nicht ankommen kann, der Cossimbuzar-Fluß verschlossen und sie genöthigt ist, den Weg durch die Sunderbunds zu nehmen.

21. Febr. Mein einsichtsvoller und unermüdlicher Freund, Hr. Graham beschloß, mich bis nach Ugly zu begleiten, wohin wir, der großen Hitze wegen, zu Wasser zu gehen gedachten. Um 10 Uhr Morgens giengen wir in seinem Wagen nach Chitpor, wo, nach dem Versprechen Sr. Excellenz, eine Barke uns erwarten sollte. Mein Bedienter mit unsern Palankins gieng nach einem Platze höher hinauf, an dem kleine Boote für sie bereitet waren. Bei unserer Ankunft waren wir nicht wenig überrascht, als kein Boot sichtbar war. Die Flut war beinahe zurückgekehrt und da Ugly 26 Meilen entfernt war, bedurften wir die ganze Flutzeit, um dahin zu kommen; es war daher unmöglich, zu warten, und wir mußten, statt des

*) Körbe von Flechtwerk mit Tuch bedeckt, die von einer Person auf einem Rohre quer über die Schultern getragen werden.

erwarteten prächtigen, kühlen und bequemen Fahrzeugs, mit einem bloß mit Binsen bedeckten Boote zufrieden seyn; um 11 Uhr bei der Rückkehr der Flut schifften wir uns ein und sie trieb uns mit Hülfe von 2 nackten Dandy's (Bootsleuten), die vorn im Fahrzeug ruderten, 4 Meilen in der Stunde herauf. Der Wind war frisch und uns gerade entgegen; aber die dadurch bewirkte Zögerung ward durch die Kühlung völlig aufgewogen. Die Ufer waren so flach, daß wir über die Wälder von Kokos- und Mangobäumen, die sie an beiden Seiten bedeckten, nichts sehen konnten. Nur selten machte eine Villa eine Unterbrechung; hin und wieder veränderten Hütten und Pagoden die Aussicht, die wegen der großen Breite des Flusses wirklich schön war; er erweiterte sich hier zu bedeutenden Bassins statt der häufigen Krümmungen, die wir unterhalb Kalkutta bemerkten. Mein Bedienter mit den Palankins und Trägern holten uns in einem ähnlichen Boote bald ein.

Serampor, die dänische Niederlassung auf dem jenseitigen Ufer, macht einen angenehmen Eindruck, da die Häuser leidlich und wie die zu Kalkutta mit Chunam überzogen sind. Sie erstreckt sich etwa 2 Meilen längs dem Ufer und ist völlig von unserm Gebiet umgeben; sie hat keine Festungswerke und bloß eine kleine Batterie zum Grüßen. Bei dem Zwiste mit den nordischen Mächten, ließen wir sie durch ein Detaschement Sipoys in Besitz nehmen, was natürlich ohne Widerstand geschah. Die Breite ist unbeträchtlich;

aber so klein die Kolonie war, war sie doch von beträchtlichem Werthe für das Mutterland. Als die ostindische Kompagnie den Handel mit Opium und Salpeter für sich allein behielt, um jede Konkurrenz zu verhindern, bewilligte sie jährlich eine gewisse Quantität den Franzosen, Dänen und Holländern zu einem bestimmten Preise, unter der Bedingung, nichts von den Eingebornen zu kaufen.

Die Dänen verkauften ihr Opium in diesem Jahre wieder mit einem Vortheil von 20,000 Pfund, ohne ihn von Kalkutta zu verführen, und diese Summe war mehr als hinreichend, um alle ihre Kosten zu decken. Sie haben auch das Recht, von diesem Orte alle indische Produkte zu ihrem eigenen Verbrauche zollfrei auszuführen. Schiffe können freilich wegen einer Untiefe, die ungefähr 3 Meilen weiter herunter entstanden ist, nicht dicht bis an die Stadt kommen, aber der Arbeitslohn ist so wohlfeil, daß die vermehrten Ausgaben bei einem Transporte in Booten nicht in Betrachtung kommen.

Die französische Niederlassung zu Chandernagor und die holländische zu Chinsura sind weitläuftiger, als die dänische, allein die größern Kolonien waren nie gleich vortheilhaft und haben mehr gekostet, als sie einbrachten. Die Verträge, nach denen sie einen Antheil von dem Opium und Salpeter verlangen konnten, wurden im letzten Frieden nicht erneuert; folglich hört dieser Vortheil auf. Wir sind

Herrn des ganzen Landes und berechtigt, unsern Unterthanen den Handel mit ihnen zu untersagen. Es scheint daher die Zurückgabe dieser Niederlassungen an Holland und Frankreich ohne allen Nutzen zu seyn; und diese Mächte scheinen sie selbst so betrachtet zu haben, denn bis jetzt sind noch keine Holländer oder Franzosen angekommen, obgleich verschiedene Monate seit dem Frieden verflossen sind.

In einer kurzen Entfernung von Chinsura verließen wir unsre Boote, da die Flut uns gerade entgegen kam, und es unmöglich war, mit zwei Ruderern ihr entgegen zu arbeiten. Wir erwarteten, hier den Wagen des Herrn Brook zu treffen, aber dieser Tag schien einmal zum Unglück bestimmt zu seyn; es war kein Fuhrwerk da; wir waren 4 Meilen von Ugly und die Sonne brannte noch sehr heiß. Endlich ward beschlossen, daß ich mit aller Eile in meinem Palankin vorausgehen und die beiden Herrn abholen lassen sollte. Von Hugli sah ich nichts, da es bei meiner Ankunft und Abreise völlig dunkel war. Hier mußte ich von meinem vortrefflichen Freunde, der mich mit Beweisen des Wohlwollens und der Gastfreundschaft überhäuft hatte, Abschied nehmen.

Es geht ein doppelter Weg nach Benares; der neue über den gebirgigen und wilden Theil von Bahar ist 200 Meilen näher, als der alte, der durch die volkreichen Städte Bengalens führt; ich zog den letztern vor, weil ich alle 24 Stunden einen

Ort fand, wo ich ausruhen konnte, und Gelegenheit hatte, viele der berühmtesten Städte des Ostens zu sehen; auf dem erstern wäre ich gezwungen gewesen Tag und Nacht zu reisen und hätte nur drei Stationen gehabt. — Es wurden Träger für unsre Palankins überall von 10 Meilen zu 10 Meilen bestellt; übrigens wollten wir nun des Nachts reisen, da die Gegenden in Bengalen wegen der einförmigen Fläche uninteressant sind. Für jeden Palankin wurden 8 Träger erfordert, die einander abwechselten; wir hatten auch drei Mussals oder Fackelträger und drei Leute, um unser Gepäck fortzubringen. Keiner von uns verstand ein Wort von der Landessprache; und es war gewiß keine geringe Kühnheit, uns ohne einen Dolmetscher auf eine Reise von 800 Meilen zu begeben. Um halb 7 Uhr entkleideten wir uns, legten uns, gut in Betttücher gehüllt, in unsere Palankins und traten die Reise an. Die unaufhörliche Bewegung war doch gar nicht unangenehm. Ich schlief bald ein, ward aber durch die Träger bei'm ersten Wechselplatz aufgeweckt, die Bury oder ein Trinkgeld verlangten; ich gab ihnen, wie es jetzt ganz gewöhnlich ist, eine Rupie für jeden Palankin; es war so kalt, daß ich, ungeachtet jedes Fenster verschlossen war, noch ein Tuch zu meiner Bedeckung hinzufügen mußte. Ich fand mich bald so vollkommen in mein neues Schlafgemach, daß mich nichts als die Forderung des Trinkgeldes in meiner Ruhe störte.

22sten Febr. Früh Morgens befand ich mich an

den Ufern des Cossimbuzarflusses, ungefähr 8 Meilen von seiner Vereinigung mit dem Jellinghy. Er war hier nur ein unbedeutender Strom, obgleich die große Höhe der Ufer zeigte, wie viel größer die Wassermasse in der Regenzeit seyn mag. Ich verließ meinen Palankin und gieng eine kurze Strecke, um mich durch die Morgenluft zu erfrischen, die angenehm kühl, sogar kalt war. Zu Ahgabiep, wo wir unsre Träger wechselten, fand ich ein Zelt und Erfrischungen, die der Nawaub von Bengalen aus Murshedabad geschickt hatte; ich wünschte aber zu Mittag in Burampor einzutreffen und hielt mich daher nicht auf, sondern nahm einige Früchte in den Palankin und frühstückte unter Wegs. Das Land, wodurch wir kamen, überzeugte mich, daß ich wenig durch die Dunkelheit verloren hatte; es war ganz flach; ein Theil mit fast reifem europäischen Korn bedeckt und das Uebrige eine dürre Wüste, wo Paddy (der Reiß in Hülsen) gebaut war. Mango = Topes (regelmäßig gepflanzte Wäldchen) gab es in großer Menge; doch obgleich der Duft von ihren Blüten die Luft umher durchwürzte, so waren sie doch zu einförmig und zu sehr nach der Schnur (im Viereck) gepflanzt, um zur Verschönerung der Gegend beizutragen. Der Baum ist indessen sehr schön und gleicht an Gestalt und Größe sehr der spanischen Kastanie; bisweilen fiel uns eine Bombax ociba, jetzt mit ihren großen rothen Blumen bedeckt, durch ihre Sonderbarkeit auf.

Mein nächster Wechselort war der prächtige Tope

Plassey, berühmt durch den Sieg, den Lord Clive mit 3000 Mann, worunter nur 900 Europäer waren, über das Heer des Surajah Daula von fast 70,000 Mann davon trug. Von diesem Zeitpunkt können wir als die Herrn von Bengalen betrachtet werden, und diesem Siege verdanken wir in der That die große Herrschaft, die wir jetzt besitzen. Aber nicht bloß für England war er vortheilhaft; die Urbewohner, die Hindu's, unterdrückt durch die Erpressungen und geschlachtet in den ehrgeizigen Kriegen ihrer muhammedanischen Eroberer, haben gleiche Ursache, sich darüber zu freuen; denn beinahe ein halbes Jahrhundert haben sie eine Sicherheit ihrer Personen und ihres Eigenthums genossen, die in jedem andern Theile von Asien unbekannt ist; und was beinahe eben so seegensreich gewesen ist, die Schrecken des Kriegs waren von ihrer friedlichen Heimath entfernt.

Die Hitze war auch für meine Träger sehr lästig; erst um Mitternacht erreichte ich Burampor, ungeachtet die Entfernung von dem Flusse, den ich um 6 Uhr des Morgens passirte, nicht mehr als 36 Meilen betrug. Die Engländer, die sich entweder als Beamte oder Kaufleute in den großen indischen Städten aufhalten müssen, haben gewöhnlich in einiger Entfernung von denselben moderne Wohnungen angelegt, frei von dem übeln Geruch und der Beschränktheit der engen asiatischen Städte.

Burampor ist eine von den 6 großen Militärstationen in diesen Provinzen; die Quartiere bilden eine schöne Reihe von Gebäuden und nehmen die eine Seite eines großen offenen Platzes ein, um den die Häuser verschiedener Europäer gelegen sind. Von Murshedabad, das gewöhnlich „die Stadt" genannt wird, ist sie 5 Meilen entfernt, und ist der Aufenthaltsort des gegenwärtigen Nawaubs von Bengalen, Nasser ol-Mulk, und auch der berühmten Munny Begum, Wittwe des Dschaffer Ali Khan; sie ist ungeheuer reich und hat noch ungeachtet ihres hohen Alters alle ihre Verstandeskräfte ungeschwächt.

Eine Geschichte ihres Lebens würde die wichtigsten Begebenheiten Bengalens und alle die Abwechselungen enthalten, die einem Menschen selbst in Asien begegnen können. Sie sah ihren Gemahl durch die Hülfe der Engländer auf den Musnud erhoben, hernach von ihnen abgesetzt und genöthigt, in Kalkutta seine Zuflucht zu suchen; darauf wieder eingesetzt und bei seinem Tode im Besitz des Landes; ihren Sohn auf eine Pension von derselben Macht heruntergebracht, die sich die Herrschaft für sich selbst bemächtigte. Sie hat jedoch immer den Rang und das Vermögen einer Fürstin, und durch die Kraft ihres Geistes und ihren Einfluß in Kalkutta erhält sie eine unumschränkte Gewalt über ihre ganze Familie. Ihre Einkünfte würden die Glieder derselben in den Stand setzen, selbst mit einer Art von Würde zu leben, wenn nicht ihre Zahl so sehr zugenommen hätte, und eine gewisse Unvorsichtigkeit in dem muhammedanischen Charakter erblich zu seyn schiene.

Vermehren sie sich in dem bisherigen Verhältnisse fortdauernd, so müssen einige Zweige in gänzliche Armuth versinken, wenn nicht eine Reihe von Begums sie durch reiche Verlassenschaften rettet. Ein Besuch, den ich der alten Dame und dem Nawaub machen wollte, ward Anfangs durch ein Mißverständniß und hernach durch den Mangel eines Fuhrwerks verhindert.

Während des Mittagsessens hörten wir eine Menge Dschakals heulen, nebst dem Fuchse die einzigen Raubthiere, die noch in der Insel, die der Cossimbuzar bildet, übrig sind; ehemals war sie voller Tiger und Leoparde, aber die Zunahme der Bevölkerung und die von der Kompagnie bezahlten Belohnungen haben sie hier völlig ausgerottet und in andern Gegenden sehr dünn gemacht; für den Kopf eines ausgewachsenen Tigers werden 10 Rupien bezahlt; und für einen Leopard oder jungen Tiger halb so viel. Die Prämien sind bereits bis zu anderthalb Lack Rupieen gestiegen.

Abends um halb 11 Uhr trat ich, begleitet von meinem Bedienten, die Reise an; wir fanden es schwierig, Träger für die 3 Palankin's zu erhalten. Hr. Salt blieb daher bis zum folgenden Tage zurück. Die Träger waren so gut, daß ich einschlief, ehe wir Murshedabad erreichten; ich passirte es, ohne es gesehen zu haben; ich bedaure dies um so weniger, da es nur auf der Seite des Flusses leidlich ist und wirklich nie auf Schönheit Anspruch machen konnte. Erst im Jahre 1757 verlegte Dschahser Khan die Residenz von Dacca hieher, als er die Engländer beobachten wollte; und seit dieser Zeit haben die Nawaubs niemals Ruhe genug gehabt, um ihre Hauptstadt zu verschönern. Mein Weg führte noch immer durch die Insel des Kossimbuzar, die in einer völligen Sandfläche besteht. Die jährliche Ueberschwemmung des Stroms läßt einen Niederschlag von Schlamm zurück, der wie der des Nils, dieses sonst dürre Land befruchtet. Ich bemerkte ganz vortreffliche Waizen- und Gerstensaaten, und hin und wieder Indigopflanzungen. Die Paddyfelder waren jetzt leer und machten einen sehr unangenehmen Eindruck. Mango-Topes und Palmbäume waren gewöhnlich, Kokosnüsse seltner, und sie schienen nur wenig Früchte zu tragen. Die Dörfer bestanden aus erbärmlichen Lehmhütten, aber sie folgten rasch auf einander und die Zahl der Bewohner gab mir einen hohen Begriff von der allgemeinen Bevölkerung des Landes.

25sten Febr. Halb 9 Uhr des Morgens kam ich in Dschongepor an. Mein Wirth, Herr Atkinson, ist ein angenehmer, verständiger Mann, hat aber durch seinen vieljährigen Aufenthalt an diesem ganz einsamen Orte einen Anstrich von Rohheit; seine nächsten Nachbarn sind zu Murschedabad; er sieht daher keine andre Menschen als die Reisenden, die entweder zu Lande oder auf dem Flusse, zur Zeit wann er schiffbar ist, nach diesem Orte kommen. Nur ein Mal hatte er von einem Tiger auf der Insel gehört; bisweilen findet sich ein Leopard. Die Büffel sind ganz ausgerottet, einige wenige Antilopen, Schweine und gefleckte Rehe sind übrig; dagegen giebt es mannichfaltige, schöne Vögel.

Dieser Ort ist der größte Stapelplatz für die Seide, den die ostindische Kompagnie besitzt, obgleich dem Namen nach, Kossimbuzar den Vorzug hat; die übrigen Stellen sind Maldah, Bauleah, Kommerkolly, Radnagor und Rungpor. Der erste Versuch eine Seidenmanufaktur anzulegen, war zu Budge=budge, der aber nicht gelang. Die hiesigen Gebäude wurden 1773 errichtet. Sie beschäftigen ungefähr 3000 Personen; bei jedem der 600 Oefen ist ein Mann, der die Seide von den Kokons spinnt und ein Knabe, der das Rad dreht; die Spinner erhalten monatlich 4½ Rupien und die Knaben drei; die Aufseher haben fünf und bekommen einige Anas von dem Lohn der Arbeiter, die unter ihnen stehn. Die übrigen sind Holzhauer, Fährleute u. s. w. und ihre Bezahlung ist verschieden. Man bedient sich der italienischen Manier im Abhaspeln, die vor etwa 40 Jahren von einigen, von der Kompagnie herübergeschickten Italienern eingeführt ward. Die Seide wird geflochten, was in den einheimischen Manufakturen nicht der Fall war. Ein Sihr (ungefähr zwei Pfund) ungedrehter Seide ist etwa 2 Rupien weniger werth. Die ostindische Kompagnie läßt keine von dieser Art verarbeiten, kauft aber eine beträchtliche Menge, um sie nach Hause zu schicken. Sie wird zu Zeuchen gebraucht, worin Seide mit Baumwolle vermischt wird, mit der sie sich, ihrer Ebenheit wegen, leichter vermengt.

Es giebt drei Arten Seidenwürmer im Lande; die erste oder jährliche, die von Tippera kam, ist bei weitem die größte und beste, giebt aber nur eine Aerndte; die zweite, die am gewöhnlichsten gezogen wird, wird für einheimisch gehalten, und heißt die Dacey; die dritte, die Chinesische oder Madrassische ist die schlechteste; beide Arten geben aber im Jahr eine achtmalige Aerndte. Sie werden von den Weibern und Kindern erzogen. Die Würmer sind Privateigenthum und die Kokons werden von der Kompagnie gekauft. Der Maulbeerbaum ist der orientalische, er ist zwergartig und hat nur schlechte Blätter; man leitet hieraus die Ausartung der aus andern Ländern eingeführten Würmer her. Der Chinesische Maulbeerbaum ist versucht worden, aber wegen des dürren Bodens nicht fortgekommen.

Es werden dreierlei Arten Seide verfertigt; die erste aus den jährlichen Kokons, die zweite aus den Dacey und Madrassischen, sie besteht aus 12 — 14 Fäden; die dritte auch aus den Dacey und Madrassischen und besteht aus 16, 18, 20 und 24 Fäden. Die nach Hause gesandte Quantität ist neulich wegen der Verlegenheiten der Kompagnie, nur klein gewesen, kann aber bis zu jeder beliebigen Größe vermehrt werden. Die letzte Lieferung gesponnener Seide kostete die Kompagnie 10 Rupien, 4 Anas der Sihr, alle Kosten eingerechnet; es sind viele andere Plätze, wo die Einwohner den Seidenwurm ziehn, und auch die italienische Art des Haspelns angenommen haben; die Kompagnie kauft jedoch nichts von dieser Seide.

Während der Hitze des Tages gieng ich durch die ganze Manufaktur; es ist ein sehr großes Gebäude, von zwei Etagen. Auf der unteren Flur sind die Kessel, worein die Kokons getaucht werden, um die Seide zu lösen, und wo sie abgewunden wird; oben sind Magazine. Die Leute sahn gesund aus; ich halte ihre Arbeit durchaus nicht für schädlich, und in vielen Hinsichten ist sie gewiß vortheilhaft, da ganz junge Kinder gebraucht werden können, und die acht Aerndten von dem gewöhnlichen Seidenwurm sie in den Stand setzen, sich für das ganze Jahr ihren Unterhalt zu erwerben.

Um 6 Uhr des Abends setzte ich meine Reise fort und als ich am 26sten Februar des Morgens erwachte, war mir Radschamahal am Ganges im Gesicht; ich sah ihn hier zum ersten Mal, obgleich die Ebbe am niedrigsten war, blieb er doch noch immer ein edler Strom. Die Stadt liegt auf dem hohen Ufer und besteht jetzt nur aus einer Straße von Lehmhütten. Bis zum Jahre 1638 war sie die Residenz des Sultan Suja, der Bengalen beherrschte; aber eine fürchterliche Feuersbrunst legte den Pallast ganz in Asche; und in demselben Jahre führte der Strom beinahe die ganze Stadt fort. Keine Spuren von ihrer alten Herrlichkeit sind mehr übrig. Die Gegend war gefälliger als gewöhnlich; rechts der stattliche Ganges, links einige mäßige Hügel mit Jungles*) bedeckt, worüber

*) Da dieser Name in den Wörterbüchern nicht steht, und auch ein trefflicher Botaniker ihn mir nicht erklären konnte, so habe ich den Originalausdruck beibehalten. R.

der Borassus flabelliformis und die Dattelpalme mit stolzen Häuptern hervorragten und die Bombax Ceiba und Butea frondosa ihre Scharlachblumen, die kein Blatt bedeckte, zur Schau trugen. Vorn waren die Berge, für mich ein reizender Anblick, da ein ebner Horizont so viele Monate meine Augen ermüdet hatte.

Vier Stunden reiste ich über die Ebne zwischen den Hügeln und dem Flusse. Sie war ganz mit Weizen und Gerste bedeckt, außer wo die regelmäßigen Vierecke der Mangotopes die Luft mit ihren Blüten durchwürzten und dem Arbeiter, der das Feld bestellte, Schatten darboten. Um 12 Uhr erreichte ich Sikeligully, eins der, durch die Weisheit der Regierung, in den Wildnissen angelegten Dörfer, um den invaliden Sipoys Unterhalt zu geben. Zum Glück für mich war Kapitain Wilton gerade hier, der die verschiednen Stationen besuchte; er empfieng mich sehr artig in einem auf einer Anhöhe, dicht am Flusse errichteten Bungelow. Der Ort ist sehr schön; der Fluß macht hier eine plötzliche Wendung nach Südost, nachdem er 300 Meilen beinahe nach Osten geströmt ist, und giebt sowohl nach oben als unten einen sehr weiten Blick. Das Ufer ist gut mit Holz bewachsen und die blauen Berge in der Ferne dienen, die Schönheit der Gegend zu vollenden; dicht bei dem Hause liegt ein kleiner Hügel und auf dem Gipfel desselben die Ruinen eines Muhammedanischen Begräbnißplatzes.

Dies war der letzte Ruheplatz in der Provinz Bengalen; einige Meilen höher hinauf fängt die Provinz Bahar an. Die Wege sind bisher sehr schlecht gewesen; an vielen Stellen nicht einmal weit genug, daß mein Palankin ohne Schwierigkeit passiren konnte, und an den meisten Stellen war die Unebenheit des Bodens so stark, daß sie die Bewegung unangenehm machte und eine beträchtliche Zögerung verursachte. Großentheils ist daran die Gewalt der Ströme während der Regenzeit Schuld, die alle Brücken fortreißen und Verheerung über das ganze Land verbreiten. Es ist dem Zemindar eine große Summe für die Wiederherstellung der hölzernen, mit Rohr bedeckten Brücken und die Ausbesserung der Landstraßen bewilligt; da aber Niemand bestellt ist, darauf zu sehen, daß es geschieht, steckt er das Geld ein, und die Landstraßen bleiben unwegsam. Während der Herrschaft der Mongolen, legten sie prächtige Chausseen von einem Ende ihrer Besitzungen zum andern an und pflanzten an den Seiten Bäume, um die Wandrer gegen die Sonne zu schützen; eine äußerst nützliche Einrichtung in einem Lande, wo Menschen die Hauptmittel des Transportes sind. Gewiß sollten wir einem so guten Beispiel folgen, nun da wir im ruhigen Besitze des Landes sind. Aber ach! seine Gebieter beschränken ihre Rücksichten auf ein großes Einkommen und eine vermehrte Dividende und haben sich gewöhnlich jedem Plane zum Besten des Landes widersetzt, der von den verschiedenen Generalgouverneurs vorgeschlagen ward. Bungelows zur Bequemlichkeit der Reisenden sind in angemeßnen Entfernungen errichtet worden, allein da sie nur aus Lehm und Stroh bestehn, werden sie durch eine Vernachläßigung von 2 oder 3 Jahren völlig ruinirt. Neulich ist Befehl ertheilt sie wieder herzustellen und zu erhalten.

Die Träger waren im Allgemeinen sehr schlecht; es war mir desto unangenehmer, da ich dadurch auf der letzten Station so aufgehalten wurde, daß ich einen sehr schönen Wasserfall in der Nähe von Siceligully nicht besuchen konnte. Um 6 Uhr Abends brach ich wieder auf, und erreichte gegen 11 Uhr den berühmten Paß in den Gebirgen von Terriagully. Da ich auf einem engen gekrümmten Pfade, den Hügel hinaufstieg, passirte ich den verfallenen Thorweg und das Fort und bedauerte zum ersten Mal, daß die Hitze mich verhinderte, bei Tage zu reisen. Die Seiten des Wegs waren mit Jungles bedeckt; ich hörte, daß Tiger nicht selten wären und daß bisweilen, auch wohl ein wilder Elephant über den Fluß setze und in der Nachbarschaft seine Verheerungen anrichte.

27sten Febr. Bei'm Erwachen fand ich, daß die schöne Gegend der Nacht der gewöhnlichen, mit europäischem Getreide und Mangotopen bedeckten Ebene Platz gemacht hatte. Die Hügel waren jedoch noch in einiger Entfernung sichtbar. Den Meilensteinen zu Folge war ich 18 Meilen von Baugulpor, doch kann man sich nicht immer auf sie verlassen, da die durch die Ströme gerissenen Löcher bisweilen eine Veränderung des Weges nothwendig machen. Ich sah hier hundert Nester der Loxia oder indischen Baga, die ihre sichern Wohnungen auf einem Tamarindenbaum, der über einen Wasserbehälter hängt, angelegt hatten und ein unaufhörliches Zwitschern unterhielten. Ungefähr 4 Meilen weiter begegnete ich zuerst den Missethätern, die an der Landstraße arbeiteten; sie ward hier nach einem stattlichen Verhältniß, beinahe 40 Fuß breit und in einer beträchtlichen Höhe angelegt, um eine vollkommne Ebene zu erhalten und die Ueberschwemmung während der Regenzeit zu verhindern. Sehr gute steinerne Bogen wurden in angemessenen Entfernungen errichtet, um dem Strome Abfluß zu verschaffen. Sie lief in gerader Linie fort und rief mir die Werke der Römer in's Gedächtniß. Ich hoffe, daß man auch an jeder Seite Bäume pflanzen wird; die Vegetation ist hier so schnell, daß sie bald einen angenehmen Schatten bilden werden.

Es ist eine vortreffliche Art, die Missethäter anzuwenden, und da ihnen erlaubt wird, während des Tags ihre Familien bei sich zu haben, kann sie auch nicht als drückend betrachtet werden. Des Nachts leben die Weiber und Kinder in Hütten, die nahe bei den Gefängnissen errichtet sind. Auf dem übrigen Wege war das Land mehr hüglich; die vielen Moscheen in der Nähe der Stadt machten eine heitere Wirkung; die durch die hängenden Blätter der Tamarinden, die stets dicht bei ihnen gepflanzt sind und die hohen Palmen, die über sie hervorragen, erhöht wird. Ich kam vor verschiedenen sonderbaren Gebäuden des Major Hutchinson vorüber, der mit der ersten Einrichtung der Invalidendörfer beauftragt war, und an jedem Orte eine Wohnung nach einer unbekannten architektonischen Ordnung errichtete, die weder ihrer Schönheit noch Zweckmäßigkeit wegen bewundert zu werden verdiente. Wir verdanken ihm indessen die vorerwähnten Bungelows; Friede daher mit seiner Asche! Ungefähr eine Meile von der Stadt steht ein Denkmal, das einer Pagode glich und zur Erinnerung an Herrn Cleveland von dem Omlah und den Zemindars der Jungleterry von Radschamahal errichtet ist, die zu seiner Zeit noch Wilde waren und die er allein durch sanfte Mittel veranlaßte, sich selbst unter brittischen Schutz zu begeben.

Um 10 Uhr traf ich bei'm Major Shaw, an den ich empfohlen war, ein. Der Tag war nicht heiß, wir wurden dadurch bewogen am Abend eine Tour durch die Gegend zu machen. Die Wohnung des Residenten liegt sehr angenehm auf einem, zum Theil künstlichen Berge, und hat die Aussicht über Gründe, die ganz einem Park gleichen, und die blauen Berge in der Entfernung. Vorn steht ein marmornes Monument, das der Generalgouverneur und der Rath dem erwähnten Herrn Cleveland errichtet haben; er war Einnehmer in dem Distrikt und starb 1784 in seinem 29. Jahre. Hr. Shaw befehligt das Corps der Hügelbewohner*), die jetzt in unserm Dienst sind; es beträgt

*) Von eben dem wilden Stamm aus Jungleterry, der sich durch seine Tapferkeit und Eigenthümlichkeit der Sitten auszeichnet. R.

gegenwärtig ungefähr 300 Mann und er spricht von ihrem Betragen mit der größten Billigung. Hodges hat den Banianbaum am Eingange der Stadt gezeichnet; aber es thut mir Leid, zu bemerken, daß man sich auf die Genauigkeit seiner Zeichnungen nicht verlassen kann.

Eine beträchtliche Mehrheit der Einwohner besteht aus Muhammedanern; und ein Kollegium dieser Religion ist noch vorhanden, aber wegen schlechter Verwaltung seiner Einkünfte, in großem Verfall. Der Anblick zweier sonderbarer runder Thürme, ungefähr eine Meile nord-westlich von der Stadt war mir sehr interessant. Sie gleichen sehr den Gebäuden in Irland, die unsre Alterthumsforscher bisher in Verlegenheit gesetzt haben, nur daß sie zierlicher sind. Es ist sonderbar, daß es keine sie betreffende Traditionen giebt, und daß die Hindu's des Landes ihnen keine Ehrfurcht beweisen. Der Rajah von Ygenagur betrachtet sie als heilig und hat ein kleines Gebäude errichtet, die große Anzahl seiner Unterthanen zu schirmen, die hier jährlich ihre Andacht verrichten.

Die Pflanzen sind dieselben, die ich auf dem ganzen Wege von Kalkutta gesehen habe; ich reiste noch nie so weit, ungefähr 200 Meilen, ohne in dieser Hinsicht eine große Verschiedenheit zu finden, aber bisher sind selbst die wildwachsenden Kräuter dieselben gewesen, besonders Asclepias grandiflora und Solanum ferox. Die Bixa orellena ist in den Pflanzungen der

Vornehmen sehr häufig. Die Chnesischen Früchte, Lochi und Loquot gediehen sehr üppig, waren aber nicht reif. Der Menschenschlag hat sich sichtbar verbessert, seitdem ich Bengalen verließ; er ist stärker und schlanker, doch haben Alle schlechtgeformte Knie und keine Waden; es kommt wahrscheinlich von ihrer Art sich niederzubucken, womit sie als Kinder, wenn die Glieder noch biegsam sind, anfangen.

28sten Febr. Mongher, das ich um 7 Uhr erreichte, ist ein großes, von einer Mauer und einem tiefen Graben umgebnes Fort, und hat ein beträchtliches Alter. Es liegt sehr schön an einer Krümmung des Ganges, der in der Regenzeit hier einen ungeheuern, nur von den Gebirgen Karrackpor begränzten See bildet. Seitdem der Ort in brittischem Besitz ist, war er als eine Gränzfestung sehr wichtig und ein Depot von Kriegsbedürfnissen. Er ist in seiner jetzigen Beschaffenheit — denn sein Umfang beträgt über 2 Meilen — zu weitläuftig, um vertheidigt zu werden, da ein Korps das hinreichte, ihn zu besetzen, auch immer im Stande seyn würde, das Feld zu halten. Lord Kornwallis legte schöne Vorrathshäuser an und hatte den Plan es zu befestigen; durch die Provinzen, die der Nabob von Aude abgetreten hat, ist es unnöthig geworden, und Alahabad ist dafür zum Gränzdepot gewählt.

Die hervorschießende Spitze des Felsens, die der ganzen Gewalt des Flusses trotzt, wird von den Hindus als eine geheiligte Badestelle betrachtet. In den Monaten Kartik und Mog unternehmen sie beim Vollmond eine Wallfahrt zu der heißen Quelle Sitakun, so genannt von Setah, Rams Lieblingsweibe, und wenn sie dort ihre Waschungen geendigt haben, besuchen sie den Felsen von Mongher, und reinigen sich im Ganges. Die Schaaren in dieser Zeit sind ungeheuer; wahrscheinlich ward das Fort zuerst in der Absicht errichtet, Tribut von den Pilgern einzusammeln. Es ist ein ziemlich hübscher Hindutempel gerade über dem Badeplatze. Er hatte fünf bogenförmige Eingänge; jedem gegenüber waren reich bearbeitete Nischen, bestimmt Idole aufzunehmen. Sultan Suja entfernte sie und verwandelte das Gebäude in eine Moschee; jetzt dient es einigen Invaliden zum Aufenthalt. Die Wälle umschließen gegenwärtig Wohnungen für 5 Kompagnien invalider Sipoys, ein Haus, das dem Generalgouverneur gehört, von ihm aber dem Befehlshaber der Garnison überlassen ist, verschiedene Häuser der hier liegenden Offiziers, ein Dorf und die Ruinen des Pallastes des Sultans Suja. Den übrigen Raum nehmen Gärten, Wasserbehälter und Pflanzungen ein. Sobald man das Thor passirt hat, wird man durch nichts an ein Fort erinnert. Die Ueberbleibsel des Pallastes sind beträchtlich, und würden es noch mehr seyn, wenn nicht jeder, der Materialien zu neuen Gebäuden bedurfte, die Steine und das Holz ohne Gnade geplündert hätte. Die Regierung selbst gab das Beispiel, als sie die Magazine und den neuen Pallast baute. Ein Mann von Geschmack würde den alten wieder hergestellt haben, was damals mit weit wenigern Kosten hätte geschehn können; er lag nach meiner Meinung weit zweckmäßiger und angenehmer, wenn ihm gleich eine so weite Aussicht abgeht.

Die größte Reihe der Gebäude ist auf dem Rande des Walles und hängt über den Fluß. Rechts ist die heilige Felsenspitze, auf der die drei schönsten Tamarinden wachsen, die ich jemals sah. Eine kleine Moschee ist jetzt das schönste übrige Gebäude. Sie ist aus dem schwarzen Steine des Landes aufgeführt, der eine große Politur annimt, mit weißen Marmortafeln, worauf Sprüche aus dem Koran in schwarzem Stein eingelegt sind. Das Inwendige ist aus denselben Materialien, einige Fuß von dem Boden gebaut; der Boden ist musivisch, in Quadraten. Die Bäder sind noch ziemlich erhalten, so wie der Devan Khaneh oder der Audienzsaal. Die verschiedenen Höfe sind noch eingeschlossen und das Ganze der Zenanah (des Harems) kann in den, nicht durch die Zeit, sondern durch Menschenhände gemachten Ruinen erkannt werden. Nahe bei dem Pallast ist eine sehr große Quelle, zu der eine lange, geräumige Treppe hinabführt; sie ist nie trocken, und man glaubt, daß sie in unterirdischer Verbindung mit dem Flusse stehe. Sie heißt die singende Quelle; und die Eingebornen glauben fest, daß alle 7 Jahre am Boden Gesang und Musik gehört werden, wie sie die Notschmädchen *) in der benachbarten Zenana

*) Die Sängerinnen und Tänzerinnen, von denen jeder vornehme Mann in Indien eine eigne Anzahl hat; andre warten für Bezahlung in jedem Hause auf.

machten. Sie sagen, daß, als Sultan Suja genöthigt war, nach Rajumahal zu fliehen, er alle Weiber, die er nicht mit sich nehmen konnte, tödten ließ; einige wurden in die Wände der Quelle eingemauert, andre hineingestürzt.

2ten März. Heute Morgen um 5 Uhr erwachte ich zu Bankepor, 6 Meilen jenseits Patna; es ist die englische Niederlassung, die zu Patna gehört, und der Sitz der Manufaktur; sie liegt auf dem hohen Ufer des Ganges, der zur Regenzeit hier 3 Meilen breit ist; jetzt aber war der größte Theil seines Bettes eine sandige Insel, worauf Klive kampirte, als er Mir Kossim erwartete. Die Aussicht ist sehr traurig. Ich fuhr aus, um eins der, von der Kompagnie angelegten Reißmagazine zu sehen; es sollte eine hinreichende Anzahl gebaut werden, um aller Gefahr einer Hungersnoth vorzubeugen. Es war ein steinernes Gebäude in Gestalt eines Bienenkorbes, auswendig mit zwei Wendeltreppen, auf denen man hinaufsteigt, um das Getraide von oben hinein zu schütten. Unten ist eine Thür, um es heraus zu nehmen. Obgleich die Mauern unten am Boden 21 Fuß dick sind, hatten sie doch bereits nachgegeben; es liegt aber nichts daran, da das Gebäude, wenn es gefüllt ist, nicht einmal hinreicht, um nur einen Tag die benachbarte Gegend mit ihrem Bedarf zu versehen. Es kostet 12,000 Rupien; dies Geld ist völlig weggeworfen, da das Magazin nie gebraucht ist und nie gebraucht werden kann.

Es ist diese Provinz kein Reiß-Land, obgleich, was sie hervorbringt, vortrefflich ist; je nördlicher man im eigentlichen Hindustan kommt, desto besser wird das Land. Das Haupterzeugniß ist Opium; das jetzt ein äußerst wichtiger Artikel geworden ist, nicht bloß wegen des Vortheils, den das Monopolium der ostindischen Kompagnie gewährt, sondern auch wegen des großen Verlangens nach dieser vergiftenden Waare in China. Die Chinesische Regierung erlaubt die Einfuhr nicht, aber die Neigung des Volks dafür ist so groß, daß sie dem Schleichhandel mit Opium nachsehen muß. Die Nachfrage steigt, es ist ein Glück, da die Chinesen den brittischen Handel, der ihnen nur Silberbarren brachte, einen Artikel, dessen sie nicht bedurften, bisher für minder wichtig als den russischen ansahen, der ihnen für ihren Thee Felle zum Austausch lieferte. Sie hängen jetzt von Indien ab, da das Opium eine Nothwendigkeitswaare geworden ist. Die Nichteinführung würde wahrscheinlich eine Rebellion erregen. Es wird hier auch eine große Menge Salpeter und ein beträchtlicher Theil der Baumwollenzeuche gewonnen, die nach England geschickt und dort gedruckt werden. Das Land ist ganz eben und die Gegenden sind uninteressant.

4ten März. Morgens um 4 Uhr traf Hr. Salt ein. Ich machte einen Abstecher nach Patna, das aus einer langen Straße besteht; die Bevölkerung scheint sehr groß zu seyn. Die Häuser sind im Allgemeinen aus Lehm und nur wenige Ueberbleibsel einnern an die ehemalige Hauptstadt von Bahar. In einem Thorwege sah ich einige sehr schwarze, äußerst schön geschnittene Steine, die wahrscheinlich aus irgend einer alten Pagode genommen waren. Man findet noch die Ruinen eines Forts und der brittischen Faktorei, wo durch den Abentheurer Summers, von den Eingebornen Sumeru genannt, damals in Diensten des Mir Cossim, 200 Gefangene ermordet wurden, um die Einnahme von Mongir zu rächen. Zu ihrer Erinnerung ist ein Denkmal, doch ohne Inschrift auf dem europäischen Begräbnißplatze errichtet. Die Stadt ward 1763 durch Major Adams eingenommen und ist seitdem in unserm Besitze geblieben. Sie wird allgemein für den berühmten alten Ort Palibothra gehalten.

5ten März. Aus Mangel an Trägern mußte Hr. Salt abermals zurückbleiben. Ich kam durch die 3 Vierecke der Kantonirungen von Dinapor; die Quartiere für die Privatpersonen scheinen vortrefflich; denn die Offiziersvohnungen sind jetzt von der Kompagnie verkauft. Das dritte Viereck scheint unvollendet geblieben zu seyn, und ist seinem gänzlichen Verfall nahe. Um 10 Uhr gieng ich über den Saone; noch immer ein beträchtlicher Fluß, der wegen seiner malerischen Ufer und seiner Steine bekannt ist, die in einer Mannichfaltigkeit von Agaten, Onyxen und unächten Karneolen bestehen.

6ten März. Das Land ist eben, aber sehr angebaut. Zu den Produkten ist das Gossypium oder die Baumwollenpflanze und der Ricinus communis hinzugekommen, dessen Beere das Biberöl giebt, wovon die Kompagnie bis neulich so wenig unterrichtet war, daß sie dies Arzneimittel aus Europa hieher sandte. Die erste ist klein und verkrüppelt; der letztere wächst in höchstmöglichster Ueppigkeit. Die Waizenärndte fieng jetzt an, und die ganze Bevölkerung der Dörfer hatte sich in die Felder ergossen. Die Männer und Knechte ärndteten und die Weiber und Kinder hielten, wie in Europa, die Nachlese. Die Sichel gleicht fast der englischen; das Korn wird nicht in Garben gebunden, sondern eben ausgebreitet und hernach gehäuft.

Die Wege sind im Ganzen besser, als ich sie in Bengalen fand; man konnte sie ohne Schwierigkeit befahren. Um 12 Uhr erreichte ich Buxar; ich gieng sogleich nach dem Fort, das in einer kurzen Entfernung jenseits der Stadt liegt. Es ist nur von unbeträchtlicher Größe, beherrscht aber den Ganges. Ursprünglich bestand es nur aus Lehm; als die Engländer es aber in Besitz nahmen, wurden sehr klüglich steinerne Bastionen, doch ohne eignes Fundament, angelegt, die wegen ihrer Schwere natürlich bis auf den Boden des Grabens gesunken sind. Die Kanonen sind alle entfernt, und das Fort dient nur, einem Kommandanten ein gutes Gehalt zu schaffen.

Ich gestehe, daß mir die Politik bei Zerstörung der kleinern Vertheidigungsplätze nicht einleuchtet; sie

könnten mit geringen Kosten in Ordnung gehalten werden, und würden auch zu Niederlagen für Ammunition dienen. Es ist gegenwärtig kein einziger befestigter Ort zwischen Kalkutta und Alahabad in einer Entfernung von 800 Meilen. Jedes Schiff, das den Ganges herauf und herab kommt, so wie jeder Reisende zu Schiffe und zu Lande muß an diesem Orte den Paß vorzeigen. Die Polizei ist in dieser Hinsicht sehr strenge und jeder Reisende, dem irgend eine Unregelmäßigkeit zur Last gelegt werden könnte, würde zurück kehren müssen.

Es ist sehr wichtig, daß die Regierung selbst auf die Entwürfe vieler ihrer eignen Beamten aufmerksam ist, in einem Lande, wo unsre weitausgebreitete Herrschaft in keinem Verhältniß zu unsern wirklichen Kräften steht. Niemand darf die obern Provinzen ohne eine ausdrückliche Erlaubniß besuchen. Ich hatte keinen regelmäßigen Paß, aber meine Reise war dem kommandirenden Offizier jedes Postens angezeigt.

7. März. Um 4 Uhr Abends erblickte ich Benares, diesen Sitz der Hindu-Religion, auf dem entgegengesetzten gekrümmten Ufer des Ganges. Ich gieng zu einer Brücke, (gaut) an dem äußersten Theile der Stadt und, ohne in die Gassen hineinzugehen, setzte ich die Reise weiter nach Sekrole, der englischen Niederlassung fort.

8. März. Die Vorkehrungen Sr. Excellenz des General-Gouverneurs verschafften mir bei allen hier

angestellten Beamten, eine sehr schmeichelhafte Aufnahme. Ich hatte Herrn Reave, den Oberrichter der Provinz, ersucht, mir eine eigne Suvarry, (eine vollständige Staats-Equipage) zu verschaffen. Er schickte mir diesen Morgen 4 Schobdars Staats-Diener mit langen Silberstäben und zwei Suntabordars, Staatsdiener mit kurzen Silberstäben, nebst 10 Hircarra's, oder Läufern; diese waren hinreichend zu der nothwendigen Parade bei den Besuchen und ihrer Annahme.

Das Klima ist hier sehr von dem zu Kalkutta verschieden; wenige Tage vor meiner Ankunft hatte man noch Feuer nöthig gehabt, und die Nächte sind auch jetzt noch recht kalt. Mongir war der erste Ort, wo man eingeheitzt hatte. Ich erfuhr, daß die Schlechtigkeit meiner Träger dem Umstande zuzuschreiben war, daß ich am Ende des Huli reiste, einem Feste, das von den eingebornen Hindus und den Muhammedanern zur Feier des Frühlings mit großer Munterkeit begangen wird.

Es ist sonderbar, daß zu den Unterhaltungen desselben das Aprilschicken gehört. Das nahe Zusammentreffen der Perioden, denn der Huli ist immer im März, scheint auf eine merkwürdige Verbindung zwischen der alten Religion Europas und der dieser Halbinsel *) zu deuten. Sie werfen sich auch mit Ku-

*) Diese Vermuthung ist doch wohl etwas zu kühn; überhaupt ist nichts trüglicher, als wenn man von einzelnen ähnlichen Erscheinungen bei verschiedenen Völkern sogleich auf eine-

G 2

geln von gelbem oder rothem Pulver, womit am letzten Tage ihre Kleider so ganz bedeckt sind, daß sie ein sehr lächerliches Ansehn haben. Um das Fest zu vollenden, betrinken sie sich so vollkommen, daß an kein Geschäft weiter gedacht wird, bis die Ruhe einer Nacht sie fähig gemacht hat zu ihrer Pflicht zurückzukehren.

10ten März. Heute besuchte ich die Fürsten, die Söhne des Mirza Dschevan Bukht Dschehander Schah und seine Witwe Kutluk Sultaun Begum. Er hielt sich bis zu seinem Tode in Benares auf und hinterließ drei Söhne. Der älteste, Schegosta Bukht ist in gerader Abkunft Erbe des Throns und hat diesen Titel in sein Siegel geschnitten. Seine Mutter war indessen nicht die erste Frau, da sie von keiner bedeutenden Herkunft war. Der zweite, Mirza Korum, ist der Sohn der Begum, die aus Timur's königlichem Hause stammt und daher von den Engländern mehr geachtet wird. Es scheint nicht unwahrscheinlich, daß, wenn die Engländer bei dem Tode des jetzigen Königs (Schah Allum) an der Thronbesetzung irgend einen Antheil nehmen, sie die Ansprüche dieses letzteren unterstützen werden. Man sagt, daß Schah Allum seine Herrschaft einem jüngeren Sohne

Verwandtschaft unter ihnen schließt. Wer weiß, ob Lord Valentia, da er nach seinem eignen Geständniß der Sprache unkundig war, den indischen Gebrauch nicht mißverstanden hat?

K.

überlassen will; der sich bei ihm in Delhi aufhält, und neben ihm auf dem Musnud sitzt.

Das Recht der Nachfolge ist durch das muhammedanische Gesetz so unbestimmt, daß man unmöglich sagen kann, wessen Ansprüche die stärksten sind; auch liegt nichts daran, da Gewalt entscheiden wird. Mischen wir uns nicht hinein, so werden die Maratten die Sache abmachen.*) Es ist noch ein dritter Sohn von einer Tänzerin vorhanden, der ganz jung ist, und der für weniger vornehm gehalten wird. Lord Wellesley besuchte bei seinem Aufenthalt in Benares die beiden ersteren, aber nicht den letzteren. Nichtsdestoweniger ward der Knabe, da er Sr. Excellenz bei dem Durbar (Lever) aufwartete, mit einer königlichen Begrüßung empfangen. Die Besoldungen der königlichen Familie werden von dem Schatz von Benares bestritten, fielen aber vor dem letzten Traktate dem Nabob von Aude zur Last; da er uns verschiedene Provinzen abtrat, übernahmen wir diese, so wie verschiedene andere Bürden. Kutluk Begum und ihr Sohn erhalten monatlich 11,000 Rupien, Mirza Schegofta Bukht 4000 und der jüngste Sohn 2000. Noch sind der Begum 300 Rupien zur Unterhaltung

*) Seitdem ich Indien verließ, ist der alte König unter dem Schutz der Engländer in Friede gestorben und sein Lieblingssohn ihm gefolgt. Da der Einfluß Scindia's und Perron's bei dem Hofe von Delhi vernichtet ist, haben wir auch keine politische Veranlassung, uns dieser Anordnung zu widersetzen.

der Lampen am Grabe ihres Gemahls bewilligt; sie kosten jedoch nicht ein Viertheil des Geldes.

Diese Summen reichen vollkommen hin, um sie in einem Lande, wo die Bedürfnisse des Lebens so wohlfeil sind, nicht nur mit Gemächlichkeit, sondern auch mit Glanz zu unterhalten. Die Zahl ihres Gefolges ist sehr groß und alte Diener der Familie kommen von Delhi beständig zu ihnen und sind sicher, daß sie, so weit ihre geringen Mittel es erlauben, aufgenommen und unterstützt werden. Es ist auch, wie ich vorhin bemerkte, eine gewisse Sorglosigkeit in dem muhammedanischen Charakter, die sie abhält sich einzuschränken. Die Ueberzeugung von einer Vorherbestimmung läßt sie wenig an Morgen denken und die Hoffnung künftiger Glückseligkeit verschließt ihre Augen vor dem unvermeidlichen Ruin, der sie erwartet. *) Viele der Muselmännischen Familien sind bereits verschwunden. Sie versuchen ihr Glück in den Armeen der einheimischen Fürsten, unsern Dienst verschmähen sie, da sie in demselben nicht hoch steigen können; und der Handel ist hauptsächlich in den Händen der Hindu's, so wie es auch die Einhebung noch wie immer ist, denn schon Timur fand das Finanzsystem so vollkom-

*) Diese Ansicht scheint ungegründet, da bekanntlich unter andern Völkern, die den Islam bekennen, Sparsamkeit und Geiz ganz gewöhnlich sind.

R.

men, daß er genöthigt war, es in seiner Verfassung zu lassen.

Wenn ein Geringerer einem asiatischen Fürsten einen Besuch macht, so empfängt er von ihm eine vollständige Ehrenkleidung, die aus einem Kelat oder Kleide, einem Turban, einem Schilde, einem Schwerdte und einer Juwelen-Schnur rund um den Hals besteht. Lord Kornwallis beobachtete diese Ceremonie, Lord Wellesley aber verwarf sie als zu erniedrigend und erschien vor der königlichen Familie in seiner Uniform, und empfing die Kleider in Kasten als ein ihm gemachtes Geschenk. Durch ihn war die Verfügung getroffen, daß auch ich auf dieselbe Art meine Aufwartung machen sollte. Um 9 Uhr begaben Herr Reave und ich uns nach Schevalla, dem alten Pallaste des Scheit Sing, den jetzt die Begum und ihr Sohn bewohnen. Er liegt in der Mitte der Stadt am Ufer des Ganges. Die beiden Suwawy's machten zusammen einen sehr artigen Anblick. Als ich mich dem Pallast nahere, kam die Wache heraus, um mich zu empfangen, gegen die Falstaff's Rekruten wahre Ritter waren. Beim Eintreten in das Thor ward eine Salve gegeben; hier verließen wir unsere Palankins und sahen den Fürsten in dem Divan Kana unsere Ankunft erwarten.

Es ist ein kleines Zimmer, ein Paar Fuß vom Boden erhaben, auf drei Seiten offen und durch Pfeiler unterstützt. An der vierten war eine Purda (ein Vorhang, in der Regel von Tuch, der herab gelassen, gewöhnlich zu einer Thüre dient) queer vorgezogen, hinter welcher seine Mutter saß. Er gieng uns bis an den Anfang der Stufen entgegen, von seinen drei Söhnen begleitet. Dort umarmte er mich drei Mal und, indem er meine linke Hand faßte, führte er mich zu einem kleinen Polster, dicht neben der Purda und setzte mich zu seiner Rechten, eigentlich zwischen seiner Mutter und ihm, obgleich sie unsichtbar war. Ich übergab ihr sogleich einen Nasur von 19 Goldmohurs in einem weißen Schnupftuch und steckte ihn durch ein Loch in der Purda, das ich, da es ziemlich groß war, benutzte, um einen Blick auf die alte Dame zu werfen, die klein und ganz hübsch war; ihre Hände waren sehr schön. Ich hätte lieber einige von den Eignerinnen der schönen schwarzen Augen gesehen, die durch die verschiedenen Löcher hervorblitzten, aber es war unmöglich; dann übergab ich ihm einen Nasur von 9 Goldmohurs.

Nachdem der wichtige Theil dieser Ceremonie vorüber war und Herr Reave sich auf einen gegenüberstehenden Stuhl gesetzt hatte, begann vermittelst seiner Dolmetschung eine Unterhaltung. Die Mutter fragte nach meiner und Lord Wellesley's Gesundheit, dann nach der Veranlassung meiner Reise. Der Wunsch, erwiederte ich, ein so schönes Land zu sehen und meine Ehrfurcht einer Familie zu bezeigen, die der englische Adel so hoch verehrt, hat mich hieher geführt. Ob ich auch den König besuchen würde? war die nächste Frage. Ganz gewiß, war meine Antwort. Sie ergossen sich darauf in Lobsprüche Agra's und Delhi's und der Pracht der Gebäude.

Die Vorstellung von dem, was in diesem Augenblick in ihren Gemüthern vorgieng, ergriff mich sehr peinlich. Die Begum bat mich dringend, daß ich mich in Europa und Indien ihres Sohnes, der neben mir sitze, mit Güte erinnern möchte. Sie hatte dasselbe von Lord Wellesley auf eine feierliche Art verlangt; nachdem sie die Hand durch die Purda gesteckt und die seinige ergriffen hatte, legte sie dieselbe in ihres Sohnes Hand und bat um seinen Schutz. — Ich gab jetzt einen Wink, daß ich mich zu entfernen wünschte und die Kleider u. s. w., in Gefäßen wurden hervorgebracht und zu meinen Füßen gelegt. Sie konnten nicht ausgeschlagen werden, und folglich nahm ich sie an, indem ich meine Hand an den Kopf legte und den Körper beugte. Herr Neave hatte einige Shawls um seine Schulter geworfen. Bei unserer Entfernung wurde Paun (die Arekawurzel in das Blatt einer Pfefferart mit einem feinen Faden gewickelt, die häufig von den Eingebornen gekaut und beständig den Fremden überreicht wird) und Rosen dargeboten, wir wurden aber mit dem Attar verschont, der in jeder Hinsicht abscheulich ist. Der Prinz begleitete mich die Treppen hinunter und nahm mit derselben Bitte als seine Mutter Abschied. Ich hatte noch einen Nasur von 2 Mohurs Jedem überreicht; Hr. N. ebenfalls.

Ich habe unterlassen, einen Umstand der orientazischen Etiquette zu bemerken; wenn ich meine Aufwartung machte, wurden meine Titel von keinem Diener angezeigt, einer asiatischen Artigkeit zu Folge, die mir einen so hohen Rang beilegte, daß ich dem Fürsten bekannt sein mußte. In allen andern Fällen geschieht es und selbst bei Herrn Neave ward es beobachtet.

Mirza Korum ist von Person ziemlich kurz und fett. Seine Züge verrathen Gutmüthigkeit, obgleich sein schwarzer, durch die Wirkungen der Blattern entstellter Bart, seiner Miene eine Wildheit giebt, welche die Natur durchaus nicht beabsichtigte. Sein ältester Sohn ist ein artiger Knabe, aber mit einem Anstrich von Melancholie in den Zügen; der zweite ein lustiger engländisch aussehender Bube; er sagte mir, er habe überhaupt 7 Söhne. Beim Fortgehen ward ich wieder begrüßt. Ich hatte nie ein peinlicheres Gefühl, als während dieses Besuchs. Alles verrieth Armuth; die Purda's waren von rothem und grünem Tuch, aber in Fetzen. Er selbst trug ein Kleid von Gold-Brokade, aber ohne Juwelen, und seine Kinder waren noch einfacher gekleidet. Ich hatte indessen einen Trost in der Idee, daß dieser Fall des Hauses Timur nicht durch die Britten verursacht sey.

Unsern nächsten Besuch machten wir dem ältesten Sohn; Mirza Schejoffa Bukht, der zu Taly-Nullah, in einem von ihm selbst gebauten Hause an demselben Orte wohnt, wo das alte Fort stand.

Es ist von einem Garten umgeben und beherrscht eine angenehme Aussicht auf das umherliegende Land und eine Nullah (kleinen Fluß) dessen Ufer jetzt mit Korn bedeckt sind, obgleich sie bei der regnigen Jahreszeit verschiedene Fuß unter Wasser stehen. Ich fand ihn in seiner Verandah sitzen, deren Boden mit weißem Tuch bedeckt war. Es wurden für Herrn Reave und mich Stühle gesetzt. Unsere Aufnahme war der vorhergehenden in jeder Hinsicht gleich. Dieser Prinz hatte ein weit jüngeres Aussehen als sein Bruder, ist schlanker, dünner, und nicht durch die Blattern gezeichnet. Doch hat er in seiner Miene eine gewisse Wildheit, die ihn nicht so angenehm als seinen Bruder macht. Bei Lord Wellesley's Ankunft verlangte er, daß es ihm erlaubt seyn möge Se. Excellenz an dem Flusse zu empfangen; da ihm aber der Ceremonienbesuch gemacht ward, gieng er Sr. Herrlichkeit nicht entgegen, sondern blieb in der Veranda sitzen, bis der persische Secretär Herr Edmonstone herein geschickt ward, ihn zu holen. Da Reave hernach seinen ersten Vertrauten fragte, was dieses thörichte und inkonsequente Betragen bedeuten sollte, erwiederte er: er hat den Wind des Königthums in sich, und weiß nicht, ob er auf seinem Kopf oder auf seinen Füßen steht. Seine Fragen waren uninteressant, aber er schlug mir lachend vor, mich selbst nach Agra und Delhi zu begleiten.

Ich zweifle nicht, daß er sehr froh seyn würde, eine solche Reise zu machen. Ich kürzte meinen Besuch so viel als möglich ab, und empfieng die Kleider in

Gefäßen. Er ließ mich aufstehen, ohne sich von seinem Sitze zu bewegen, allein auf einen Wink von Herrn Neave führte er mich gleich bis an den Anfang der Treppe, wo er mir Paun und Attar anbot. Da sein Vermögen um vieles kleiner ist, als das seines Bruders, so ist seine Lebensart weniger glänzend. Er war in weißen Atlas, der mit blasrother Seide besetzt war, gekleidet. Es erschienen keine Wachen, aber sein Jagdgefolge und Trommeln warteten außerhalb des Gartenthors. Ich bemerkte verschiedene sehr ehrwürdig aussehende Verschnittene und andere Aufwärter, sowohl hier als zu Schewalla, die vertraulich an der Unterhaltung Theil nahmen.

11. März. Vor Sonnen Aufgang holte Herr Neave mich ab, um nach Benares zu gehen. Wir zogen, da der Morgen kühl war, das Reiten vor, befahlen aber, daß die Elephanten folgen sollten. Die Straßen der Stadt sind so außerordentlich enge, daß ich mein Pferd nur mit Mühe abhielt, sich an die Seiten zu stoßen. Die Häuser sind von Stein gebaut, einige 6 Stockwerke hoch, dicht an einander, oben mit Terrassen. Sie sind phantastisch bemalt, und die Bauart ist außerordentlich. Reihen von Schnitzwerk laufen gewöhnlich rund um jedes Stockwerk, das gar nicht schlecht ausgeführt ist, und die großen Massen der Steine, die zu den Mauern gebraucht sind, nebst der netten Art, wie sie zusammengefügt sind, beweisen, daß die Maurer ihr Handwerk verstehen. Die Fenster sind außerordentlich klein, wahrscheinlich um zwei

Zwecken zugleich zu entsprechen; einmal, daß die Nachbaren nicht die Zimmer übersehen sollen und zweitens, um die Häuser wegen der heißen Winde kühler zu erhalten.

Unsere Bauart ist dem Klima durchaus nicht angemessen, die großen Fenster würden unerträglich seyn, wenn nicht Tatty's d. h. Schirme aus den Wurzeln wohlriechender Gräser, worauf beständig Wasser gegossen wird, die Luft abkühlten. Sie können aber nur bei Häusern von einem Stockwerk angebracht werden. Selten ist die allgemeine Gewohnheit eines Landes ohne Grund; daher haben sie in ihren Landhäusern große Fenster, die durch künstliche Mittel abgekühlt werden, dagegen vermindern sie die Oeffnungen, so viel als möglich an Stellen, wo dies unthunlich ist. Die gegenüberstehenden Seiten der Straße nähern sich an einigen Stellen so sehr einander, daß sie durch Galerien verbunden sind. Einige neue Häuser wurden nach sehr schönen Verhältnissen gebaut und die Stadt hatte überhaupt ein Ansehen von Wohlhabenheit, das auch nicht täuscht. Die Stadt Benares ist so heilig, daß verschiedene Hindu Rajah's ihre Wohnungen daselbst haben, worin ihre Wakil's (Abgeordnete) sich aufhalten und die erforderlichen Opfer und Waschungen für sie verrichten.

Das Land ist außerordentlich einträglich und Prozesse darüber sehr häufig. Die Zahl der steinernen Ziegelhäuser von einem bis sechs Stockwerken hoch beträgt gegen 6000. Die Lehmhäuser gegen 16,000. Die beständigen Bewohner machen ungefähr 58,000 aus; außer den Begleitern der drei Prinzen und einigen andern Fremden, die beinahe bis auf 3000 Seelen steigen mögen; der Zusammenfluß aber während verschiedener Feste läßt sich gar nicht berechnen. Die Muhammedaner machen nicht einen gegen zehn aus.

Die Moschee mit ihren Thürmen ward durch Aureng Zeb gebaut, um die Hindus zu kränken; sie liegt nicht allein auf der höchsten Spitze des Landes, wo sie wegen der Nähe des Ufers am meisten gesehen wird, sondern der Grund ist auch auf einem heiligen Orte gelegt, wo vorher ein Tempel stand, der zerstört ward, um ihr Platz zu machen. Dies Gebäude entweihte die heilige Stadt und ragte stolz über alle die Tempel hervor, und, was vielleicht noch peinlicher war, über alle die Terrassen der Häuser, wo die Weiber gewohnt waren, der Kühle des Morgens und Abends zu genießen.

Die Moschee selbst hat nichts Interessantes. Die Thürme sind leicht und zierlich. Einer von ihnen ist so leicht, daß es nicht sicher ist, ihn zu besteigen und er wahrscheinlich in sehr kurzer Zeit gesunken seyn wird, wie das Haus Timurs. Von der Spitze des andern hat man einen sehr ausgebreiteten Blick über die Stadt und das umherliegende Land; mein Kopf aber ist nicht fest genug, um eine solche Höhe zu erklimmen. Ich begnügte mich daher, auf das Dach der Moschee zu steigen, von woher ich die ganze Stadt und den Fluß mit dem Tausend Badender an seinen Ufern übersah. Ein kleiner steinerner Tempel, der Maha Dewa geweiht, entfaltete seinen Dreizack in einer bescheidenen Höhe, dicht an der Seite des Halbmonds auf der Spitze der Minarets; kein unpassendes Sinnbild von dem Zustande der beiden Religionen vor der Gründung der brittischen Macht.

Die Rücksicht, womit die Engländer alle Vorurtheile der Hindu's behandeln, gewinnt ihre Gemüther sehr schnell für die christliche Regierung. Sie werden nicht nur bei allen ihren Ceremonieen geschützt, sondern auch die Abgaben, die von allen Pilgern nach Benares erhoben wurden, wurden von Herrn Hastings bei seinem Besuche an diesem Orte abgeschafft. Auch die Kaufleute fühlen die vollkommene Sicherheit, die sie unter unserer Regierung genießen. Ein einmahl begründetes Vertrauen verbreitet sich sehr schnell selbst: und ich habe aus einer sehr guten Quelle erfahren, daß viele Hinduländer, die jetzt unter den Maratten, die ihre eigene Religion bekennen, stehn, sich mit Freuden unter unsere Herrschaft begeben würden. Die Muhammedaner verwünschen uns natürlich, wir haben ihnen ein mächtiges Reich geraubt, und sie fühlen, daß sie die wenigen Ueberbleibsel nur durch unsere Erlaubniß behalten; kein Wunder daher, daß der letzte Nabob von Karnatik den Tippu als die große Stütze seiner Religion betrachtete, und als solche seinen Blick auf ihn wandte. Er war in seinen

Ansichten konsequent, und ich begreife nicht, wie unsere Regierung andere Gesinnungen von ihm erwarten konnte. Der Hindu kann keine Gefühle dieser Art haben; er hat bloß seine Herrn geändert und, obgleich wir nicht in so naher Gesellschaft mit ihm leben, als ihr voriger Gebieter, so zieht er nach Erfahrung doch denjenigen vor, der ihm den sichersten Schutz vor Beleidigung und Unterdrückung gewähret.

Einen sonderbaren Beweis von ihrem Vertrauen zu den Engländern gab neulich die Schwester des Rajah von Nagpor, die nach Benares gekommen war, um ihre Reinigungen zu verrichten. Hr. Neave veranstaltete, daß sie mit allen, ihrem Range schuldigen Ehrenbezeugungen empfangen ward. Bei einer solchen Gelegenheit ist es gewöhnlich, den verschiedenen Braminen, die sich auf ungefähr 7000 belaufen, Almosen zu geben, und da die Gebräuche nicht ohne ihren Beistand verrichtet werden können, so sind sie in ihren Forderungen oft unverschämt, wie es auch gegen diese Dame der Fall war.

Acht Tage nach ihrer Ankunft schickte sie zu Hrn. Neave und beklagte sich, daß sie eine Summe verlangten, die sie durchaus nicht bezahlen könne, und daß sie noch nicht den Anfang ihrer Andacht gemacht habe. Herr Neave versicherte sie, daß die Engländer keine Rupie erhielten, daß er mithin nichts thun konnte, als den Braminen Vorstellungen zu machen. Er that es, und die Dame erhielt Erlaubniß, alle ihre

Pflichten gegen eine mäßige Taxe zu erfüllen. Die Zahl der Tempel für die verschiedenen Gottheiten ist groß, vorzüglich werden Wischnu, Maha Dewa und ihre Weiber verehrt. Es werden ungefähr 15 Tage erfordert, um den ganzen Gottesdienst, die Gebete und die Darbringung von Früchten für die Götter, die natürlich mit Geldgeschenken für die Priester begleitet sind, zu verrichten. Am ersten Tage wäscht sich der Pilger in der heiligen Quelle von Munker Nika, hernach täglich im Ganges.

Das Klima von Benares wird für sehr gesund gehalten. Die Stadt liegt unter dem 25° nördlicher Breite und wegen der Nähe der Tibetanischen Gebirge, die im Winter mit Schnee bedeckt sind, ist die Kälte bisweilen so groß, daß Eiszapfen frieren; Reif ist des Morgens gar nicht ungewöhnlich. Die Häuser der Engländer zu Sekrole sind gut und zierlich. Der Mangel an Bäumen giebt ihnen ein nacktes Ansehen; aber dies ist in Indien durchaus nothwendig, wenn man nicht von Muskiten verzehrt seyn will.

Herr Hawkins wohnt in dem Hause, das Hr. Davis während der ephemerischen Empörung des Vesir Ali besaß. Ich untersuchte die Treppe, die zu der Spitze des Hauses führt und die er mit einem Speer gegen anderthalb Stunden vertheidigte, bis die Truppen zu seiner Unterstützung eintrafen. Sie ist von einer besondern Bauart, in dem Winkel eines Zimmers ganz von Holz gebaut, auf einer Basis von etwa

4 Fuß. Es kann sie daher zu gleicher Zeit nur eine Person mit Schwierigkeit ersteigen. Zum Glück ist auch die letzte Wendung, wodurch man die Terrasse erreicht, gegen die Mauer gekehrt; daher war es unmöglich, daß das Volk unten auf ihn zielen konnte, während er den Aufgang vertheidigte. Es feuerte indessen verschiedene Male und die Spuren der Kugeln sind noch in der Decke sichtbar. Ein Mann hatte einmal den Speer gefaßt, aber durch eine heftige Anstrengung zog er ihm denselben durch die Hand und verwundete ihn sehr schwer.

Diese ritterliche Vertheidigung sicherte die Niederlassung, da sie der Kavalerie Zeit gab, die zu Bataber, ungefähr 10 Meilen von Benares im Quartier lag, Sekrole zu erreichen; sie nöthigte den Visir Ali mit seinen Begleitern zum Rückzuge nach seiner Wohnung in dem Garten von Madudos. Hier vertheidigte er sich einige Zeit; aber endlich ward ein Thorweg gesprengt, und er hatte noch ein Mal das Glück, mit ungefähr 300 seiner Anhänger zu entkommen. Seine Familie und seine Papiere ließ er zurück. Nach verschiedenen Versuchen, in Aude eine Empörung zu erregen, ward er von den Britten geschlagen und genöthigt zu dem Rajah von Dschipor zu flüchten.

Die Gesetze der Gastfreiheit werden in Indien so heilig gehalten, daß der Rajah, so unzufrieden er über die Verbrechen des Visir Ali seyn und wie sehr er wünschen mochte, die brittische Regierung zu verbinden, öffentlich es nicht wagte, ihn auszuliefern, sondern da er dem Obersten Collins übergeben war, suchte er die Schuld auf seinen Minister zu wälzen, und kerkerte ihn wirklich auf einige Zeit ein, weil er, wie er sagte, diesen Schritt ohne seine Einwilligung gethan habe.

Um diesem Prinzen Gerechtigkeit wiederfahren zu lassen, muß ich bemerken, daß ihm keine Hoffnung auf Belohnung oder irgend ein anderer unwürdiger Bewegungsgrund veranlaßt zu haben scheint, den Mann aufzugeben, der seinen Schutz in Anspruch genommen hatte. Er machte zur Bedingung, daß ihm das Leben gelassen und er nicht gefesselt werden sollte. Es war ein sonderbarer Umstand, daß Visir Ali gerade an demselben Tage, an dem er vor einem Jahre den unglücklichen Herrn Cherry und seine Freunde umgebracht hatte, auf seinem Wege zu einem beständigen und einsamen Gefängnisse durch Benares geführt ward; er versuchte einmal sich aus demselben zu befreien, indem er seine Wache bestach; er machte aber dadurch seine Gefangenschaft nur noch enger. Die Wildheit und Verworfenheit seines Charakters, die sich früh zeigte, und die Verbrechen, die er hernach begieng, rechtfertigen jede Maßregel der Sicherheit, und selbst der Strenge, die wider ihn ausgeübt ist. Daß er kein Sohn des Asophodaula war, ist unwidersprechlich durch Sir John Shore dargethan, der mit der ängstlichsten Gewissenhaftigkeit bei der Untersuchung

H 2

verfuhr; und sein jährliches Einkommen von anderthalb Lac Rupien war hinreichend, um nicht bloß im Ueberflusse, sondern selbst mit Glanz leben zu können. Es übersteigt die Einnahme der Rutluk Begum und ihres Sohnes, und daher konnte Vesir Ali sich mit Rechte nicht beklagen. Sein stolzes Gemüth indessen war nicht im Stande, das Untergeordnete des Privatstandes zu ertragen. Er hatte, als er noch auf dem Musnud von Aude saß, große Summen an die Soldaten verschwendet und glaubte viele Freunde unter ihnen zu haben. Sein Nachfolger Sadut Ali war wegen seiner Sparsamkeit durchaus nicht beliebt; er hoffte daher auf Unruhen, die er wegen der Nähe von Benares nähren könnte, bis sie ihn zuletzt wieder einsetzen würden. Ueberzeugt, daß dies allein durch die Ausrottung der Engländer möglich sey, scheint er eine muselmännische Verbindung entworfen zu haben, um diese Ketzer aus dem Osten zu vertreiben.

Die in dem Garten von Madudos gefundenen Papiere verrathen, daß dieser Entwurf nicht ohne Erfolg war und die Theilnahme des Mirza Dschomma, des Sohns von Geham Bukht und des Schoms Odbaula beweist, daß man sich weder auf die Dankbarkeit, noch auf die Ergebenheit der vornehmsten Muselmänner verlassen muß. Einige haben das Gemetzel zu Benares bloß für einen unüberlegten Ausbruch der Wuth des Vesir Ali über seine Vorladung nach

Kalkutta gehalten und haben seinen Zorn gegen H. Cherry dem Umstande zugeschrieben, daß dieser die Reise des Sadut Ali nach Cawnpor (als ihn Sir John Shore aufforderte, den Musnud zu besteigen) so geschickt einrichtete, daß seine eigene Familie seine Abreise nicht eher ahnete, als bis sie seine Ankunft an seinem Bestimmungsort hörte.

Ich will gern glauben, daß dies seinen Unwillen gegen H. Cherry erhöhete, aber es ist offenbar, daß seine Plane lange vorher entworfen waren, ehe der Befehl eintraf, der wirklich nicht eher erlassen ward, als bis die Regierung wiederholte Warnungen gegen seine verrätherischen Anschläge erhalten hatte. Viele von den achtungswürdigsten Einwohnern von Benares bestätigten den Verdacht Sr. Excellenz und der General Erskine war so überzeugt von der Gefahr, daß er in H. Cherry drang, ein Paar Kompagnien Sipoys nach Sekrole zu verlegen, aber ohne Erfolg. Endlich am 24sten Decbr. 1798 ertheilte Lord Wellesley Befehl, den Vesir Ali nach Kalkutta zu senden und am 14ten Jan. 1799 fand das Gemetzel Statt.

Es war offenbar beabsichtigt, als die Mörder den Garten von Madudos verließen; denn zu Folge eines muselmännischen Aberglaubens, führten sie ihre Todtenhemder bei sich, die in die heilige Quelle zu Mekka getaucht waren. H. Cherry scheint auf eine unglückliche Art verblendet gewesen zu seyn, so daß keine Warnung ihn hinreichend aufschrecken konnte; überzeugt, es nicht zu verdienen, erwartete er nichts Uebles vom Vesir Ali und vergaß, daß er sich auf dem Musnud zu jedem Verbrechen fähig gezeigt hatte. Getäuscht in seinen Hoffnungen, eine allgemeine, durch einen fremden Angriff unterstützte, Insurrektion in Indien zu Stande zu bringen, scheint die Wildheit seines Charakters den Vesir Ali gereizt zu haben, wenigstens durch die Ermordung aller Engländer zu Sekrole und die Plünderung von Benares seine Rache zu befriedigen.

Da ich H. Neave besuchte, fand ich daselbst Babu Dhip Narrain, den Bruder des Udid Narrain, Rajah von Benares, der mir im Namen seines Bruders aufwartete, um mich nach Ramnagor einzuladen, wo wir den nächsten Morgen zu frühstücken beschlossen. Es war ein sehr artiger Knabe; nur 11 Jahr alt, hatte aber die Größe und das Ansehen eines 16jährigen Jünglings. Auf meinem Wege zum Mittagsessen bei H. Barton begegnete ich einer großen Schaar von Dienern des Fürsten Mirza Schejofta Bukht, die 21 Gefäße trugen. Se. Hoheit schickte mir seinen Segen und etwas zu essen. Ich ließ meine Hochachtung und meinen Dank vermelden, gab den Trägern einen goldenen Mohur und vertheilte das Essen, das aus Pillau u. s. w. bestand, unter meine Suwary.

H. Barton bekleidet die Stelle eines Einnehmers

von Benares, eine der einträglichsten in Bengalen; denn obgleich die Richter den Einnehmern vorgehen, so genießen doch die letztern das größte Einkommen, und wenn sie zu der erstern Stelle befördert werden, so verlieren sie durch diese Beförderung. Noch immer ist der Dienst der ostindischen Kompagnie der beste in der Welt, obgleich die Vortheile sehr vermindert sind. Ein junger Mann kann sich von seinem Einkommen unterhalten von dem Augenblick an, wo er Indien betritt, und ist sicher, sich endlich ein artiges Vermögen zu erwerben.

12ten März. Um 6 Uhr des Morgens gieng ich, von H. Neave und H. Salt begleitet, nach Ramnagor, um den Rajah von Benares zu besuchen. Wir ritten, und, um die Straßen der Stadt zu vermeiden, nahmen wir einen kleinen Umweg, wodurch die Entfernung ungefähr 6 Meilen ward. Das Schloß liegt auf der entgegengesetzten Seite des Flusses; wir fuhren in einem Boote des Rajah herüber, das uns erwartete und sandten unsere Pferde nach Sekrole zurück.

Am Rande des Ufers fanden wir seine Elephanten und Palankins, die uns nach seinem ungefähr eine Meile im Lande befindlichen Garten führten. Da er noch zu unpäßlich war, uns zu empfangen, schickte er seinen Bruder, um uns zu bewillkommen. Der Garten ist ein Viereck und völlig in holländischem Geschmacke angelegt, mit regelmäßigen Gängen, gestutzten Hecken und abgemessenen Blumenbeeten.

Am Südende war ein großes, artiges Gebäude von Steinen, das aus Verandahs (Säulengängen, Portiken) bestand, mit steinernen Pfeilern und kleinen Zimmern an den Seiten. Es war phantastisch mit verschiedenen Farben bemalt, die jedoch eine angenehme Wirkung machten. Die Aussicht oben auf der Terrasse war schön. Der Garten bildete einen guten Vorgrund, jenseits war der Fluß, der sich mit einer ausgedehnten Krümmung erweiterte und auf seinem hohen Ufer die ganze Stadt Benares. Dem Hause gegenüber führt eine Thür zu dem Wasserbehälter und an den Ecken des Gartens sind hübsche, runde Sommerhäuser, deren Kuppeln über die beträchtlich hohe Mauer erhaben sind. Der Rajah zieht sich oft mit seinen Weibern hierher zurück und wir bemerkten viele Schaukeln und andere Spiele zum Dienste des orientalischen Müssiggangs.

Jenseits des Thorwegs zeigt sich unmittelbar der Wasserbehälter selbst, eins der prächtigsten Werke, das ich jemals sah. Er ist von sehr großen Verhältnissen, mit Treppen bis an den Boden hinab; rechts ist eine weitläuftige und keineswegs unzierliche Wohnung, deren Vorderseite mit dem Wasser, der Hindertheil mit der Spitze des Wasserbehälters gleich ist. Sie war zu einem Badehause für die Weiber bestimmt, wo sie sich unterhalten konnten, ohne von irgend einer Person von außen gesehen zu werden. Die Bäder stehen in Verbindung mit dem Wasserbehälter, an den beiden Ecken sind zwei Thürme mit Kuppeln, denen an der

Gartenmauer ähnlich, welche die Winkel gleichförmig machen. Auf der dritten Seite oder rechts, wenn man hinein tritt, ist ein sehr zierlicher, kleiner, steinerner Hindutempel; auf einer viereckigen Basis erhebt er sich in eine Kuppel.

Die ganze Außenseite ist in Fächer von ungefähr zwei Quadratfuß getheilt und in jedes ist die Gestalt einer Gottheit sehr schön geschnitzt. Es sind drei offene Thüren und eine falsche in Stein ausgehauen, worauf vortrefflich ausgeführte erhabene Arbeit angebracht ist. Das Inwendige ist fast gleich, außer daß in der durch die falsche Thür gebildeten Mauer eine Nische für die Statue des Latschmi sich befindet; in der Mitte sollte die Statue des Mahadewa gesetzt werden, dem das Ganze gewidmet ist. Die vierte Seite, die nach dem Garten steht, fehlt. Unglücklicherweise waren diese schönen Gebäude niemals vollendet; sie wurden in diesem Zustande von Scheit Sing gelassen, als er von Benares floh, und der Aberglaube Indiens hält seinen Nachfolger ab, sie zu vollenden, um nicht als der Erbe seines Unglücks angesehen zu werden. Scheit Sing lebt noch in dem Maratten-Lande von einem kleinen Dschagir; er hat eine Tänzerin geheirathet und ist in Ausschweifung und Verachtung gesunken; er hat keine Nachkommen und die auf den Musnud gesetzte Person ist sein nächster Verwandte, denn der jetzige Rajah ist sein Groß-Neffe und Ur-Urenkel des Bulwut Sing, der das Fort von Ramnagor baute.

Da wir sahen, daß unser junger Führer durch seinen Gang herzlich ermüdet war, baten wir ihn, sich durch uns nicht länger aufhalten zu lassen; er kehrte freudig nach dem Schlosse zurück, während wir uns nach seines Bruders Zelt begaben, an dem Rande des Wasserbehälters, wo Frühstück für uns bereitet war. Es würde für ihn unpassend gewesen seyn, uns dahin zu begleiten, da unsere Speisen unheilig waren. Ich ward durch einen Menschen unterhalten, der die Dialekte und Sitten der verschiedenen Nationen und Stämme Indiens nachahmte. Die Veränderung seiner Miene war so bewunderungswürdig, daß ich ihn kaum für eine und dieselbe Person hielt.

An das Fort Ramnagor stößt eine kleine Stadt, die aus zwei sich durchkreuzenden Straßen, von ansehnlicher Weite und gleichförmiger Bauart besteht; sie würde wirklich hübsch seyn, wenn nicht die Tatty's ganz die Vorderseiten verhüllten. Am Ende der größten ist das Schloßthor, das uns in einen Hof führte, wo die Pferde, Kühe, Elephanten u. s. w. gehalten werden. Der Pallast bildet eine Seite des zweiten Hofs. Er ist nett und weiß angestrichen und die Holzarbeit grün gemalt. Bei der Thür begegnete mir unser junger Führer, und leitete mich die Treppen hinauf, wo ich von dem Rajah empfangen ward, der mir einen großen Nasur von goldenen Mohurs überreichte; ich berührte ihn und hob hernach meine Hand zum Kopf, verweigerte aber die Annahme.

Ich umarmte ihn drei Mal und ward von ihm zu dem vornehmsten Sitze in seinem Dewan Kana geführt, da er sich zu meiner Rechten und Herr Neave zu meiner Linken setzte. Ich fand hier seinen ganzen Hof versammelt und ungefähr 50 Tänzerinnen von jedem Alter und jeder Beschaffenheit. Er stellte mir auch einen zweiten Bruder vor, der bisher ohne Namen gewesen war, ihn aber bei der Verheirathung seines Bruders Babu Dip Narrain erhalten sollte. Der Rajah ist ganz außerordentlich fett und sieht krank aus. Sein Uebel soll sich für einen Braminen und verheiratheten Mann eben nicht passen, und ich konnte daher keine Fragen über seine Gesundheit machen. Er ward von drei muhammedanischen Aerzten bedient. Die Hindu's gebrauchen nicht gern die unsrigen.

Der Dewan Kana war klein, das Zimmer weiß und die Verzierungen grün. Leuchter von derselben Farbe hiengen in der Mitte herab und standen an den Seiten auf Gestellen. Englische Kupferstiche unter Rahmen und Glas waren hin und wieder vertheilt. Wir sprachen nur wenig, da unsere Aufmerksamkeit durch den Gesang abgeleitet ward. Einige der persischen Lieder waren hübsch und ich ergötzte mich sehr, sie „J care for nobody, no not J," und „Marlbrook" singen zu hören. Die Hitze von dem Gewühl war unerträglich; um Luft zu schöpfen, verlangte ich einige von den Zimmern nach dem Flusse zu sehen und bat ihn, sitzen zu bleiben. Seine Brüder begleiteten mich. Sie waren klein, aber hübsch, mit einem Anstrich von

Silberglanze bedeckt, der durch pulverisirten Talk hervorgebracht wird.

Der Fluß bespült den Grund eines kleinen Tempels des Mahadewa, der zu dem Pallast gehört und aus rothem ungemalten Stein besteht. Der gegenwärtige Rajah, der in sehr guten Umständen sich befindet, da er jährlich gegen 4 Lac Rupien hat, verschönert diesen Ort sehr. Er scheint davon eingenommen zu seyn und die Lage desselben ist in der That sehr angenehm. Er hat jetzt nichts mit der Zemindary von Benares zu thun, sondern empfängt sein Einkommen von der Kompagnie; er ist ohne Familie, scheint aber seinen Brüdern innigst ergeben zu seyn; einer von ihnen wird ihm wahrscheinlich nachfolgen. Wir kehrten nach dem Dewan Kana zurück und da wir sahen, daß der Rajah durch das Sitzen sehr erschöpft war, gab ich einen Wink, daß ich mich zu entfernen wünschte. Zwanzig Gefäße mit Shawls, Kinkab's (goldgestickte Seidenzeuche) nebst einem mit Juweelen wurden mir überreicht. Hrn. Neave neun Gefäße von den ersten Artikeln; Hrn. Salt fünf. Wir wählten jeder ein Paar Shawls, ungefähr 20 Rupien werth und schlugen das Uebrige aus. Dann folgte die Ceremonie des Attar; wir begaben uns zurück und überließen ihn der Ruhe. Sein Bruder begleitete uns bis zu dem äußersten Thore, wo wir uns wieder der Palankine des Rajah bedienten, um uns nach der Wasserseite zu bringen.

Ich machte noch eine kleine Wasserfahrt, um die

Stadt von der Seite des Flusses zu sehen. Er bildet hier eine sehr schöne Krümmung von ungefähr 4 Meilen in der Länge; auf der äußern Seite derselben, die immer die höchste ist, liegt die heilige Stadt Benares. Die Gebäude erstrecken sich bis an den Rand des Wassers und da das entgegengesetzte Ufer, wie gewöhnlich, äußerst flach ist, kann das Ganze mit einem Blicke übersehen werden.

Von einer Wanderung durch die Straßen oder einer Aussicht von dem Thurme läßt sich kein Begriff von der Schönheit der Stadt machen; unzählige Pagoden von verschiedener Gestalt und Größe nehmen das Ufer ein und springen sogar bis in den Strom hervor. Gleichförmig von Stein gebaut und von der festesten Arbeit, sind sie im Stande, den Strömen zu widerstehen, die in der regnigen Jahreszeit gegen sie schlagen. Einige sind gemalt, andere vergoldet, noch andere behalten die Farbe des Steins. Gemeiniglich haben sie Kuppeln, die oft in den Dreizack des Mahadewa auslaufen. Brücken sind sehr häufig zur Bequemlichkeit der Reinigung und wo die Häuser dem Flusse nahen, sind sie durchgängig dreißig Fuß hoch gebaut von großen Steinen, ehe sie oben mit der Straße gleich kommen.

Der Abstich zwischen diesen hohen Massen von festem Mauerwerke und den leichten Kuppeln der Pagoden ist sonderbar und angenehm. Bäume hangen bisweilen über die Mauern herüber, und die unzähligen Menschen, die beständig in dem Wasser entweder baden oder Leinwand waschen, vermehren nicht wenig das Außerordentliche dieser Scene. Keine Zeichnung, die ich gesehen habe, giebt davon die geringste Vorstellung. Das Land hat hier einen ungeheuern Werth, da es desto heiliger ist, je näher es dem Flusse liegt. Fromme Hindu's halten es für ein verdienstliches Werk Brükken oder Tempel an dem Ufer anzulegen. Oft hatte ich Gelegenheit zu bedauern, daß diese Gebäude unvollendet blieben, weil der Erbauer zu früh gestorben war. Nicht nur der Aberglaube wirkt hier, sondern auch der Umstand, daß wenn der Erbe es vollendete, das ganze Verdienst und alles Ansehen auf den ursprünglichen Gründer übergehen würde. Ich fühlte mich, bei dem Anblick der hohen Minarets, Hindu genug, um zu wünschen, daß die Regierung in Zukunft den Ort seinen ersten Eigenthümern zurückgeben und diesen schrecklichen Gräuel aus der heiligen Stadt entfernen möge.

An dem bestimmten Ort, wo der Wagen bestellt war, fand ich ihn nicht, glaubte aber, er würde oben auf dem Hügel seyn, entließ das Boot und gieng dahin; mein Hirkarra zeigte den Weg und wußte, wie ich glaubte, wo das Fuhrwerk wartete. Weder Hr. Salt, noch ich, konnten mit ihm sprechen. Nach einer Wanderung durch die engen, dichten Straßen von Benares, halb todt vor Hitze und Staub, fand ich es unmöglich, weiter zu gehen, und nahm meine Zuflucht zu dem Schatten einiger hohen

Tamarinden, auf einem muhammedanischen Begräbnißplatze. Ich schickte unterdeß den Hirkarra mit einigen Zeilen an Herrn Neave ab, und bat ihn um Erlösung. Es umringten uns Gruppen von Männern, Weibern und Kindern, die uns sehr genau betrachteten und sich wahrscheinlich über unsern Aufenthalt an diesem Orte wunderten. Sie störten uns jedoch nicht durch Betteln und Herr Salt fieng an sie zu zeichnen, womit sie jedoch nicht ganz zufrieden schienen. Endlich kamen zwei Palankins, die uns zurückbrachten. Herr Neave schenkte mir ein Stück von einem Steine, der während eines Meteors in Benares herabgefallen war. Das Faktum ist durch ein förmliches gerichtliches Zeugniß bestätigt. *) Ich will nur bemerken, daß nirgends ein Stein von derselben Art gefunden wird, und daß der Umstand, daß es in der Nachbarschaft durchaus keine Steine giebt, das Volk darauf aufmerksam machte.

13ten März. Ich frühstückte mit Herrn Neave und hielt hernach einen Durbar (Levée) für die vornehmen Eingebornen, die ihr Rang berechtigte, sich in meiner Gegenwart zu setzen. Zuerst erschienen einige Schroffs (Geldmäkler), um mir Proben von ihren feinsten Seidenmanufakturen, Goldtuch, und gesticktem Flor zu zeigen. Die Proben waren von den reichsten Mustern und sehr kostbar; sie werden

*) Dieses Protocoll ist in dem Anhange zum Original abgedruckt. R

hier häufiger, als in jedem andern Orte in Indien verfertigt und nicht nur in Osten zu Staatskleidern gebraucht, sondern auch in beträchtlicher Menge nach Europa ausgeführt. Der Handel mit Gold und Silberstoffen trägt nicht wenig zu dem Wohlstande von Benares bei, obgleich er in religiöser Hinsicht allein der Heiligkeit des Ortes beigemessen werden sollte. Ich verschaffte mir von einem Banquier einen Zodiak Mohur, die jetzt so außerordentlich selten sind, daß es fast unmöglich ist, eine vollständige Folge derselben zu erhalten.

Die Fürsten sind durchaus keine Freunde und wünschen niemals zusammen zu kommen, um Rangstreitigkeiten zu vermeiden, indem der eine der älteste ist, der andere von beiden Seiten aus königlichem Geblüte stammt. Daher begaben sie sich zu verschiedenen Gärten in der Nachbarschaft, und warteten bis sie Nachricht erhielten, daß ich sie zu empfangen bereit sey. Mirza Korum erschien zuerst mit einer ziemlich hübschen Suwarry. Er ritt in die Thore der Faktorei auf seinem Elephanten und ward sogleich mit einer königlichen oder, wie ich nachher entdeckte, mit einer doppelt königlichen Begrüßung bewillkommt. Denn durch ein lächerliches Mißverständniß feuerten die Artilleristen 42 Mal, in der Voraussetzung, daß beide Fürsten zu gleicher Zeit angekommen wären. Er kam in seinem Staatspalankin zu dem Hause, und meine Wache von Sipoys präsentirte das Gewehr. Ich emfieng ihn unten an der Treppe und nachdem er mit einer Umarmung beehrt worden war, reichte ich ihm einen Nasur von 13 Goldmohurs. Ich führte ihn dann zu seinem Sitz und setzte ihn zu meiner Rechten.

Die Unterhaltung war uninteressant und bestand bloß in Fragen nach meiner Gesundheit in seinem und seiner Mutter Namen. Ich bat ihn, ein Paar doppelläufige, sehr reich mit Gold eingelegte Pistolen nicht zu verschmähen, die er auch ohne alles Bedenken annahm. Da er sich zu entfernen wünschte, wurden ihm Attar und Betel angeboten; er ward auf dieselbe Art zu dem Palankin geführt und empfieng dieselben militärischen Begrüßungen, wie bei seiner Ankunft. Die Artilleristen benachrichtigten uns jetzt von ihrem Mißverstande, indem sie Erlaubniß zum Weggehen verlangten. Wir waren nach dieser Entdeckung nicht wenig besorgt, daß der andere Fürst ankommen möchte, ehe mehr Pulver angeschafft war. Ein Bote ward sogleich an ihn abgefertigt, um ihn zu bitten, etwas zu verweilen; es würde die grausamste Beleidigung gewesen seyn, wenn er nicht dieselbe Aufmersamkeit wie sein Bruder erhalten hätte.

Da Alles in Ordnung war, erschien Se. Hoheit, mit einer Suwarry, die deutlich einen Unterschied zwischen einem monatlichen Einkommen von 11.000 und 4000 Rupien zeigte. Sein Staatspalankin war indessen eben so glänzend mit Goldtuch überzogen. Ich empfieng ihn an der Treppe, während der eigentliche königliche Gruß gefeuert wurde, und überreichte ihm einen Nasur von 11 Goldmohurs. Ihn begleitete ein Mann, der, wie er mir sagte, sein Lehrer sey. Er bat, ihn mir vorstellen zu dürfen und verlangte einen Sitz für ihn, ein Beweis hoher Achtung von einem so stolzen Manne, der zeigt, wie hoch die Muselmänner ihre Lehrer halten. Sein Wunsch ward natürlich erfüllt.

Bei meinem Besuche hatte ich ihn gebeten, mir die beiden großen kupfernen Platten zu zeigen, die in einem Brunnen, als er das Haus bauete, gefunden worden waren; sie waren damals nicht bei der Hand, jetzt wurden sie mir zu Füßen gelegt. Ich wünschte sie zu behalten, allein H. Neave hatte dieselbe Absicht und erreichte sie. Sie sind ungefähr 2 Quadratschuh groß mit Sanscrit-Charakteren bedeckt und durch einen kupfernen Siegelring, auf welchem die Göttin Latschmi eingegraben ist, befestigt. Sie enthalten nach der Versicherung des H. Wilfort eine Schenkungs-Urkunde.

Da ich die Platten nicht erhielt, bat mich der Fürst ein altes Schwerdt anzunehmen, welches, wie er H. Neave sagte, dem Firrochsere gehört hatte, einem seiner Ahnherrn, der, als Kaiser, der ostindischen Kompagnie die erste Urkunde über den freien Handel gegeben hat. Ich zweifle indessen ein wenig daran, da die Klinge nicht hinreichenden Werth hatte, um von einem so glänzenden Herrscher gebraucht zu seyn. Das Heft war vergoldetes Kupfer, die Scheide grüner

Sammt. Der Fürst gab es mir in die Hände, während ich ihm auf sein Verlangen zwei goldene Mohurs darüber darreichte. Ich bemühte mich, eine Erklärung dieses Gebrauchs zu erhalten, aber vergebens; da er scheint aus einem Aberglauben herzukommen, der der englischen Sitte gleichet, nach der man von keinem Freunde ein schneidendes Werkzeug empfängt, ohne ihm ein Gegengeschenk zu machen. Er nahm Abschied mit denselben Ceremonien wie sein Bruder und empfieng dieselbe kriegerische Ehrenbezeugung.

Die Erwiederung meines Besuchs war eine sehr große Aufmerksamkeit; ich war desto mehr zufrieden, da sie ganz freiwillig und nicht die Folge eines officiellen Antrags von Lord Wellesley war. Hernach empfieng ich die Vakils der Marattenstaaten, den Groß-Onkel und Bruder des Rajah von Benares, nebst vielen andern Eingebornen von Stande. Unter ihnen war ein sehr artiger und schöner Knabe, Sohn des Gola Muhammed, des berühmten Rohilla Chefs, der mit seiner Mutter zu Benares sich aufhält. Da mich ihre Gesellschaft ermüdete, entließ ich sie auf eine höfliche Art, indem ich nach Attar und Betel rief, das ich dem Range gemäß vertheilte.

Die höchste Artigkeit ist, ihn dem Besucher zu geben, um sich selbst zu bedienen; auf diese Art behandelten die Fürsten mich und folglich ich sie. Der zweite Grad ist, ihn mit eigner Hand zu geben; denen die nicht zum Attar berechtigt sind, wird mehr oder weniger Betel, entweder vom Wirthe selbst, oder durch die Bedienten dargereicht. Da der Rajah von Benares nur durch Krankheit verhindert ward, gegenwärtig zu seyn, so schickte ich ihm durch seinen Bruder eine hübsche goldene Uhr und gab eine andere dem Knaben selbst; Ich sah niemals die Freude deutlicher auf einem Gesichte abgebildet, als auf dem seinigen, da er sie empfieng.

16ten März. Am Abend nahm ich Abschied, reiste um 9 Uhr, begleitet von H. Salt, ab und traf um 5 Uhr des Morgens bei dem Hause des H. Deane ein, das ungefähr eine Meile von der Stadt Dschuampor entfernt ist. Wir machten sogleich einen Besuch in der Stadt; sie liegt an dem Gumty-Flusse, der seinen Namen von seinem krummen Laufe hat. Das Schloß erhebt sich beträchtlich über das flache Land und ist in seinen Trümmern auch noch sehr würdig.

Unser Weg gieng auf der entgegengesetzten Seite des Flusses mitten durch zerstörte Denkmäler und Moscheen, die eine Vorstellung von alter Pracht gaben. Eine Vorstadt von Lehmhütten führte zu einem großen Serai, aus demselben Material, durch welches wir zu einer großen Brücke kamen, die in zwei Theile gesondert ist. Der eine besteht aus 10 Bogen und führt über die Gränze des Flusses während der trocknen Jahreszeit; beide sind im Stande, die ganze Wassermasse in der Regenzeit zu fassen. Die Brücke soll im Jahre 912 der Hedschra (1506) durch den Kaiser Akbar gebaut seyn und hat der Gewalt aller Ströme getrotzt. Es ist allerdings ein großes Werk und wird von den Eingebornen als eins der Wunder Indien's betrachtet.

Wir kamen durch eine elende Stadt, und nahten den Mauern des Schlosses, bis wir einen Thorweg erreichten, geschmückt mit musivischer Arbeit von verschiedenen bunten Ziegeln. Es ist schön gewesen. Die Höfe sind geräumig und die Verandahs an den Mauern, beherrschen eine sehr angenehme Aussicht; besonders auf einer Seite, die über den Fluß und die Brücke sieht; jenseits derselben sind die Ruinen verschiedener Gräber, die ihre Kuppeln unter Palmen und Tamarindenbäumen erheben. Das entfernte Land ist reich angebaut und gut mit Holz bedeckt. Ich bedaure, daß das Haus des Regierungsbeamten nicht lieber hier, als in dem Grunde gebaut wurde, wo es jetzt liegt; abgesehen von der Schönheit der Gegend, würde der Ueberfluß der Materialien an diesem Orte, es in Hinsicht der Oekonomie wünschenswerther gemacht haben.

Die Mauern des Forts sind von dauerhafter Arbeit und die Ueberbleibsel der Wohnung darin dienen zu einem Verwahrungsorte für Schuldner. Ihr Gefängniß muß fast freiwillig seyn, denn es scheint sehr leicht zu entkommen. Wir besuchten hierauf verschiedene, zum Theil sehr verfallene Moscheen. Wir bemerkten auch mehrere Ueberbleibsel von Pallästen und andere Erinnerungen alter Herrlichkeit. Die Mehrzahl der Einwohner in Dschuampor sind Muhammedaner. Neulich ist der Ort merkwürdiger geworden, als der Aufenthalt eines Hindustammes der Radsche Kuman, bei denen die Gewohnheit des Kindermordes herrschte, bis sie durch die brittische Regierung abgeschafft ward. Sie erstreckte sich nur auf die Aussetzung ihrer weiblichen Kinder, aber diese war fast allgemein.

18ten März. Die heißen Winde hielten uns den ganzen Morgen im Hause und erst um vier Uhr konnte ich aufbrechen. Es war außerordentlich heiß und staubig, bis die Sonnenhitze und der Wind abnahmen. Die Ueberbleibsel von Gräbern und Moscheen sind auf der andern Seite von Dschuampor eben so zahlreich, als auf der ersten. Einige waren sehr schön mit bunten, glasurten Ziegeln ausgelegt. Das Land war hüglich und bisweilen schlängelte sich der Gumty vorbei. Mangotops waren, wie gewöhnlich, häufig. Die Reiots (Feldarbeiter) waren alle auf ihren Feldern beschäftigt, andere zogen Wasser aus den Brunnen, die fast auf jedem Felde befindlich sind.

Es ist ein sonderbarer Umstand, daß in diesem Lande, das fast ganz aus Sand besteht und wo die Hitze so außerordentlich ist, fast beständig ein Vorrath von Wasser in einer geringen Tiefe während des ganzen Sommers gefunden wird. Befriedigungen giebt es nicht, außer hin und wieder, wo eine Reihe indischer Feigen längs der Seite des Weges gepflanzt ist. In der Nacht kam ich über die Gränzen des Gebietes der ostindischen Kompagnie und in das des Nabobs Visirs.

19ten März. Beim Erwachen fiel mir die veränderte Aussicht des Landes auf. Die schwere Hand der Unterdrückung hatte deutlich die Masse des angebauten Landes vermindert. Die Aerndten waren sparsamer, aber die Mangotops nahmen an Zahl zu und wurden jetzt schöner wegen der Nachbarschaft des Gesträuchs, worunter die Butea glänzend hervor schimmerte. Die Meerkatzen und Pfauen waren zahlreich und zogen meine Aufmerksamkeit beständig von den schlechten Wegen ab, und entschädigten mich einigermaßen für die langsame Reise. Ich kehrte zu Sultaunpor in dem Quartiere des Kapitäns Delamaine ein, der mich eingeladen hatte. Zum Glück wehete während des ganzen Morgens ein frischer Ostwind, der völlig kühl war. Die heißen Winde kommen aus Nordwesten über die Wüsten, die den Indus umgeben. Die Berge von Tibet machen den andern Wind kühler, als man in einer solchen Nähe des Wendekreises erwarten sollte.

Sultaunpor liegt sehr angenehm auf einer weiten Ebene am westlichen Ufer des Gumty. Eine Nulla durchschneidet es in rechte Winkel. In der Regenzeit muß die Landschaft hübsch seyn, da es eine Menge von Mangotops giebt, und der Fluß sich wie gewöhnlich schlängelt. Jetzt hatte die Hitze alle Vegetation verbrannt und das ganze Land mit einem Braunroth bedeckt. Die Quartiere sind für eine ganze Brigade geräumig, aber um diese Zeit war der größte Theil der Truppen unter General Lake in Thätigkeit und verschiedene andere waren abwesend, um die Aumil's (eingeborne Districteinnehmer) bei Einsammlung der Einkünfte des Nabobs von den Zemindar's zu unterstützen, die ohne Zwang, die Bezahlung häufig verweigern. Die Stadt liegt auf der entgegengesetzten Seite des Flusses.

Um 7 Uhr des Abends reiste ich ab, und ließ H. Salt zurück. Meine Träger waren viel schlechter, als gewöhnlich, so daß sie ermüdeten, ehe sie mich eine halbe Station getragen hatten, es war folglich dunkel, ehe wir ankamen und sie hatten kein Oel. Ich ließ sie einiges in einem Dorfe kaufen, und legte mich zum Schlafen. Nach einiger Zeit erwachte ich und fand, daß der Palankin sich nicht bewegte; da ich kein Geräusch hörte, machte ich meine Thüren auf, aus Furcht, daß meine Träger ihren Posten verlassen hätten, ein Umstand, der sich zuweilen ereignet und am häufigsten in den unangenehmsten Lagen, wenn sie einen Tiger fürchten. Ich fand die Bursche rund um mich auf dem Boden liegen und sie gaben mir, hauptsächlich durch Zeichen, zu verstehen, daß sie den Weg verloren und einen der Fackelknaben abgeschickt hätten, ein Haus zu suchen.

Ich gestehe, meine Lage war nicht die angenehmste. Wir waren in einem Gebüsch, ohne die Spur eines Weges; und ein Gewitter in der Entfernung vermehrte unsere Angst. Das Land, worin wir waren, war nicht frei von wilden Thieren, und Räubereien fielen oft vor. Unser Bothe kam ohne Erfolg zurück. Ich glaubte indessen in der entgegengesetzten Richtung einen Hund in Vereinigung mit den Schakals gehört zu haben und schickte ihn daher wieder ab. Nach einer Stunde kehrte er mit einem verdrießlichen Kerl zurück, der sich jedoch durch ein Geschenk überreden ließ, uns in den Weg zu bringen. Unsere Lage schien mir indessen zu peinlich, um wieder einzuschlafen. Ich beobachtete also die spielenden Blitze in der Entfernung, die zu meiner großen Beruhigung sich nicht näherten.

Um drei Uhr des Morgens erfreute mich das Geschrei meiner Träger beim Eintritt in ein Dorf, wo ihnen die aus Luknow angekommene Ablösung antwortete. Zu meinem großen Erstaunen fand ich hier ein Pack europäischer Briefe, die mir Herr Deane aus Dschuampor nachgeschickt hatte. Es waren die ersten, die ich nach meiner Abreise aus England erhielt, und die Freude, daß mein Kind und meine Freunde sich wohlbefanden, war ein angenehmer Ersatz für die Angst, welche die Ereignisse der Nacht in meinem Gemüthe erregt hatten.

20. März. Ich erwachte um 6 Uhr des Morgens. Häufiges Gebüsch wechselte mit Mangotops und Dörfern ab; der Anbau war seltener, als in den brittischen Gebieten. Nulla's kamen oft vor und an vielen Stel-

len waren vortreffliche steinerne Brücken. Die Landstraße war leidlich. Um 9 Uhr erreichte ich ein Zelt, das der Nabob geschickt hatte, um mich während der Hitze des Tags aufzunehmen. Bald hernach kam Hr. Salt an und um 2 Uhr giengen wir nach Luknow ab, wo wir am 22. März eintrafen, gerade einen Monat nach der Abreise von Kalkutta.

Drittes Kapitel.

Aufenthalt zu Luknow. — Beobachtungen über Aude.

---

22. März. Herr Paul hatte vor meiner Ankunft meine Suwarry zum Theil angeordnet und ich fügte nun diejenigen hinzu, die wir für nothwendig hielten, nämlich 2 Suntaburdars, 6 Hirkarras, einen Dschemmadar (ein Diener, der allen übrigen befiehlt), 6 Kimutgars (Diener, die bei Tische aufwarten und die immer Muselmänner sind), nebst einem Anführer, einem Gehülfen und 10 gemeinen Trägern.

23. März. Um 7 Uhr des Morgens holte ich den Oberst Scott ab und nachdem ich einen seiner Elephanten bestiegen hatte, giengen wir zu dem Pallast durch die ganze Länge der Stadt. Sein Sekretär und meiner folgten, unsere Suwarry giengen vorauf und unsere Palankine erwarteten uns. Beim Eintritt in den ersten Hof fanden wir seine Staatselephan-

ten mit ihren Hauda's *) und Decken, an jeder Seite herausgezogen, nebst der Kavalerie, den Kameelen und prächtig aufgezäumten Handpferden. Der zweite Hof war mit Truppen besetzt, die uns mit präsentirtem Gewehr empfiengen; es war unmöglich noch weiter mit den Elephanten zu kommen; wir verließen sie daher, stiegen in unsere Palankins, und wurden durch einen kleineren in einen größern Hof getragen, an dessen Ende der, von dem gegenwärtigen Nabob gebaute Pallast liegt, wo er sich gewöhnlich aufhält. Es ist ein hübsches Gebäude, umgeben von einer Verandah. Am Fuß der Treppe verließen wir unsere Palankins und wurden von Sr. Excellenz oben empfangen. Er umarmte mich, wie seines Gleichen. In demselben Augenblicke ward eine Salve von 17 Schüssen gegeben. Wir wurden zu einem Frühstückstische in einem ganz auf europäische Art eingerichteten Zimmer geführt.

Der größte Theil seiner Familie war gegenwärtig, aber er führte nur seinen zweiten Sohn ein, der sein General und erster Minister ist. Zwei Höflinge, die ganz besonders unter dem Schutze der Engländer stehen, und von ihnen mit dem Titel Lord Nuble

*) Sitze auf dem Rücken der Elephanten; die der Eingebornen sind flach mit Kissen; die Europäer haben einen Sitz darauf angebracht, so daß sie dem Kasten eines Phaeton gleichen. Die einheimischen Prinzen haben häufig mit Gold und Silber verzierte Himmel darüber.

und Lord Duble *) beehrt sind, waren auch dort. Mit der größten Neugierde betrachtete ich aber den Almas Alikan, den durch Herrn Burkes pathetischen Bericht von den Unglücksfällen, die seine Weiber und Kinder von der Barbarei des Generalkapitäns an Bosheit, Herrn Hastings, erlitten, so berühmten Verschnittenen. Es ist ein ehrwürdiges, einer alten Frau gleiches Wesen, gegen 80 Jahr alt, volle 6 Fuß hoch und stattlich nach Verhältniß. Nach allen den grausamen Plünderungen, denen er bekanntlich ausgesetzt gewesen ist, soll er noch eine halbe Million in Vermögen haben. Es ist kein Wunder, wenn man bedenkt, daß er eine geraume Zeit Aumil von der halben Provinz Aube war. Der Nabob wacht mit Sorgfalt über seine Erbschaft, die, nach orientalischen Gebräuchen, ihm gehört.

Bei allem seinem Ueberflusse ist Almas nur ein Sklave, jetzt fast kindisch, obgleich ehemals ein thätiger und intriguanter Höfling. Das Frühstück war aus allen Ländern zusammengeholt; Thee, Kaffe, Eis, Gelées, Süßigkeiten, französische Pasteten und andere warme und kalte Schüsseln. Der Nabob selbst lachte und sagte, daß sein französischer Koch eher ein Mittagsmahl als ein Frühstück besorgt habe. Das Geschirr war englisch, mit einer Menge von feinen gläsernen Näpfen. Nach dem Frühstück gab ich einen

*) Aus Scherz: Nuble bezeichnet einen Pinsel, und Duble einen Herumtreiber. R.

Wink, daß ich mich zu entfernen wünschte, worauf die gewöhnlichen Geschenke herbeigebracht wurden. An der Thür war ein Elephant mit einem silbernen Haudah, ein Pferd mit seinem Zaum, ein Staatspalankin von Goldtuch; gegen meine Weigerung, sie anzunehmen, machte er starke Einwendungen; er sagte, er wisse sehr wohl, daß ich die Geschenke annehmen könne, wenn ich wollte, da ich ganz unabhängig von der ostindischen Kompagnie und an ihre Verordnungen nicht gebunden sey. Ich gab dies zu; bemerkte aber, daß ich die bei einer solchen öffentlichen Gelegenheit angebotenen Geschenke nicht als eine freie Gabe, sondern als einen Tribut betrachtete, der von einem Manne seines Ranges bei einem Besuche, wie der meinige erfordert werde. Ich bestand daher auf meiner Weigerung und nahm nur ein Paar Shawls.

Se. Excellenz ergötzte mich sehr durch die Erzählung von der Art, wie meine Ankunft ihm durch den Boten, den er absichtlich deswegen auf dem Wege postirt hatte, angekündigt war; „Lord Saheb ka Bhanja, Company ki nawasa teshrif Laja;" wörtlich übersetzt" „des Lords (Wellesley) Schwestersohn und der Enkel der Frau Kompagnie ist angekommen." Diese Titel schreiben sich von dem Glauben der Eingebornen her, daß die ostindische Kompagnie eine alte Frau sey, und daß die General-Gouverneurs ihre Kinder sind. Da ich diese Stelle nicht bekleidete und doch mit großen, ja fast gleichen, Ehrenbezeugungen empfangen ward, so glaubten sie vermuthlich, daß ich in den angegebenen Verhältnissen stehen müsse.

26sten März. Der Nabob hatte diesen Morgen bestimmt, meinen Besuch zu erwiedern und bei mir zu frühstücken. Er erschöpfte sich in Anerbietungen seiner Dienste. Ich verlangte den gelegentlichen Gebrauch eines seiner Hummauns (warmen Bäder) und zweier seiner Hauda-Elephanten. Beide Bitten wurden mit gleicher Bereitwilligkeit zugestanden. Der General begleitete seinen Vater. Beim Nachsuchen fand sich, nach ihrem Fortgange, daß nur einige silberne Löffel fehlten. Die Begleiter Sr. Excellenz rauben oft weit mehr.

27sten März. Begleitet vom Oberst Scott und H. Salt frühstückte ich bei dem General Mirza Mahomet Ali, dem erwähnten Sohne des Nabob. Er wohnt in einem Pallaste an den Ufern des Gumty, Hussein Baug genannt, der einen sehr guten Garten hat, und von einer Mauer und einer Terrasse mit Pavillons umgeben wird. An einem Ende ist ein Gartenhaus, vorn mit einem Wasserstück. Wir trennten uns sehr zufrieden und ich gieng darauf zu dem Hummaun Sr. Excellenz, das für mich bereitet war; es besteht aus zwei Zimmern, hinter einem sehr schönen Garten-Pavillon, der vorn, wie gewöhnlich ein Wasserbassin hat. Sie werden durch Röhren unter dem Boden geheizt. Das erste Zimmer ist ungefähr 20 Quadratschuhe groß; an jeder der drei Seiten befindet sich eine Fontaine für heißes oder kaltes Wasser in länglichten Nischen. An der 4ten Seite ist der Eingang in das innere Zimmer. An jeder Ecke ist ein Pfeiler, von dem Bogen zur Stützung der Decke ausschießen, die sich nach und nach in eine Kuppel verengert; das Ganze ist mit feinem weißen, mit Schwarz geziertem Chunam bedeckt, um mit der Decke, die ganz aus weißem, mit einer musivischen Arbeit aus Schwarz und Roth, ausgelegten Marmor besteht, überein zu stimmen. Hier entkleidete ich mich ganz und hüllte rund um den Unterleib ein Stück rother Leinwand. Zwei Männer unterstützten mich in dem andern Zimmer, wo die Hitze so groß war, daß sie mir zuerst die Luft benahm.

Es war von ähnlicher Bauart, außer daß vorn ein fünf Fuß vom Boden erhöhtes Bassin mit warmem Wasser angefüllt war. Ein ähnliches befand sich auf der rechten Seite in der Diele. In der Mitte des Zimmers spielten die Springbrunnen; sie waren etwas kühler, als der Boden und sehr angenehm. Das Ganze war bis zu einer Höhe von 5 Fuß vom Boden aus rothem Porphyr, das übrige aus einem rothen Stein gebaut. Acht Bursche, an Farbe beinahe dem Marmor gleich und bloß mit einem Tuch bedeckt, fiengen jetzt ihr Geschäfte an. Sie legten mich auf den Boden, rieben meine Füße mit Bimstein, kneteten alle meine Glieder und rieben mich mit den kameelhärenen Polstern an ihren Händen, bis jedes Schweißloch, von dem Schmutz, der sich während des Tages angesetzt hatte, gereinigt war. Ich ward hierauf mit einer Mischung von Thon, und dann mit einem wohlriechenden Oel gerieben; beides nebst allen Geräthschaften war von Sr. Excellenz gesandt, so wie er es selbst gebraucht. Das Haar ward mit einer Mischung aus feinem Mehl und andern Substanzen gereinigt. Endlich sprang ich in eines der Marmorbecken und nachdem ich mich ganz und gar gewaschen hatte, kam ich heraus und ward mit sehr feinen, mit Gold besetzten warmen Tüchern bedeckt. Ich kehrte zum nächsten Zimmer zurück, das viel kühler war und mich allmählich für die freie Luft vorbereitete.

Der Gebrauch des heißen Bades herrscht durchaus im Osten und scheint, so weit ich urtheilen kann, höchst erfrischend. Es giebt der Haut eine Weichheit und eine kühlende Empfindung, die man zuerst kaum erwarten sollte; indem es die Schweißlöcher offen erhält, muß es in einem heißen Klima sehr wohlthätig seyn, wo die Bewohner in einer beständigen Transspiration sind.

29sten März. Am Morgen wurden zwei Elephanten mit zwei sehr hübschen silbernen Haudas von dem Nabob gesandt, um meine Befehle zu erwarten. Ich war eingeladen, diesen Tag bei Sr. Excellenz zu speisen. Oberst Scott begleitete mich als Dolmetscher. Ich hatte mich bestimmt, dieselbe Gelegenheit zu benutzen, um der Begum, seiner Mutter, meinen Besuch abzulegen. Seine Hoheit erwartete uns mit ihrem gewöhnlichen Hofe in einem Gartenhause, das der Zenana gegenüber lag, zwischen welchem sich ein Wasserbehälter mit Springbrunnen den ganzen Garten entlang ausstreckte. Wir saßen in einer Verandah und die Verschnittenen giengen ab und zu, und brachten höfliche Botschaften von der alten Dame, nebst einer Danksagung für die Ehre des Besuchs. Die Zenana war ein hübsches Gebäude, hatte aber ein düsteres Aussehen von dem hölzernen Lattenwerk an der Außenseite der Fenster. Bei ihr wohnen ihre unverheiratheten Töchter, von denen einige 40 Jahr alt sind, und ihre Aufwartung von Sklaven.

Se. Excellenz führte hier ihren jüngsten Sohn ein, einen unmäßig fetten, lustigen Knaben, der zuerst mit einem Auftrage von seiner Großmutter erschien; er ist Liebling seines Vaters. Wir giengen darauf dicht neben der Zenana, vermuthlich damit die Bewohner Gelegenheit haben möchten, den Lord Saheb näher zu betrachten, nach dem Pallast, wo er mich zuerst empfieng, einem artigen englischen Herrnhause, mit angemessenen Mobilien, Betten, Kupferstichen und Stühlen. Er ist sein eigner Baumeister und hat wirklich vielen Geschmack, obgleich natürlich nichts unkorrekter seyn kann, als viele Verzierungen. Er wird außerordentlich geschmeichelt durch jede Vergleichung zwischen ihm und dem Prinzen von Wallis; ich nahm Gelegenheit ihm einige Komplimente zu machen, die ihn in eine vortreffliche Laune setzten. Er stellte mich allen seinen Söhnen bis auf den Aeltesten vor, die sich auf sieben beliefen. Es herrschte unter ihnen eine gr. milienähnlichkeit. Der Abwesende wird in v. Gewahrsam gehalten. — Mistriß * und Mistriß ** kamen mit ihren Männern. Ich gestehe, daß mir nichts widerlicher ist, als Weiber in Gesellschaft mit Muhammedanern zu sehen. Es ist den Grundsätzen der letztern durchaus entgegen; sie verachten sie nur und betrachten sie völlig wie ihre Sängerinnen.

Dies ward auch an diesem Tage völlig bestättigt; denn da Mistriß * sich selbst neben dem General gesetzt hatte, zog er seinen Stuhl zurück und verlangte, sie möchte ihm nicht so nahe kommen. Sie hatte die Unverschämtheit, ihm verschiedene Fragen über seine Frau zu thun, worauf er sie bloß bat, nicht zu unanständig zu sprechen. Die Gesellschaft bestand aus 27 Personen, von denen 16 Europäer waren. Das Essen war auf französische Art bereitet und der Wein in Menge aufgesetzt. Die Muselmänner tranken freilich keinen, hatten aber ganz das Ansehen, da das verbotene Getränk in Ueberfluß auf den Tisch gesetzt ward und sie zwei Gläser von verschiedener Größe vor sich stehen hatten. Das Zimmer war sehr wohl erleuchtet und ein Musikchor, das der Nabob vom Oberst Morris gekauft hatte, spielte während der ganzen Zeit englische Stücke.

Die Scene war so sonderbar und allen meinen Begriffen von asiatischen Sitten so entgegen, daß ich mich kaum überzeugen konnte, daß nicht das Ganze

K 2

eine Maskerade sey; nur die ungeheure Menge der Aufwärter erinnerte an Asien. Nach dem Essen gieng die Flasche noch eine kurze Zeit frei herum. Nach 8 Uhr entfernten wir uns.

30sten März. Ich begleitete den Oberst Scott zu einem Besuche bei der Begum des letzten Nabob. Sie wohnt in der Zenana seines Pallastes, eines Gebäudes, das, ohne alle innere oder äußere Schönheit, schnell zu verfallen droht. Wir wurden in das Innere zugelassen, dessen einzige Zierden in einem kleinen Garten mit einem Wasser-Bassin und einem Sommerhause bestehen. Ihr Neffe, der mit einer Tochter des gegenwärtigen Visirs vermählt ist, empfieng mich. Wir waren in einer kleinen Entfernung von ihr, aber die dicken Purdas verstatteten keinen Blick. Die gewöhnlichen Botschaften wurden von den Verschnittenen überbracht und sie unterrichtete den Oberst Scott, daß sie nach Mekka zu reisen gedenke, sobald sie einige von ihren Neffen und Nichten verheirathet habe Ich glaube indessen, der Entwurf wird ni: ausgeführt werden. Sie ist reich und steht unter englischem Schutz. Unsere Suwarrys wurden nicht in den Garten zugelassen.

Es war eine große Ehre, daß ich Erlaubniß hatte, mich so weit zu nahen, denn Oberst Scott unterrichtete mich, daß ein elendes Zimmer an der Außenseite der gewöhnliche Audienzsaal sey. Es wurden die gewöhnlichen Geschenke überreicht und Kränze von künstlichen Blumen und Laubwerk um unsere Schultern geflochten. Der Nabob war bei dem Mittagsessen, das mir Hr. Ousely gab, und überhäufte mich mit Versicherungen seines Wohlwollens; bei der Rückkehr fand ich eine Mahlzeit, die mir die alte Begum gesandt hatte; das Essen hatte ohnehin nicht viel getaugt und war jetzt durch das Warten völlig verdorben. Der General schickte 96 Rupien, um unter meine Leute vertheilt zu werden und die Begum 20 zu demselben Zwecke.

31sten März. Der Prinz Mirza Suliman Scheku hatte diesen Tag bestimmt, meinen Besuch zu empfangen. Er ist der 3te Sohn des Königs und verließ Delhi in der Hoffnung, so wie sein älterer Bruder versorgt zu werden. Er hat monatlich 6000 Rupien durch den Nabob Visir, eine Summe, die zu seinen Bedürfnissen vollkommen hinreicht, nur bleibt die Bezahlung oft im Rückstande. Der Prinz lebt auf einem so großen Fuße, als möglich, und behandelt den Nabob, wie er ihn auf dem Throne von Delhi, in der Fülle der Pracht, behandeln würde; er empfängt, wenn sie sich bei öffentlichen Gelegenheiten begegnen, ohne irgend eine Neigung des Kopfes oder einen Gruß, den Nasur. Im verflossenen Jahre begegnete er Sr. Excellenz, bei der Rückkehr von einer Jagdpartie auf den Hügeln. Der Nabob verließ seinen Elephanten, und indem er sich dem des Prinzen nahte, überreichte er seinen Nasur, der durch den Mohaut (den Führer, der auf dem Nakken des Elephanten sitzt und dem Boden näher als die Person auf der Hauda, ist) angenommen und ihm übergeben ward. Er kehrte darauf, ohne sich um etwas Weiteres zu bekümmern, zurück. Auch ein dritter Sohn ist erschienen; aber weder die Britten, noch der Visir erkennen ihn an; er lebt als Privatmann. Der eine, der in die Verschwörung des Visir Ali verwickelt war, und von Benares floh, wird in Furuckabad gefangen gehalten.

Vom Oberst Scott und Hrn. Salt begleitet, kam ich um 10 Uhr bei dem Gartenthor des Prinzen an. Der Ort ist klein und das Haus liegt dem Eingang gegenüber. Vor demselben war ein großer Schirm ausgebreitet. Der Boden war mit weißer Leinwand bedeckt, worauf Stühle gesetzt waren. Bei unserm Eintritt in das Thor, nahte er sich aus dem Hause. Wir machten unsern Gruß und begegneten ihm ein wenig vor den Stühlen. Er umarmte mich, und wir setzten uns. Seine Miene ist fein und verräth weit größere Geschicklichkeiten und einen gebildetern Verstand, als sich in den Zügen seiner Neffen zeigten. Sein Betragen war vornehm, aber artig. Er verrieth den Prinzen und nichts in seiner Haltung verläugnete seine königliche Abkunft. Unser Besuch war so kurz, als die Schicklichkeit erlaubte. Er erhob sich nicht von seinem Stuhl, und folglich gab ich ihm beim Weggehen keinen Salam.*)

*) Das Original beschreibt sehr ausführlich die gewöhnlichen

Ersten April. Um halb 6 Uhr machten Hr. Salt und ich dem Nabob einen Besuch auf einem seiner Landhäuser, ungefähr drei Meilen jenseits des Pallastes. Es heißt Baraun und ist von ihm nach einem eignen Plane angelegt. Die Bauart ist griechisch mit vielen Fehlern. Aber ein sehr schöner Säulengang, der sich bis zur ganzen Höhe des Hauses erhebt, giebt der Vorderseite einen Anschein von Größe. Es ist ein großes Gebäude, enthält aber nur ein langes Zimmer in jedem Stockwerk; die Mobilien sind europäisch und die Wände mit Gemälden seiner europäischen Freunde und der Generale verziert, die diesen Ort besucht haben. Der Nabob war in Stiefeln, nankingenen Beinkleidern und einem langen Reitkleide von Sammt. Auf dem Dache war eine Reihe kleiner Zimmer angebracht, die gelegentlich zu einer Zenana dient, da sie von einer hohen Brustwehr umgeben ist. Sie ist kaum vollendet und noch nicht bewohnt worden. Wir kehrten alle zu dem Pallaste auf unsern Elephanten zurück. Die Menge von Bettlern war ungeheuer, denen er sehr selten Rupien zuwarf. Zwei sehr sonderbare Fuhrwerke erregten meine Aufmerksamkeit. Sie waren beide auf Rädern und glichen ungefähr großen

Geschenke, die der Lord gegeben und empfangen hat. Der Uebersetzer hat es sich erlaubt, diese Details, die ganz dieselben sind, hoffentlich zur Zufriedenheit der Leser, entweder ganz wegzulassen oder doch sehr abzukürzen; es versteht sich also von selbst, daß bei allen diesen Staatsbesuchen Nazurs, Attar und Betel gegeben wurden u. s. w.

R.

Elephanten=Hauda's mit Decken und wurden von diesen Thieren gezogen. Sie giengen ziemlich schnell, obgleich eins so hoch war, wie ein kleines Zimmer. Ich glaube, daß dies das erste Mal ist, daß Elephanten zum Ziehen in Indien gebraucht worden sind. Artillerie stoßen sie mit ihren Rüsseln nur weg. Lord Wellesley hat Modelle herunter gesandt, in der Hoffnung, die Idee zu einem militärischen Zwecke zu benutzen.

2ten April. Ich frühstückte bei Almas, der uns mit einem Tanze und mimischen Darstellungen unterhielt. Die letzteren gewährten mir Unterhaltung und ich mußte durchaus sehr darüber lachen. Sie stellten eine Art Schauspiel oder Gespräch dar. Ein junger Mensch übergab sich allen Arten von Ausschweifungen mit einer Gesellschaft von Tänzerinnen, da sein Onkel, ein frommer Mann, ihm einen Besuch macht. Die Art seines Betragens, wenn sein Oheim gegenwärtig ist und den Rücken gewandt hat, bildet den Hauptgegenstand. Endlich wird er ganz betrunken, und prügelt seinen Oheim aus dem Hause; der vornehmste Schauspieler hatte eine bewunderungswürdige Gewalt über seine Mienen und gab seine Rolle mit großem Erfolg. — Morgen wird der Id *) gefeiert,

*) Id nach engl. Aussprache, Aid nach franz. heißt im Arabischen ein Fest. Die Mahammedaner haben eigentlich nur zwei Hauptfeste; das hier beschriebene ist Aid Kebre, das große Fest, oder Aid al Korban, das Opferfest, das im Monat Dulhadsje gefeiert wird.

K

dem zu Folge erhielt ich von allen Seiten eine außerordentliche Menge Ziegen zum Geschenk und von dem Nabob eine Einladung, den Feierlichkeiten beizuwohnen.

3ten April. Nachdem wir dem Nabob unsern Gruß abgelegt hatten, bestieg er seinen Elephanten. Hinter ihm saß, wie gewöhnlich, sein jüngster Sohn. Oberst Scott und ich blieben ihm zur Seite, ließen ihn aber etwas vor. Nun traten wir die Procession an, aber so langsam als möglich. Zuerst gieng eine Schaar seiner Truppen; darauf folgte eine große Menge von Staatspalankinen, die beinahe Hauda's glichen und mit Spiegelglas, Vergoldung und Blumengemälden schön geschmückt waren; einige waren von gewöhnlicher Gestalt; diese waren äußerst reich und glänzten schön in der Sonne. Hierauf folgten eine Schaar Sänger und Musikanten, die einen fürchterlichen Lärm machten, dann der Nabob und wir, nach uns unsere Sekretärs, die verschiedenen Beamten seines Hofes, und unzählige Eingeborne auf ihren Elephanten.

So wie jeder die Procession erreichte, legte sich der Elephant vor dem Nabob auf die Kniee und der Herr erhob sich und machte seinen Salam. Zuletzt folgten des Nabob Haudelephanten mit offenen und bedeckten Hauda's von größerer oder geringerer Pracht; Soldaten, die Flaggen trugen, waren überall unter den Haufen gemischt. Der Nabob warf, wie wir durch die Stadt zogen, Geld unter das Volk und ich konnte nicht genug die edle Sorgfalt der Elephanten bewundern, die sorgfältig vermieden, irgend einen der Menschen zu verletzen, die gerade unter ihren Füßen nach dem Gelde krochen. *)

Auf der großen Ebene vor dem Pallast von Baraun verließen wir die Landstraße und fanden die Handkameele und Pferde des Nabob an jeder Seite mit ihren Führern aufgestellt. Die verschiedene Farbe der Pferde brachte eine wunderliche Wirkung hervor. Darauf folgte die Candaharsche Reiterei und die übrigen Soldaten im Solde Sr. Excellenz und zuletzt standen die beiden Bataillons des 10ten Regiments links, dicht an den Zelten, und grüßten mit präsentirtem Gewehr und niedergelassenen Fahnen, wie der Visir die Linien vorbei zog. Wir stiegen vor einem großen Zelte von weißer Leinwand, auf einem Platze, der mit demselben Material bedeckt war, ab. Die Muhammedaner verrichteten hier alle ihr Gebet. Die Engländer

*) Ein merkwürdiger Beweis von dem Scharfsinne der Elephanten ereignete sich bei Lord Wellesley's Einzug in Luknow. Durch das Drängen der hintern, wurden zwei der ersten Elephanten unwiderstehlich gegen die Menschenmasse gestoßen, die versammelt war, das Schauspiel zu sehen, und die durch Lord Wellesley und den Visir ausgetheilten Rupien zu greifen. Da die Thiere fanden, daß sie dem Gedränge nicht widerstehen konnten, entfernten sie regelmäßig die Menschen mit ihren Rüsseln, die sie sonst nothwendig hätten zertreten müssen.

mit allen Offizieren giengen in ein großes Zelt zur Seite, wo ein Frühstück bereitet war.

Nach ungefähr 10 Minuten erhielt ich Nachricht, wie ich ausdrücklich gebeten hatte, daß das Opfer des Kameels anfangen würde. Ich eilte sogleich in ein Gehege, wo ich ein schönes junges Kameel ohne Fehl fand und einen rothen kapischen Schaafbock, ebenfalls ohne Mangel. Dicht neben dem letzleren war in dem Boden ein Loch gegraben, worüber er gelegt und ihm die Kehle abgeschnitten ward. Das Kameel mußte durch das Oberhaupt in Person, oder durch irgend einen heiligen Mann in seiner Gegenwart getödtet werden. Das Letztere war jetzt der Fall. Das Thier ward mit Stricken rund um die Füße an den Boden gebunden und der Kopf durch einen, an einem Pfahl geknüpften Reifen in die Höhe gezogen. Ein scharfer Speer von Stahl war die Waffe, womit der Priester zwei Mal vergeblich versuchte, die Pulsader auf der Brust zu verwunden, das dritte Mal glückte es ihm und das Kameel blutete sich bald zu Tode. Ich fragte nach der Ursache des Festes und hörte, daß es zur Erinnerung des Ismael in der Wüste, und der Darbringung eines Bocks anstatt des Isaak gefeiert werde.

Wir begaben uns jetzt zu dem Frühstückszelt, wo für Alles gesorgt war und auch bald ein Theil des Kameels und des Bocks erschien. Das Fleisch des erstern war sehr süß und es würde mir noch besser geschmeckt haben, wenn es mürber gewesen wäre. Der

Nabob befahl, daß ein Theil desselben mir nach Hause geschickt werden sollte. Der Tag war jetzt weit vorgerückt und ich fürchtete die Hitze bei der Rückkehr; ich ward jedoch bald von dieser Furcht durch die Versicherung Sr. Excellenz befreit, daß er mir seinen Kußpalankin*) zu meinem Gebrauch bestimmt habe.

Ich ward durch diese kleine Aufmerksamkeit sehr geschmeichelt, die mehr, als tausend ceremonielle Ehrenbezeugungen seinen Wunsch zeigten, mich zu verbinden. Ich nahm es mit Dank an und ein Kerl, der an meiner Seite mit Wasser lief, hielt den Kuß so feucht, daß ich ohne Beschwerde den Pallast erreichte; ein inwendiges leinenes Tuch hinderte, daß mich das Wasser nicht berühren konnte. Wir wurden zu dem Pallast geführt, wo der Nabob einen Durbar hielt; er saß im Staat auf seinem Musnud, der sehr hübsch mit silbernen, mit goldverzierten Platten bedeckt war; über seinem Kopfe befand sich ein reich gestickter Himmel von Sammt, der von 4 leichten silbernen Pfeilern, wie der Musnud, gestützt ward. Rechts saßen die englischen Herrn, links seine Söhne und Brüder; die verschiedenen Hofleute, Verschnittenen u. s. w. hinten und vorn. Er war einfach gekleidet.

Sobald er den Thron bestieg, fiengen seine Familie und Diener an, ihm ihre Nasur's zu überreichen.

*) Zur Decke solcher Palankins sind die langen, faserigen, süßriechenden Wurzeln eines Grases gebraucht, worauf Wasser gegossen wird.

zuerst seine Brüder, dann seine Söhne; von allen diesen empfieng er das Geschenk selbst, umarmte sie, und setzte ihnen mit seinen eignen Händen mit Juweelen verzierte Turbane auf. Dann wurden sie von seinem ersten Verschnittenen mit Kheleults bekleidet, und hernach schenkte er ihnen selbst die Shawls, Schwerdt, Gürtel, Schilde und Dolche. Dann überreichten sie einen andern Nasur, verbeugten sich und zogen sich zu ihren Sitzen zurück. Bei einigen der andern ließ er seinen Diener den Nasur nehmen und gab ihnen nichts. Andere umarmte er, nahm das Geschenk selbst, und gab ihnen Kleider von verschiedenem Werth, legte aber nicht immer den Turban oder irgend einen andern Theil selbst an. Die Handwerker brachten Proben ihrer Arbeiten. Der General mußte gewaltig viel ausstehen, da er zwei ganze Kleider, zwei Schilde, zwei Schwerdter u. s. w. empfieng und Alles zu derselben Zeit anlegte. Der Nabob war sehr munter, verschob aber den Empfang des Geschenks von den geringeren Leuten bis auf den Abend, um uns nicht länger in der Hitze aufzuhalten. Er zeigte mir einen kleinen Tempel, den er in den Garten, über ein Bassin für Gold- und Silberfische gebaut hatte. Er war rund und mit Abbildungen der schönsten Fische, die aus einem französischen Werke kopirt waren, geziert.

10. April. Ich besahe die Menagerie des Nabob. Es waren nur wenige und nicht sehr merkwürdige Vögel vorhanden. Eine große Menge verschiedener Ziegen war zusammengebracht, und zum Theil waren sie

sehr wunderbar gezeichnet. Auch befanden sich hier einige Thiere des Landes; ein Tiger, eine Tigerkatze und ein Rhinoceros. Am merkwürdigsten aber schienen mir einige Ziegen aus Kaschmir. Der Nabob hat versucht sie anzuziehen, aber ohne Erfolg. Die Bewohner von Kaschmir wollen ihm nur kastrirte Böcke senden; die feine Wolle, woraus die Shawls verfertigt werden, wächst nur in sehr geringer Menge im Winter unter dem Haare. Die Vorsehung scheint ihnen dadurch einen besonderen Schutz in den Gebirgen gegeben zu haben, und in den Ebenen von Aude würde die Menge wahrscheinlich so unbedeutend werden, daß nichts dadurch gewonnen würde. Ich konnte an den hiesigen nur sehr wenig Wolle entdecken. — Die Zahl der Aufwärter war sehr groß.

16ten April. Früh am Morgen gieng ich zu einem der Gärten Sr. Excellenz jenseits des Pallastes, dessen eine Seite dicht an den Gumty stößt; aus einem Pavillon, wo wir frühstückten, sahen wir das ganze entgegengesetzte Ufer, wo die Elephanten gewöhnlich getränkt werden. Die Unterhaltung des Tags sollte ein Gefecht zwischen diesen ungeheuern Thieren werden. Die Ebene war mit Zuschauern, einem Trupp Reiter und Infanteristen, die mit Speeren bewaffnet waren, bedeckt. Die erwählten Elephanten waren brünstig. Jeder war von seinem Weibchen begleitet. Sie folgten ganz ruhig, bis sie das Gewimmel erblickten. Darauf setzten sie sich in einen ziemlich schnellen Trott und würden leicht die Menge eingeholt haben, wenn ihre

Aufmerksamkeit nicht durch die Leute zu Pferde abgezogen worden wäre, die so nahe heran ritten, daß sie mit ihren Speeren sogar ihre Seiten berührten.

Der so getroffene Elephant wandte sich sogleich in Wuth gegen den Reiter, den er aber vergebens verfolgte. Sobald er seinen Gegner erblickte, stürzte er ihm entgegen, und der Stoß war bisweilen so heftig, daß einer von beiden auf die Hinterfüße sich erhob. Ihren Rüssel warfen sie in die Luft und fuhren fort eine Zeitlang gegen einander zu stoßen, indem einer gemeiniglich zurück gieng, während der andere vordrang. Es überraschte mich, daß die Mohaut's im Stande waren, ihren Sitz zu behaupten. Sie sitzen bei solchen Gelegenheiten gemeiniglich auf dem Rücken des Thiers, um vor den Rüsselschlägen sicher zu seyn, schienen für den Ruhm ihrer Thiere sehr besorgt, ermunterten und lenkten sie mit ihren scharfen eisernen Speeren.

Nachdem ein Paar genug gekämpft zu haben schien, ward es durch die Weibchen vom Platze gelockt, die in der That die Ursache der ganzen Fehde waren. Die beiden ersten waren feige und liefen fort; die beiden folgenden Paare hielten sich sehr gut, aber das vierte gewährte uns das meiste Vergnügen; der stärkste trieb den andern in den Fluß, wohin er ihm folgte. Sie spritzten Wasser gegen einander und machten verschiedene Angriffe. Der schwächste indessen, da er zum entgegengesetzten Ufer kam, fand, obgleich er sich noch immer zurück zog, die Erhöhung so günstig, daß er

Stand hielt und seinen Gegner am Vordringen verhinderte. Einige Zeit sahen sie einander an, bis der Mohaut des Schwächern seinen Elephanten in die Mitte des Wassers führte, wo der letzte Kampf begann, der unentschieden blieb. Es ward für ein bewunderungswürdiges Gefecht gehalten und die ganze Scene verdiente ein Mal, aber nicht öfterer gesehen zu werden. Es zeigte sich bei ihrem Angriff keine Abwechslung noch Verschlagenheit; es wirkte bloß rohe Kraft und die einzige sichtliche Beschädigung, die sie sich zufügten, zeigte sich in der abgezogenen Haut an ihren Köpfen. Aus dem erhöhten Sommerhause hatten wir eine vortreffliche Ansicht des Ganzen, ohne irgend eine Gefahr. Wirklich ereignete sich, so sonderbar es auch ist, kein Unglück.

17ten April. Früh Morgens besuchte ich die Ina Kana, wo ein Theil von den wunderlichen Seltenheiten aufbewahrt wird, die der letzte Visir Asuf od Daula kaufte. Sie bestehen aus einigen Tausend englischen Kupferstichen in Rahmen und unter Glas, chinesischen Zeichnungen und Zierrathen, Spiegeln von jeder Gestalt und Größe, Leuchtern und unzähligen andern europäischen Manufaktur-Artikeln. Die Uhren machen den schätzbarsten Theil der Sammlung aus, da einige reich mit Juweelen geschmückt sind. Asuf od Daula war bemüht alles anzuschaffen, was sonderbar war oder was er rühmen hörte, und die Schwäche seines Verstandes gab ihn den Betrügereien aller derjenigen Preis, die, wie General Martin, ihren Expressungen keine Schranken setzten.

Einer seiner Entwürfe war eines Regenten würdiger, nämlich der, seine Residenz zu einem Gegenstande der Bewunderung zu erheben. Deswegen fragte er beständig nach dem, was in andern Ländern für glänzend gehalten ward. Als einer seiner Minister von Kalkutta zurück kam, fragte er ihn, was das Schönste gewesen sey, was er dort gesehen habe, und als dieser das Fort William nannte, wollte er mit aller Gewalt, daß ein Fort William bei Luknow gebaut werden sollte. Nur mit großer Mühe ward er durch die Vorstellung von der Nutzlosigkeit und den großen Kosten bewogen, seinen Plan aufzugeben. Die Rumi Derwazah (das griechische Thor) ward, wie er glaubte, nach einem Thore von Konstantinopel gebaut, obgleich es von der leichten, zierlichen, wiewohl phantastischen Bauart ist, die einigermaßen der gothisch-maurischen, aber nicht der griechischen gleicht.

Die Imam Bara, die daran stoßende Moschee und die Thorwege, die dazu führen, sind schöne Muster dieser Bauart. Aus dem glänzenden Weiß der Anlagen und der kleinlichen Feinheit der Arbeit könnte ein Enthusiast veranlaßt werden, Genien für die Künstler zu halten. Die großen Summen, die Asuf od Daula verschwendete, zogen Kaufleute von großem Vermögen aus allen Theilen Indiens nach Luknow, und der Handel von Kaschmir nach Bengalen nahm im beträchtlichen Grade dieselbe Richtung. Die Stadt wuchs schnell an Umfang und Wohlstand und selbst jetzt, da der Handel unter Sadud Ali weniger ermuntert wird, nimmt sie nicht sichtbar ab.

22sten April. Meine Boote kamen von Kalkutta mit meiner schweren Bagage; sie hatten für die Jahreszeit eine sehr günstige Reise gehabt. Die ganze Stadt nahm diesen Tag ein trauriges Aeußeres an. Es ist der Vorabend des Muharrems, eines Festes von 10tägiger Dauer, das von den Anhängern Ali's sehr heilig beobachtet wird, zum Andenken des Todes des Hassan und Hossein. Sie verändern bei dieser Gelegenheit ihre bunten Turbane und Schärpen ins Schwarze, wenn sie nicht, als Abkömmlinge Muhammeds, berechtigt sind grüne zu tragen. Der gegenwärtige Nabob ist als ein Perser von der Sekte Ali's oder ein Schiit. Dies sind auch die meisten Muhammedaner in Indien, bis auf die königl. Familie, die als von mongolischer Herkunft zu den Sunniten gehört. Jeder Prinz hat bei der Feier einen eigenthümlichen Platz mit zahllosen Lampen u. s. w. geziert; dieser heißt der Imam Bara.

In ihm sind die künftigen Gräber dieser jungen Männer angebracht, die nach Verhältniß des Reichthums der Eigner aus verschiedenen Materialien verfertigt sind. Die Edlen feiern auch in ihren eigenen Häusern ähnliche Feste. Der letzte Nabob begieng es mit großem Glanze und gab bisweilen über ein Lack Rupien aus. Sadud Ali ist ökonomischer, und hat sogar verschiedene silberne und goldene Zierathen, die bei dieser Gelegenheit gebraucht wurden, einschmelzen lassen. Einige derselben machten in Barren eine Lak Rupien aus.

1sten Mai. Der Moharrem ist jetzt vorüber; ich besuchte verschiedene Male bei dieser Gelegenheit die Imam Bara. Am letzten Tage begegnete ich der Procession der Traurenden, die das vorgebliche Pferd des Hossein begleiten, welches auf jeder Seite von Pfeilen durchbohrt dargestellt wird. Die muselmännischen Vorurtheile sind jetzt in Indien so geschwächt, daß die Procession auf mein Verlangen hielt, und damit ich das Pferd desto leichter betrachten könnte, ward es dicht an meinen Palankin geführt.

Die Imam Bara ist gewiß das schönste Gebäude, das ich in Indien gesehen habe. Es ward durch den letzten Nabob in doppelter Absicht aufgeführt, theils zur Feier des Festes, theils um ihm zum Begräbniß zu dienen. Es besteht aus 3 sehr langen und wohlproportionirten Zimmern, die mit einander parallel laufen. In dem mittlern ist sein Grab gleich mit dem Boden; der Mittelpunkt ist Erde, mit wenigem Grase bedeckt, und umgeben mit einem breiten Rande von weißem Marmor, worauf Sprüche aus dem Alkoran schwarz ausgelegt sind. An einem Ende liegt das Schwerdt, der Turban u. s. w., womit er bekleidet war, als er starb; darüber ist ein reicher Himmel, gestützt von 4 Säulen mit Goldtuch bedeckt, jetzt verfallen. Zum Unglück war es nothwendig, sein Grab

L 2

in diagonaler Richtung anzubringen, um ihm eine rechte Muhammedanische Stellung, nach Mekka gekehrt, zu geben und es verunstaltet daher, statt zu zieren. Er vermachte 100 Rupien täglich an 40 Fakirs, um den Koran zu lesen und für ihn zu beten. Aber der jetzige Nabob hielt dies für ausschweifend und indem er bemerkte, daß ihr Vater deren nur 5 hatte, setzte er die Zahl auf 10 herab.

Man nähert sich dem Gebäude durch einen sehr großen viereckigen Garten, der auf einer kleinen Höhe liegt. Auf der einen Seite desselben ist eine sehr schöne Moschee und auf der andern der Bolipallast. Die Imam Bara selbst ist auf einer erhöhten Terrasse gebaut, was bei dieser Gelegenheit den Glanz der unzähligen, darauf angebrachten Lichter noch mehr erhöhte. Aber selbst diese konnten die Wirkung der 1000 mit Wachskerzen besetzten Girandolen nicht vermindern, die von der Decke in verschiedenen Höhen herabhiengen und zurück gespiegelt wurden von den verschiedenen bunten Gläsern, woraus sie bestanden. Die Diele war mit Lichtern bedeckt, ebenfalls auf gläsernen Armleuchtern, die nur der Menge gerade hinreichenden Platz zum Durchgehen ließen. Das dritte Gemach war von einem Ende bis zum andern mit einer Reihe von silbernen Tempeln oder Kenotaphien angefüllt, die sich auf einem ebenen Grunde ungefähr 3 Fuß vom Boden erhoben. Es waren hierin die künftigen Gräber der beiden Brüder angebracht; sie waren herrlich erleuchtet, sowohl durch die Decke, als auch durch die rund umher gestellten Armleuchter. Ich glaube, es waren ihrer wenigstens 20 und jeder von 50,000 Rupien bis zu einem Lak werth. In verschiedenen Theilen des Gebäudes wurden Gebete gesprochen, und jeden Abend alle Ungläubigen und Anhänger des Omar, Othmar und Abubekr verwünscht, zur Erbauung der Hindu's, die bei dieser Gelegenheit in großer Anzahl hinzuströmten. Unordnungen fanden häufig Statt; doch so weit ich erfuhr, verfloß dieser Moharrem ruhig und ohne Verlust eines Lebens.

27sten Mai. Heute wohnte ich einem Tigergefechte bei. Ein Raum von ungefähr 50 Quadrat-Schuhen war auf der Ebene zwischen dem Daulat Kana und dem Fluß vor der Sungi Baraderi, einem offenen Gebäude in asiatischem Styl, ungefähr 20 Fuß vom Boden hoch, das zuweilen zu einem Speisezimmer gebraucht wird, eingehägt. Es bildete eine Seite des bereits erwähnten Vierecks und war mit einem Lattenwerk aus Bambus, verschiedene Fuß hoch, bedeckt, damit der Tiger nicht zu uns hineinspringen möchte, was bei einer frühern Gelegenheit beinahe der Fall gewesen wäre. Auf den 3 andern Seiten befand sich ein Lattenwerk von Bambus, gestützt durch starke Pfeiler von Holz, die fest in den Boden geschlagen waren, und welche das außerhalb desselben stehende Volk völlig vor Gefahr sicherten. Der Tiger war in einem kleinen Käfich auf der Seite, woraus man ihn durch Feuerwerk trieb. Er umkreiste verschiedene Male den

Platz, und sah uns sehr genau an. Ein Büffel ward jetzt hinein getrieben, worauf er sich schnell in einen Winkel zurückzog; jener betrachtete ihn, war aber nicht geneigt den Angriff anzufangen. Feuerwerke nöthigten verschiedene Male den Tiger sich zu bewegen, da der Büffel unveränderlich sich ein wenig gegen ihn nahte, aber wenn er sich niederlegte, still stand und ihn einige Zeit anblickte. Sieben andere Büffel wurden jetzt hinein geführt, aber mit allen Reizungen konnten wir keine Partei zum Angriff bewegen. Jemand warf einen Hund in den Platz, er zog sich in einen Winkel zurück, wohin auch der Tiger sehr bald durch die Feuerwerke getrieben ward, aber da das kleine Thier ihn anknurrte, floh er schnell in eine andere Ecke.

Der Nabob schickte darauf nach einem Elephanten. Bei der ersten Annäherung dieses Thiers stieß der Tiger vor Schrecken einen Schrei aus, und lief in einen Winkel, wo er mit einem Sprung über das Gehäge zu setzen versuchte. Dies gelang ihm nicht und der Elephant, der durch die Leitung seines Führers dem Tiger nahe kam, versuchte sich auf seinen Knieen auf ihn zu werfen. Diesem wich der letztere aus und lief sogleich nach einer andern Stelle. Alle Bemühungen des Mohauts konnten den Elephanten nicht zu einem zweiten Versuch bewegen, sondern er gieng nach dem Thore, fieng an dagegen zu stoßen und machte sich bald Bahn. Der Tiger versuchte nicht, sich der Oeffnung zu bedienen, sondern lag keuchend in einer Ecke.

Ein zweiter Elephant ward jetzt hineingeführt, der sogleich gegen den Tiger stürzte und gegen ihn kniete; der Tiger sprang indessen gegen seine Stirn, wo er sich mit seinen Zähnen und Krallen befestigte, bis der Elephant seinen Kopf erhob und ihn mit einer heftigen Anstrengung so ganz zerschmettert auf den Boden stieß, daß er nicht im Stande war, sich wieder zu erheben. Der Elephant dachte jedoch nicht daran, seinen Sieg zu vollenden, sondern stürzte sich gegen die Seite des Gehäges, und hob mit seinen Vorderzähnen das ganze Gitterwerk von Holz und Bambus in die Höhe, mit einer großen Menge Leute, die daran hiengen. Die Bestürzung war groß und jeder kletterte so schnell als möglich hinunter. Der Elephant gieng hindurch; glücklicher Weise ward keiner beschädigt. Der Tiger war zu sehr erschöpft, um zu folgen. Die Sonne war jetzt weit vorgerückt und die Hitze so groß, daß das Gefecht für heute beendigt ward.

31sten Mai. Die Witterung war in diesem Jahre höchst sonderbar. Gewöhnlich treten früh im Mai Nordwestwinde ein und kühlen durch ihre häufige Wiederkunft die Luft. In 10 Jahren ist kein Mai ohne sie gewesen, aber bis heute haben wir seit meiner Ankunft noch nicht einen einzigen Regenschauer gehabt. Diesen Abend, da die Hitze sehr drückend war, saß ich in meinem Zimmer, auf dem Terrassen-Dache des Hauses, als eine plötzliche Dunkelheit und ein entfernter Donner mich veranlaßte, auf die Terrasse zu gehen. Der Wind, der östlich gewesen war, war jetzt vollkommen still. Eine sehr dunkle blaue Wolke erhob sich aus Westen und bedeckte endlich den halben Himmel. Der Donner war nicht laut und die Luft ganz still. Die Vögel flogen sehr hoch und bewegten sich gewaltig schnell. Endlich erschien eine dunkelblaue Wolke am westlichen Horizonte.

Die ganze Stadt Luknow mit ihren zahlreichen Thürmen war zwischen mir und der Wolke und die Höhe meiner Terrasse gab mir eine treffliche Gelegenheit, sie zu beobachten. Ungefähr in der Entfernung von einer Meile hatte sie ganz das Ansehen eines Rauchs von einem großen Feuer, der in wilder Verwirrung Wirbel auf Wirbel rollt, und in derselben Zeit hob sie sich hoch in die Luft. Da sie sich nahte, hatte sie ein trübes rothes Ansehen und indem sie die entferntesten Thürme vor meinem Blick verhüllte, überzeugte ich mich, daß es durch einen Wirbelwind fortgetriebener Sand sey. Die Luft blieb völlig still. Die Sandwolken hatten ein bestimmtes Aeußere; und der Wind kam keinen Augenblick früher. Sie rauschte mit einem Tosen heran und erreichte uns endlich mit einer solchen Heftigkeit, daß sie mich nöthigte, in meiner östlichsten Verandah Schutz zu suchen. Auch dorthin ward der Staub mit einer Gewalt getrieben, die mich hinderte meine Augen offen zu halten, und endlich ward es so düster wie die Nacht; man hätte es wohl eine fühlbare Dunkelheit nennen können; denn da der Wind sich jetzt etwas südlich änderte, verdoppelte sich der Sturm zehnfach und wir wurden beinahe von Staub erstickt; er blies so heftig, daß das Geräusch des Donners häufig durch das Pfeifen des Windes in den Bäumen und Gebäuden übertäubt ward. Die gänzliche Dunkelheit dauerte ungefähr 10 Minuten, da sie endlich einem schrecklich rothen, aber trüben Lichte wich, welches ich zuerst einem Feuer in der Stadt zuschrieb. Jetzt stürzte der Regen in Strömen herab und der Wind ward ganz südlich.

Ungefähr eine Stunde nach dem Anfang fieng der Himmel an, sich aufzuklären. Der Tufan*) gieng nach Osten und der Wind kehrte ebenfalls nach dieser Gegend zurück. Die Luft ward ganz kühl und frei von Staub; obgleich alle meine Fenster und Thüren verschlossen gewesen und auswärts Tatti's angebracht waren, war doch der Sand so durchdringend, daß er mein Bett und Mobilien mit einer völligen Staubhülle bedeckt hatte. Herr Paul erzählte mir, daß er einmal von einem Nordweststurm an den Ufern des Ganges überfallen ward, wo die Dunkelheit mehrere Stunden dauerte; der gegenwärtige war indeß einer der fürchterlichsten, den man je in Luknow erlebt hatte; eine Person starb vor Schrecken.

Der Sturm selbst ist freilich nicht gefährlich, aber

*) Tufan heißt der furchtbare Sturmwind, der besonders in den japanischen und chinesischen Gewässern so häufig und verderblich ist; mit dem Namen lassen sich Typhon und der Föhn (in den Schweizeralpen) vergleichen.

R.

sehr leicht kann der Wind einen Funken gegen die Strohdächer treiben, die schon von der Sonne erhitzt sind; in diesem Falle würde die Dunkelheit es unmöglich machen, irgend etwas von der Stadt zu retten; eben so möglich ist es auch, daß ein Dach umgeweht wird, was dieselben traurigen Folgen haben würde. Die lange Dürre hatte so viel von dem Lande in Staub verwandelt und die Vegetation auf den sandigen Ebenen so ganz vernichtet, daß der Tufan mehr Sand, als gewöhnlich mit sich führte, und ihm allein muß die völlige Dunkelheit zugeschrieben werden. Niemals sah ich einen so prächtigen und schauervollen Anblick, selbst einen Sturm auf der See nicht ausgenommen. Der Wind war in beiden Fällen von gleicher Heftigkeit; aber weder die Wellen des Oceans, noch das Gefühl der Gefahr ergriffen mein Gemüth so sehr, als diese unnatürliche Dunkelheit.

3ten Junius. Ich speiste Mittag zu Konstantia, einst der Aufenthalt des Generals Martin. Es ist ein sonderbares, phantastisches Gebäude in jeder Manier der Baukunst, und mit kleinlicher erhabener Stuckarbeit, ungeheuern rothen Löwen, die statt der Augen mit Lampen versehen sind, chinesischen Mandarinen und Damen mit Wackelköpfen und allen Göttern und Göttinnen der heidnischen Mythologie geschmückt. *) In der Entfernung macht ein hoher Thurm mit 4 Zinnen

*) Viele derselben sind durch das Erdbeben vom 1. Sept. zerstört und die meisten beschädigt.

eine artige Wirkung, aber bei einer größeren Annäherung erregt der elende Geschmack der Zierrathen nur Verachtung.

Niemals, glaube ich, ist eine sonderbarere Verbindung gothischer Thürme und griechischer Säulen ersonnen; inwendig ist der Saal sehr schön, aber die übrigen Zimmer sind klein und dunkel und mit gelb gemalter Stuckarbeit überladen. Das Ganze ist noch nicht fertig, aber durch sein Testament hat er die Vollendung nach seinem eignen Plane angeordnet. Er vermachte es dem Publikum als einen Serai, wo jeder Fremde das Recht hat sich 2 Monate aufzuhalten, aber bis jetzt hat es noch keinem genützt, denn seine Testamentsvollzieher sind mehr beschäftigt gewesen, sein Vermögen gegen die zahlreichen Ansprüche zu vertheidigen, als diesen Theil seines letzten Willens in Erfüllung zu bringen.

Nie gab es vielleicht einen schändlichern oder verächtlichern Menschen, als den verstorbenen General Martin. Er besaß keine einzige Tugend, obgleich er nach dem Schein derselben strebte. Er nahm die verwaisten Kinder zweier seiner Freunde an, und erklärte, daß er sie erziehen und für sie sorgen wollte; da sie aber ein Alter von 12 Jahren erreicht hatten, wurden sie wider ihren Willen seine Beischläferinnen. Sein Tod ward für eine Folge dieses letzten Verbrechens gehalten. Auch ein anderes Kind versprach er zu erziehen und schickte es wirklich nach England; während seines Lebens hatte er das Ansehen, eine großmüthige Handlung gethan zu haben, aber bei seinem Tode war jeder Heller, den er ausgegeben, in seinen Rechnungen dem Vater zur Last geschrieben, mit dem ausdrücklichen Befehl an die Testamentsexekutoren, das Ganze zurück zu fordern. Sein Vermögen war durch Betrug und Wucher bis gegen 200,000 Pfund angewachsen, ohne die Häuser. Doch mit allem diesen Ueberfluß, wozu er nicht erzogen war und den er folglich nicht zu genießen wußte, that er keine edle Handlung und hatte nie einen Freund. Seine Diener, die ihm während seines Lebens treu aufgewartet hatten, überließ er in seinem Tode der Armuth. Seinem Bruder, der hieher kam, gab er monatlich 50 Rupien und sagte mit einem Fluche: laß ihn um's Brod arbeiten, wie ich gethan habe!

In einem Bericht von seinem Leben, den ich gesehen habe, heißt es, daß er viel Geld verdiente, indem er das Eigenthum der Eingebornen in unruhigen Zeiten sicherte, wofür sie ihm 12 Procent bezahlten. Die Sache war, daß er einen ordentlichen Wucherladen eröffnete. Er streckte 12 Procent auf alle Güter oder Juweelen vor und die Besitzer hatten das Recht, sie binnen einem Jahr mit 24 Procent einzulösen, aber wenn dies nicht geschah, behielt er sie für immer; und dies ereignete sich natürlich sehr oft, bisweilen sogar durch seine eigene Veranstaltung, indem er sich gegen das Ende des Termins verbarg, so daß seine Schuldner nicht im Stande waren, ihre Pfänder einzulösen.

Die kindischen Neigungen des verstorbenen Nabob's waren eine andere fruchtbare Quelle des Erwerbes. Er verschrieb verschiedene Artikel aus Europa und verkaufte sie mit einem Gewinn von 100, 200 und 500 Procent und lieh ihm zu gleicher Zeit Geld, um ihn zu bezahlen, zu 3 Procent monatlich. Leider nahmen an diesem letzten Erwerbszweige noch viele andere Engländer, die sich in Luknow aufhielten, großen Antheil. General Martin liebte gewiß sein Geld, aber den Ruhm noch mehr, und suchte mit unermeßlichen Kosten ihn zu erlangen. Deswegen baute er die großen Gebäude in dieser Gegend und vollendete sie auf die verschwenderischste Art; aus derselben Ursache vermachte er sein ganzes Vermögen zu wohlthätigen Zwecken. Ruf kann er wahrscheinlich erlangen, aber einen Ruf, den kein edler Mann wünscht und wenn er zur Nachwelt hinüber geht, als ein Mann, der sich aus dem Stande eines gemeinen Soldaten zu Reichthümern und zu Macht erhob, so wird immer hinzugesetzt werden, daß er seine Reichthümer durch die Art, wie er sie erwarb, schändete und sein Charakter fast durch jedes Laster befleckt war, das die menschliche Natur entstellt. Wir besuchten Herrn Quiros, einen Portugiesen von Geburt, der dem verstorbenen General als Schreiber gedient hatte und von ihm zu einem der Exekutoren des Testamentes ernannt war. Er ist dadurch ein Mann von beträchtlichem Vermögen geworden.

Nach dem Essen besuchten einige von uns des Generals Grab, das in der Mitte des Hauses im ersten Geschoß befindlich ist. Es ist eine ebene Marmorplatte mit der Anzeige, daß er als ein gemeiner Soldat nach Indien kam und als Generalmajor starb; obgleich er dem Namen nach Protestant war, so werden doch in der letzten Zeile die Zuschauer ersucht, für seine Seele zu beten.

Das Grab befindet sich in einem Bogengewölbe, wozu der Zugang durch ein rundes Zimmer von größerem Umfang führt; auf jeder Seite ist ein ähnliches Gewölbe. Sein Zimmer liegt dem Eingang gegenüber und die 4 Thüren entsprechen einander. In einer Nische über einem Tisch ist seine Büste angebracht, die ähnlich seyn soll, obgleich er selbst niemals damit zufrieden war.

Herr Quiros hat, um seinen Geschmack zu zeigen, in Nischen 4 papierne Grenadiers, die mit umgekehrtem Gewehr sich über das Grab lehnen, hinzugefügt. Konstantia kostete 7 Lak Rupien. Die Möbeln wurden meist verkauft; die Girandolen und Spiegel wurden für das neue Gouvernementshaus in Kalkutta erstanden. Mit dem Hause ist ein sehr schöner Garten und weitläuftiger Mangotop verbunden. Die Gegend umher ist dürrer Sand und eine todte

Ebene. Der General konnte wirklich keinen häßlichern Ort in der Gegend von Luknow auffinden. Sein Haus, in der Nähe der Stadt, ist in vielen Hinsichten angenehmer als Konstantia. Das Zimmer, das über dem Flusse liegt und das andere daneben, sind vortrefflich anpassend für die heißen Winde und es ist unmöglich von der Hitze zu leiden, wenn man wie eine Kröte in einem von diesen kleinen Kellern sitzt.

Die Grille eiserner Thüren, massiver Steinmauern und enger Wendeltreppen mit Zugbrücken und Wällen geben dem Hause ganz das Ansehen des Schlosses im Blaubart. Es kostete 3 oder 4 Lak. Hr. Quiros kaufte es in der Auction für ungefähr 40,000 Rupien. Er bot gegen den Nabob, der es ihn aber seitdem hat herzlich bereuen lassen, indem er ihm verschiedene Pachtungen nahm und ihn überhaupt bei jeder Gelegenheit verfolgt. Er wünscht es ihm jetzt, um des guten Gemachs willen, zu überlassen und es wird wirklich ein Kaufkontrakt unterhandelt. Es hat eine sehr bequeme Zenana und ist deswegen für den Nabob ein sehr wünschenswerther Landsitz. In allen seinen zahlreichen Gartenhäusern hat er keine besondere Wohnung für seine Weiber. Er ist daher gezwungen, wenn er sich auf denselben aufhält, entweder ihre Gesellschaft aufzugeben oder sich ganz mit ihnen einzuschließen.

6ten Julius. Die Regenzeit fällt in Kalkutta

am 2ten Junius ein. Gewöhnlich erreicht sie diesen Ort ungefähr 16 Tage hernach, aber bis jetzt ist noch kein Anschein dazu gewesen. Am 5ten Junius hatten wir einen kleinern Tufan; der Staub glich ganz einem englischen Nebel. Wir hatten seitdem 3 sehr unbedeutende, die auf einige Zeit die Luft abkühlten. In den Zwischenzeiten war die Hitze höchst drückend und in der letzten Nacht fast unerträglich.

9ten Julius. In der Nacht des 8ten trat der Regen ein und fuhr einen beträchtlichen Theil des 9ten fort. Er fiel bisweilen sehr stark mit Donner und Blitz, doch waren beide nicht heftig; die Luft war ausserordentlich feucht. Heute ist der Himmel völlig klar mit einem leichten Ostwinde; das Klima gleicht dem von England im Sommer. Der Fluß war vor dem Regen so niedrig wie immer, er kann daher keine Verbindung mit dem Schnee auf den Hügeln haben.

18ten Julius. Das Wetter ist mir angenehm; es ist bisweilen trübe, aber der Regen kühlt die Luft, ohne beschwerlich zu seyn. Er fällt nicht in unaufhörlichen Strömen, wie wir es unter der Linie erfuhren, sondern gemeiniglich in Schauern von einer Stunde und am häufigsten in der Nacht. Ich fühlte große Unbequemlichkeit von der stechenden Hitze, die selbst eine Wendung im Bette unangenehm machte. Sie gleicht den Empfindungen, die man erduldet, wenn man durch eine Dornhecke kriecht und das Stechen ist in diesem Falle nicht schlimmer, als das von dem Ausschlag, der mich bedeckte. Der einzige Trost ist, daß es für einen Beweis von Gesundheit gehalten wird. Die Eingebornen gebrauchen äußerlich pulverisirtes Sandelholz als Heilmittel; es ist sehr kühlend und ich trug deshalb Bedenken, es zu gebrauchen. Ich fand mich erleichtert durch Waschen mit einer Mischung von Lavendel und Rosenwasser. Der Ausschlag vertrocknet dadurch, ohne zurückgetrieben zu werden.

21sten Julius. Da es im Lande bekannt war, daß ich die Absicht hatte, Agra und Delhi zu besuchen, empfieng ich sehr artige Einladungen vom General Perron und der Begum Somru, einige Zeit unterwegs bei ihnen zu verweilen. Aber das veränderliche Betragen Scindiah's machte es Anfangs zweifelhaft, ob ich sie würde benutzen können. Die Würfel waren jetzt geworfen. Lord Wellesley zeigte mir an, daß er mir nicht rathen könne, das Gebiet der Kompagnie zu verlassen und die Kompletirung der Regimenter und der Marsch der Truppen nach den Gränzen bewiesen mir, daß er einen Krieg mit Scindiah als gewiß ansehe. Ich hatte indessen Erlaubniß, nach Futty Ghur zu gehen und da der gänzliche Mangel an Polizei in dem Gebiete des Nabob eine Begleitung nothwendig machte, gab er Befehl, daß eine Kompagnie Sipoy's und 20 Pferde mir folgen sollten. Der Regen war so sparsam gefallen, daß die Landstraßen noch gangbar waren. Ich setzte meine Abreise auf den 26sten fest und zeigte es dem Nabob an, der mir gütig eine Feldequipage versprach. Hr.

Salt ist zum Unglück von einem Gallenfieber befallen, so daß er nothwendig zurückbleiben muß.

Bei dem Abschiedsbesuch, den ich dem Nabob machte, speisten wir in der Sungidalam oder dem steinernen Pallast, weil er mir die Art zeigen wollte, wie er zur Zeit seines Bruders geschmückt ward. Es ist, nach meinem Gefühl, ein sehr schönes Gebäude, ganz in orientalischem Styl, auf allen Seiten offen, und von Säulen gestützt; es ist, wie der Name bezeichnet, aus Stein gebaut, aber das Ganze ist mit einer dunkelrothen Farbe angestrichen bis auf die Kuppeln der Thürme an den Ecken; diese sind ganz vergoldet und machen eine treffliche Wirkung. Das Mittelzimmer ist lang; zwei engere an jeder Seite geben dem ganzen Gebäude die Gestalt eines Vierecks mit 4 runden Thürmen an den Ecken.

Es ist ein Stockwerk hoch und eine große Terrasse verbindet es mit einem kleinern, aber ähnlichen Gebäude. Ein äußerst prächtiger, goldner Musnud, bedeckt mit Brokat und gestickten Rosengewinden, war an einem Ende des großen Zimmers angebracht. Wir speiseten in dem kleinern zur Seite, von wo wir eine Aussicht auf den Wasserbehälter hatten, der sich bis zum Hummaum des Pallastes erstreckt. Seine Seiten waren mit gefärbten Lampen bedeckt, und ein vollständiges Geländer von denselben dehnte sich an jeder Seite desselben aus. Die herüberhängenden Bäume wurden vollkommen durch den Glanz erleuchtet, der durch den

Widerschein aus dem Wasser sehr erhöhet ward. Es war der Glanz bei den Festen des Kalifen Harum Al Raschid, wie ihn die arabischen Feenmährchen beschreiben und keineswegs unter der Idee, die sich meine Phantasie davon gebildet hatte. Die ganze Zeit ertönte Musik und vermehrte die Heiterkeit der Scene; die Melodien waren Europäisch und bildeten einen sonderbaren Abstich mit allem Uebrigen, welches wirklich Asiatisch war.

25sten Julius. Nicht ohne Gefühl des Schmerzes nahm ich meinen Abschied von Sr. Hoheit Sadud Ali Khan, nach einem viermonatlichen Aufenthalt in seiner Hauptstadt, während welcher Zeit er mir beständig die schmeichelhafteste Aufmerksamkeit bewiesen hatte. Jeden Morgen schickte er mir einen Vorrath von Eis und Früchten und da er wußte, daß ich die Geschenke nicht annehmen würde, die er mir, meines Ranges wegen, bei öffentlichen Gelegenheiten anzubieten, genöthigt war, suchte er beständig irgend etwas zu erdenken, was ich mit Schicklichkeit annehmen konnte. Er schickte Leute in seine Wälder, um mir seltene Vögel und Pflanzen zu bringen, und legte einen Dahk von 200 Meilen an, um sie mir in einem guten Zustande zu verschaffen. Er erstreckte seine Güte über meine Anwesenheit hinaus, indem er mich mit einer Feldequipage versah, die zu meiner Reise nothwendig war.

Sadud Ali ist ein Mann von sehr einnehmenden Sitten, sein Aeußeres ist würdig und fürstlich, obgleich er durch seine Lebensart zu stark geworden ist. Sein Haar ist jetzt grau und er hat viele Zähne verloren, aber das Feuer und der Verstand seines Auges erleuchtet noch seine Miene. Im Umgang ist er vermittelst eines so vortrefflichen Dolmetschers, als Major Dusely, lebhaft und unterhaltend; obgleich ich selbst des Persischen unkundig bin, so war ich doch im Stande, hierüber zu urtheilen und bisweilen sogar von der feinen Wendung, die er den ihm gemachten Komplimenten gab.

Die Sprache der Augen ist an den Höfen der asiatischen Fürsten sehr im Gebrauch, und sie erlassen durch sie viele Befehle. Eines Tages verstand ich ein Zeichen, das er einem seiner Diener machte, und sagte ihm durch Major Dusely, daß seine Augen Englisch sprächen. Nein, antwortete er, die Ihrigen verstehen Persisch. Oberst Scott versicherte mich, daß seine Sprache merklich rein und zierlich wäre, und daß er wohlbewandert in der asiatischen Literatur sey. Er hat auch gewiß einige Kenntniß des Englischen; so bemerkte er einmal, daß er nicht begreife, warum mein Name mit einem t geschrieben werde, da man ihn doch mit einem c ausspräche! Vielleicht sucht er seine Kenntniß zu verbergen, um die Beobachtungen zu hören, die freimüthiger in seiner Gegenwart gemacht werden, weil man ihn für unkundig im Englischen hält.

Bald nach seines Vaters Tode verließ Sadud Ali Luknow, weil sein Bruder Asof od Daula ihn im

Verdacht hatte, mit einem gewissen Kodschah Bassum in Verbindung zu stehen, der einen Entwurf gegen sein Leben gemacht hatte, and der gleich in des Nabobs Gegenwart in Stücken gehauen wurde. Doch ist nie ein Beweis gegen Sadud Ali vorgebracht worden; seine Flucht kann mit Recht nicht als ein solcher betrachtet werden; denn an einem asiatischen Hofe muß der nächste Thronerbe einen Verdacht gegen sich immer als gleichbedeutend mit einem Todesurtheile halten.

Die englische Regierung hielt ihn gewiß für unschuldig, denn sie schützte ihn nicht nur, sondern verschaffte ihm auch endlich eine Pension von 40,000 Pfund von seinem Bruder. Seinem langen Aufenthalt unter den Engländern müssen manche von seinen gegenwärtigen Bestrebungen und seine Vorliebe für alles Europäische zugeschrieben werden. Sein Hauptvergnügen scheint in dem Bau von Pallästen zu bestehen, deren Architektur der griechischen gleicht, da er aber niemals einen Baumeister gebraucht, so sind die Fehler zahlreich. Der Säulengang zu Baraun hat jedoch, wenn man ihn als die Idee eines asiatischen Fürsten beurtheilt, etwas Prächtiges und Ueberraschendes. Er scheint, wie ich glaube, seine Vorliebe für Europa zu weit getrieben zu haben, indem er die Formen des asiatischen Hofes aufgiebt und mit den Europäern wie ihres gleichen lebt. Oberst Scott würde regelmäßig seinen Durbar besucht haben, um ihm Ansehen bei seinen Unterthanen zu geben, aber er schlug es aus und verlangte, daß sie alle ihre Geschäfte bei dem Frühstück abmachen wollten.

Der geringste honette Europäer glaubt zu ihm in einem Verhältniß der Gleichheit zu stehen und behandelt ihn nicht immer mit der Achtung, die er ihm schuldig ist. Neulich scheint er dies gefühlt zu haben, und er hat einen scharfsinnigen Plan ersonnen, um jeden Europäer in Luknow in Abhängigkeit von sich zu setzen.

Seit der langen Periode, da eine enge Verbindung zwischen Aude und Bengalen bestanden hat, sind von den Engländern viele Häuser längs den Ufern des Gumti erbaut worden, auf einem Boden, den der Nabob ihnen bewilligt hatte. Sie waren Privateigenthum und konnten an Jedermann ohne seine Zustimmung verkauft werden. Da die Bewohner schnell wechseln, so sind sie während seiner Herrschaft alle ausgeboten worden und er hat sie sämmtlich an sich gekauft, so, daß wenn irgend ein General-Gouverneur eine ihm unangenehme Person nach Luknow schicken wollte, er es leicht verhindern kann, indem er ihr kein Haus bewilligt.

Sadub Ali war durchaus nicht beliebt, als er den Musnud bestieg und seine strenge Oekonomie, um keinen härtern Ausdruck zu gebrauchen, hat die Unzufriedenheit mit ihm nicht gemindert. Er wußte dies so gut, daß er die englischen Truppen nöthigte, seinen Pallast zu bewachen, und Schildwachen an die Thür seines Zimmers stellte. Gequält von dieser Furcht, wünschte er einmal sich der Herrschaft zu entziehen, da seine Privatschätze, die er mit sich genommen haben würde, hinreichten, seine herrschende Leidenschaft zu befriedigen; aber es konnte keine Vereinbarung mit dem General-Gouverneur getroffen werden und deswegen blieb er in Aude. Gegenwärtig scheint er ruhiger zu seyn. Die Entlassung der zügellosen Schaaren, die bereit waren, sich mit Visir Ali wider ihn zu vereinigen, hat einen großen Theil seiner wirklichen Gefahr entfernt und die Gegenwart einer großen brittischen Macht zu Lucknow und in den verschiedenen Gegenden seines vorbehaltenen Gebiets verscheucht jede Besorgniß der Unzufriedenheit über die Erpressungen seiner Aumis. Er begiebt sich jetzt zu seinen verschiedenen Pallästen ohne eine Wache und scheint seines Lieblingsvergnügens, der Jagd, ohne irgend eine Einschränkung zu genießen. Das Mißvergnügen, das er über die Abtretung seines halben Gebiets empfinden mochte, verlor sich bei der Entdeckung, daß er mehr wirkliche Einkünfte hat und seinen Schatz beträchtlicher vermehren kann, als da er der ostindischen Kompagnie jährlich 120 Lak Rupien bezahlen mußte; gegenwärtig soll er wöchentlich ein bis zwei Lak einnehmen, und die Schätze, die er durch Erbschaft empfieng, können nicht weniger als zwei Krore seyn.

Ist Se. Hoheit mit dieser Einrichtung zufrieden, so müssen es gewiß alle andere Theilnehmer ebenfalls seyn. Die Britten haben ein vermehrtes Einkommen und eine sichere Bezahlung gewonnen; die Unterthanen haben Sicherheit vor den drückenden Plünderungen der Aumil's und den Schutz der brittischen Gesetze erhalten, statt wie ehemals der Willkür jedes Räubers Preis gegeben zu seyn. Sie sind so überzeugt von diesen Vortheilen, daß das Land, das dem Nabob ein Kror und 35 Lak einbrachte, zu einem Kror und 80 Laks verpachtet ist. Eine Mittelsperson, der Zemindar, der von einem Pachter durch die phantastische Großmuth der Britten zu einem Landeigenthümer befördert worden ist, kann allerdings unzufrieden seyn, denn er hat die Macht verloren, Böses zu thun. Er kann jetzt nicht den Reisenden berauben oder den Landmann unter sich bedrücken; ja er ist genöthigt, seine Abgabe zu bezahlen, oder muß erwarten, daß seine lehmerne Festung dem Boden gleich gemacht wird; doch diese Uebel für ihn sind Segnungen für die große Masse des Volks, was in der That immer die Folge der brittischen Regierung für Indien gewesen ist, und ich hoffe aufrichtig, daß sie es immer bleiben wird.

Viertes Kapitel.

Abreise von Luknow. — Besuch der Ruinen bei Kanoge. — Ankunft zu Futty Ghor. — Empfang des Nabob von Furruckabad. — Besuch des Generals Lake auf seinem Marsch nach der Gränze. — Rückkehr nach Futty Ghor. Reise nach Kawnpor. — Einschiffung auf dem Ganges. — Reise den Fluß hinunter nach Kalkutta.

26sten Julius. Die regnige Jahreszeit gilt für die schlimmste und macht das Reisen außer in Stationen ganz unmöglich. Es ist deswegen eine doppelte Anzahl von Zelten nothwendig; sie werden auf einer Art von Karren, Häckery's, die mit Rohr bedeckt sind und von 4 Stieren gezogen werden, gefahren; um sie aufzuschlagen und abzunehmen, ist eine eigene Dienerschaft, die unter einem besonderen Befehlshaber steht, erforderlich. Der Nabob hatte uns auch 3 Elephanten mitgegeben. Meine Begleitung bestand aus einer Kompagnie des zehnten eingebornen Regiments und meine ganze Reisegesellschaft machte 287 Personen aus. 20

Pferde sollten mich zu Kanoge erwarten. Wir erreichten auf unsern Elephanten um 7 Uhr Futty Gunge, etwa 10 Meilen von Luknow, nachdem wir durch verschiedene elende, halb verlassene Dörfer gekommen waren. Vizir Gunge besteht allein aus den beiden Thorwegen und ungefähr 3 Häusern, in der Mitte zwischen ihnen; es scheint als ein zierlicher Zugang nach Luknow, wohin sich eine weitläuftige Allee ausdehnt, angelegt zu seyn. Futty Gunge selbst ist ziemlich volkreich und nach demselben Plan gebaut, rund um mit einer Mauer, nur von unbeträchtlicher Höhe und zerfallenen Thoren.

Das Land, wodurch wir kamen, ist völlig eben und sandig; jetzt war es an vielen Stellen mit Wasser bedeckt von dem gewaltigen Sturme, der gerade vor unserer Abreise sich erhob. Wir lagerten uns eine halbe Meile jenseits der Stadt auf einer Ebene, wo Wasserpfützen die Verbindung zwischen den verschiedenen Zelten sehr beschwerlich machten. Die Nacht war sehr stürmisch; stromweise fiel der Regen, und Donner und Blitz verhinderten auf einige Zeit den Schlaf. Die Doppelzelte hielten uns völlig trocken; die andre Hälfte unserer Zelte gieng in der Nacht nach Hossein Gunge, 6 und einen halben Kos weiter, damit Alles am Morgen für uns in Bereitschaft seyn möchte. Wir hatten beschlossen bei Tagesanbruch aufzubrechen, wenn das Wetter es erlauben würde, da die unumwölkte Sonne unerträglich war.

27sten Julius. Um halb 5 Uhr waren wir auf unsern Elephanten und in drei Stunden kamen wir nach Hossein Gunge. Unsere Träger, Palankine und Begleiter kamen bald hernach an. Hier trafen auch noch einige Zelte ein, die uns fehlten, nebst einigen Sipoy's des Almas, die uns besonders nützlich waren, da er Aumil des Landes ist, das wir durchreisen. Die außerordentliche Macht dieses Verschnittenen war gewiß eine große Rechtfertigung des Verlangens der Engländer, daß der Nabob ihnen einen Theil seines Gebietes abtreten sollte, da ihre, zum Schutz Aude's angewandten Truppen in Hinsicht der Lebensmittel von seiner Laune abhängig waren. War er feindlich gesinnt, so stand es ganz in seiner Macht, ihnen seine Zufuhr abzuschneiden. Das Land war schlecht angebaut, eben und sandig wie gewöhnlich. Die Dörfer waren klein und elend, bis wir Mohaun passirten, wo eine steinerne Brücke über die Nulla führt.

Diese Gegend scheint ehemals von größerer Wichtigkeit gewesen zu seyn, denn der Boden war in einer beträchtlichen Entfernung mit einer Mischung von Ziegeln und Kalk bedeckt. Das Dorf versah uns mit Allem, was wir nöthig hatten. Wir bedurften übrigens nichts, außer Milch, da wir alles Andere bei uns führten. Der Morgen war schön und wir benutzten ihn, um unsere Tagereise zu vollenden; es war dies um so glücklicher, da hernach schwere Stürme jede Stunde über uns herfuhren. Unser Weg führte uns durch das Dorf Lutni, zu teutsch Diebsdorf, ein Name, den die Bewohner mit Recht verdienen, denn in der Nacht suchten sie in den Zelten verschiedene Offizier, die zu einem Bataillon, das uns vorangieng, gehörten, zu bestehlen und nahmen dem einen seine Kiste und alle seine Kleidungsstücke, wenigstens 1000 Rupien an Werth; ein bedeutender Verlust für einen Subalternen. Der Dieb that dies trotz der Schildwache, indem er dicht bis an die Hinterseite des Zeltes kroch und ein Loch hinein schnitt, das hinreichend groß war, um ihn durchzulassen. Die Nacht war schön und ich schlief, bis ich durch die Trommel erwachte.

28sten Julius. Um 3 Uhr erreichten wir Mihgunge, die Hauptstadt im Distrikt des Almas, die von ihm selbst gebaut ward; die äußere Mauer ist von Lehm und schließt verschiedene große Mangotops und angebaute Stellen in sich; die innere ist von Ziegeln, nicht sehr hoch und in kleinen Entfernungen mit Thürmen versehen; in der Brustwehr sind Löcher für kleines Gewehr; die Thore sind stark und schön; die Straße weit und mit Bäumen besetzt; sie scheint volkreich, in einem blühenden Zustande und bildet einen vollkommenen Gegensatz gegen die elenden Dörfer, die wir bisher getroffen haben. Nach dem Essen ritten wir in die Stadt und besuchten das Haus des Almas und die drei Serais. Das erstere ist nett und groß, in der Mitte mit einem Garten; die letzteren sind zweckmäßig. Als der Visir den Almas zu Mihgunge besuchte, erhielt er einen Nasur von einem Lak Rupien, die zu einem Sitz für ihn aufgethürmt waren; Se. Excellenz ließen sich angelegen seyn, den Sitz mit sich fortzunehmen. Der Artilleriepark ist hier in vortrefflicher Ordnung; es sind 40 Stücke, einige von schwerem Kaliber mit Ammunitionswagen und Zugvieh in Ueberfluß. Die Lage der Stadt ist eben; sie hat an beiden Seiten einen kleinen Teich, der zu einem Graben dient. Die umliegende Gegend ist wohlangebaut und das Ganze macht dem Meister Ehre. Es muß in der That zum Ruhme des Almas bemerkt werden, daß, obgleich er ein sehr genauer und selbst drückender Aumil war, doch seine Untergebenen die wohlhabendsten Unterthanen des Visir und seine Soldaten am besten disciplinirt waren.

29sten Julius. Assevan ist eine Meile von Mihgunge entfernt, und liegt sehr angenehm auf einer kleinen Höhe, die einen See überschaut. Sie ist um des letztern Ortes willen verlassen worden und fast gänzlich in Ruinen. Das Land war fortdauernd eine einförmige Ebene; wir lagerten uns, um unsere nächste Tagreise abzukürzen, 3 Meilen jenseits Tuki .

30sten Julius. Das Land ward angenehmer, je weiter wir reisten. Es war besser angebaut und hüglichter. Bangernow liegt artig auf einer kleinen Anhöhe mit Mangotops umgeben, und eine Nulla fließt dicht vorbei. Auch dieser Ort scheint ehemals beträchtlicher gewesen zu seyn, als jetzt. Alle Städte, durch die wir gekommen sind, sind von Ziegeln gebaut, aber die Ruinen sind weit größer, als der bewohnte Theil. Sehr viele verlassen diese Provinzen, um sich in den unsrigen anzusiedeln, ermuntert durch den Schutz, den sie empfangen und viele andere treten beständig in unsere Dienste. Die Rekrutirung ist in Bengalen und Bahar so außerordentlich schwierig, daß unsere Armeen nicht vollzählig erhalten werden könnten, wenn sie nicht Verstärkungen aus dem Gebiete des Visirs erhielten; ein starker Beweis von dem Wohlstande, den die Bewohner des Ostens unter der brittischen Regierung genießen.

31sten Julius. Der Regen war so heftig, daß ich die zwanzig Meilen bis nach Kanoge im Palankin zurücklegen mußte. Um 10 Uhr giengen wir über eine Nulla, die nur durch eine Insel von dem Ganges getrennt ist, wir wurden aber hier durch den Zufall, daß eins der Boote auf den Grund gerieth, über anderthalb Stunden aufgehalten. Wir begegneten vielen Bagagekarren von dem Detachement des Obersten Browne, die zurückgeblieben waren; endlich um 7 Uhr erreichten wir sein Lager, wo wir die Nacht zubrachten. Mangotops und Anbau machten das Land diesen letzten Tag angenehmer. Die Dörfer waren zahlreicher, aber man sahe keine Stadt, als bis wir Miraunka Serai erreichten. Es hat ein sehr schönes Serai, woher der Name stammt und das Grab des Gründers liegt auf der entgegengesetzten

Seite des Weges; es ist 20 Meilen von Manorow entfernt.

1sten August. General Lake hatte mir 20 Pferde zu meiner Begleitung geschickt, weil es zu beschwerlich für die Infanterie war, uns zu folgen, wenn wir zu Pferde oder auf Elephanten reisten; die Leute waren im Durchschnitt jung und sahen gut aus, und da sie neu gekleidet waren, gewährten sie einen angenehmen Anblick; ihre Pferde waren klein und munter. Die Stadt Kanoge besteht gegenwärtig nur aus einer einzelnen Straße, die nicht viel bedeutet. Der Ganges ist ungefähr 2 Meilen entfernt; es ist aber ein Kanal gegraben, der sich um die Stadt krümmt und das heilige Wasser bis dicht an die Citadelle führt. Sechs Meilen weiter zeigten das Gemisch kleiner Ziegelstücke, und hin und wieder die Spuren eines Gebäudes, daß ich mich auf dem Gebiete der alten Hauptstadt der Hindu's befinde.

Unser erster Besuch war bei den Gräbern zweier Muhammedanischer Heiligen, deren Namen ich nicht erfahren konnte, die aber stattlich zwischen zwei Mausoleen von gleicher Größe und hübscher Bauart auf einer mit Bäumen bedeckten Anhöhe liegen; von der Terrasse, die sie umgiebt, hatte ich eine sehr angenehme Aussicht auf die Ebene, die zerstörte Tempel und Gräber bedeckten und welche die Nulla durchströmt, bis sie zwei Meilen tiefer den Ganges herab erreicht. Tamarindenbäume und Mangotops waren überall zerstreut, und das weiße Grab eines englischen Offiziers, der hier ertrank, erhob seine Spitze mitten unter dieser Scene der Zerstörung. Es begegnete uns ein Bramin, der Zeugnisse von verschiedenen Engländern vorzeigte, daß er ihnen während ihres Aufenthalts als ein aufmerksamer Cicerone gedient habe. Wir behielten ihn also, als solchen, bei uns. Auf der inwendigen Seite des Grabes waren verschiedene Namen und Zeitbestimmungen eingeschrieben mit passenden Sprüchen.

Wir besuchten darauf ein anderes Grab auf der höchsten Spitze. Es besteht aus einem Viereck und einer Moschee, die im Kleinen der einen zu Dschuampor gleicht. Einige Pfeiler in der Moschee sind aus zwei Stücken gebildet, die aus einem ältern Gebäude genommen sind; die grobe Basis des einen, die oben angebracht ist, dient zum Kapitäl. Ein großes und viele kleine Bilder lagen unter den Bäumen, aber zu sehr beschädigt, um interessant zu seyn. In dem Mittelpunkt war eine jetzt ausgefüllte Quelle, wo, wie gewöhnlich, große Geldsummen verborgen seyn sollen. Daß dies der Fall sey, ist gar nicht unwahrscheinlich, da viele Dinge in andern, ehemals gereinigten Quellen gefunden sind. Die Citadelle ist gänzlich verfallen und belohnt durchaus nicht die Mühe hinauf zu klimmen. Die Hitze ward jetzt sehr groß, und wir waren froh, zu unserm Zelte zurückzukehren, worin wir alle drei schlafen mußten. Unsern Dienern behagte es besser in der freien Luft, da das Wetter völlig gut blieb. Ich kaufte von dem Braminen einige wenige Münzen, die unter den Ruinen gefunden waren. Sie sind klein, von unregelmäßiger Gestalt mit Samscrit-Charakteren und haben bisweilen auf der einen Seite die Figur einer Gottheit.

Am 2ten August. Wir giengen sämmtlich über den Fluß, wofür überhaupt 25 Rupien bezahlt wurden. Am 3ten August brachen wir nach Dschelalabad auf, das ungefähr 10 Meilen von unserer letzten Station entfernt ist. Das Land, wodurch wir kamen, war wohl angebaut, etwas hügelig und der Boden reiner Sand, ausgenommen wo die Ruinen von Kanoge sichtbar sind, von denen ich nach den ersten beiden Meilen keine Spuren entdecken konnte. Gegen Norden zeigt sich eine Reihe von Hügeln mit Mangotopen bedeckt. Am 4ten giengen wir über den Kali Nuddi, er ist auch jetzt nur ein unbedeutender Strom. Die Stadt Koodagunge auf der andern Seite hat einen guten Serai. Das Land war so eben wie vorher, aber dürrer und sandiger. Am 5ten erreichten wir Futty Ghor; Generalmajor Ware nahm mich auf die verbindlichste Art auf. Die Wachen waren ausgerückt und empfiengen uns mit präsentirtem Gewehr.

Am 9ten machte mir der Nabob von Furruckabad Imdaud Hussein Khan einen Besuch. Da der junge Mann nicht reich ist, so kam er nur mit einem kleinen Aufzuge und ich empfieng ihn mit allen Beweisen der Aufmerksamkeit, die in meiner Macht waren. Sein Aeußeres ist durchaus nicht anziehend; er bestieg den Musnud als ein Kind, nach der Vergiftung seines Vaters, durch seinen Bruder, einen rechtmäßigen Sohn der jetzigen Begum, die selbst Theil an dem Verbrechen hatte. Der Nabob von Aude, der damals der oberste Lehnsherr dieser Provinz war, bemächtigte sich sogleich des Vatermörders, der seitdem immer ein Gefangener zu Luknow gewesen ist. Die Vormundschaft des jungen Nabob ward einem Regenten anvertraut, Kherrudmund Khan, seinem Oheim, der von der Häßlichkeit seiner Person und der groben Art, wie er seinen Neffen betrog, unter den Engländern den Namen Richard III. erlangt hat. Er war im Verdacht, daß er die Aehnlichkeit noch weiter treiben wollte, da aber der Prinz noch lebt, so halten wir den Argwohn für ungegründet.

Der Prinz ist aus einer edeln Patanischen Familie. Bei seiner Volljährigkeit war sein Einkommen nur sehr geringe. Er bezahlte einen Paiscush oder Tribut an den Nabob Visir von 4½ Lak und nach andern Ausgaben erhielt er jährlich nicht 60,000 Rupien. Sein Oheim sicherte sich während seiner Regentschaft durch Bewilligungen im Namen und unter dem Siegel des vorigen Nabob eine weit größere Einnahme; er hatte Zeit und Muße, dies auszuführen. Da der Paiscush nebst verschiedenen andern Provinzen uns vom Nabob Visir überlassen ward, wandte sich der junge Mann an Lord Wellesley um Schutz gegen seinen Oheim. Dieser ward bewilligt und die Rechnungen wurden untersucht, oder sollten vielmehr durch Herrn Mercer untersucht werden; der Regent bezahlte 40,000 Rupien zurück, statt wenigstens eines Laks, und gab bei'm Abschluß noch 30,000 Rupien.

Das Land war im elendesten Zustande. Ermordungen waren so häufig zu Furruckabad, daß die Leute nach Sonnenuntergang sich nicht herauswagen durften und die Arbeiter, die nach den Quartieren herauskamen, giengen immer noch während des Tages nach ihren Wohnungen zurück. Dies ward dem Nabob durch Herrn Wellesley auf die stärkste Art vorgestellt und ihm vorgeschlagen, sein Land den Engländern abzutreten; er versprach, ihn mit aller möglichen Rücksicht zu behandeln, und ihm die ganze Summe zu bezahlen, die nach Abzug der Verwaltungskosten übrig seyn würde.

Der wirkliche Bewegungsgrund war, die Menge Räuber auszurotten, die von diesem Sammelplatze aus das ganze Land plünderten. Er machte geringe Einwendungen und schien zu fürchten, daß der Ueberschuß nicht hinreichen würde, um ihn zu unterhalten. Endlich willigte er ein, wenn wir ihm monatlich 9000 Rupien bezahlen, einige seiner Leute pensioniren und ihm einige Dörfer und Ländereien überlassen wollten. Dies war freilich ein Verlust für die Kompagnie von einer Lak Rupien jährlich; aber Herr Wellesley hielt die Sicherheit des Handels auf dem Fusse und in den benachbarten Provinzen für so wichtig, daß er jede Forderung bewilligte und der Vertrag ward am 4ten Junius 1802 unterzeichnet.

Seitdem wurden die kräftigsten Maaßregeln zur Sicherheit des Landes ergriffen. Viele Patanen giengen sogleich in das Land der Maratten und 70 Personen sind jetzt im Gefängnisse, um bei dem nächsten Gericht wegen Mordthaten verurtheilt zu werden; aber seit der Errichtung unserer Polizei ist kein Verbrechen der Art begangen. Wir haben auch nicht so viel bei dieser Erwerbung verloren, da sich fand, daß viele Plätze in den frühern Listen ausgelassen waren und folglich keine Abgaben bezahlt hatten. Die Ueberzeugung von der Sicherheit unter unserer Herrschaft hat selbst auf den Werth der Ländereien einen großen Einfluß gehabt, so daß bei einer Verpachtung auf drei Jahre, wir einen Vortheil von beinahe 3 Laks erhalten.

10ten August. Ich erwiederte den Besuch des jungen Nabob. Seine Wohnung ist in den Mauern des alten Forts, das eine sehr schöne Aussicht auf den Ganges und das umliegende Land hat; es ist auf einer beträchtlichen Höhe gebaut und würde sehr stark geworden seyn, wenn es vollendet wäre. Seine gegenwärtige Wohnung ist elend; eine neue ist aber beinahe fertig, die eine Aussicht auf das ganze Land gewährt. Wir machten darauf der alten Begum unsern Besuch, die in einem kleinen anstoßenden Pallaste wohnt. Sie wird eines freien Lebens beschuldigt und soll sehr reich seyn. Diese Umstände, verbunden mit dem Verdacht wegen des Todes ihres Mannes machen sie zu keiner achtungswerthen Person.

Die Stadt Furruckabad ist nur 90 Jahre alt. Die Patanen, die ausschließlich Soldaten sind, haben sie in einiger Entfernung von dem Flusse gebaut. Die Straßen sind breit, und Hr. Grant erhöht sie und entfernt jeden nachtheiligen Einfluß; ich glaube, es wird eine hübsche Stadt werden, wenn die Thore hergestellt sind; die Bäume beschatten sehr angenehm die Häuser und offenen Plätze; der Handel ist bereits beträchtlich und die Nachbarschaft der Kantonirungsquartiere wird ihn immer blühender machen. Hr. Grant hat mit der Stadt angefangen, denkt aber an die Verbesserung der Landstraßen durch die ganze Provinz. Es ist deswegen eine erhöhte Abgabe von einem Procent eingeführt, die von den Zemindars über ihre gewöhnlichen Auflagen bezahlt wird; sie haben sie freiwillig übernommen und sind dafür von der Verpflichtung frei, die Landstraßen, die durch ihren District laufen, wieder herzustellen. Diese Verpflichtung war um so lästiger, da diejenigen, die nur wenige Ellen entfernt wohnten und Theil an allen Vortheilen hatten, nicht eine Rupie bezahlten. Sie verschlang häufig allen Gewinn; die neue Einrichtung erstreckt sich durch alle abgetretene Provinzen; ist aber unglücklicherweise in einigen wenigen abgeschafft worden, zu Folge der schlechten Verwaltung der Offiziere und der Befehlshaber. In Furruckabad kostet sie jährlich etwas über 10,000 Rupien.

Der erste Urheber des Plans war Wilhelm August Brooke, damals Einnehmer, Richter und Obrigkeit von Dschebabad, der für sich die Zemindars veranlaßte, das eine Procent zu bezahlen und das Geld auf die Landstraßen verwandte. Diese Einrichtung ward nachher durch Lord Cornwallis bestätigt; der District Benares ward durch den Straßenbau so gedrückt, daß die Obrigkeiten in Dörfern angehalten und ersucht wurden, das Land zurückzunehmen und die Wege zu bessern. Ehemals wurden viele schöne Wege durch den König mit Zugängen und Brunnen und Kjerwansarais in angemessenen Entfernungen angelegt. Bisweilen wurden durch reiche Individuen Bäume, besonders in der Nachbarschaft von Benares, an den Seiten gepflanzt; ein Hindu, der einen Baum pflanzt, einen Brunnen gräbt und einen Sohn zeugt, ist des Himmels gewiß. Diese Meinung hat vielen glänzenden Werken ihre Entstehung gegeben; ohne Zweifel hatte auch die Eitelkeit einen beträchtlichen Einfluß.

15ten August. Ich wünschte eigentlich dem Commandeur en Chef, General Lake meine Aufwartung zu Kawnpor zu machen, allein die Wendung, welche die Angelegenheiten der Maratten genommen hatten, nöthigten ihn mit der ganzen Armee ins Feld zu rükken. Ich war also gezwungen, heute nach Gosiagunge, ungefähr 20 Meilen weit, zu reisen. Um 11 Uhr kam ich im Lager an. Meine Aufnahme war äußerst artig und herzlich; er hatte mein Zelt dicht neben dem seinigen und in einer Linie mit demselben aufschlagen lassen, meine Begleitung war hinten. Der Anblick war außerordentlich überraschend. Das Lager nahm einen großen Raum ein, war häufig durch Mangotops getrennt und im Hintergrunde erschienen hier und da einige wenige Häuser. Die weißen Zelte, welche die Ebene in jeder Richtung einnahmen, stachen angenehm gegen die dunkeln Bäume ab, die sich hinter ihnen erhoben und die Fahnen vorn vermehrten die Wirkung. Die Elephanten wurden umher geführt; die Soldaten hatten sich in ihre Zelte zurückgezogen und der zahlreiche Troß sammelte überall Fourage. Die ganze Linie war jetzt beisammen, die in Divisionen von Kawnpor marschirte, und aus ungefähr 5000 Soldaten und 20,000 Personen, die den Troß bildeten, bestand.

Dies ist das gewöhnlichste Verhältniß einer indischen Armee und eine Ursache der Schwierigkeit, sie zusammenzuhalten, wegen der außerordentlichen Menge von Lebensmitteln, die ihre Unterhaltung erfordert. Es war beinahe das erste Beispiel, daß ein Heer während der Regenzeit ausgerückt war, aber bis jetzt war das Wetter sehr günstig gewesen und die Armee hatte nicht den geringsten Nachtheil erlitten. Sie marschirt täglich nicht über 9 oder 10 Meilen, um das Vieh frisch, munter und muthig zu erhalten, wenn sie in des Feindes Land rückt. Um 3 Uhr giebt ein Schuß das Zeichen zum Aufbruch und sie erreicht den Lagerplatz, ehe die Sonne einige Macht hat; in frühern Feldzügen mußten die europäischen Soldaten auf der Erde gleich den Eingebornen liegen, aber General Lake hat Zelte (Kots) für sie alle besorgt. Wenn man den Werth eines europäischen Soldaten erwägt, so kommt diese vermehrte Ausgabe in keine Betrachtung gegen den Vortheil, den diese Maaßregel für die Erhaltung des Lebens leistet. Es waren nur wenige Kranke, was nicht der Fall gewesen wäre, wenn die Soldaten der Feuchtigkeit des Bodens ausgesetzt gewesen wären.

Ein solcher Marsch wie dieser hätte nicht unternommen werden können, wenn nicht der Boden aus reinem Sande bestände, der in wenig Stunden nach dem Regen trocken wird. Diesen Morgen traten alle zu Gutty-Ghor kantonirte Truppen ihren Marsch an; sie bestehen ungefähr aus derselben Anzahl von Soldaten und Troß und werden sich mit Sr. Excellenz auf einem verschiedenen Wege an der Gränze vereinigen. Er wird auch unterwegs Verstärkung durch die Vereinigung der Regimente aus verschiedenen Quartieren erhalten, so daß wahrscheinlich seine Armee auf 20,000 Mann steigen wird. Das 8te leichte Dragoner-Regiment nebst Oberst Vandeleure ist zu Kawnpor und wartet nur auf Pferde. Der Nabob Visir hat seine Stuterei angeboten, die wahrscheinlich 300 Pferde verschaffen wird; die europäischen Truppen, die gegenwärtig bei der Armee sich befinden, sind das 27. und 29. Regiment leichter Dragoner und das 76. zu Fuß. Die Offiziere hatten nur einen Monat vorher, ehe sie ins Feld rückten, Nachricht, daß sie reducirt und nach Europa geschickt werden sollten. Sie hätten daher ihre ganze Feldequipage u. s. w. um den halben Preis verkauft; bei der Marschordre waren sie genöthigt, sich Alles durch eine sehr drückende Ausgabe wieder anzuschaffen.

16ten August. Um 3 Uhr brach ich mit der Armee auf. Es war ganz dunkel und da der Weg über Felder gieng, ließen wir die Fackelknaben vorausgehen, bis wir die Ammunitionswagen erreichten, wo aus Vorsicht die Lichter ausgelöscht wurden. Der Weg war mit Karren, Zugvieh und Truppen bedeckt, aber die Dunkelheit hinderte mich, ein indisches Heer auf dem Marsche zu betrachten; es scheint sich von einem europäischen nur dadurch zu unterscheiden, daß die Verwirrung größer ist. Wir erreichten das Lager ungefähr eine Meile jenseits Sekundepor, nach einem Marsche von 9 Meilen. Der Tag war schwül, aber am Abend war der Himmel bezogen und es regnete ein wenig. Da der General beschloß, seinen Marsch am nächsten Tage fortzusetzen, nahm ich am Abend Abschied von ihm; in einer langen und interessanten Unterredung drückte er sein eifriges Verlangen nach einem guten Ausgange des gegenwärtigen Kampfes aus. Er sagte mir, daß das Betragen des Lords Wellesley gegen ihn immer edel und großmüthig gewesen sey, daß sie seit seiner Ankunft in Indien immer in gegenseitigen freundschaftlichen Verhältnissen und einem guten Vernehmen, ohne alle niedrige Eifersucht, gestanden hätten; daß Se. Excellenz jetzt seine Güte durch die Ertheilung einer uneingeschränkten Vollmacht, sowohl auf die verschiedenen Kassen zu ziehen, als auch mit den eingebornen Prinzen Verträge zu schließen, vollendet habe, daß er folglich sich allein für verantwortlich für den Ausgang betrachte, daß er aber das Zutrauen zu rechtfertigen hoffe, das der edle Marquis in ihn gesetzt habe.

Am 17ten. Um halb 8 Uhr kamen wir in Furruckabad an. Wäre es nicht der Ehre wegen gewesen, so hätte ich mich meiner Suwarry zu Pferde gern überhoben gesehen, denn in Furruckabad war der Staub so dick, daß wir beinahe erstickten. Nur einige wenige Regenschauer sind seit meiner Ankunft gefallen, denn der Wind weht noch immer aus Westen; ein äußerst sonderbarer Umstand in dieser Jahreszeit; das Land ist dadurch so ganz ausgetrocknet, daß die erste Aernde dem unglücklichen Reiot nur wenig einbringen wird. Dem Scindiah und seinen Bundsgenossen ist diese ungewöhnlich trockne Witterung noch weit nachtheiliger. Sie hatten berechnet, daß der Regen wie gewöhnlich eintreten und es dem General Lake unmöglich machen würde, eher ins Feld zu rükken, als bis ihre Vertheidigungsanstalten vollendet wären; aber dagegen ist er jetzt an ihren Gränzen, an der Spitze eines Heers voller Gesundheit und Muth.

31sten August. In der Nacht ward ich durch eine heftige Bewegung meines Bettes aufgeschröckt; ich glaubte erst, daß es durch irgend ein Thier verursacht sey, das sich darunter geschlichen hätte, allein beim Nachsehen war nichts da. Die Bewegung war so stark, daß ich im Bette in die Höhe flog. Erst am Morgen konnte ich mir die Erscheinung als Folge eines Erdbebens erklären; die Schildwache vor dem Zelte war niedergeworfen worden, und fast jeder hatte die Erschütterung empfunden. Es bewegte sich, so viel ich schließen konnte, von Norden nach Osten und dauerte nur wenige Secunden, wenigstens der Stoß, den ich fühlte und mit dem ich erwachte; es mochten leichtere vorangegangen seyn. Das Erdbeben ward von hier bis Kalkutta gefühlt, scheint aber am heftigsten in Luknow gewesen zu seyn, wo es den größten Theil des Minarets zerstörte und die Romekaderwasse und die Imam Bara beschädigte. Herrn Pauls Gebäude in der Mitte des Gartens, wo Hr. Salt schlief, hat acht Bogenthore, jedes derselben war in der Mitte geborsten. Die Wasser in den Behältern überschwemmten mit Gewalt die Ränder. In Alahabad blieb die Uhr auf 17 Minuten über ein Uhr stehen; es geschah aber weiter kein Schade. Es ist unmöglich, den Fortgang des Stoßes zu bestimmen, da kein Unterschied in der Zeit zu Mirunkasserai, Luknow, Alahabad und Kalkutta zu seyn scheint.

1sten September. In etwas mehr als anderthalb Stunden erreichten wir Mukumpor. Der Weg auf der letzten Meile war mit betenden und bettelnden Fakirs besetzt. Die Gegend in der Nähe ist angenehm;

ein kleiner Fluß windet sich längs der Basis des erhöhten Grundes, worauf die Moschee und die Stadt, zum Theil von Bäumen versteckt, belegen sind; unsere Zelte wurden in einem Mangohain aufgeschlagen, nicht weit von dem Volksgewühl. Einer meiner Träger ward von einem großen schwarzen Scorpion in die Zehe gebissen; er knüpfte sogleich das Ende eines Strickes dicht umher und sagte mir es erst nach einigen Stunden. Ich gebrauchte flüchtiges Alkali; er empfand nur wenig Schmerzen und ward bald besser. Bald nach meiner Ankunft machte der Hauptfakir des Grabes seine Aufwartung; es begleitete ihn ein anderer mit verschiedenen Zeugnissen seines guten Betragens von den Engländern, die dort gewesen waren; der letztere blieb, um unser Cicerone zu seyn; der erstere gieng fort, nachdem ich ihm versprochen hatte, am Abend dem Heiligen meine Aufwartung zu machen, eine Sache, die er natürlich sehr dringend machte. Der Markt beginnt am 17ten des Monats. Heute ist erst der 15te; aber die Versammlung ist doch beträchtlich; bei'm Essen unterhielten uns Tänzer auf dem straffen und schlaffen Seile mit Beweisen ihrer Stärke und Beweglichkeit.

Sie kommen Allem gleich, was ich von der Art in Europa gesehen hatte; ein Knabe bewies ungewöhnliche Geschicklichkeit, verschiedene Dinge auf seinem Kopfe zu balanciren, während er auf der Spitze eines Bambus erhoben war, der in beständiger Bewegung erhalten ward. Hernach zeigte eine Taschenspielerin sich mit Tassen und Kugeln, Eiern und Geldstücken ganz auf europäische Art. Ich fange wirklich an zu argwöhnen, daß alle unsere Thorheiten sowohl als Kenntnisse aus diesem Lande herstammen und erwarte gewiß, zu Benares mit einem Panorama, und in der Höhle von Elephanta mit einer Phantasmagorie unterhalten zu werden. Wir sahen auch das berühmte Stück, daß ein Mangobaum gesäet und der wachsende Baum innerhalb einer halben Stunde zum Tragen gebracht ward, welches aber sehr ungeschickt ausführt wurde. Wir bestiegen unsere Elephanten, um das Grab oder die Rausa zu besuchen. An dem Thore des äußern Hofes wurden wir durch eine große Schaar Priester empfangen und durch drei Höfe zu dem Heiligsten geführt; in jedem derselben schrieen, tanzten und beteten Schaaren von Fakirs, mit den heftigsten Bewegungen. Die Trommeln, die gellenden Trompeten und große eherne Becken, die mit hohlen Stöcken geschlagen wurden, vermehrten den Mißklang des Geräusches. Sogar die Mauern waren mit Menschen besetzt und wir würden mit Schwierigkeit einen Weg gefunden haben, hätten nicht unsere Fakirs, die ein schönes Geschenk von dem Lord Sahib erwarteten, das Volk zurückgetrieben und mit Unwillen die Forderung einiger der Abergläubigsten unterdrückt, daß wir unsere Schuhe ausziehen sollten.

Natürlich geschahe es von unsern eingebornen Dienern; das Grab selbst liegt in der Mitte eines viereckigen Gebäudes mit 4 Fenstern von erhabener Arbeit;

durch eins derselben ist bisweilen eine Oeffnung. Es ist von gewöhnlicher Gestalt und Größe und mit Goldtuch bedeckt, darüber ist ein Himmel von demselben Stoff, der ganz mit Rosenattar durchduftet ist. Wir giengen rund umher und sahen in jedes Fenster; hernach besuchten wir die Moschee; vor derselben ist ein Springbrunnen und zwei ungeheuere Kessel, wo unaufhörlich ein Wunder geschieht; denn wenn unheiliger Reiß in sie geworfen wird, werden sie immer leer; ich hatte keine Zeit es zu sehen, aber die Kunst ist nicht schwer. Ich war froh fortzukommen, indem ich meinem Fakir befahl, nach den Zelten zurückzukehren. Bei dem Gange über den Markt sah ich einen Mann mit Schlangen und einem Ichneumon *); der letztere tödtete in ungefähr 2 Minuten drei der erstern, ungeachtet sie sich rund um ihn geschlungen hatten. Da ich die Zelte erreichte, fand ich viele der heiligen Männer, die mich erwarteten, um so mehr, da sie einander nicht trauten; obgleich jeder sich als vollkommen ansahe. Ich gab ihnen zwei goldene Mohurs, worüber sie sich gewaltig stritten. Auf sein besonderes Verlangen ernannte ich den Fakir Curim Muddin zu meinem Vakil an dem Hofe des gebenedeieten Heiligen, Hozrot Said Buddiudisin Codbal Moddar und empfieng zu gleicher Zeit einen Bericht von seinem Herrn und Meister. Bei diesen Märkten versammeln sich alle Spitzbuben Indiens; wir erwarteten daher in

*) Mangose: das franz. Mangouste, wie bei Büffon die Viverra Ichneumon heißt.

R.

der Nacht irgend einen Versuch uns zu bestehlen, aber sie vergieng ruhig.

2. September. Nach 8 Uhr erreichten wir Pura, 14 Meilen von Mukumpor; unsere Elephanten waren ganz ermüdet und da die Sonne völlig unbewölkt emporstieg, war die Hitze äußerst drückend. Unsere Zelte lagen sehr angenehm in einem Mangotop, an der Seite des Weges ganz offen gegen Westen, von woher ein frischer Wind blies. Aber gegen Mittag ward es leider bisweilen so heiß, wie vor der Regenzeit. Das Land, wodurch wir kamen, ist wie gewöhnlich sandig, aber sehr wohl angebaut mit sehr vielen Mangotops. Ich sah den ganzen Tag kein Gesträuch; die Aerndten waren in einem elenden Zustande, außer wo die armen Landleute mit vieler Arbeit ihre Felder aus den Quellen gewässert hatten, die fast beständig an einer Seite derselben sind. Die Wege wurden, nachdem wir den District Etawah erreicht hatten sehr schlecht, da hier das eine Procent aufgehoben, und die alte Art der Wegebesserung eingeführt ist.

Die Menge, die zu dem Markte strömte, setzte mich sehr in Erstaunen. Auf den ersten 10 Meilen war sie so groß, wie in den Straßen von London, und hernach war uns beständig eine oder die andere Schaar im Gesichte; die Scene unterhielt mich sehr. Hindu's und Muselmänner eilten zu der religiösen Festlichkeit; die Weiber mit ihren Kindern in Häckery's, wenn sie die Kosten bezahlen konnten; die Männer zu Pferde; die ärmeren Weiber zu Fuß, und ihre Männer trugen häufig zwei Kinder in den Banyi's, die um ihre Schultern hiengen. Die Fakirs mit ihren Flaggen und thierischem Anblick vermehrten das Gewimmel und betäubten uns mit ihren Tomtoms. Auf unsern Elephanten kamen wir ohne Schwierigkeit durch und wurden mit einem Segen und Chor von ihnen begrüßt, wie wir vorüberzogen; während der ganzen Nacht, die außerordentlich kühl und angenehm war, war die Straße bedeckt und der Gesang verkündigte die Ankunft der Pilger.

Am 4ten September erreichten wir Kawnpor und am Abend kam auch Herr Salt an. Dieser Ort ist die vornehmste Militärstation in den abgetretenen Provinzen, wo für 400 Artilleristen, zwei königl. Infanterie- und ein Kavalerieregiment, drei eingeborne Kavalerieregimenter und 7000 Mann Infanterie Baracken sind; jetzt waren nicht 300 Mann da, alle die übrigen befanden sich bei der Armee. Die Weiber aus den äußeren Stationen sind hieher und nach Futty Ghor, der Sicherheit wegen geflüchtet, aber da sie sich auch hier nicht für ganz sicher halten, sind Boote bereit, um bei der ersten Warnung abgehen zu können. Die Jachten die zum Vergnügen gebraucht werden, sind groß und zweckmäßig, da sie verschiedene Gemächer haben, an jeder Seite mit Jalousien, um der Kühlung willen. Zu unserm Unglück konnten wir keine gute erhalten und nur drei kleine, die leidlich rein waren, wurden für Herrn Paul, Herrn Salt und mich gemiethet. Wir hatten andere für unsere Diener und Gepäck.

5ten September. Ich entließ alle meine in Lukn o w angenommenen Diener, bis auf zwei Hircarra's, da sie während der Reise unnütz gewesen seyn würden und ich ihnen bei ihrer Entlassung in Kalkutta einen zweimonatlichen Sold hätte bezahlen müssen. Der Nabob Visir schickte mir durch Herrn Paul zwei sehr prächtige persische Kleider, wie er sie selbst trägt; nebst einem Schwerte und Schildern; ferner zwei weibliche Kleider, die, wie er sagte, seiner eignen Frau gehörten. Sie waren elegant, und reicher mit Gold und Silber geziert, als Alles, was ich gesehen hatte, und gaben mir eine hohe Vorstellung von der innern Eleganz eines muselmännischen Härems. Das Geschenk war sonderbar und in gewisser Hinsicht ihrer Gewohnheit entgegen, da sie selten ihrer Weiber erwähnen.

6ten September. Um 10 Uhr schifften wir uns in der Pinasse ein, die vom Herrn Paul gemiethet war; sie ward von 12 Dandi's gerudert und, da sie die größte war, von uns besetzt. Der Fluß ist für diese Jahreszeit ungewöhnlich flach; die Sandbänke sind daher sichtbar und lassen den Kanal an einigen Stellen kaum breit genug für die Bootfahrt. Der Strom ist äußerst reißend und treibt das Fahrzeug sehr oft seitwärts fort; die Wasservögel befinden sich an den Spitzen der Untiefen in großer Menge und gewähren ein vortreffliches Merkzeichen zur Richtung der Boote. Der Wind weht immer von Westen und treibt uns trefflich vorwärts. Die Bungelows breiteten sich, wie wir weiter kamen, zu unserer Rechten, auf einem erhöhten Ufer 4 Meilen aus, bisweilen mit hängenden Gesträuchen vermischt; es war weit kühler, als am Ufer und Kawnpor ist bei weitem der heißeste Ort, wo ich gewesen bin. Wir hielten in Nubjesgur bei Herrn Quiros an, einem Orte, der ehemals dem General Martin gehörte.

Es ist ein hindustanisch europäisches Haus, mit kleinen Zimmern, wie gewöhnlich mit starken Thüren und Fensterladen befestigt; es hat keine andern Vorzüge, als seine Lage an dem Ufer des Ganges. Die Indigofabriken sind hier sehr beträchtlich, aber die Jahreszeit ist so schlecht, daß dieses Jahr Verlust dabei seyn wird; sie werden nicht über 200 Körbe erhalten, obgleich die gewöhnliche Anzahl 1400 ist. Hr. Quiros hat das Haus und ein Drittel des Ertrages für die Verwaltung des ganzen Geschäftes; wir sahen die Indigofabriken, aber es war zu heiß, um die Gärten zu besehen, die, wie ich höre, sehr ausgedehnt sind, oder die Rosenpflanzung, die angelegt ward um die Atter-Manufactur zu versorgen, die schönste in Indien. Am Abend passirten wir die Stadt Surajspor, die angenehm auf dem rechten Ufer des Flusses liegt, nebst verschiedenen Hindutempeln und Brücken bis an den Strom zu Waschungen; einige waren verfallen, andere aber im Bau. Das Land ist flach, ausgenommen das hohe Ufer des Flusses, worauf im Allgemeinen die Dörfer, von Mangotops umgeben, liegen.

Nicht selten sah eine kleine Pagode zwischen den Bäumen hervor und der Fluß breitete sich in Buchten von 8 und 9 Meilen aus. Alles zusammen bildete ungeachtet des ebenen Horizontes, eine große und angenehme Scene. Wir speisten um 5 Uhr zu Mittag und ankerten an der östlichen oder linken Seite des Flusses, ungefähr um 7 Uhr, etwas unterhalb Buchsah, nachdem wir 17 Kos gemacht hatten. Wir fanden hier einen Kaufmann, der das Land mit Waaren hinaufgieng, von dem wir uns einige Sachen verschafften, die wir nöthig hatten. Wir brachten die Nacht jeder in seinem Boote zu, die dicht an einander festgemacht wurden; unsere Dandi's zündeten ihre Feuer an und bereiteten ihr einfaches Mahl am Ufer.

7ten September. Die Ufer des Flusses waren heute malerischer wegen der Mischung des Gesträuches mit Mango- und Tamarindenbäumen; unser Mangy oder Steuermann setzte uns auf eine Sandbank, wie er verschiedene Male vorher gethan hatte, aber auf eine beunruhigendere Art; denn der Fluß trieb uns einen Kanal herab, der gewöhnlich nicht gebraucht ward; wir waren verschiedene Meilen in Zweifel, ob wir am Ende herauskommen, oder genöthigt seyn würden, den ganzen Weg zurück zu machen. Zum Glück waren wir zum letzteren nicht gezwungen, welches uns wenigstens einen Tag aufgehalten haben würde.

8ten September. Um 6 Uhr hatten wir Kurrah im Gesichte, das sich ungefähr eine Meile längs dem westlichen Ufer ausdehnt, auf dessen Gipfel das alte Fort belegen war; wovon jetzt nur noch Ruinen übrig sind. Ein neues aus Ziegelsteinen mit einem steinernen Thorwege und 4 runden Thürmen, so hoch wie die Mauern, ist unvollendet. Da die Pinasse nicht zu sehen war, ward ich durch den Anblick verschiedener pittoresken Pagoden, von Tamarinden- und Banianbäumen überschattet, veranlaßt, bei der Brücke zu landen, und eine der größten zu besuchen, in deren Mitte ein Bild des Mahadeh, mit dem, auf ihn blickenden Ochsen befindlich war. Sezadpor ist eine Meile entfernt und liegt nicht nahe am Ufer; ich konnte es daher nur in der Entfernung erblicken; es hat viele hübsche Gebäude von Ziegeln und keinen Anschein von Verfall. Die zahlreichen Badenden in dem Flusse ließen auf eine beträchtliche Bevölkerung schließen. Der Wind blies sehr frisch und trieb alle 3 Boote gegen eine Sandbank, wo wir anderthalb Stunden aufgehalten wurden. Unsere ganze Besatzung stand bis an die Mitte im Wasser und stieß uns vorwärts; hernach trieb der Wind uns herrlich weiter. Der Ganges ist schlammig und gefärbt; die Spitzen der Sandbänke, die sich wechselsweise von jeder Seite erstrecken, machen die Schiffahrt sehr krumm und schwierig. Die Buchten waren, wie gewöhnlich, sehr schön, an beiden Seiten mit herrlichen Dörfern.

Der Fluß wird in der Nähe von Alahabad so seicht, daß man nirgends herabkommen kann, ohne über den Sand gezogen zu werden. Wir erblickten die

Stadt um 5 Uhr; waren aber um halb 7 Uhr nur noch mit dem entgegengesetzten Ufer parallel; die andern Boote waren leicht herübergekommen, aber indem wir es mit aller Stärke unserer Ruder versuchten, wurden wir durch den Strom nach dem Dschumnah herab getrieben und erreichten mit großer Mühe das gegenüber liegende Ufer.

Alahabad gewährt keinen schönen Anblick; es enthält einige wenige große Ziegelgebäude, aber ohne alle reiche Verzierungen. Das Fort liegt in einiger Entfernung auf einer Landzunge; die eine Seite wird von dem Dschumnah bespült, und die andere naht sich sehr dicht dem Ganges; es ist hoch, geräumig und beherrscht vollkommen die Schiffahrt der beiden Flüsse; obgleich es einen Pallast enthält, so macht er doch wegen der Gleichheit der Dächer keine auffallende Wirkung.

9ten September. Wir besuchten den Obersten Kyd, dessen Haus oberhalb des Forts liegt; es besteht eigentlich aus einer alten Moschee, deren Mitte mit ihrer Kuppel ein herrliches Zimmer bildet, an den Seiten sind Schlafgemächer. Die innern Bequemlichkeiten sind vortrefflich, und die Aussicht, die das Fort und die beiden Flüsse umfaßt, ist schön. Wir besuchten nach dem Frühstück das Fort; an den beiden Seiten neben dem Flusse, wird es vollkommen durch die alten Wälle, die noch mit einigen Kanonen mehr versehen sind, vertheidigt. Die Dschumnah ist hier beinahe 1400 Ellen breit und der Ganges eine Meile; die dritte Seite ist ganz neu und so stark, als es die Unregelmäßigkeit der Lage erlaubt. Sie hat 3 Ravelins, 2 Bastionen und eine halbe Bastion und ist höher, als die ganze Gegend umher. Das Thor ist griechisch und zierlich; auf der Seite nach der Dschumnah ist ein Gebäude in eine vortreffliche Reihe von Zimmern für die Offiziere eingerichtet. Das Haus des Gouverneurs insonderheit ist geräumig und kühl, mit vielen unterirdischen Zimmern; die Vorderseiten sind griechisch und gleichförmig. In derselben Linie ist ein anderes Gebäude modernisirt und in Baracken für die nicht kommandirten Offiziere verwandelt. In dem Winkel ist ein viereckiger Pallast, wo Schah Allum seine Weiber hielt. Das äußere Ansehen ist erhalten, aber alle Nebengebäude, die ihn umgaben, sind niedergerissen.

Es ist ein Viereck von 600 Fuß, das einen innern Pallast umgiebt; als der König sich hier aufzuhalten pflegte, war die Zenana in 12 Reihen von Zimmern durch Mauern getheilt, die aus dem Pallaste kamen. Sie sind zerstört, aber ein bedeckter Weg, der in einer kleinen Entfernung den innern Pallast umgiebt, ist erhalten und in Magazine für die Artillerie umgeformt, wozu es vortrefflich geschickt ist. Das große Außengebäude ist auf 3 Seiten eine Baracke für Gemeine; die viert dient zu Magazinen. Rechts an dem Ganges-Ufer ist wieder eine Baracke für 200 Artilleristen, alle haben große Thüren und

Fenster, um die Luft durchstreichen zu lassen. Ein Pulvermagazin ist vollendet, das 1500 Tonnen faßt. Diese Verbesserungen haben 12 Laks gekostet und das Geld ist gut angewandt. Für jede einheimische Macht ist das Fort unüberwindlich, und selbst ein europäisches Heer würde eine regelmäßige Belagerung unternehmen müssen. Es ist das große Depot für unsere oberen Provinzen, die stündlich an Umfang und Wichtigkeit zu wachsen scheinen.

In dem Mittelpunkte des Forts ist ein Hindutempel, dessen Gipfel mit dem Boden gleich ist. Ich stieg durch einen langen, abhängigen Pfad hinein und fand ihn viereckig und durch Pfeiler gestützt. In der Mitte war der Lingam und am westlichen Ende ein abgestorbener gespaltener Baum; hinten ist ein enger Weg, der, nach der Versicherung der Braminen, von hier nach Delhi gehen soll; da nur ein Mensch auf Händen und Füßen hineinkriechen kann, so muß die Reise sehr langweilig werden. Die Hitze war äußerst drückend; ich stieg deswegen schnell hinauf und bemerkte auf meinem Wege verschiedene andere kleine Statuen. Der Tempel wird von den Hindu's Patalpori genannt, in welchem Worte Einige das alte Palibothra erkennen wollen. Es ist auf jeden Fall von sehr hohem Alter und einer der heiligen Badeplätze. Viele Braminen und Fakirs mit ihren in den Sand gesteckten Flaggen verrichteten ihre Reinigungen unterhalb des Forts auf der Gangesseite. Der Ganges nimmt an Größe oder Schnelligkeit, durch den Tribut eines so großen Stroms, als die Dschumnah, gar nicht sichtbar zu. Die Ufer sind höher und die Krümmungen häufiger. Wir waren genöthigt längs den Sandbänken dem Winde entgegen zu fahren, um nicht von ihm an die Küste getrieben zu werden und doch konnten wir mit allen unsern Anstrengungen nicht mehr als 10 Kos am Abend machen.

10ten September. Nach einer ungewöhnlich schwülen Nacht giengen wir um 4 Uhr mit einem frischen Winde nach Südwest ab; unsere Bagage holte uns hier ein; um 12 Uhr erreichten wir die sonderbare Stelle, wo der Fluß nach Nordwesten läuft und seinen ersten Lauf beinahe wiederholt. Er ist jetzt westlicher, als auf der Charte des Herrn Rennel bemerkt ist. In 2 Stunden erreichten wir das Ende, das durch ein hohes Ufer gebildet wird, dessen Basis Konchar, eine Art von Kalkstein, ist, welcher der ganzen Gewalt des Stroms widersteht, wenn er nicht sehr hoch anschwillt; bei diesen Gelegenheiten hat er die obere Lage von Thon und Sand fortgeführt und einen Theil des auf dem Gipfel belegenen Dorfes zerstört. Die Felsen ziehen sich eine Strecke in den Fluß und machen die Schiffahrt gefährlich; nach der scharfen Wendung zur Rechten nimmt der Fluß auf ungefähr 4 Meilen seinen nördlichen Lauf wieder an. Eine sehr hohe Flut dürfte, nach meiner Meinung, das Dorf und Alles unter demselben bis auf den Konchar fortführen; aber Jahre dürften erforderlich seyn, um diesen zu entfernen. Sollte es je Statt finden, so würde es ein ungeheurer Vortheil für die Schiffahrt seyn, da ich keinen gefährlichern Ort bemerkt habe.

11ten September. Um 5 Uhr giengen wir ab und um halb 9 Uhr waren wir Bindebasni gegenüber, wo der Kali, dem schwarzen Weibe Siwah's, tägliche Opfer von Süßigkeiten und Früchten gebracht werden, statt der blutigen Thier- und sogar Menschenopfer, die, so unverträglich sie dem ersten Anschein nach mit den milden Grundsätzen der Braminen seyn mögen, in frühern Zeiten ohne Zweifel Statt fanden und in den Vedams eingeschärft werden. Bald hernach kamen wir Mirzapor vorbei, dem größten Baumwollenmarkt am Ganges, einer ziemlich beträchtlichen Stadt mit hübschen europäischen Häusern, vielen niedrigen Wohnungen der Eingebornen und einer Menge Hindutempel, welche die Ufer des Flusses bedecken.

Die Nähe von Schunar wird durch eine Kette von niedrigen Hügeln bezeichnet, die neben dem rechten Ufer des Flusses parallel laufen, das mit Pflanzungen und Bungelows bedeckt ist. Das Fort selbst liegt auf einem Felsen, der sich schroff von der Ebene erhebt; es ist auf indische Weise durch Mauern und Thürme befestigt, einer hinter dem andern und ein Platz von beträchtlicher Stärke; er war in frühern Zeiten von großer Wichtigkeit, da aber die brittische Gränze weiter nach Norden gerückt ist, haben Mongir und Alahabad, jedes zu seiner Zeit, es als ein militärisches Depot überflüssig gemacht. Ein Sipoy kam uns in seinem Boote mit einem Buche entgegen, worein wir unsere Namen und die Zahl der Boote schrieben. Dies muß jeder Reisende thun, da die Batterien die Schiffahrt des Flusses vollkommen beherrschen, und ohne diese Ceremonie keinem Boote verstatten, herauf oder herabzugehen.

12ten September. Um 8 Uhr giengen wir ab und kamen ein wenig weiter nach unten auf dem linken Ufer zu verschiedenen Linien und Bungelows, die, wie sie sagen, Klein-Kalkutta heißen. Um 1 Uhr sahen wir Ramnajor und Benares nach einer Reise durch ein ganz uninteressantes Land. Wir speisten bei Herrn Friedrich Hamilton, dem Zahlmeister; ich hörte hier den Erfolg des General Lake vor Aligor und die Einnahme dieses Orts, durch eine angestrengte Tapferkeit, welche die besten Hoffnungen für die Zukunft giebt. Die Schnelligkeit seiner Unternehmungen hat alle Pläne Perrons zerstört. Wäre Aligor regelmäßig belagert worden, so würde der Verzug alle marattische Raubtruppen in den Stand gesetzt haben, in das Gebiet des Visirs einzufallen, wo nur wenige Truppen zum Widerstande sind. Das Unglück, welches große marattische Reiterscharen anrichten können, hat Major de Fleury gezeigt, der mit 6000 Mann einen Einfall machte, Etaway plünderte, ein Detachement unter Herrn Kunningham zu Schekuhabat gefangen nahm und den Obersten Vandeleure zum

Rückzuge nach Furruckabat nöthigte. Ich hatte Ursache mich zu freuen, mich nicht länger in der Nähe des Kriegsschauplatzes aufhalten zu dürfen.

13ten September. Wir kamen nur langsam weiter. Der Boden an den Ufern hat sich aus Sand in Thon, vermischt mit Lehm, verändert; wir sahen einen grünen Alligator.

14ten September. Um 4 Uhr Abends kamen wir vor Gasipor vorbei, wo Kantonirungen für 3 Kavallerieregimenter sind, und am Ende der Stadt ein Pallast des Nabob von Aule steht, der über den Fluß sieht.

15ten September. Das Wetter war so außerordentlich schwül, daß unsere Dandi's uns kaum fortschaffen konnten. Acht von Herrn Salt liefen in der Nacht davon. Wir verschafften uns andere zu Buchar, wo wir anhalten mußten, um noch ein Mal unsere Namen und Geschäfte anzugeben. Während wir unsere Leute, die Lebensmittel einkauften, erwarteten, hörten wir, daß gestern ein Boot mit einem kleinen Rajah und seiner Familie etwas höher den Fluß hinauf, umgeschlagen sey, indem es gegen eine jähe Sandbank stieß; nur 2 Dandi's wurden gerettet. Solche Zufälle sind nicht selten auf dem Ganges.

16ten September. Um 6 Uhr giengen wir mit einem angenehmen Westwinde ab; der Fluß nimmt zu, da er weiter wird und wenigere Sandbänke hat; die Buchten sind bisweilen so groß, daß wir das Ende nicht unterscheiden konnten. Gegen Sipor über schneidet der Ganges einen Winkel und nimmt einen neuen und geradern Lauf. Wir begegneten vielen Booten, die hinauf gezogen wurden, vier wurden von 50 Personen gezogen, und sie kamen nur mit vieler Arbeit vorwärts. Die einheimischen Kaufmannsboote sind mit einem Wetterdache von Stroh versehen; die meisten von ihnen bestehen aus mehreren zusammengebundenen Stücken und sind offenbar nicht stark genug, um einem so mächtigen Strome zu widerstehen. Die Baumwollen- und europäischen Kaufmannsboote sind besser; die der Dorfleute, die zum Fischen gebraucht werden, sind wie die Kanots der amerikanischen Wilden, aus einem einzigen Baum gemacht; ungefähr 20 Fuß lang und 3 breit. Um 7 Uhr ankerten wir etwas oberhalb der Vereinigung des Gogra.

17ten September. Um 8 Uhr kamen wir dem Gogra vorüber; einem sehr großen Strom, der aber doch keine Veränderung im Ganges erregt. Der Wind war ganz östlich, aber wir konnten zufrieden seyn, daß wir diese 10 Tage hindurch westlichen Wind gehabt hatten, ein außerordentlicher Fall in dieser Jahreszeit. Die Schiffahrt ist weit krümmer als der Fluß, wegen der Spitzen der Sandbänke, die häufig von einer Seite zur andern gehen. Um 3 Uhr passirten wir den Soane, etwas weiter unten breitete sich der Strom in eine prächtige Bucht aus;

auf der einen Seite derselben liegen die Kantonirungen von Dinapor und die edle Wohnung des kommandirenden Generals der Station. Jenseits Dinapor liegt ein herrliches, dem Nabob Visir gehöriges Haus in europäischem Styl, wo er vor seiner Erhöhung auf den Musnud sich aufhielt und die Offiziere der Station auf eine sehr gastfreie Art zu bewirthen pflegte. Er war noch mit der Verbesserung beschäftigt, als er abgieng, und verschiedene Gebäude sind unvollendet. Die häufigen Palmbäume, die immer zunahmen, je weiter wir den Strom hinabgiengen, machten die Ufer malerischer.

18ten September. Der Fluß stieg in dieser letzten Jahreszeit nicht zu 4 Fuß seiner gewöhnlichen Höhe und folglich scheint der Strom eine ungewöhnliche Richtung genommen zu haben; dies giebt Hoffnung zur Erhaltung des Ufers, worauf Bankipor liegt, wovon er früher so beträchtliche Stücke fortgerissen hat, daß die dort wohnenden Engländer genöthigt gewesen sind ihre Häuser durch Bedeckungen und Pfähle zu sichern. Die europäischen Häuser nehmen die ganze Strecke von Bankipor nach Patna ein, das von der Wasserseite durchaus keinen guten Eindruck macht, ungeachtet es verschiedene große Ziegelgebäude hat, die meistens alt sind; ich bemerke nur eine kleine einsame Pagode und eine oder zwei unbedeutende Moscheen. Der Ganges bildet hier eine Bucht, deren östliche Gränzen nicht entdeckt werden konnten; da ein frischer Wind von dieser Seite wehte, merkten wir eine beträchtliche Flut. Ein Boot kam von dem Zollhause mit einem Offizier und wir waren zum dritten Mal genöthigt unsere Namen u. s. w. aufzuschreiben.

Am 23sten besuchten wir die heiße Quelle von Setakun. Sie liegt ungefähr eine halbe Meile vom Ufer in einer Ebene, der die Hügel zum Hintergrunde dienen. Die Quelle ist beträchtlich, und die Luftblasen erheben sich in großer Menge; ich hatte keinen Thermometer, um die Hitze zu bestimmen, aber sie war zu groß, um die Hand darin halten zu können. Sie ist rund gebaut, mit Treppen zum Hinabsteigen, so daß ich die Beschaffenheit der natürlichen Seiten nicht untersuchen konnte. Auf 3 Seiten giebt es drei kalte Quellen, in der Entfernung von etwa 20 Schritten. Meine Träger und andere Hindubedienten badeten sich zuerst in denselben und wiederholten braminische Gebete; dann giengen sie zu der heißen Quelle, wo sie ein wenig Wasser in ihre Hände nahmen und der Bramine einige Zeit betete. Sie warfen es wieder hinein, nur ein wenig ward auf sie gesprengt, das sie sehr religiös einrieben und zugleich ihre Salams machten. Wir hatten bald genug und eilten von dem unverschämten Betteln der Fakirs nach unsern Booten.

24sten September. In der Nacht hatten wir einen heftigen Sturm mit Donner und Bliz aus Osten, mit Regen begleitet. Wir lagen an Reifen am Ufer und fühlten kein Uebel. Die Hügel zur Rechten dauern fort, sind aber weit näher; um 9 Uhr kamen wir zu 3 Inseln im Flusse, die mit Holz bedeckt waren, und deren große Felsenmassen eine feste Schranke gegen die Gewalt des Wassers bilden, während andere noch größere ihre Häupter zwischen dem Unterholze hervorheben. Der Boden auf dem rechten Ufer war hügelig und an vielen Stellen mit Bäumen bedeckt; zwischen denselben lagen 2 englische Häuser in der beneidenswürdigsten Lage, die ich in Indien gesehen habe; jenseits derselben war eine Reihe konischer abgerissener Hügel bis an die Gipfel mit Gesträuch bedeckt, und in einer größern Entfernung die blauen Hügel von Bahar. Koljonk heißt der Ort, in dessen Nähe die Bogulpor nulla sich wieder mit dem Flusse vereinigt. Vier Kos tiefer macht der Strom eine sonderbare Wendung rund um einen mit Holz bedeckten Hügel und nimmt aus einem beinahe nördlichen einen ganz östlichen Lauf. Einige Felsen drängen in den Fluß hinein; auf dem entferntesten derselben sind Hindugottheiten in Fächer eingeschnitten.

25sten September. Nach einer sehr schweren und stürmischen Nacht, versuchten wir gegen 6 Uhr den Fluß herüber zu gehen, aber ohne Erfolg. Wir waren gezwungen nach dem Ufer, das wir verlassen hatten, zurück zu kehren. Die Leute versuchten uns durch Stricke zu ziehen, aber da sie in tiefes Wasser kamen, wurden zwei von ihnen vom Strom fortgerissen und würden verloren gewesen seyn, wenn nicht ein kleines einheimisches Boot in der Nähe gewesen wäre, und sie aufgenommen hätte. Das Ufer war mit einem

Grase bedeckt, 14 Fuß hoch, dessen Wurzeln sehr tief laufen und dazu dienen, die Verheerungen des Flusses aufzuhalten. Es erschwerte aber unsern Leuten das Ziehen. Nach großen Anstrengungen liefen wir endlich um die felsige Spitze Pointi und kamen in eine kleine Bai, wo wir gegen den starken Ostwind gesichert waren, der unser Fortkommen unmöglich machte. Herr Salt und ich giengen zu der Spitze des Hügels, wo ein muhammedanischer Heiliger begraben ist und verehrt wird, weil er der Sage nach einen tyrannischen Rajah ungefähr vor 400 Jahren gefangen genommen und ihn in einem großen Kedgeritopf in den Ganges geworfen hatte. Sein Haus und seine Moschee sind verfallen, aber sein Grab ist auf der Spitze des Hügels wohlerhalten. Pointi ist eins der Tannah oder Invalidendörfer.

26sten September. Um halb 6 Uhr giengen wir mit geringem Winde ab, aber er ward um 8 Uhr frisch, und wir waren gezwungen uns ziehen zu lassen. Der Fluß ist hier äußerst gefährlich, da die Sandbänke sich über eine Meile erstrecken und in dieser Entfernung an einigen Stellen fast unter dem Wasser sind. Um 2 Uhr kamen wir zu einer Nulla, die sich wieder mit dem Ganges vereinigt. Der Ostwind, der den Strom schief traf, und einen Winkel bildete, trieb das Wasser so reißend hinein, daß es uns eine beträchtliche Strecke hinaufführte. Alle Anstrengungen unserer Schiffer waren kaum im Stande uns endlich an eine Stelle des Ufers zu führen, und wir waren wirklich nicht außer Gefahr. Es war kein Dorf in der Nähe, woher wir uns mit Lebensmitteln versehen konnten, doch weidete an dem Platz eine große Viehheerde mit ihren Hütern. Sie weigerten die Kühe vor Morgen zu melken; wir übten jedoch eine kleine unerlaubte Gewalt, und setzten den Vornehmsten in dem Boote gefangen, bis er die Quantität Milch anschaffte, die wir bedurften, wofür wir einen guten Preis bezahlten.

Am 27sten September. Nach einer feuchten und regenhaften Nacht kostete es einige Mühe, unsere Dandi's um 6 Uhr zum Absegeln zu bewegen, aber gute Worte und Geschenke ermunterten sie. Wir wurden bald hernach von einem heftigen Sturm überfallen, der uns an ein wüstes Ufer trieb, das mit einem hohen, grasartigen Gesträuch bedeckt war, wodurch die Tiger an zwei Stellen einen Weg zu dem Wasser gemacht, und ihre Fußstapfen zurückgelassen hatten; hier zu bleiben war unmöglich; unsere armen Bursche waren daher genöthigt, oft bis an den Unterleib im Wasser fortzukriechen und uns nach sich zu schleppen. Der Strom war heftig und die Flut größer, als ich sie mir in frischem Wasser gedacht hatte. Die Uebel des heutigen Tags waren weit beschwerlicher, als die gestrigen; hauptsächlich für unsere Leute; am meisten fürchteten sie den Regen, weil er häufig Krankheiten unter ihnen verursacht. Verschiedene klagten bereits über Fieber. Um 5 Uhr wurden wir um die felsige Spitze von Terriagully gezogen und um 6 Uhr waren wir sicher in einer kleinen Bai, nahe einer der Tannah's. Wir gaben allen unsern Begleitern, die sich über hundert beliefen, ein Souper für die Summe von 8 Rupien. —

Am 28sten September. Die Nacht war feucht und unangenehm und wegen der Flut schlug das Boot beständig an das Ufer; um halb 7 Uhr giengen wir ab. Der Strom war äußerst schnell und trieb uns bald um die Spitze von Siceligully, wo der Fluß sich bis zu einem wahren See erweitert. Hier wurden wir von einem heftigen Ostwind ergriffen. Um 1 Uhr goß der Regen in Strömen herab, worauf der Wind sich legte, und der Strom spiegelglatt ward; wir giengen folglich wohl und fröhlich weiter, zum ersten Male seit wir vor 4 Tagen diese Hügel erblickten, die, so sehr sie auch die Aussicht verschönern mögen, doch in dieser Jahreszeit so schwer zu passiren sind, als kaum das Vorgebirge der guten Hoffnung. Nachdem wir sie hinter uns hatten, ward das Wetter bald besser; unsere Dandi's faßten wieder Muth und benutzten einen schönen Mondschein, so daß wir Radschumahal erreichten.

Am 29sten September. Um 11 Uhr verließen wir den eigentlichen Ganges und liefen in einen kleinen Arm, der Boguretty heißt, ein. Er bildet mit dem Dschellingi eine Insel, warauf Kosimbuzar und Murshadabad liegen; der Strom ward allmählich enger und schneller. Die Ufer zeugten von einem rei=

cheren Anbau, und an den zahlreichen Dörfern merkten wir, daß wir zu einem civilisirten Lande zurückgekehrt waren.

Am 30sten September. Um 7 Uhr erreichten wir Dschungipor. Als wir uns Murshadabad nahten, waren die Ufer bis zu der Wasserfläche herabgesunken, und, wo der Strom sehr schnell war, durch eine Wehr von Bambus gesichert. Kokosbäume erschienen wieder in beträchtlicher Menge und verschiedene artige Pagoden lagen in den von ihnen und den Mango's gebildeten Hainen versteckt. Die Stadt breitet sich auf fast 5 Kos längs beiden Ufern aus, aber die Gebäude sind im Allgemeinen schlecht und der Pallast des Nabob ist so elend, daß wir, ohne ihn zu besehen, vorüber giengen. Der Strom war mit Booten bedeckt, viele von denen, die zum Vergnügen gebraucht werden, glichen Särgen, da sie schwarz bemalt, und mit vergoldeten Bändern und Zierrathen geschmückt waren. Mit größerem Vergnügen sah ich die zahlreichen Kaufmannsschiffe, die an jeder Seite das Ufer beinahe einfaßten und einen unläugbaren Beweis von dem blühenden Handel in dieser indischen Hauptstadt Bengalens gaben. Von dem Zollhause ward ein Boot mit einem Buche abgeschickt, worein wir abermals unsere Namen schrieben. Um 6 Uhr liesen wir in eine Nulla ein, die im Sommer trocken ist, aber jetzt Ueberfluß an Wasser hat. Sie war ehemals das Bette des Flusses, aber eine Halbinsel ward mit beträchtlichen Kosten durchschnitten, was 6

P 2

Meilen einer gefährlichen Schiffahrt erspart hat. Man glaubt einen von Browne geschaffenen See zu sehen, den bis an die Wasserfläche Gras bedeckt, so weich, als wenn es eben gemäht wäre; und mit Hainen von Mango's umgeben, die sich bisweilen eine beträchtliche Strecke zurückziehen und freie Plätze mit dem reichsten Grün eröffnen.

Am 1ten October. Um 8 Uhr erreichte ich die Wohnung des Herrn Pattle, Richters in Murshadabad, nachdem ich 24 Tage auf dem Ganges gewesen war. Der Fluß war ungewöhnlich niedrig, sonst würde der Strom stärker gewesen seyn und die Boote schneller herabgeführt haben.

Am 2ten October. Heute machte ich einen Besuch bei dem Nabob und der Munni Begum. Der erstere wünschte uns um halb 9 Uhr, beim Frühstück zu empfangen, welches der Hitze wegen sehr unangenehm ist. Wir kamen durch eine Menge Ruinen zu einer leidlichen Treppe, die zu einem großen, durch Pfeiler getheilten Zimmer führte, mit einer Verandah, die nach dem Flusse sah. Diese ist neulich ausgebessert worden, denn als Lord Wellesley ihn besuchte, ward jeder Balken gestützt. Der Nabob gieng mir entgegen, umarmte mich und führte mich zu einem Sitze, zu seiner Rechten. Er ist ein ganz gut aussehender junger Mann und war in weißen Mousselin gekleidet, um den Hals hieng ein reiches Band von Smaragden; in der Mitte glänzte eine sehr schöne Perle und am

Ende 4 andere von beträchtlicher Größe. Er fragte nach meinem Alter, wo ich gewesen sey, wann ich zurückzukehren gedenke; aber zwischen jeder Frage war eine beträchtliche Pause. Roy Monick Dschond, der vertrauteste und vornehmste Diener der alten Begum, ward mir vorgestellt; er ist 30 Jahr in ihrem Dienste gewesen und ein sehr fähiger Mann mit einer klugen und sanften Miene; sobald es schicklich angieng, nahmen wir Abschied; Attar und Pawn wurden vorgesetzt; er ersuchte mich, mich des erstern zu bedienen; dies war aber ein Zeichen von Geringschätzung oder Herabsetzung und ich schlug es also aus; er schien überrascht, allein bei meiner fortdauernden Weigerung erklärte ihm Hr. Pattle die Sache und er gab es mir darauf, um mich selbst zu bedienen. Nach der strengen Etikette hätte es mir in der Thür und stehend gegeben werden sollen; denn je weiter man fort ist, ehe es gegeben wird, desto größer ist das Kompliment.

Es ist hier nicht gebräuchlich, Geschenke zu überreichen, und für seine Armuth würde es auch nicht passend seyn. Von hier giengen wir durch verfallene Thorwege und über Schutthaufen nach der Munni Begum, wo wir von zwei sehr hübschen Knaben empfangen wurden, Kindern eines Mannes, den sie einige Zeit vorher bei einer tödtlichen Feindschaft mit dem Nabob adoptirte; er starb bald nachher und hinterließ diese Kinder, die, nach muhammedanischem Gesetz, alle Rechte ihrer natürlichen Abkömmlinge haben; sie lebt in einem kleinen Garten von ungefähr $1\frac{1}{2}$ Morgen, den sie aus Rücksicht auf Mir Dschaffers Andenken seit seinem Tode vor 40 Jahren, nicht verlassen hat. Sie unterhielt sich mit uns hinter einer seidnen Purola von Scharlachfarbe, die quer durch ein schönes offenes, von Säulen gestütztes Zimmer gezogen war; das Ganze hatte einen Anstrich von Wohlhabenheit und die Knaben waren gut gekleidet. Ihre Stimme ist laut und grob, aber zuweilen zitternd. Sie ist 68 Jahr alt. Herr Pattle hat sie gesehen und sagte mir, daß sie sehr kurz und fett sey, gemeine, große und rohe Züge habe und zu den häßlichsten Weibern gehöre, die ihm vorgekommen wären.

Wer würde aus dieser Beschreibung die berühmte Sängerin des Herrn Burke erkennen? Den Einfluß, den sie über ihren Mann erlangte, verdankt sie wahrscheinlich mehr ihren geistigen, als ihren persönlichen Vollkommenheiten, denn sie hat einen guten Verstand, obgleich ihr Charakter außerordentlich heftig ist. Sie ist ohne Zweifel reich, aber was aus ihrem Vermögen werden wird, ist ungewiß. Nichts kann sie bewegen, ein Testament zu machen; schon die Erwähnung ihres Todes versetzt sie in Zorn. Diese Knaben sind ihre gesetzmäßigen Erben, aber der Nabob ist am Ort und wenn er nicht von den Britten verhindert wird, wird er wahrscheinlich das Ganze an sich reißen. Während unsers ganzen Aufenthalts sprachen zwei Minahs (Vögel, die sprechen gelernt haben) unaufhörlich zu großer Freude der alten Dame, die oft über das, was sie sagten, lachte und ihr Talent rühmte. Ihr Hukah füllte die Zwischenräume aus. Wir giengen durch eine andere Sammlung von Ruinen zu der Großmutter des gegenwärtigen Nabob, wo wir von einem seiner Brüder empfangen wurden. Die gute Frau war sehr gesprächig, beklagte das Wetter, den Zustand ihres Gartens und ihrer Wohnung, die wahrlich schlecht genug waren. Unser Empfang war eben so, wie bei der alten Begum. Wir blieben nicht zehn Minuten und entschuldigten unsere Eile durch die große Hitze. Unser letzter Besuch war bei der Mutter des Nabob, die in einem elenden Hause lebt; hier empfiengen uns zwei seiner natürlichen Söhne. Der älteste, ungefähr von 11 Jahren, sah sehr dumm aus, der andere aber war lebhafter. Seine Hoheit hält es unter ihrer Würde, eine Frau des Landes zu heirathen und die Fürsten der obern Provinzen haben zu viel von seiner Armuth gehört, um eine Verbindung mit ihm zu wünschen; wirklich würde er die Kosten, um eine Frau herabzuführen, nicht aufbringen können. Unser Besuch allhier war der kürzeste und nachdem wir Attar von demselben Schenktische, der die ganze Runde mit uns gemacht hatte, genommen, giengen wir zu unserm Wagen.

Am 3ten October. Der Nabob erwiederte heute meinen Besuch und frühstückte bei mir. Um 10 Uhr, ehe wir irgend eine Nachricht von seiner Ankunft hatten, kam ein Hirkarra und wir hörten seine Trommel; seine Suwarry war äußerst hübsch und wohlangeordnet; seine Elephanten und Kameele mit Scharlachtüchern und Flaggen bedeckt, und ein langer Zug von Trompetern, Handpferden, Dragonern, und eine Kompagnie Sipoy's giengen voraus. Sie waren in passende Divisionen getheilt und giengen sehr langsam. Unmittelbar vor ihm kam ein Staatspalankin von der Gestalt einer Hauda, mit Karmesin-Sammt und Stickerei geschmückt; er selbst war in einem andern von derselben Gestalt, aber ganz von Goldtuch mit Glasfenstern und Thüren. Es war sehr hübsch, muß aber außerordentlich heiß gewesen seyn.

Das Ganze hatte ein fürstlicheres Ansehen, als selbst der Aufzug des Nabob Visir. Seine Hoheit war in Weiß gekleidet, mit dem smaragdenen Halsband und in seinem Turban glänzte ein Serpaisch; (ein Kopfschmuck von Juweelen) in der Mitte desselben war der größte Smaragd, den ich je gesehen habe, einen Zoll hoch und anderthalb Zoll lang, worauf persische Charaktere eingegraben waren; rund umher war er mit flachen Diamanten, aber von ziemlicher Größe, eingefaßt. Die Perlenschnur, die ihn befestigte, war ebenfalls sehr kostbar; an seinem Finger trug er einen einzelnen Diamantring, den ich wenigstens zu 10,000 Pfund schätzte. Leider erfuhr ich nachher, daß alle diese Juweelen nur für diese Gelegenheit aus dem Pfande genommen waren, und daß die Leute, bei denen sie versetzt waren, bereits warteten, um sie bei seiner Rückkehr wieder in Empfang zu nehmen. Ich gieng ihm bis an das Ende der Treppe entgegen, und führte ihn zu seinem Sitze an der Frühstückstafel. Er war sehr guter Laune und fragte viel über meine Familie, wie viel Söhne und Brüder ich hätte; ich antwortete immer die Wahrheit, besonders machte es ihm viel Vergnügen zu hören, daß zwischen mir und meinem jüngsten Bruder ein Unterschied von 32 Jahren sey. Er schloß mit der Bitte, daß ich ihm Nachricht von meinem Befinden geben möge, was ich ihm natürlich versprach.

Heute erhielt ich eine weit bessere Meinung von ihm. Sein Privatcharakter ist sehr liebenswürdig, und seine Neigungen wohlwollend; die Ostindische Kompagnie hat sich gegen die Nachkommen Mir Dschaffers auf eine sehr ungroßmüthige Art benommen. Als sie zuerst im Jahr 1765 Dewans von Bengalen durch die Bewilligung des Schah Allum wurde, ward das Einkommen des Nabob zu 53 Laks Rupien bestimmt. Im Jahre 1770 bewog sie seinen Nachfolger, sich eine Reduktion von 23 Lak gefallen zu lassen, aber damit nicht zufrieden, befahlen die Direktoren im folgenden Jahre, daß nur 16 Laks bezahlt werden sollten; wahrscheinlich hielten sie diese Summe für ein hinreichendes Einkommen für einen zehnjährigen Knaben.

Ihr Recht zu dieser Handlung läßt sich schwer begreifen und nach meiner Meinung ist der gegenwärtige Nabob vollkommen befugt, die großen Rückstände einzufordern, welche die Kompagnie in den letzten 22 Jahren seiner Familie schuldig geworden ist. Die jetzt bestimmten 16 Laks werden unter die Nachkommen des Mir Dschaffers, seine Begums und treuen Diener vertheilt. Die Munni Begum hat monatlich 12,000, und die Großmutter des jetzigen Nabobs 8000 Rupien; diese Summe, mit den Einkünften der in Kalkutta lebenden Zweige der Familie und der alten Diener lassen für seine Hoheit nur 77,000 Rupien monatlich zur Unterhaltung seiner Zenana, seines Durbar und seiner Wachen übrig, und 12,000 Rupien monatlich zu seinen Privatvergnügungen und Geschenken. Die letzte Summe würde völlig hinreichen, wenn er nicht mit Schulden beladen wäre; die Interessen derselben verschlingen das Ganze und lassen ihn in dem größten Mangel; aber die Unzulänglichkeit der erstern ist vor Kommissarien, die durch den Generalgouverneur ausdrücklich in der Absicht niedergesetzt waren, um seine Lage zu erforschen, bewiesen worden. Ich freue mich, daß Se. Excellenz sich entschlossen hat, ihn aus seiner Verlegenheit zu befreien. Eine gänzliche Ausbesserung seines Pallastes ist anbefohlen und würde bereits ausgeführt seyn, wenn nicht der Krieg das Geld so selten gemacht hätte. Gleich nach seiner Entfernung gieng ich nach Burempor ab, wo die Boote mich erwarteten.

Am 4ten October. Der Fluß ist reißend, und der Wasserspiegel mit den Ufern gleich; er windet sich aber auf eine sehr sonderbare Art. Eine Strecke, die in gerader Linie nicht mehr als 12 Kos betragen konnte, ward durch die Krümmungen wenigstens zu 20 ausgedehnt. Das Land war sehr volkreich und angebaut. Wir hielten einer Indigopflanzung gegenüber an, die Herrn Birch in Ugly gehörte. Die Pflanzer in Bengalen sind in diesem Jahre sehr glücklich, da die Aerndten in den obern Provinzen wegen der Dürre fast ganz fehlgeschlagen sind.

Am 5ten October. Um 11 Uhr passirten wir die Mündung des Dschellingi-Flusses, der so groß ist, wie der Kossimbuzar. Der Fluß war mäandrischer als je. Ein sehr hübsches muselmännisches Kollegium war uns drei Stunden lang im Gesicht, und lag uns während dieser Zeit in jedem Strich des Kompasses. Ein Kanal von einer Meile würde hier die Schiffahrt sehr verkürzen. Zu Kulpa bemerkten wir die ersten Wirkungen der Ebbe und Flut.

Am 6ten October. Um 6 Uhr erreichten wir Ugly. Lord Wellesley war zu Barrapor und ich meldete mich bei ihm zu Mittage an; wir speisten in der Sonamuke, die erleuchtet war, wie auch die kleinen Boote, die während des ganzen Abends um uns ruderten. In einem war ein Musikchor und in dem andern sangen die Leute nach dem Takt der Ruderschläge. Die Luft war kühl, und es war nichts zur Erhöhung dieser Feenscene zu wünschen übrig. Mit der aufrichtigsten Dankbarkeit für die zahlreichen Beweise der Güte, die ich in Bengalen von ihm empfangen hatte, nahm ich von dem Generalgouverneur Abschied. — Den 7ten October befand ich mich wieder in dem Hause meines Freundes.

Fünftes Kapitel.

Bemerkungen über Kalkutta. —

Die Stadt Kalkutta ist gegenwärtig sowohl wegen ihrer Größe, als der prächtigen Gebäude, die den von Europäern bewohnten Theil schmücken, ganz würdig, der Sitz unsrer Regierung in Ostindien zu seyn. Die Citadelle Fort William, die von Lord Clive gleich nach der Schlacht bei Plassey angefangen ward, ist ein sehr schönes Werk, aber viel zu groß, um vertheidigt zu werden. Die Esplanade läßt eine große Oeffnung, an deren Ecke das neue, durch Lord Wellesley erbaute, Gouvernementshaus liegt; ein edles Gebäude, das, obgleich nicht ohne alle Fehler, doch im Ganzen seiner Bestimmung nicht unwürdig ist. Die darauf verwahdten Summen sind von denen, die europäische Begriffe und europäische Oekonomie nach Asien bringen, als ungeheuer betrachtet worden, aber man muß sich erinnern, daß Indien ein Land des Glanzes, des Ungeheuern, und des äußern Scheines ist, daß das Haupt eines mächtigen Reiches sich nach den Vorurtheilen des Landes richten muß, worüber er gebietet und daß insonderheit wir Engländer den glänzenden Werken der mongolischen Fürsten nacheifern müssen, um den Vorwurf zu vermeiden, den uns unsere großen Nebenbuhler, die Franzosen, immer gemacht haben, als wenn wir nur von einem schmutzigen Kaufmannsgeiste beherrscht würden. Kurz ich wünsche, daß Indien aus einem Pallaste, nicht aus einem Comptoir mit den Ansichten eines Fürsten, nicht mit denen eines Mousselin- und Indigokrämers beherrscht werde.

In einer Linie mit diesem Gebäude ist eine Reihe herrlicher dschunamirter und mit Verandahs versehener Häuser. Dschauringi, ein ganzes Dorf von Pallästen, läuft auf eine beträchtliche Strecke in geraden Winkeln mit demselben und das Ganze bildet den schönsten Anblick, den ich in irgend einer Stadt gesehen habe. Die schwarze Stadt ist, wie man leicht begreifen kann, der völlige Gegensatz; ihre Straßen sind enge und schmutzig, die Häuser bestehen aus zwei Stockwerken, sind bisweilen von Ziegeln und gemeiniglich aus Lehm, mit Stroh bedeckt und gleichen ganz den Hütten der ärmsten Klasse in Irland. Vor 20 Jahren, ward während einer Hungersnoth, die Bevölkerung von Kalkutta auf 500,000 Seelen geschätzt und ich zweifle nicht, daß sie gegenwärtig auf 700,000 steigt.

Den merkwürdigsten Anblick der Art, den ich jemals sah, war das Gedränge, das die Straßen des

Abends erfüllt; ich fuhr drei Meilen durch sie, ohne eine einzige Oeffnung zu finden, diejenige ausgenommen, die von den, dem Wagen vorangehenden Bedienten gemacht ward. Der Strand in London zeigt nichts diesem Aehnliches, denn die Mitte ist hier so voll, wie die Seiten. Im Jahre 1742 ward der Marattengraben angefangen, um die Bewohner vor den Einfällen dieser Macht zu beschützen, die damals ganz Bengalen verwüstete, und den Aliwerdi Khan in seiner Hauptstadt Murshadabad belagerte. Er sollte unser ganzes Gebiet umgeben, das damals nicht mehr als 7 Meilen umfaßte, aber jetzt begränzt er kaum die Hauptstadt unserer östlichen Besitzungen. Das erste Fort ward hier im Jahre 1696 errichtet, unsere Faktoreien waren damals zu Ugly, wurden aber nach zwei Jahren verlegt.

Dies kleine Fort, das durch die Feigheit seines Befehlshabers und den Mangel an militärischen Einsichten bei den übrigen Offiziers 1757 in die Hände des Seradscha od Daula fiel, dient jetzt zu einem Zollhause und der Ort, der damals unsern Handel, unsere Kriegsvorräthe und einen großen Theil der Einwohner fassen konnte, ist jetzt zu klein für das Bedürfniß unserer Zollbeamten. Die schwarze Höhle ist gegenwärtig ein Theil eines Godauns oder Magazins; sie war mit Gütern angefüllt und ich konnte sie nicht sehen. Den unglücklichen Personen, die dort umkamen, ist ein Denkmal nach der Straßenseite errichtet; es gedenkt auch der Schande derjenigen, die durch die Entfernung ihrer Schiffe aus der Nähe des Orts, so viele brave Männer der Willkür eines Rasenden überließen. Die Luft von Kalkutta ist durch das dichte Gesträuch rund umher sehr verdorben. Die Eingebornen haben einen völligen Gürtel gebildet, der nahe bei der Stadt anfängt und sich in jeder Richtung beinahe 4 Meilen erstreckt; er ist mit Fruchtbäumen bepflanzt und der Luft durchaus undurchdringlich.

Das Land ist eine Ebene, überall von Nulla's und bisweilen von einem kleinen See durchschnitten, was die Pflanzungen noch ungesunder macht. Lord Wellesley hat einen oder zwei weite Wege durch die Mitte gebahnt, wodurch, wie mir gesagt wurde, die Luft merklich verbessert worden ist. Es sollte mehr geschehen; wo möglich müßten die Moräste ausgetrocknet und dadurch die Landstraßen verbessert werden, die im Allgemeinen sehr schlecht sind, und die Zufuhr der Lebensmittel verhindern. Der Ort ist übrigens nicht mehr so ungesund, als ehemals, was der Ausfüllung der Wasserbehälter in den Straßen und der größeren Ausrottung des Gesträuches zugeschrieben wird; meiner Meinung nach kommt es von der bessern Kenntniß der Landeskrankheiten und der Vorsichtsmaßregeln gegen dieselben, so wie von der größeren Enthaltsamkeit in dem Gebrauch geistiger Getränke und einer bessern Bauart der Häuser her. Die Schwindsucht ist unter den Damen sehr häufig; ich schreibe diese Krankheit größtentheils ihrem beständigen Tanzen, selbst in dem heißesten Wetter zu; nach einer solchen heftigen Anstrengung gehen sie in die Verandahs und setzen sich einer kühlen Luft und feuchter Atmosphäre aus.

Ein Quai ist neulich vor dem Zollhause angelegt worden und verspricht große Vortheile. Es wurden, wahrscheinlich von interessirten Personen, viele Einwendungen dagegen gemacht; man behauptete, daß die Schiffe nicht mit Sicherheit dicht an demselben liegen könnten, weil jeder Sturm sie dagegen treiben würde, aber es ist klar, daß eine solche Gewalt sie auch ohne den Quai an's Ufer werfen kann. Die Kosten des Löschens waren ungeheuer, und werden aufhören, sobald der Quai durch die ganze Stadt geführt wird. Man denkt jetzt daran, und ich hoffe die Idee wird ausgeführt werden; man hat gesagt, daß sich der Sand dagegen häufen werde;- dies scheint mir eine wunderliche Vorstellung zu seyn; denn der Strom wird ihn natürlich fortführen; die einzige Gefahr ist, daß er unterminirt werden kann.

Eine Erweiterung des Zollhauses selbst und seiner Einrichtung wird bald nothwendig seyn; wegen der ungeheuern Zunahme des Handels werden die Kaufleute oft sehr lange aufgehalten. Seitdem ich im März Kalkutta verließ, sind die eisernen Geländer rund um das Gouvernementshaus vollendet worden. Der Platz, der jetzt gereiniget wird, macht eine schöne Wirkung, und die neulich ausgebesserten Schreibergebäude bilden einen guten Gesichtspunkt an dem Ende der Straße, die von der nördlichen Seite führt.

Die Regierung wollte diese Gebäude zu dem Zwecke, den ihr Name anzeigt, kaufen, aber sie waren zu theuer.

Die Gesellschaft in Kalkutta ist zahlreich und munter. Der Generalgouverneur giebt oft glänzende und wohlangeordnete Feste. Der Oberrichter, die Mitglieder des Raths und Herr Henry Russel empfangen einmal in der Woche jeden, der ihnen vorgestellt ist. Ueberdies vergeht kaum ein Tag, besonders während der kühlen Jahreszeit, ohne eine große Mittagsgesellschaft, die gemeiniglich aus 30 oder 40 Personen besteht. Die Gastfreiheit, die bei diesen Gelegenheiten herrscht, würde sie außerordentlich angenehm machen, wenn sie eingeschränkter wären, aber eine kleine, stille Gesellschaft scheint in Kalkutta unbekannt zu seyn. Es giebt auch eine Assemblée auf Subscription, die aber nicht in der Mode zu seyn scheint. Es ist indessen der einzige öffentliche Unterhaltungsort und ich sehe nicht, wie ein anderer eingerichtet werden kann, denn die feine Welt von Kalkutta ist unglücklicherweise so in Parteien getheilt, daß es unwahrscheinlich ist, daß irgend ein Plan zu einem öffentlichen Vergnügen, ohne Widerspruch, durchgehen wird.

Man steht gewöhnlich in Kalkutta früh auf, um die kühle Morgenluft zu genießen, die vor Sonnenaufgang besonders angenehm ist. Um 12 Uhr nimmt man ein warmes Frühstück, das Tiffing heißt und alsdann legt man sich auf 2 oder 3 Stunden schlafen. Die Stunde des Mittagessens ist gemeiniglich zwischen

7 und 8 Uhr; gewiß in diesem heißen Klima zu spät, da sie eine Abendpromenade zu rechter Zeit verhindert, und bis zur Mitternacht und später wach hält. Das Fleisch ist vortrefflich und wird in großem Ueberflusse aufgesetzt, zu nicht geringem Vortheil der Vögel und Raubthiere, denen ein beträchtlicher Theil der Ueberbleibsel zufällt; denn die niedere Klasse der Portugiesen, der sie allein nützlich seyn können, vermag nicht Alles zu verzehren, und die religiösen Vorurtheile der einheimischen Diener halten sie ab, irgend etwas zu berühren, was nicht von ihrer eignen Kaste bereitet ist.

Diesem Umstand muß man die ungeheuern Schaaren von Krähen und Geiern zuschreiben, die ungestört von Menschen in freundschaftlicher Geselligkeit zusammen leben und fast alle Häuser und Gärten bedecken. In ihren Verrichtungen als Straßenreiniger werden sie während des Tages von dem Adjutantenvogel, und bei Nacht durch Füchse, Schakale und Hyänen aus den benachbarten Gebüschen unterstützt. — Hauptsächlich werden Madera- und Claret-Wein getrunken, der erste, der vortrefflich ist, während des Frühstücks, der andere hernach. Da der Claret zu der Reise versetzt werden muß, ist er zu stark und hat wenig Farbe.

Gewöhnlich reist man in Palankins, aber die meisten anständigen Leute haben dem Klima angemessene Wagen und Pferde, deren Zucht in den letzten Jahren sehr verbessert ist. Es ist eine allgemeine Gewohnheit, zwischen Sonnenuntergang und dem Mittagsessen auszufahren. Die Fackelknaben holen, wenn es dunkel wird, ihre Herrn, und laufen ihnen voran; in einer Stunde machen sie volle 8 Meilen. Die zahlreichen Lichter, die sich längs der Esplanade bewegen, bringen eine sonderbare und angenehme Wirkung hervor. Ehemals kleideten sich die Herrn bei allen Gelegenheiten bloß in weißen Wämsern, was dem Lande sehr angemessen war. Es schien aber für öffentliche Gelegenheiten zu nachlässig und sie sind jetzt gegen englische Tuchkleidungen vertauscht. Alle Häuser sind in griechischem Styl gebaut, der mir dem Lande durchaus nicht angemessen scheint. Die Pfeiler, die gewöhnlich bei den Verandahs gebraucht werden, erfordern eine zu große Erhöhung, um die Sonne während des größern Theiles der Morgen und Abende auszuschließen, obgleich die Hitze in diesen beiden Perioden außerordentlich ist. In der regenhaften Jahreszeit ist es noch schlimmer, da die Nässe hineinbringt, und sie gänzlich unbrauchbar macht; die beschränktere indische oder gothische Bauart würde gewiß vorzüglicher seyn.

Bei Lord Wellesley erster Ankunft widersetzte er sich entschieden jedem Pferderennen und anderer Art des Wettens, doch wurde zu Ende des Novembers 1803 ein dreitägiges Pferderennen in der Nähe von Kalkutta gehalten; sehr große Summen wurden gewettet und natürlich von Unerfahrnen verloren. Es giebt einige wenige geübte und beständige Spieler, welche die jungen Diener der Kompagnie zu allen Arten des Spiels ermuntern und beträchtlichen Vortheil von der

Unerfahrenheit derselben ziehen. Da sie sehr wohl bekannt sind, so wundert es mich, daß man sie nicht wegschickt. Das Uebel, welches am schnellsten in Bengalen zunimmt, ist die Vermehrung der vermischten *) Kinder; sie bilden den ersten Schritt zur Kolonisation, indem sie ein Vereinigungsband zwischen den Engländern und Eingebornen erzeugen. Ueberall, wo diese Zwischenklasse zahlreich geworden ist, hat sie zuletzt den Ruin des Landes herbeigeführt; das spanische Amerika und San Domingo sind Beispiele für diese Behauptung. Ihre Vermehrung in Indien ist über alle Berechnung und so wenig von der Trägheit der Hindu's und dem immer größeren Verfall der Muselmänner zu fürchten seyn mag, so ist doch mit Recht zu besorgen, daß dieser Stamm in Zukunft zu mächtig werden wird. Freilich können sie nicht in Dienste der Kompagnie treten, aber doch dienen sie als Comptoristen fast in jedem Kaufmannshause, und viele von ihnen werden jährlich nach England geschickt, um die Wohlthat einer europäischen Erziehung zu empfangen.

Bei ihrer Anzahl, ihrer nahen Verbindung mit den Eingebornen und frei von der Feigheit und Trägheit, die diesen eigenthümlich ist, was darf man nicht mit der Zeit von ihnen befürchten? Ich nehme

*) Half-cast; ich hätte es gern durch halb-schlechtig übersetzt, weiß aber nicht, ob dieser gute plattteutsche Ausdruck im Hochteutschen gebraucht werden darf.

R.

keinen Anstand zu behaupten, daß dem Uebel Einhalt gethan werden muß, und ich weiß kein anderes Mittel, als daß man jeden Vater vermischter Kinder verpflichtet, sie nach Europa zu schicken und ihnen verbietet, jemals in irgend einer Eigenschaft zurück zu kehren. Die damit verbundenen Kosten würden zugleich der Ausdehnung der Zenana's entgegen wirken, die jetzt nur zu gewöhnlich unter den Europäern sind, was eben so sehr in moralischer, als in politischer Hinsicht eine Wohlthat für das Land seyn würde.

Nach diesen Bemerkungen wende ich mich mit großer Zufriedenheit zu den glänzenderen Seiten im Charakter meiner östlichen Landsleute. Mit Wahrheit kann ich von ihnen den höchsten Grad der Gastfreiheit und einen unbegränzten Edelmuth rühmen. Wenn ein achtungswürdiger Beamter in Militair = oder Civildiensten stirbt, und eine Wittwe oder Kinder hinterläßt, so wird sogleich eine Subscription eröffnet, die allemal sehr reichlich ausfällt und nicht selten den Nachgebliebenen einen Grad des Ueberflusses gewährt, den sie selbst während des Lebens ihres Versorgers nicht hatten. Die Wohlhabenheit scheint die Herzen der Britten in diesem Lande erweitert zu haben; sie thun Alles auf eine fürstliche Art und ersparen folglich nicht die Hälfte des Geldes, das sie bei einer genauern Oekonomie zurücklegen könnten. Wenn indessen einmal der Anfang eines Vermögens gemacht ist, so wächst es so schnell, wie ein Schneeball; in sieben Jahren oder weniger ist ein Kapital verdoppelt, und werden einem

Kinde bei der Geburt 10,000 Rupien gegeben, so hat es in einem Alter von 22 Jahren ein beträchtliches Vermögen.

Das höchste Gericht wird in verdienter Achtung erhalten und die Geschäfte werden mit dem gebührenden Anstande betrieben. Der erste Dolmetscher hat Erlaubniß, zugleich eine Polizeistelle zu verwalten, weswegen bisweilen sein Stellvertreter in Sachen erscheint, die laut seine eigne Gegenwart erheischen. Der Hof ward bei meiner Anwesenheit einmal zwei Stunden durch eine Verwechslung der Ausdrücke wieder bezahlt, (repaid) und vorgeschossen (advanced) aufgehalten, die dieser Mann in einer Sache gegen die Testamentsexecutoren des Generals Martin als Beklagte machte. Sie wurden verurtheilt, dem Kläger, einem Mäkler von Luknow, drittehalb Lak zu bezahlen. Die Sache war eine von den Betrügereien des Generals, der das Geld von ihm und verschiedenen Eingebornen geborgt hatte, um es dem Asof od Daula zu leihen: da es wieder bezahlt ward, weigerte er sich ihnen ihren Theil zurückzugeben; und sie wagten nicht zu klagen, da der Nabob es sogleich an sich gerissen haben würde: sie hatten jedoch die Handschrift des Generals und erhielten das Ihrige mit Interesse zurück.

Man wird es kaum glauben, daß in dieser glänzenden Stadt, dem Hauptort eines mächtigen christlichen Reichs, nur eine einzige, weder durch ihre

Größe, noch durch ihre Verzierung ausgezeichnete, Kirche von der Confession des Mutterlandes vorhanden ist. Es ist auch merkwürdig, daß das ganze brittische Indien keinen Bischofssitz bildet, ein Vorzug, welcher der Provinz Canada bewilligt ist, und doch kann wohl nirgends unmittelbare geistliche Aufsicht nothwendiger seyn, als in einem Lande, dessen Entlegenheit und freie Sitten die Geistlichkeit manchen Versuchungen aussetzen. Es ist traurig zu bemerken, daß wegen dieses Mangels nur zu viele Geistliche sich auf eine Art betragen, die ihren Lehren nicht entspricht. Dies, verbunden mit den unerbaulichen Streitigkeiten, die unter ihnen selbst auf der Kanzel herrschen, setzt die Religion und ihre Bekenner in den Augen aller Eingebornen herab. Sollen die Gemüther derselben für das Christenthum gewonnen werden, so ist es durchaus nothwendig, daß es ihnen auf eine ehrwürdige Weise in dem Sitz der Regierung erscheint.

Seit meiner Rückkehr nach England finde ich, daß Dr. Buchanan eine Episcopaleinrichtung für Indien, nach einem sehr großen Verhältniß vorgeschlagen hat. Würde die Ausführung in anderen Hinsichten keine Schwierigkeit finden, so scheint mir der gegenwärtige Zustand der Finanzen einen so großen Zuwachs der Ausgaben nicht ertragen zu können: allein gegen die Anstellung Eines Bischofs läßt sich vernünftigerweise nichts einwenden; denn bei einem Einkommen von 11 Millionen wird es Pflicht, einen Theil religiösen Zwecken zu widmen. Ich erlaube mir daher, meine Ansicht über diesen Gegenstand mitzutheilen.

Ich halte es für wesentlich nothwendig, daß die zu diesem heiligen Amte bestimmte Person sich demselben ganz widmet, und auf jede Hoffnung, in höherm Alter nach England zurückzukehren, Verzicht leistet. Er muß das Band, das ihn mit seinem Sprengel verknüpft, für unauflöslich halten; und seine ganze Glückseligkeit in treue Erfüllung seiner Pflichten setzen: er muß frei von Proselytenmacherei seyn, um mit Unparteilichkeit das Betragen derjenigen zu würdigen, die ihr Eifer zu Bekehrungen der Hindu's verleitet, und in Zukunft die Beleidigung ihrer Vorurtheile zu verhindern, die neulich von verschiedenen Missionaren versucht ist; ein äußerst tadelnswerthes Betragen, das, im Fall es fortdauert, sie gewiß gegen allen Unterricht verhärtet, wenn es sie nicht reizt, die Britten aus Indien zu vertreiben. Er muß volle Gewalt haben, jeden Geistlichen, der sich vergeht, abzusetzen und nach Hause zu schicken; ohne dieses Recht wird es ihm unmöglich seyn, die Kirchenzucht aufrecht zu halten; hält man eine Appellation von seinem Ausspruche für rathsam, so muß sie entweder an einen Erzbischof oder an den Rath des Königs geschehen; es würde eben so schädlich in geistlichen Angelegenheiten seyn, als es in bürgerlichen ist, wenn die Kompagnie das Urtheil ändern könnte. Selbst eigenes Zartgefühl muß die Mitglieder zur Verzichtleistung auf dieses Recht bewegen, da unmöglich Alle uneingenommene Richter in der Sache einer von ihnen selbst angestellten Person seyn können.

Ich bin sehr geneigt, den Grundsatz des beständigen Aufenthalts auf die gemeindische Klerisey auszudehnen; um aber Männern von wirklichem Verdienst eine Stelle, die ihnen die Hoffnung der Rückkehr in ihr Vaterland raubt, annehmlich zu machen, muß ein Gehalt damit verbunden seyn, der sie in den Stand setzte, auf eine ihrer Würde angemessene Art zu leben und hinreichend für ihre Familien zu sorgen. Durch Pensionen für die Wittwen würden wirklich achtungswerthe Männer einen neuen Beweggrund erhalten und die Besoldung könnte geringer seyn. In politischer sowohl, als religiöser Hinsicht ist es äußerst wünschenswerth, daß nur Personen von guter Erziehung und musterhafter Frömmigkeit angestellt werden; die durch ihre Sitten den Ton der Gesellschaft, worin sie leben, verbessern und durch die Heiligkeit ihres Amtes der — nur zu allgemeinen — Zügellosigkeit entgegenarbeiten können.

Der bischöflichen Würde muß der höchste Grad des Glanzes, den unsere Kirche verstattet, gegeben werden. Die Eingebornen Indiens sind an ceremoniösen Pomp gewöhnt und werden sehr durch äußern Schein beherrscht; bei unsrer Vernachlässigung der Religion fehlt es ihnen leider an aller Achtung für dieselbe, und natürlich mußten in den Gemüthern der Hindu's Zweifel über unsern eignen Glauben an die

Lehre entstehen, die wir ihnen mit so vielem Eifer aufzudringen suchen. Die eingebornen Bewohner von Kalkutta können freilich durch den Anblick einer einzigen Kirche auf den Gedanken kommen, daß wir eine Nationalreligion haben, aber ich weiß nichts, was unsere übrigen ostindischen Unterthanen davon benachrichtigen könnte. Während die muhammedanischen Eroberer Indiens in jeder Stadt ihres Gebiets Moscheen errichtet haben, sucht der Reisende, nachdem er Kalkutta verlassen hat, vergebens einen ähnlichen Beweis der Religion ihrer Nachfolger.

Ein anderes großes Hinderniß für die Annahme des Christenthums durch die Hindu's ist die Zulassung der Paria's in unsere Kirche, unter denen die meisten Bekehrungen gemacht werden. Nichts ist nach ihren Ideen empörender, als die zwischen höhern und niedern Kasten hervorgebrachte Gleichheit; so lange dieser Unterschied fortdauert, wird es unmöglich seyn, solche Begriffe auszulöschen und das Vorurtheil wird einer jeden, von der Regierung in dieser Hinsicht versuchten, Neuerung den äußersten Widerstand entgegensetzen.

Obgleich die Hindu's verschiedene Verbesserungen in ihren Salpeter-, Opium- und Indigomanufakturen von uns angenommen und schnelle Fortschritte in der Kenntniß des Schiffbaues, der praktischen Mathematik und der Schiffahrt gemacht haben, so stehen doch diese neuen Kenntnisse durchaus in keiner Verbindung mit ihren religiösen Vorurtheilen. Sobald diese berührt werden, so fliehen sie alle Annäherung an ihre Herrn und jedes weitere Fortschreiten hat ein Ende. Die Regierung muß daher nichts so sehr, als den Verdacht der Proselytenmacherei vermeiden, und sich sorgfältig vor Allem hüten, was ihre Eifersucht in dieser Hinsicht erregen kann.

Die Braminen bilden ein sehr mächtiges Korps: sowohl einen erblichen Adel, als eine herrschende Hierarchie, das von den untern Kasten mit der höchsten Verehrung betrachtet wird, und im Besitz der unterscheidendsten Vorrechte ist. Sie werden daher allen Versuchen zum Umsturz eines Systems, worauf ihre ganze Ueberlegenheit beruht, ihren ganzen Einfluß entgegensetzen. Schon sind sie beunruhigt über die Fortschritte der Missionarien in Bengalen, und andern Gegenden; auf's äußerste getrieben, werden sie ohne Zweifel eine fürchterliche Abneigung gegen unsere Regierung unter den Eingebornen erregen. Dagegen machte die frühere weise Politik, die sie mit Achtung behandelte, und ihrem Aberglauben völlige Duldung gewährte, sie oft zu Werkzeugen, wodurch die nützlichen Einrichtungen im Lande befördert wurden. Wir müssen auch erwägen, daß freilich der Vergleich zwischen der muhammedanischen Intoleranz und unserm entgegengesetzten Geiste sehr zu unserm Vortheil war und sie an die brittische Regierung knüpfte, denn sie wußten, daß sie nur die Wahl ihrer Herrn hatten, daß übrigens aber ihre Gewohnheiten und Sitten mehr mit denen der Muselmänner übereinstimmen und sie deswegen wahrscheinlich ihre Regierung der unsrigen vorziehen werden. Die Bekehrung der Hindu's findet unwiderstehliche Hindernisse in ihren Gesetzen, Gewohnheiten und religiösen Vorurtheilen. Selbst den Muselmännern gelang es nicht, den Islam einzuführen, die doch Vortheile hatten, die wir nicht besitzen und durch ihre wirkliche physische Macht im Lande vor jeder Gefahr einer Empörung gesichert waren. Ich glaube auch nicht, daß die Hindu's als Christen bessere Unterthanen seyn werden; im Gegentheil sie werden ganz und gar aufhören Unterthanen zu seyn.

Durch die Kasteneintheilung ist jeder Hindu an seinen Stand und Gewerbe gebunden; er ist daher gleichgültig gegen die politischen Intriguen der höhern Stände, und fürchtet eine Revolution nur als die Mutter großen persönlichen Unglücks und mancher Gefahren für seine Person und für sein Eigenthum; aber wenn der Pfad der Ehre durch die Gleichstellung, die aus der Zerstörung der Kasten und die allgemeine Einführung des Christenthums hervorgehen muß, geöffnet wird, so werden die Leidenschaften erwachen und das Talent wird sich geltend zu machen suchen. Ist es glaublich, daß in einem solchen Falle, so viele Millionen Eingeborne sich einer Hand voll Europäer unterwerfen werden, an die sie keine natürliche Neigung fesselt und der sie durch keine Pflichten verbunden sind? Ueberhaupt bin ich vollkommen überzeugt, daß zuvörderst unsere eigne Religion in den Augen unserer indischen Unterthanen durch einen größern Glanz, eine höhere

Würde und besonders durch eine bessere Wahl der ordentlichen Geistlichkeit und eine wachsamere Aufsicht über sie achtungswürdiger gemacht werden muß.

Die Regierung muß sich durchaus aller Theilnahme an der Bekehrung der Eingebornen enthalten, denn es ist unmöglich, daß sie nicht mit dem Bekehrungseifer der Machthaber einen Plan des Zwangs und der Unduldsamkeit verknüpfen werden. Gegen die Verbreitung von Bibelübersetzungen unter den Hindu's läßt sich nichts sagen, wenn sie sie nicht zu einer ungünstigen Vergleichung zwischen unserer Lehre und unserm Leben veranlassen und uns ihrer Verachtung aussetzen *) Die Sache des Christenthums muß ihrem stillen Wirken überlassen werden, und wer wird sich nicht über ihren Fortgang freuen?

*) Die brittische und fremde Bibelsocietät hat bereits 1808 2000 Pfund nach Bengalen übermacht, und wird noch auf drei Jahre jährlich die Summe von 1000 Pfund hinzufügen; es werden Bibelausgaben im Hindustanischen, Bengalischen, Marattischen, Malajischen (Malayalim,) Persischen, Sanscrit und Chinesischen veranstaltet. Einige von diesen Uebersetzungen sind bereits früher aus den Pressen der Mission zu Serampor herausgekommen. Nach einem Briefe des Dr. Brown aus Kalkutta (28sten April 1808) sollen überhaupt Uebersetzungen in 15 orientalischen Sprachen veranstaltet werden und er hofft in einem oder zwei Jahren geschickte Uebersetzer für eine jede derselben gefunden zu haben. Vergl. the fifth report of the british and foreigne Bible society, 1809. S. 46.
R.

Die glänzende Einrichtung, die von Marquis Wellesley für die Erziehung der jüngern Beamten der ostindischen Kompagnie gegründet ward, ist nicht mehr. Es ist ewig Schade, daß ein so herrlicher und nützlicher Plan, aus eigennützigen Absichten aufgegeben werden mußte, die eher dem Klein-Geiste eines Gewürzhändlers, als der edlen Politik geziemen, welche die Regierung eines mächtigen Reiches leiten muß. In der That, wenn wir die Größe unserer indischen Besitzungen, ihre unermeßliche Wichtigkeit für Großbritannien und die Schwierigkeiten betrachten, die mit der Gerechtigkeitspflege in einem so großen Reiche verbunden sind, so ergiebt sich die heilige Pflicht der Kompagnie, für die Wohlfahrt ihrer Unterthanen, durch eine ununterbrochene Aufmerksamkeit auf die Erziehung derjenigen Beamten zu sorgen, die zu Diensten bestimmt sind, die allein Männern von Geschicklichkeit, ausgebreiteten Einsichten und unbefleckter Rechtschaffenheit anvertraut werden können. Selbst diese Eigenschaften reichen nicht hin, um die Pflichten zu erfüllen, die ihre Lage ihnen auflegt; sie müssen auch eine genaue Kenntniß der verschiedenen Sprachen der Eingebornen besitzen, genau mit ihrem Temperament und Charakter, mit ihren Sitten und Gewohnheiten bekannt seyn.

Es ist daher eine unverzeihliche Vernachlässigung von Seiten der Kompagnie, daß sie so wenig für die moralische und wissenschaftliche Bildung ihrer jüngern Beamten gethan hat. Es ist daher nicht so sehr zu verwundern, daß unter denselben so viele untaugliche und unwürdige sich befinden, als daß überhaupt Individuen den mächtigen Versuchungen zu widerstehen im Stande waren. Unläugbar sind viele Männer der Art in Indien gebildet, aber eben so gewiß ist es auch, daß die Zügellosigkeit und Unfähigkeit der bürgerlichen Beamten der Kompagnie ein altes Uebel ist, das laut Verbesserung fordert. Es läßt sich auch nicht läugnen, daß, trotz der vielen Mißbräuche, die aus Mangel an Erziehung und Fähigkeit bei den obrigkeitlichen Personen des Landes entstanden, die Lage der Provinzen, wo die Regierungsverwaltung hauptsächlich Europäern anvertraut war, bei allen Mängeln glücklicher und blühender war als da, wo hauptsächlich einheimische Behörden die Geschäfte verwalteten. Die scharfsinnige Politik des Marquis von Kornwallis, die ihn veranlaßte, das System durch die Provinzen von Bengalen auszudehnen, verdient daher Lob, obgleich zu bedauern ist, daß er nicht auch zugleich durch eine regelmäßige Erziehungsanstalt taugliche Männer zu diesen Aemtern zu bilden suchte.

Bei der Errichtung des Kollegiums in Fort William scheint der Marquis Wellesley zwei große Gegenstände im Auge gehabt zu haben; erstlich Aufsicht über den Charakter der jungen Civilbeamten und Verbesserung desselben und zweitens besondere Vorbereitung auf die verwickelten Pflichten ihres Berufs. Es war durchaus nothwendig, sie deswegen den Schranken einer öffentlichen Einrichtung und der Aufsicht zu unterwerfen. Die Unzulänglichkeit eines beschränktern Entwurfes erhellt hinreichend aus dem kleinen Ueberreste von Lord Wellesley's Plan, der, obgleich er gewiß die Erlernung der Landessprachen erleichtert, doch alle die Hauptzwecke verfehlt, wofür das Ganze bestimmt war; besonders den wichtigsten Punkt, die jungen Leute vor den vielen Versuchungen und Gefahren zu bewahren, denen sie bei der geringen Erfahrung, die ein gewöhnlicher Schulknabe mitbringt, und in der willkürlichen Disposition über ein glänzendes Einkommen nothwendig bei ihrer Ankunft in einem solchen Lande als Indien ausgesetzt sind. Jetzt giebt es wenige von diesen jungen Leuten, die nicht Pferde, gemeiniglich Wagen, und sehr oft noch Wettpferde halten; dieses nebst den häufigen ausschweifenden Partien und Unterhaltungen stürzt sie gemeiniglich in einer sehr frühen Periode ihres Lebens in Verwirrung und Verlegenheit.

Die ungeheuern, mit diesen und ähnlichen Ausschweifungen verbundenen Ausgaben sind zu beträchtlich, um selbst durch das fürstliche Einkommen bestritten zu werden, das die Schreiber von dem Augenblick ihrer Ankunft in Indien genießen. Um diese verschwenderische Lebensart führen zu können, sind sie gezwungen, große Summen auf ungeheure Zinsen von dem Dewan zu borgen, der gemeiniglich ein Eingeborner von Rang ist und eine Art von Oberbedienten vorstellt. Diese Leute, tief eingeweiht in alle Irrgänge orientalischer Verschlagenheit, schmeicheln sich nach und nach sie die Gunst ihrer Herrn ein und, indem sie ihre Thorheiten ermuntern und ihnen geschickt die Mittel zur Verschwendung verschaffen, stürzen sie sie in fast unauflösliche Verwickelungen, und zuweilen gelingt es ihnen, die Verwaltung aller Angelegenheiten des Schreibers in ihre Gewalt zu bekommen. So lange der junge Mann in einer untern Stelle bleibt, wächst die Schuld durch neue Vorschüsse und den schnellen Anwachs der Zinsen immer höher, und wenn die höhern Besoldungen endlich offen werden, so werden Jahre erfordert, um die durch frühe Ausschweifung entstandenen Schulden abzubtragen.

Es ist ein Glück, wenn ihn das Verlangen, sich von denselben zu befreien, nicht veranlaßt, dem schlechten Betragen des Dewan nachzusehen, und selbst an den unerlaubten Vortheilen Theil zu nehmen, wodurch ihn der letztere immer zu locken sucht; und obgleich bei weitem die Mehrzahl derjenigen, die zu den höhern Stellen gelangen, sie mit unbefleckten Händen verwaltet, sich mit den reichlichen Einkünften, die damit verbunden sind, begnügt, und keines andern Beweggrundes, als ihres eignen Gefühls von Recht bedarf, um sich vor allem Schändlichen zu hüten, so ist es doch dessen ungeachtet gewiß, daß sich immer Einige finden, die der Versuchung erliegen; und alle Vergehungen der Art, die sich ereigneten, sind immer aus derselben Quelle, der Unbesonnenheit des jungen Schreibers bei seiner Ankunft in Indien und der daraus folgenden Abhängigkeit vom Dewan, entsprungen.

Am wirksamsten wird dem Uebel durch eine gewisse Aufsicht auf die jungen Leute abgeholfen; dieser wünschenswerthe Zweck würde erreicht seyn, wenn der Plan des Lords Wellesley zu einem Kollegium Beifall gefunden hätte. Eine solche Einrichtung würde die jungen Leute an eine strengere Oekonomie gewöhnt und es möglich gemacht haben, sie in einem Alter von 14 oder 15 Jahren nach Indien zu senden, in der gewissen Hoffnung, daß sie noch in frischer Lebenskraft, mit ungeschwächter Gesundheit und unverdorbnen Sitten zurückkehren würden; es leuchtet von selbst ein, wie eine solche Anstalt den wichtigen Gegenstand der englischen Politik, die Verhinderung der Kolonisation in den ostindischen Besitzungen, befördert haben würde.

Es bedarf keines Beweises, daß es weit leichter seyn muß, die orientalische Literatur und die Gesetze und Gewohnheiten der Eingebornen in Indien kennen zu lernen, als in England; nach dem Plan des Lords Wellesley sollten sich die Vortheile des Instituts auf alle Präsidentschaften erstrecken, und deswegen hätten die Kosten um so viel weniger in Betrachtung kommen sollen. Größtentheils waren sie bereits bestritten und die Fonds, die nach seinem Vorschlage zu diesem Zwecke angewandt werden sollten, reichten zu jedem künftigen Bedürfnisse völlig hin; es scheint jedoch aus den offiziellen Verhandlungen der Kammer der Direktoren, daß die Furcht vor den Kosten hauptsächlich und beinahe allein, die Aufhebung einer Einrichtung bewirkte, „die, wie man zugab, unter andern Umständen die größte Aufmerksamkeit verdienen würde."

Seitdem ist nach einem beinahe gleichen Plane ein Kollegium zu Hertford errichtet worden, ein Beweis, daß der Grundsatz des Marquis Wellesley richtig war; es ist wirklich sonderbar, daß man die erschöpften Finanzen zum Vorwand brauchte, um seinen Plan zu verwerfen, und doch mit weit größern Kosten einen andern Entwurf ausführte, der die wichtigen Absichten, die der erstere zu erreichen suchte, nicht erfüllt; nicht aus Schuld der talentvollen und gelehrten Männer, die dabei angestellt sind, sondern weil das Institut nicht an dem Orte angelegt ist, wo es allein von wesentlichem Nutzen seyn kann — in Kalkutta. In England sind ihre Bemühungen völlig verloren; die gewöhnliche klassische Bildung können die Zöglinge in jeder öffentlichen Schule erhalten, und ein Aufenthalt von wenigen Monaten in Indien wird ihnen eine größere Einsicht in die nothwendigen Zweige der orientalischen Literatur gewähren, als ein mehrjähriges Studium derselben zu Hause.

Die mit dem Kollegium verbundene Schule ist zu unbedeutend, um Erwähnung zu verdienen. Woher wird man Lehrer erhalten, wenn man nicht etwa die Bedienten der aus Indien zurückkehrenden Personen anstellen will? und sollten diese zu einem so wichtigen Geschäfte tauglich seyn? Das Ganze scheint also nur ein bloßer Vorwand, um die Gelegenheiten zur Beför-

R 2

derung zu vermehren, wenn man nicht gar die ganze Anstalt zu einem Seminarium für Missionarien bestimmt hat. In der That, wenn man alle Umstände erwägt, so kann ein uneingenommenes Gemüth sich nicht des Verdachtes erwehren, daß mit der Furcht vor den Ausgaben sich auch eine nicht geringe Eifersucht auf die Verwaltung des Lords Wellesley bei den Direktoren einmischt.

Sechstes Kapitel.

Reise nach Ceylon. — Aufenthalt daselbst. — Bemerkungen über die Insel und die englischen Niederlassungen daselbst.

Am 6ten December. Nachdem verschiedene Entwürfe fehlgeschlagen waren, und mich zur Veränderung meiner Plane genöthigt hatten, beschloß ich mit der Olive unter Kapt. Mathews, der Reiß nach Columbo brachte, abzugehen. Den Fluß hinab führte uns das Transportschiff Charles; wir kamen vor den Ueberbleibseln des Forts Mornington vorbei, das bei der Vereinigung des Rupnaram mit dem Ugly zur Beherrschung der Schiffahrt angelegt ward, aber wegen der ungesunden Lage aufgegeben werden mußte. Der erste Fluß bildet hier eine sehr große Wassermasse, hat aber sehr viele Untiefen, und da er gerade der Mündung von der See gegenüber liegt, während der Ugly sich zur Rechten wendet, verursacht er oft den Verlust der Schiffe, die von der Gewalt der Flut heraufgetrieben werden. Der Wirbel, den die Krüm=

mung im Ugly verursacht, hat hier den gefährlichsten Sand im Fahrwasser nach Kalkutta erzeugt; die Stelle heißt Jacob und Marie; und der Kanal um dieselbe verändert sich mit jeder Woche.

Die Schiffahrt von Sorgur nach Kalkutta ist vielleicht die allerschlimmste in der Welt; sie ist so veränderlich, daß in jeder trocknen Jahreszeit eine regelmäßige Untersuchung vorgenommen werden muß, und selbst diese ist nicht hinreichend, um Unglücksfällen vorzubeugen, obgleich die Lootsen geschickt sind und gut bezahlt werden; wir sahen unterwegs zwei gescheiterte Schiffe am Strande; sie waren beide alt und tief beladen; es war keine Hoffnung sie abzubringen, aber das Inventarium u. s. w. konnte gerettet werden.

Am 7ten December. Kaum war ich am Bord der Olive, als wir unter Segel giengen. Der Monsun war uns günstig und nach 7 Tagen zeigte sich Land, ungefähr in einer Entfernung von 9 Seemeilen; der Wind, der uns rasch, aber ohne irgend eine unangenehme Bewegung, unter dem Schutz der Insel, forttrieb, wehte uns Wohlgerüche entgegen. Das Land war der Schornsteinhügel in Ceylon, dem die innern, bis an ihren Gipfel mit Holz bedeckten, Berge zum Hintergrunde dienten. Das Ufer hat ein flaches Ansehen *); um 12 Uhr waren wir nahe dabei, nach-

*) A bold appearance.

dem wir die kleineren Bassas passirt hatten, über welche sich die See mit ziemlicher Gewalt brach.

Am 16ten December. Mit leichtem Winde wurden wir ab- und zugetrieben und gegen 6 Uhr kamen wir in 6½ Faden vor Anker. Der Felsen, der große Elephant, lag etwa 4 Meilen N. N. W. von uns. Das Ufer dacht sich hier allmählich ab; trotz einer schweren Flut aus Süden, wobei das Schiff gewaltig arbeiten mußte, hielten wir uns bis zum Morgen. Mit vieler Mühe, wanden wir das Anker auf und kamen in sehr flaches Wasser; wir schleppten uns langsam längs dem Ufer, welches gegen die See flach ist; nur dann und wann erhebt sich ein ungeheurer Felsen aus dem Gesträuch; der Strand ist Felsen und Sand; wir ließen die großen Bassa's auf der Südseite; es war so ruhig, daß die Felsen über dem Wasser sichtbar waren und sich nur eine geringe Brandung über ihnen brach. Die Breite 6° 16' nördlich.

Am 17ten December. Um 10 Uhr entdeckten wir die Flagge des kleinen Forts Hambangtotte, von dem ein Boot abgeschickt ward, um die gewöhnlichen Fragen zu thun; es liegt sehr artig auf einem Felsen und scheint neben sich eine Bai zu haben. Ich hatte bis jetzt keinen einzigen Kokosnußbaum, noch irgend etwas Anderes gesehen, das uns an Asien erinnerte. Einige Fischer kamen in ihren Booten heran, forderten aber eine gar zu große Summe für ihre Fische; sonderbarere Fahrzeuge sind mir nie vorgekommen; es ist unmöglich sie zu beschreiben.

Am 18ten December. Bei Hambangtotte zeigen sich einige Spuren von Anbau und ein schöner grüner Gürtel umgiebt die See. Gegen Abend trieb uns der Wind nach dem Vorgebirge Dundra. Noch waren keine Dörfer sichtbar, wir segelten die ganze Nacht; gegen Morgen nöthigte uns ein heftiger Regen und eine gänzliche Stille vor Anker zu gehen; da sich der Nebel gegen 7 Uhr verzog, entdeckten wir Point de Galle, 4 Meilen von uns; im Hintergrunde lag eine Kette waldiger Hügel mit runden Gipfeln und jenseits derselben erhob sich noch eine höhere Reihe, worunter sich die Adamsspitze (6° 49' nördl. Br. und 80° 19' östlich von Greenwich) in blauer Ferne auszeichnete. Um 9 Uhr kam ein Boot vom Lande und ich schrieb an den Befehlshaber in Point de Galle und verlangte seinen Beistand zu meiner Reise nach Columbo. Das Ufer von den großen Bassa's ist flach, mit tiefem Wasser bis nach Point de Galle, das durch ein Riff von fürchterlichen Felsen beschützt ist. Kokoshaine bedecken den Strand bis an das Wasser; ihre gleiche Höhe macht sie in Masse in der Entfernung zu einem häßlichen Gegenstand, allein die Zierlichkeit ihres Laubes vergütet in der Nähe den unangenehmen Eindruck, den ihr erster Anblick verursacht. Auf die Einladung des Oberstlieutenants Maddison, gieng ich mit Herrn Salt ans Land.

Der Landungsplatz ist völlig gegen die Flut gesichert und gerade unter dem Thore des Forts; die zahlreichen Batterien sind in alter Manier auf Mauern erhöht und beherrschen vollkommen die Annäherung von der Seeseite. Der Oberst empfieng mich am Strande und führte mich durch eine enge und abschüssige Straße nach seinem Hause. Die Häuser sind natürlich auf holländische Art gebaut, die Zimmer sehr groß und aus Ziegeln, die Mauern sehr dick, und die Decken getäfelt, die obern Theile der Fenster sind von Glas, die untern aber bisweilen durch Gitter verschlossen. Ich nahm Besitz von einer Reihe vortrefflicher Zimmer, die Hr. North auf seiner Reise nach Columbo so eben verlassen hatte. Diese Nachricht war mir doppelt angenehm, weil ich gewiß war, ihn vorzufinden und daß das Land passirt werden konnte. Die hieeuropäische Gesellschaft ist sehr klein, außer den holländischen Frauen besteht sie nur aus drei Damen; erstere leben sehr für sich; hieran scheint vorzüglich ihre Armuth Schuld zu seyn. Hr. North und seine Untergebenen thun alles Mögliche, um sie zu gewinnen; während der Anwesenheit des Gouverneurs gab der Oberst einen großen Ball, wozu sie alle eingeladen wurden und bis drei Uhr Morgens tanzten.

Das Fort ist viel zu weitläuftig und liegt auf einer Landenge, fast von der See umgeben. Die Landseite des Beckens ist sehr klein, gewährt aber beim Landen Sicherheit gegen die Brandung, die bei dem geringsten Südwinde mit fürchterlicher Gewalt gegen die Felsen schlägt, die das äußere Ende der Halbinsel bilden. Auf einem derselben ist die Flaggenstange errichtet, die daher außerhalb des Forts steht. Die

Luft wird durch den Seewind abgekühlt und der Oberst schildert den Ort als ziemlich gesund; er ist nicht so schädlich, als Oerter, die von hohen Bergen umringt sind, von denen die Wolken erst aufgehalten werden, und sich hernach in Regen in die Thäler ergießen. Jetzt gehen die Kokoshaine und das Gesträuch bis dicht an den Rand des Wassers und die Gränzen der Stadt. Der Gürtel zwischen den Bergen und der See muß völlig gereinigt werden, ehe wir in dem Lande uns aufhalten, oder es auch erobern können; sonst wird es immer ein Grab für die Europäer bleiben. Die Holländer waren hiermit zufrieden, betrachteten es als eine Sicherheit mehr und brachten das Leben von Tausenden nicht in Anschlag. Batavia, glaube ich, verdankt demselben Umstande seine Sicherheit bis zu diesem Augenblick. Ein Kanal ist zwischen der Bai und einem kleinen Flusse gegraben, um Holz aus dem Innern zu bringen; er ist aber jetzt verfallen.

Am 19ten December. Gegen Abend entstand ein sehr starkes Gewitter mit fürchterlichen Donnerschlägen; es war hier desto beunruhigender, da das Pulvermagazin auf einem sehr unsichern Platze ohne Schutz gegen den Blitz liegt; selbst die Holländer halten es für einen Glücksfall, daß die ganze Stadt nicht zerstört worden ist. Es giebt hier keine regelmäßige Regenzeit: der Ort erhält aber wegen seiner Lage auf dem äußersten Ende einer Halbinsel einen Theil von den Regenschauern, die auf beiden Küsten zu allen Jahrszeiten verabfallen; im Allgemeinen regnet es doch mehr zwischen dem November und Februar, als zu irgend einer andern Jahreszeit. Der Brodfruchtbaum erreicht die Größe eines Kastanienbaums, und ist überhaupt einer der schönsten Bäume, die ich in Asien gesehen habe; er wächst in solchem Ueberfluß, daß seine Früchte für das Bedürfniß des ganzen Landes hinreichen und selbst als Admiral Reynier mit einigen Kriegsschiffen hier war, konnte jedem Mann täglich eine Frucht ausgetheilt werden. Wir hatten hier vortreffliche Jams, guten Salat und Gurken. Die Früchte waren schlechte Mango's, Guavas, Küstaräpfel, Kokosnüsse, verschiedene Arten Orangen, von denen einige auswendig schwarz waren; ferner der ächte Mandarin, Pompelmusen, und verschiedene kleine Früchte, deren Namen ich nicht wußte. Die Hammel sind schlecht, wenn sie nicht von den Europäern gemästet werden, aber das Rindfleisch, das Geflügel, das Brod und die Fische sind vortrefflich. Zu Point de Galle ist eine sehr hübsche Manufaktur von Schildpatt; ich sah einige sehr schöne Schachteln daraus.

Am 20sten December. In Ceylon giebt es keine ordentlichen Träger, die an verschiedene Stellen verlegt sind, sondern man nimmt eine hinreichende Anzahl an dem Ort der Abreise, mit denen man den ganzen Weg zurück legt. Um die Reise zu beschleunigen, hatte der Oberst nach Columbo geschrieben, daß mir andere auf der Hälfte des Wegs entgegen geschickt werden sollten. Wir brachten zwei Palankins mit uns und ich lieh hier für meinen Bedienten einen Duli. Dieser besteht bloß aus einem Bambus, der mit gemaltem Tuche bedeckt ist. Er ist leicht, und, da er niedrig hängt, leichter als ein Palankin. Wir hatten überhaupt 50 Träger oder Bursche, wie sie hier heißen. Die Palankins schienen ihnen so schwer, daß sie Querstöcke unter der Stange befestigten, so daß vier von ihnen immer vorn und eben so viele hinten die Last theilten.

Das Reisen war weit wohlfeiler als in Indien, denn auf dem halben Wege zu Bentotte, 40 Meilen von Galle, bezahlte ich anderthalb von ihren Thalern oder 3 Schillinge. Unsere Freunde versicherten uns, daß wir ungefähr 24 Stunden unterwegs seyn würden. Wir beschlossen daher vor unserer Abreise zu Mittag zu speisen, was auch rathsam war, um die Landstraßen nach dem heftigen Regen mehr trocknen zu lassen. Der Oberst gab mir eine Eskorte von 7 Sipoy's und begleitete mich sehr gütig selbst bis zu dem ersten Fluße. Der Weg war ziemlich gut; er verließ nie das Seeufer, schlängelte sich längs den Baien und lief bisweilen durch die Kokoshaine hinauf und herab. Der convolvulus pes caprae mit seinen großen und schönen Purpurblumen bedeckte den Boden. Das Gebüsch war voller Rankengewächse, unter denen die gloriosa superba die gewöhnlichste und glänzendste war; hin und wieder bemerkte ich den Kaneelbaum und viele andere Pflanzen, wovon ich in Europa Exemplare gesehen hatte; aber weit zahlreicher waren die unbekannten.

Die ganze Vegetation ist unendlich üppiger, als in Bengalen und gewährt das reichste Feld für einen Botaniker, das ich je gesehen habe, ausgenommen das Vorgebirge der guten Hoffnung. Unsere Träger giengen sehr langsam, und machten nur 4 Meilen die Stunde, so daß ich Gelegenheit genug hatte, Beobachtungen anzustellen. Wir kamen vor Sonnenuntergang zu dem D-schendra-Fluß, wo ein Boot bereit war, um die Palankins hinüber zu bringen. Es bestand aus drei zusammengebundenen Kanoes, oben mit einer bretternen Plateforme. Hr. North hatte befohlen, daß mir alle Aufmerksamkeit bezeigt werden sollte, folglich ward ich mit einem Schirm von weißem Tuche und einem, mit demselben Stoff bedeckten Stuhl beehrt, ein Beweis der Auszeichnung, der Sr. Excellenz und dem König von Kandi vorbehalten ist. Die Pfosten, die den Schirm unterstützten und die Befriedigung, die um das Boot gieng, waren wunderlich mit jungen, in Stücke gerissenen Kokosblättern geziert, das Ganze brachte zusammen eine hübsche Wirkung hervor. Der Fluß war klar und das Ufer bis an den Rand des Wassers mit Gesträuch bedeckt. Das Land war den ganzen Weg hüglig, bisweilen durch die mälerischsten Felsen unterbrochen; die Vegetation blieb immer gleich reich und die See hatten wir beständig dicht zur linken Seite. Als es dunkel ward, machten die Träger Fackeln aus den trocknen Zweigen oder vielmehr Blättern des Kokosbaums. Sie brannten schnell und glänzend, und der Wiederschein von dem dichtgewobenen

Dache der hohen Kokosbäume, worunter wir reisten, machte eine schöne Wirkung.

Der cingalesische Vorsteher des Distriktes machte mir seine Aufwartung in seiner Ceremonientracht, die von den Holländern eingeführt und von uns beibehalten ist. Sie besteht aus blauer Seide oder Stoff, der wie ein europäisches Wams gemacht und vorn mit silbernen Knöpfen zugemacht ist; an einer silbernen Schärpe, die darüber hieng, war ein kleines, mit Silber geschmücktes Schwerdt befestigt. Der Kopf ist unbedeckt, das Haar aber dicht mit einem schildpatnen Kamm aufgesteckt. Ein Stück bunter Leinwand dient statt der Hosen. Er bezeigte seine Ergebenheit und legte ein Stück weißes Tuch von dem Palankin bis an das Haus; einige Tage vorher war ein Portikus für den Gouverneur errichtet und jetzt war er für mich mit Kokoslaub neu verziert. Es fieng an zu regnen und der Donner ward laut, wir brachten daher die Palankins unter Obdach und warteten bis 11 Uhr. Es würde ein verzweifeltes Unternehmen gewesen seyn, ohne Licht durch das Gebüsch weiter zu reisen; sobald Alles besorgt war, giengen wir mit einer frischen Wache von Sipoy's ab, aber die Träger marschirten sehr langsam, da der Regen den Weg schlüpfrig gemacht hatte; sobald sie mich eingeschlafen glaubten, hielten sie sogleich an, weswegen wir bis gegen Morgen nur wenig weiter kamen. Die Nacht war kühl, da der Wind beständig von der See wehete, deren Nähe das Tosen der Brandung verkündigte.

Am 21. Decbr. Ich erwachte gegen 5 Uhr und fand einmal, daß wir vorwärts giengen; wir wanden uns zwischen Felsen fort und ich ward sogleich von dem Glanz der blühenden Barringtonia ergriffen. Der Weg verließ bisweilen das Ufer und führte durch ein sumpfiges Gebüsch, wo die Vegetation noch üppiger war, aber die Kokosbäume abnahmen. Wir kamen über einen Fluß, den Fischerboote bedeckten, über eine flache hölzerne, noch nicht vollendete Brücke und um 12 Uhr erreichten wir Bentotte, das an dem Alut Gunga liegt. Hier war ein Frühstück von Brod, Butter, Eiern und Früchten, in dem Säulengange eines Hauses bereitet, das von den Holländern zur Aufnahme der Reisenden erbaut ist. Der Mudeliar und der Postmeister empfiengen mich, der letztere sprach ein wenig Englisch. Hier sollten wir unsere Bursche aus Galle entlassen, allein es waren nur 30 aus Columbo gekommen; wir waren daher gezwungen, 20 bis nach Kaltura mitzunehmen, ganz gegen ihre Neigung, denn sie beklagten sich über das Gewicht meines Palankins bitterlich.

Nachdem wir diesen Fluß auf dieselbe Weise, wie den vorigen passirt hatten, giengen wir vorwärts; der Weg blieb eine Zeitlang, wie er gewesen war; endlich wandten wir uns mehr in das Land, um ein Vorgebirge zu vermeiden und fanden häufigere und jähere Hügel. Gegen Abend kamen wir in eine Allee von den prächtigsten Jackabäumen, die sich den ganzen Weg nach Kaltura erstreckten. Wie es dunkel ward, wurden unsere gewöhnlichen Fackeln angezündet, und die Bursche beschleunigten ihren Weg, indem sie ein sonderbares Geräusch machten. Einer gab mir alle Titel, die er sich ausdenken konnte, wovon ich einige wenige verstehen konnte. Ich war der Lord Saib Burrah Saib, Rajah Saib, Acha Saib; unzählige andere Namen hatte ich nicht zuvor gehört. Nach jedem Ausruf eines Titels stieß der ganze Haufe ein Geschrei der Billigung aus. Wir kamen vor einem Tempel des Buddah vorbei, der für ein Fest errichtet war, das ein Eingeborner seiner Kaste gab. Er war von buntem Holz, sehr groß und viereckig und lief auswendig gleich einer Pyramide in eine Spitze aus. Der Oberpriester stand in der Thür, mit unbedecktem Haupte, um seine Salams zu machen. Die Procession der Eingebornen war in Bewegung, jeder trug einen Korb voll Früchte, und die Holländer und andern Einwohner waren vor ihren Thüren. Meine Wache reinigte den Weg, ohne Schwierigkeit, und die einheimischen Knaben gaben uns, wie wir vorüber zogen, Kokosnußfackeln. Endlich schlossen sich viele mit ihren eignen Fackeln an uns an, so daß, ehe ich die Stadt erreichte, der Weg völlig erleuchtet war.

Das Geschrei der Träger, das Menschengewühl, der Glanz der Lichter bildeten eine bezaubernde Feenscene und ließen mich gar nicht bedauern, daß die Dunkelheit mir den Anblick des Landes entzog. Am Ende der Stadt empfieng mich Kapitän Macdowal, der hier den Befehl führt und nachdem wir uns durch ein

Mittagsessen erquickt und 20 neue Träger angenommen hatten, kamen wir gegen 8 Uhr zu dem Ufer des Kalu Gunga, der unterhalb des Forts fließt und einer von den vier Flüssen ist, die auf dem Adamspik entspringen. Kaltura soll einer der schönsten Oerter auf der Insel seyn, aber die Nacht erlaubte mir nur zu bemerken, daß das Fort auf einem Hügel liegt, daß der Strom breiter, als alle vorhergehenden war, und daß die Bäume an seinen Ufern eine sehr stattliche Größe hatten.

Am 22sten Decbr. Ungeachtet es nur 24 Meilen von Kaltura nach Columbo sind, so war es doch 11 Uhr, ehe wir die Stelle erreichten, wo der Weg zu den Caneelgärten, 3 Meilen von dem Fort abbeugt. Wir trafen dort einen Lascarin (einheimischen Soldaten) von der Wache des Gouverneurs, den Se. Excellenz abgesandt hatte, um mir den Weg zu zeigen. Der Garten ist wirklich ein Caneelgebüsch und sonst durchaus nicht merkwürdig; um ein Uhr erreichte ich den Landsitz des Gouverneurs zu St. Sebastian. Er liegt sehr artig an einem frischen Teiche, der das Fort beinahe zu einer Insel macht, worauf man hier eine gefällige Aussicht hat. Das Haus ist schlecht und aus einem Pulvermagazin in eine Wohnung umgeschaffen worden. Hundert Ellen davon hatten die Holländer die Pulvermühlen angelegt, die jetzt ebenfalls bewohnbar gemacht worden sind, und wo ich sogleich einzog. Meine Aufnahme von Seiten Sr. Excellenz war äußerst gütig und freundlich, und bei meiner Unpäßlichkeit freute ich mich sehr, einen so angenehmen Aufenthalt gefunden zu haben. Ich übergab mich sogleich der Sorge des Herrn Christie, des ersten Wundarztes und war gezwungen, größtentheils das Haus zu hüten; Se. Excellenz bot Alles auf, mich zu unterhalten. Am Weihnachtstage machten alle Eingeborne von Stande ihm ihre Aufwartung. Er hielt sie auf, bis ich erschien und stellte sie mir vor. Sie machten alle den Versuch sich niederzuwerfen und meine Kniee zu umfassen, aber ich hob sie auf und umarmte einen Jeden. Der Maha Mudeliar war der Vornehmste und in blaue Seide gekleidet und mit goldenen Ketten und Medaillen geschmückt. Auch die meisten Andern hatten dieselbe bunte Tracht, aber nur wenige die Ehrenzeichen. Die Mohren waren in ihren weißen Kleidern, mit Juweelen in den Ohren; einige junge Cingalesen sprachen Englisch.

Am folgenden Tage hatten wir ein Cingalesisches Schauspiel, wenn es anders so heißen kann. Kinder tanzten zuerst in einem Zirkel, machten altkluge Stellungen und schlugen kleine Stücken Holz zusammen. Sie wurden von einem Manne begleitet, der auf einem Tomtom spielte, und sie hielten nach den Schlägen desselben sehr gut Takt mit der Stimme. Hierauf erschien eine Maske mit Hörnern und andern schrecklichen Attributen, die, wie mir der Maha Mudeliar sagte, der Teufel war; zwei noch schrecklichere Figuren erschienen hernach, die seinen Vater und Mutter vorstellten. Sie tanzten langsam, sangen nach derselben Musik und warfen Harz umher, das sie mit Fackeln anzündeten. Es erschien die Frau des Teufels und nun, glaubte ich, hätten wir die ganze Familie gesehen; es kam indeß noch eine Figur auf Stelzen herbei mit einem holländischen Wamse und einer venetianischen Maske.

Ihre Bedeutung konnte ich nicht erfahren, wenn es nicht etwa anzeigen sollte, daß der Holländer grösser als der Teufel, oder wenigstens würdig sey, ihm Gesellschaft zu leisten. Jetzt fieng es an, so stark zu regnen, daß, da die Schauspieler im Freien waren, wir die Fortsetzung aufgeben mußten. Unterdeß versuchten die Malabaren eins von ihren Schauspielen in der Verandah aufzuführen. Wir hatten nur Zeit, eine weibliche Figur zu sehen, die ihren Mann auf dem Rücken trug. Ihr Kopf und seine Schenkel und sein Hintertheil waren künstlich gemacht; diese tanzte, bis das Wasser hineindrang und der Darstellung ein Ende machte. Zwei Tage nachher versuchten wir es wieder; unglücklicherweise hatte der Gouverneur einige Damen eingeladen, die sich über den Anblick einiger scheinbar nackten Wilden so empört stellten, daß wir einen Tanz unterbrechen mußten, der, nach dem Anfange zu urtheilen, sehr gut ausgefallen seyn würde. Hierauf stellten sie einige Prinzen und Prinzessinnen auf der Jagd dar; ein Bär und Hirsche kamen mit ihnen hinein, die gar nicht schlecht nachgeahmt wurden. Der Regen stürzte indessen wieder in Strömen herab und trieb die meisten von uns fort. Den weni-

S 2

gen, die übrig blieben, ward jetzt wiederum die Doppelfigur gezeigt, aber sie lag im Bette; die Vorstellung war schlüpfrig, obgleich eben nicht unanständig.

Bald nach mir kam ein arabisches, nach Tellicherry bestimmtes Schiff an, und, da es wahrscheinlich war, daß ich keine bessere Gelegenheit treffen würde, so schickte ich meinen portugiesischen Bedienten mit dem Gepäck und einem Briefe an den dortigen Residenten ab, worin ich ihn bat, ihm zur Reise nach Mangalor behülflich zu seyn. Der Gouverneur gab einen Ball, um mich mit den holländischen Damen bekannt zu machen; sie waren aber gewaltig entrüstet über eine Schilderung, die ein englischer Offizier in einem neulich herausgekommenen Werke von ihnen gemacht hatte und wollten daher keinen englischen Gouverneur besuchen; aber sie zürnen dem angedeuteten Schriftsteller ohne Ursache; denn er hat alle seine Bemerkungen aus den Berichten des Admirals Stavorinus über die Frauen in Batavien entlehnt, und zwar so wörtlich, als die Verschiedenheit des Ortes nur irgend erlaubt. Die Damen hatten vorher einen Streit mit Hrn. North gehabt, weil er es wagte, sie zu einem Ball zu laden, ehe er sie zu Mittag gebeten hatte. Dieses Majestätsverbrechen gegen die Etikette empfanden sie übel, wiewohl mit wenigem Erfolg; er nöthigte sie nachzugeben und dann gab er ihnen ein Mittagsmahl.

Das Tanzzimmer war eine lange Colonnade, die an das Magazin der Pulvermühle stößt; es ist bloß aus Holz gebaut, und mit Stroh bedeckt; die Seiten sind offen und das Dach wird von Säulen gestützt. Diese waren mit grünen Kokosblättern reihenweise, eine über die andere, durchaus bekleidet, die Decke war mit weißem Tuch ausgeschlagen, worunter eine halberhobne Verzierung von Moos eine herrliche Wirkung hervorbrachte. Das Moos war äußerst schön und wird von den Eingebornen nicht unpassend die Sorge des Juweliers genannt, weil er nicht im Stande ist, das zarte Gewebe desselben nachzuahmen. Trotz der vielen Lampen war die Erleuchtung doch schlecht, weil der Boden zu braun und das grüne Laub zu dunkel war. Da mich meine Unpäßlichkeit sehr an das Zimmer band, war ich im Stande, viele merkwürdige Aufschlüsse über diese Insel zu sammeln; ihr Resultat ist in folgenden Beobachtungen enthalten.

Nichts kann sonderbarer seyn, als die politische Lage Ceylons, seitdem seine Küsten im Besitz der Europäer gewesen sind. Der einheimische Fürst ist in seiner Hauptstadt Candi im Mittelpunkt der Insel durch die Fremden, die ihn mit einem Kreis ihrer Niederlassungen rings an der ganzen Seeküste eingeschlossen haben, von aller Verbindung mit andern Ländern gänzlich abgeschnitten, so daß er genöthigt ist, sie um ihre Erlaubniß zu ersuchen, wenn er von der Küste Malabar eine Frau aus seiner eignen Kaste herüberholen will, wozu er durch die Gesetze seiner Religion verbunden ist. Auf der andern Seite sind die Europäer auf ihren schmalen Küstenstrich beschränkt, von allem Zugange in das Innere ausgeschlossen und jeder andern Communication zwischen ihren Niederlassungen auf den verschiedenen Seiten der Insel, als zur See oder auf dem krummen Wege längs dem Ufer beraubt. Nothwendig mußte eine solche Theilung beständige Streitigkeiten verursachen, und die Portugiesen und ihre Nachfolger, die Holländer, waren in häufige und blutige Feindseligkeiten mit den Eingebornen verwickelt, die sie natürlich als Usurpatoren betrachteten. Der letzteren Nation gelangen endlich ihre Versuche, den Alleinhandel der Insel zu erhalten; aber in einem Kriege mit dem Könige von Candi 1765, worin sie sich seiner Hauptstadt bemächtigten, mußten sie doch einen Vertrag schließen und, ihn, freilich beinahe zu einem Vasallen herabgesetzt, auf dem Throne lassen.

Vor dieser Uebereinkunft hatte die englische Regierung im Jahr 1763 zu Madras Herrn Peybus als Gesandten an den König von Candi geschickt, um über ein Offensiv- und Defensiv-Bündniß zu unterhandeln, da aber die Engländer und Holländer damals im Frieden waren, ward nichts bewirkt; das einzige Resultat war ein großes Mißtrauen in die englische Regierung, weil sie Erwartungen erregte, die sie nicht erfüllen konnte.

Im Jahr 1782, als eine brittische Macht sich des Forts und Hafens Trincomale bemächtigt hatte, sandte die Regierung von Madras Herrn Hugh Boyd zum zweitenmal als Gesandten an den Hof von

Candi. Seine Aufnahme war im Ganzen günstig, aber der König weigerte sich, wegen des Mißlingens der ersten Unterhandlung, sich auf irgend einen Vertrag einzulassen, der nicht unmittelbar von Sr. britischen Majestät vorgeschlagen werde. Die Wiedereroberung des Ortes durch die Franzosen machte bald allen weitern Unterhandlungen über diesen Gegenstand ein Ende.

Als sich die Engländer im Jahre 1796 der ganzen Seeküste von Ceylon bemeistert hatten, wurden gegenseitig Gesandte zwischen dem König von Candi und der Regierung von Madras geschickt, und ein Vertrag ward von der letzteren entworfen und unterzeichnet, dessen Genehmhaltung der erstere jedoch verweigerte. Da der König zwei Jahre hernach starb, so setzte der vornehmste Adigaar oder der erste Minister Pelame Telawre, das Haupt einer der ersten cingalesischen Familien und ein Mann von gleichem Ehrgeize und List, einen Sohn des verstorbenen Königs von einer cingalesischen Mutter, folglich einen Bastard, auf den Thron, da der König von Candi nur eine Malabarin von seiner eignen Kaste heirathen kann. Der junge Mann hatte also keinen rechtmäßigen Anspruch an die Krone und der Adigaar nahm keinen Anstand zu gestehen, daß er ihn in der Absicht auf den Thron hebe, um ihn bei günstigen Umständen zu entfernen und die cingalesische Linie wieder herzustellen, das heißt, sich selbst der Krone zu bemächtigen.

Der Adigaar war damals mit der ganzen Macht der Regierung bekleidet; er war zugleich Dessave (Militär-Gouverneur) der Provinzen Dschatenauven und Uduno, der volkreichsten der Insel, die nebst drei andern das Recht der Königswahl besitzen.

Unmittelbar nach dieser Maaßregel wurden die Königin und alle Verwandte des letzten Königs in's Gefängniß geworfen und der zweite Adigaar, der keinen Theil an diesen schändlichen Unternehmungen haben wollte, ward enthauptet. Der Bruder der Königin, Mutto Sami, und andere Glieder des königlichen Hauses, fanden hernach Gelegenheit aus dem Kerker zu entkommen und flüchteten in das englische Gebiet. Sie wurden unter die Oberaufsicht der brittischen Regierung gesetzt, und erhielten persönliche Sicherheit, doch keine Macht, die Regierung von Candi zu verwirren. So war die Lage der Dinge, als Herr Frialrich North im October 1798 das Gouvernement von Ceylon übernahm. Sein milder, rühmlich bekannter Charakter und die friedlichen Grundsätze, womit er die Verwaltung antrat, werden ihn von allen Vorwürfen befreien, als wenn er absichtlich an den Feindseligkeiten Schuld sey, die während seiner Amtsführung entstanden. Die folgenden nähern Nachrichten über die Unterhandlungen mit dem Candischen Hofe aus den authentischsten Quellen werden unwiderleglich beweisen, daß, weit entfernt, die Unordnungen zur Vergrößerung der brittischen Macht zu benutzen, es seine menschenfreundliche Besorgniß für das Leben des Königs war, die ihm die Feindschaft des ersten Ministers zuzog und unmittelbar den Krieg verursachte.

Im Februar 1799 hatte der Gouverneur North eine Zusammenkunft zu Anisavelli mit dem ersten Adigaar. Der letztere hatte, aus Furcht vor den Blattern, sich geweigert nach Columbo zu kommen. Der Adigaar zeigte die Thronbesteigung des neuen Königs an, und fieng darauf an, Angaben über eine vorgebliche Freundschaft zwischen dem Könige und den englischen Eingalesen zu machen. Er beklagte, daß die Regierung von Madras nicht die, durch ihren Gesandten Herrn Andrews bei seinem ersten Besuch zu Candi gemachten, Vorschläge bestättigt habe. Herr North erwiederte, die Vorschläge wären unbestimmt gewesen und hätten von andern abgehangen, die der Hof von Candi verworfen habe, der zu Madras entworfene Vertrag hätte binnen zwei Jahren ratificirt werden sollen und wäre nach dieser Frist nichtig geworden. Der Adigaar verlangte darauf die Provinz Tamblegan an der Seeküste nahe bei Trinkomale, wie während des letzten Kriegs durch Hrn. Hugh Boyd versprochen sey. Der Gouverneur sagte, daß er sehr wohl wisse, daß kein solches Versprechen gemacht wäre und gab dem Gespräch eine andere Wendung. Der Adigaar bemerkte darauf, daß ein Vertrag zur Erhaltung der Freundschaft zwischen Nationen unnöthig sey, womit der Gouverneur übereinstimmte. Er fieng darauf an, auf die Malabaren, die Landsleute des Königes, zu schmähen, stellte sie als Werkzeuge dar, um seinen und der Cingalesen Einfluß am Hofe zu Candi zu vernichten, und deutete dunkel einen Plan an, woran er lange gedacht hatte. Der Gouverneur versicherte ihn, daß er suchen werde, ihn gegen alle Beleidigungen seiner Feinde zu schützen und so endigte die Unterhaltung. Sehr artige Geschenke wurden ihm beim Abschiede gemacht.

Der Zweck des Adigaars bei dieser Unterredung war offenbar den Gouverneur auszuforschen und sich den Weg zu einem persönlichen Umgange zu bahnen, worin er ihn nach und nach zur Theilnahme an den dunkeln und ehrgeizigen Entwürfen, die in seiner Seele reiften, zu veranlassen hoffte. Der Verdacht, den er wegen des Einflusses der Malabaren auf das Gemüth des jungen Königs hegte, mochte gegründet seyn, die Schwäche desselben zog ihn natürlich zur Vorliebe für Günstlinge hin; er mußte fühlen, daß er ein bloßer Scheinkönig unter dem ersten Minister war, der ihn auf den Thron gesetzt hatte. Die nächste Zusammenkunft zwischen dem Gouverneur und dem vornehmsten Adigaar ward im Januar 1800 zu Sittawacka, an der Gränze der beiden Gebiete gehalten. Der Adigaar eröffnete sie durch die Klage, daß er krank an Leib und Seele sey, und daß der König anfange sein Vertrauen den Malabaren zu schenken. Herr North wünschte hierauf, daß die Macht, die ihn auf den Thron gesetzt habe, ihn vor einem solchen Wechsel in seinen Beschlüssen bewahren möchte; der Adigaar fuhr fort, den König als übelgesinnt darzustellen und drückte darauf seinen deutlichen Wunsch aus, daß die Engländer das Gebiet von Candi in Besitz nehmen und ihn an die Spitze desselben setzen möchten. Der Gouverneur erwiederte, daß er nicht an die Besitznahme eines Landes denken könne, woran die Engländer keinen Anspruch hätten oder an die Entthronung eines Fürsten, der ihnen keinen Anlaß zur Klage gegeben habe; daß er aber gern den Schutz des Königs und des Landes Candi übernehmen und sogleich Truppen zu diesem Zweck abschicken werde; in diesem Fall würde er Sorge tragen, den Adigaar in dem vollen und beständigen Genuß seines Ansehens zu erhalten, daß aber die Erhaltung des Königs diesen Zweck am besten befördern würde.

Diese letzte Bedingnug stellte er als einen wesentlichen Präliminarartikel auf, ohne dessen Bewilligung er sich durchaus in keine weitere Uebereinkunft mit dem Adigaar einlassen könnte: mit dieser Erklärung schien der Minister zufrieden; er bemerkte, daß er fürchte, die lange Zusammenkunft möchte Aufsehen verursachen und verlangte, daß der Maha Mudeliar am andern Morgen zu ihm geschickt werde. Dieser berichtete bei seiner Zurückkunft, daß der Adigaar nicht geneigt sey den König auf dem Throne zu erhalten, obgleich er nicht wünsche selbst König zu werden, sondern das Reich unter seinem gegenwärtigen Titel zu beherrschen. Er hatte versichert, daß das Volk mit dem Könige unzufrieden sey, und ihn nicht als einen rechtmäßigen Herrscher betrachte, und daß er bei der Nachricht von der Annäherung brittischer Truppen Candi fliehen würde.

Der Gouverneur schickte hierauf den Mudeliar mit der bestimmten Versicherung ab, daß kein Mann abgeschickt werden würde, da er keinen Krieg gegen den König beabsichtigte. Sollte dagegen Ihro Majestät ihre Person in Columbo für sicherer halten, als in ihrer eigenen Hauptstadt, so sollte er freundlich aufgenommen werden und monatlich ein Einkommen von 2000 Pagoden zu den Kosten seines Haushalts haben; diese Summe sollte durch den Adigaar wieder bezahlt werden, der in Candi mit einer englischen Garnison bleiben und das Land mit unumschränktem Ansehen, aber im Namen des Königs regieren sollte. Der Maha Mudeliar sagte ferner, daß der Adigaar einen beträchtlichen Tribut in Producten des Landes verspreche. Er verlangte, daß Hr. Boyd zu ihm gesandt werde. Bei der folgenden Unterredung mit diesem, sagte er ihm, daß das Land bis auf die Zeit des Sercdin, der sie vertrieb, von Teufeln bewohnt ward, daß viele Jahre hindurch eine regelmäßige Reihe von Monarchen aus dem Cingalesischen Geschlechte folgte, die aber seit einer langen Zeit durch eine Folge von Königen aus malabarischem Stamme unterbrochen sey, die sich des Throns von Candi bemächtigt hätten, daß sein Bruder, der ungefähr vor 19 Jahren Adigaar war, durch seinen Einfluß einen König aus diesem Geschlechte auf den Thron gesetzt und daß er selbst ungefähr vor zwei Jahren mitten unter bürgerlichen Unruhen den gegenwärtigen, durchaus ungesetzlichen, Monarchen erhoben habe. Er fragte Hrn. Boyd um seine Meinung, der sich natürlich in keine nähere Auseinandersetzung einließ; er bemerkte bloß, daß der Gouverneur seit seiner Ankunft bemüht gewesen wäre, die freundschaftlichen Verhältnisse mit Candi zu erhalten.

Der Adigaar eröffnete darauf Aussichten auf große Erweiterungen des Gebiets. Hr. Boyd theilte ihm nun bestimmt den Inhalt seiner Instructionen mit, nämlich daß der Gouverneur aufrichtig die Fortdauer seines Ansehens wünsche und es ihm sichern würde, im Fall der König von Candi bewogen werden könnte, sich und sein Land unter den Schutz Großbritanniens zu begeben und eine englische Garnison in seine Hauptstadt aufzunehmen, daß er aber keinen Mann marschiren lassen oder ihm, dem Adigaar, irgend einen Beistand gewähren werde, wenn nicht die persönliche Sicherheit des Königs und die Fortdauer seiner Würde vorher festgesetzt sey und dieser seine Genehmigung zu der Regulirung der Verhältnisse zwischen den beiden Regierungen gegeben habe; daß der Gouverneur wünsche, der König möge freiwillig unter dem Schutz einer englischen Garnison in Candi bleiben und der Adigaar fortfahren, in seinem Namen die höchste Macht zu verwalten. Der Adigaar wandte ein, daß eine solche Einrichtung unter dem jetzigen König nicht gut Statt finden könnte, weil er nicht das Vertrauen des Volks besitze und Candi durch Factionen und bürgerliche Zwietracht zerrüttet sey; Hr. Boyd stellte vor, daß der entworfne Plan das wirksamste Mittel zur Wiederherstellung und Erhaltung des Friedens und der guten Ordnung seyn würde.

Der Adigaar versuchte alles Mögliche, um die Engländer in ihren guten Gesinnungen gegen den König wankend zu machen, versicherte, daß er kein Freund der Engländer sey und fragte, was der Gouverneur thun würde, wenn er uns angreifen sollte? Hr. Boyd antwortete, wir würden uns zu vertheidigen wissen. Bei dem Vorschlage, den General Macdowal als Gesandten nach Candi zu schicken, schwieg er ein wenig, und äußerte dann, daß der Gouverneur die vorgeschlagne starke Begleitung mit dem General senden möchte. Nach einigen Ausdrücken des Bedauerns, daß die Dinge blieben, wie sie gewesen waren, endigte die Unterredung. Der Adigaar war während derselben sanft, mäßig und ruhig; doch merkte man, daß sein Gemüth sehr bewegt war. Seine Absicht war, zu sondiren, und besonders ist die Frage über die Folgen eines Angriffs von Seiten des Königs merkwürdig.

Am 21sten Januar hatte er eine Zusammenkunft mit dem Gouverneur selbst, er versuchte abermals ihn zu einer veränderten Gesinnung zu bewegen; da aber Hr. North bei seinem frühern Vorschlage blieb, fragte er, wie er und der König zu derselben Zeit die Macht haben könnten? er schien mit der Auseinandersetzung, die ihm der Gouverneur machte, zufrieden zu seyn; erhob aber jetzt neue Schwierigkeiten über die Einwilligung des Königs, die aber von unserer Seite, als durchaus nothwendig vorausgesetzt ward. Herr North erbot sich daher, ihn durch ein Schreiben, von seiner Absicht, den General Macdowal als seinen Gesandten mit bedeutenden Geschenken abzufertigen, zu unterrichten und zu bemerken, daß er einen Mann von solchem Range mit keiner geringern Begleitung, als 1000 Mann nach einem so unruhigen Lande senden könne. Jetzt suchte der Adigaar alle Ausflüchte hervor, um die Gesandtschaft zu verhindern und fragte zuletzt, ob der General bei seiner Abreise die Truppen mit zurücknehmen würde. Der Gouverneur antwortete, daß in dem Vertrage festgesetzt werden würde, daß eine starke Garnison mit einem Kommandanten zum Schutze der Person des Königs zurückgelassen werden sollte. Der Adigaar schien über diese Antwort ganz getröstet und nahm, dem Anschein nach, mit größerer Zufriedenheit seinen Abschied, als er gekommen war. Da der Gouverneur von dem Aufenthalt einiger Holländer in Candi benachrichtigt war, schickte er in den nächsten Tagen an den Adigaar und verlangte, daß sie dort nicht zurückgehalten, sondern nach Columbo gesandt würden; es ward versprochen.

Am ersten Februar hatte Herr Boyd eine lange Unterredung mit dem Adigaar. Dieser fieng gleich damit an, daß das Volk von dem Könige befreit zu werden wünsche und schlug vor, daß die Krone und Würde des Königs unberührt bleiben, aber alle Regierungsgeschäfte ihm durch den Einfluß einer brittischen Armee in Candi übertragen werden sollten. Er bemerkte, daß der König feindselig gegen die Engländer gesinnt und besonders durch den Gouverneur beleidigt sey, weil er dem Prätendenten den Aufenthalt zu Columbo und Dschaffna verstatte. Zugleich benachrichtigte er Herrn Boyd, daß er die von dem Gouverneur erwähnten Europäer weggeschickt habe, ohne den König zu fragen; ferner gab er zu verstehen, daß der zweite Adigaar sein Neffe, folglich von seiner Partei sey, und es schien ihre Absicht zu seyn, daß, wenn sie die Einwilligung des Königs, nicht erlangen könnten, ihn zu einem Angriff zu reizen; Hr. Boyd bemerkte hierauf, daß der Gouverneur nicht ohne Erklärung die Waffen ergreifen würde; übrigens war er in weit besserer Laune als vorher und schien die Abreise des Generals zu wünschen, in Hoffnung, die Sachen an Ort und Stelle in Ordnung zu bringen.

In einer neuen Conferenz wurden ihm die Briefe an den König gezeigt, die er mit einigen Veränderungen billigte. Er ließ sich darauf auf eine Erörterung über die Vergeltung der Engländer für ihren Schutz ein. Sie sollten die Einkünfte des Landes zu ihrer Disposition haben, die hauptsächlich in Reiß, Arekanüssen und Pfeffer bestehen, nebst der Erlaubniß, Holz zu fällen und überall Caneel zu sammeln. Er erbot sich zurückzukehren und den General zu empfangen, wenn seine Gegenwart in Candi nicht nothwendig sey; in diesem Fall würde er die Dessawes in ihren verschiedenen Korles (Provinzen) dazu bestellen. Er hoffte, daß wir die Pagoden und andere heilige Gebäude respektiren und die alten Kanonen, die auf einigen derselben befindlich wären, nicht wegnehmen würden. Ferner verlangte er, daß der General nicht zugeben sollte, daß ein altes, von den Cingalesen für heilig gehaltenes Schwert aus dem Lande entfernt werde, wenn auch der König, als ein Malabar, es wünschen sollte; auch verlangte er, daß die Engländer kein heiliges Vieh in der Nähe von Candi tödten sollten. Er fragte, wer nach der Abreise des Generals die Truppen befehligen würde? Man erwiederte ihm, wahrscheinlich der Oberst Champagny, womit er zufrieden war; er wünschte, daß Hr. Boyd und Hr. Jonville die Gesandtschaft begleiten möchten: endlich setzte er hinzu, daß er für sich nur eine Forderung habe, nämlich, daß der Gouverneur, wenn Alles abgemacht sey, in einem Briefe seine, der englischen Nation geleisteten Dienste erkenne und ihm und dem zweiten Adigaar den lebenslänglichen Besitz ihrer Stellen und Schutz für ihre Familien zusichere.

Am 5ten Februar ward ihm die Bestätigung aller seiner Forderungen übergeben, er machte einen Entwurf zu einem Briefe an den König und am nächsten Tage gieng er nach Candi ab. Der Brief an den König ward geschrieben und abgefertigt;

es kam eine Antwort, unterzeichnet von dem ersten Adigaar, mit beigehängtem königlichen Siegel; da dies für unzureichend gehalten ward, so ward eine andere Zusammenkunft festgesetzt, die am 3ten März Statt fand.

Der erste Adigaar versicherte, daß Briefe in obgedachter Form oft an den holländischen Gouverneur und auch nach Fort St. George gesandt worden wären. Hr. Boyd verlangte jedoch, daß in dem gegenwärtigen, als einem ganz außerordentlichen Falle, der König seine Einwilligung selbst unterzeichnen sollte. Der Adigaar war damit zufrieden und überlas den Vertrag, machte einige Aenderungen und fügte einen Separatartikel hinzu. Die Summe, die bis zur Bestimmung des Einkommens bezahlt werden sollte, war auf drittehalb Laks Pagoden festgesetzt; er sagte, er könne für eine so große Summe nicht einstehen, obgleich sie in Landesprodukten bezahlt ward; er versicherte, daß nach seinem Wunsche, die brittische Regierung die Verwaltung und Einhebung aller Einkünfte haben sollte, da aber viele verschiedene Interessen bei einem so wichtigen Punkte kollidirten, so könne er sich nicht anheischig machen, die Sache durchzuführen. Endlich machte er folgenden Vorschlag: er wollte alle Dessawes einladen, sich an der Gränze einzufinden, der Gouverneur sollte von Columbo ebenfalls dahin kommen und ihnen insgesammt den Vertrag vorlegen: würden sie damit zufrieden seyn, so sollte letzterer nach Candi zur Unterschrift des Königs gesandt werden; bis zu seiner Zurückkunft sollten sie zusammen bleiben und ihn alsdann ebenfalls unterzeichnen; er fragte endlich, was die Weigerung des Königs für eine Folge haben würde, und erhielt, wie zuvor, die Antwort, daß man ihn mit Gewalt nicht zwingen würde.

Bei einer Unterredung am 4ten März wiederholte er seine Wünsche, das Land dem Schutze der Engländer zu übergeben, wenn er auf den Thron gesetzt werde, und gestand endlich auf eine Bemerkung des Hrn. Boyd ganz offen, daß er den Thron von Candi nicht aus den Augen verloren habe. Hr. Boyd versicherte ihn ganz bestimmt, daß der Gouverneur niemals in seine Absichten eingehen würde und fügte die Erklärung hinzu, daß wenn von Seiten des Königs ein Einfall in das brittische Gebiet geschehen sollte, man ihn für den Anstifter halten werde, und daß er von diesem Augenblick an durchaus auf keinen Schutz oder irgend eine Unterstützung von Seiten der Engländer rechnen dürfe. Es wurden darauf neue Unterhandlungen über den Vertrag angefangen, aber über den Punkt der Bezahlung für die Truppen konnte keine Uebereinkunft getroffen werden; am folgenden Tage verweigerte er mit unbedeutenden Entschuldigungen die Unterzeichnung eines mundirten Exemplars des Vertrags, den er doch gebilliget hatte und wünschte sehr ängstlich die Folgen zu wissen, wenn der König seine Unterschrift verweigern würde; man erwiederte, daß daran nicht zu zweifeln sey, sobald er seine Einwilligung gegeben habe. Auf die Frage, ob der General den König zu Candi finden würde, so oft sie auch wiederholt ward, wollte er durchaus keine bestimmte Antwort geben.

Am 6ten März erklärte Herr Boyd dem Adigaar, daß sich der Gouverneur entschlossen habe, wegen der vielen Schwierigkeiten, die er über den Vertrag erhebe, die Gesandtschaft und die Truppen abzuschicken und daß er die Erlaubniß des Königs, als durch ihn ertheilt, betrachte. Er setzte hinzu, daß sich der Gouverneur ganz auf ihn verlasse und darauf rechne, daß der Vertrag nach der Uebereinkunft zu Candi vollzogen werde. Der Adigaar versicherte es und versprach, daß er in Person dem Gesandten entgegenkommen und auch andere angesehene Personen dazu bewegen werde. Es ward ihm noch einmal wiederholt, daß der Gouverneur unveränderlich entschlossen sey, den König zu beschützen und daß, wenn ihm irgend ein Unglück wiederfahren sollte, er nie den Usurpator erkennen würde. Der Adigaar schien die Nothwendigkeit dieser Bedingung einzusehen; er versprach für das Leben des Königs zu bürgen, und den General Macdowal selbst zu ihm einzuführen.

Aus diesem Berichte ist die Politik des ersten Adigaars vollkommen deutlich; er hoffte durch die Vermittelung der Engländer, den Schattenkönig entfernen zu können, den er um eines augenblicklichen Zwecks willen auf den Thron gesetzt hatte. Er nahm keinen

Anstand, ihnen die Krone von Candi zu Lehn anzubieten, in der Hoffnung, daß Umstände eintreten würden, um ihn von ihrer Herrschaft zu befreien; er sah ohne Zweifel die Unmöglichkeit voraus, lange eine europäische Macht in dem verderblichen Klima von Candi in dienstfähigem Zustande zu erhalten. Er verrieth zugleich ganz unverholen den Plan, den König in Feindseligkeiten mit den Engländern zu verwickeln, in der Hoffnung, daß der Gouverneur einen Angriff unbedenklich zum Vorwande gebrauchen würde, um den König ganz aufzugeben; aber die niedrige List des Ministers scheiterte an der Festigkeit und dem Edelmuthe des Gouverneurs, der Alles versuchte, um der Insel den Frieden zu erhalten. *)

Der Generalmajor Macdowal gieng im März 1800 von Columbo ab; der Adigaar kam ihm feierlich entgegen; allein aus der Truppenzahl, die er versammelt hatte, um seine Bewegungen zu beobachten, schien es, daß er die brittische Macht mit einem argwöhni-

*) Auffallend muß es doch einem unbefangenen Leser seyn, warum Hr. North, wenn ihm wirklich bloß um den Frieden zu thun war, sich überhaupt so weit einließ; war es nicht genug zu erklären, daß die Britten sich in die innern Angelegenheiten des Landes nicht mischen wollten, den regierenden König als solchen anerkennten und sich seiner annehmen würden, im Fall ihm irgend ein Uebel wiederfahre? Die Verlegung einer Garnison in Candi u. s. w. erinnert doch gar zu deutlich an die Politik, die überall in Indien angewendet ward.

R.

schen Auge betrachtete. Der größte Theil derselben durfte die Hauptstadt nicht betreten, der Gesandte durfte bloß mit einer Wache von Sipoys und Malajen begleitet, in sie hineingehen. Der Adigaar hielt sein Versprechen, ihn dem König vorzustellen; aber da die Artikel des Vertrages zur Erörterung kamen, trat der Hof von Candi denen, die der Gesandte vorschlug, nicht bei, sondern brachte andre auf die Bahn. Weil sie nicht annehmlich waren, verlangte der General seine Abschiedsaudienz und bestimmte seine Abreise auf das Ende des Aprils.

Während der beiden folgenden Jahre machte der Gouverneur North dem Hofe von Candi verschiedene Eröffnungen zu einer freundschaftlichen Vereinigung; sie wurden aber entweder mit Verachtung verworfen, oder mit Gegenvorschlägen erwiedert, die durchaus nicht berücksichtigt werden konnten. Am 3ten Februar 1802 erschien eine Gesandtschaft zu Columbo von dem Könige mit dem zweiten Adigaar, obgleich nur in seiner Eigenschaft als Dessawe. Er erneuerte in einer geheimen Unterredung die früher von seinem Oheim gemachten Vorschläge und brachte Klagen gegen den König vor, die der Gouverneur aber nicht hören wollte. Die Gesandschaft verlangte darauf die Abtretung von drei kleinen Inseln, die durch den holländischen Vertrag bewilligt worden war, nebst dem Rechte, 10 Schiffe zu einem freien Handel anzuwenden. Der Gouverneur behandelte diese Forderung als ganz unstatthaft und da sie zu einem wesentlichen Präliminarartikel des neuen Vertrags gemacht wurde, wurden die Unterhandlungen abgebrochen. Die Deputirten verlangten darauf, daß eine andere Gesandtschaft von dem Gouverneur nach Candi geschickt werden sollte, welches abgeschlagen ward; eben so fruchtlos war eine zweite Unterredung, die der zweite Adigaar mit Hrn. Boyd am folgenden Tage hatte; er ward ohne die Geschenke entlassen, wozu ihn seine eigentliche Würde berechtigt, weil er ihrer entsagt hatte und nur als Dessawe erschienen war.

Der erste Adigaar war jetzt überzeugt, daß alle seine Machinationen umsonst waren und beschloß einen Angriff von Seiten der Candier zu veranlassen. Dem gemäß erschienen bald bewaffnete Schaaren an den Gränzen des brittischen Gebiets und im Monat April 1802 wurden einige Großbrittannische Unterthanen aus Putalom, die sich auf einer Handlungsreise in Candi befanden, mit Gewalt eines Vorraths von Areka- oder Betelnüssen beraubt, den sie auf einem Jahrmarkte gekauft hatten. Die englische Regierung forderte Genugthuung für diese Beleidiguug, ward aber unter allerlei eitlen Vorwänden hingehalten und zu gleicher Zeit wurden die feindlichen Vorbereitungen des Hofes zu Candi immer offenbarer.

Diese Umstände schienen einen Versuch, den Hof durch Gewalt zu einem angemessenen Betragen zu zwingen, hinreichend zu rechtfertigen. Es brachen also im Anfang des Jahrs 1803 zwei Divisionen der englischen

Armee aus den entgegengesetzten Häfen Columbo und Trincomale unter General Macdowal und Oberst Barboud auf, die sich vor der Hauptstadt Candi vereinigten. Die Cingalesen leisteten keinen wirklichen Widerstand; der König und der erste Adigaar ergriffen eiligst die Flucht, nachdem sie den Pallast und die Tempel in Brand gesetzt hatten, und die englischen Truppen bemächtigten sich, ohne Gegenwehr, der verlassenen Hauptstadt. General Macdowal machte verschiedene Versuche, um sich eine Unterredung mit dem Könige zu verschaffen, aber immer vergebens und da dieser jetzt alle Ansprüche auf Schonung von Seiten der brittischen Regierung verwirkt zu haben schien, ward beschlossen, einen Mitbewerber auf den Thron zu setzen. *) Dies war der Prinz Mutusamy, der bereits erwähnte Bruder der verstorbenen Königin, und ein naher Verwandter des königlichen Hauses, der sich vor der Ty-

*) Auch hier scheint uns eine Inconsequenz unverkennbar; offenbar war der König nicht selbstständig, er war das Geschöpf des Adigaar, und ganz von ihm abhängig; diesen Gesichtspunkt haben die Engländer in den vorhergegangenen Unterhandlungen beständig aufgestellt; warum verfuhren sie also jetzt mit einer so entscheidenden Strenge gegen den König? Der Traktat, der mit dem neuen Regenten geschlossen ward, und den Lord Valencia im Anhange mittheilt, macht den König von Candi ganz zu einem Vasallen der Britten, und setzte ihn ungefähr in eine Reihe mit dem Vizir Nabob zu Aud (Oude). Wir werden eine Uebersetzung des merkwürdigen Vertrags dem zweiten Bande anhängen.

R.

rannei einer neuen Regierung in das englische Gebiet geflüchtet hatte. Er ward nach Candi gesandt und ein Vertrag mit ihm abgeschlossen; es zeigte sich bald, daß dieser Prinz durchaus für die Rolle, die er spielen sollte, nicht paßte; er war von dem letzten Könige wegen eines Betruges öffentlich bestraft worden, ein Umstand, der ihn gesetzlich von der Thronfolge ausschloß; seine Versicherungen, daß er die Liebe der cingalesischen Nation besitze, waren durchaus falsch, denn kein einziger begab sich in Candi zu seiner Fahne; er blieb ein bloßer Schattenkönig, bis zu der erbärmlichen Ermordung der brittischen Truppen auf Befehl des Adigaar; ein Ereigniß, dessen Veranlassung und Umstände noch in Zweifel und Geheimniß gehüllt sind.

Da Major Davy wußte, daß Verstärkungen auf dem Marsche waren, um zu ihm zu stoßen, so ist es unbegreiflich, was ihn zu einer Kapitulation mit einem so schwachen Feinde, als dem Könige von Candi veranlaßte, und noch mehr, warum er sich entschloß, gegen die Bedingungen der Kapitulation seine Waffen zu übergeben. Das Außerordentlichste aber war die Auslieferung des Mutusamy an seinen unversöhnlichsten Feind, der ihn sogleich in Gegenwart derjenigen tödten ließ, die lieber mit den Waffen in der Hand hätten umkommen, als in eine Handlung willigen sollen, die einen unauslöschlichen Flecken auf den brittischen Charakter geworfen hat. Das Schicksal der Holländer, so oft sie Candi zu behaupten suchten, hätte dem Major Davy zur Warnung dienen können. Wir haben jetzt eine theure Erfahrung gemacht und ich hoffe, daß man europäische Truppen niemals wieder dem verderblichen Klima des innern Ceylon aussetzen wird, das alle Ueberlegenheit der Tapferkeit und der Kriegszucht unnütz macht. So unglücklich der candische Krieg war, so hatte er doch die gute Wirkung, die Macht des Königs in unserm Gebiete zu vernichten; er hatte vorher dem Namen nach ein unbeschränktes Ansehen über die ganze Insel, und die Holländer waren zufrieden, seine Thürhüter zu heißen. Dies gab ihm in den Augen der Cingalesen in unsern Besitzungen ein Ansehen und setzte ihn in den Stand, Unruhen zu erregen. Zwei Empörungen wurden durch diesen Einfluß veranlaßt, eine 1798 durch den verstorbenen König und eine 1800 durch den gegenwärtigen. Nach dem Gemezzel von Candi fielen alle Eingeborne von uns ab, wahrscheinlich in der Voraussetzung, daß unsere Lage verzweifelt sey, und daß sie den Sieger gewinnen müßten: denn bei ihrer Erfahrung von den Vorzügen unserer Regierung konnten sie kaum im Ernst feindlich gegen uns gesinnt seyn.

Jetzt hat der König nicht nur allen Einfluß über unsere Gebiete verloren, sondern auch sein Ansehen unter seinen eignen Unterthanen ist sehr vermindert. Die wiederholten verheerenden Einfälle kleiner Truppenkorps in seine Herrschaft, denen kein Widerstand von seiner Seite geleistet ward, haben seinen Unterthanen gezeigt, daß er unfähig ist, sie zu schützen, weswegen sie natürlich veranlaßt worden sind, Sicherheit auf unserm Gebiet zu suchen. Nach der treulosen Ermordung des Korps unter Major Davy sind alle Verhältnisse zwischen uns und der Regierung von Candi aufgehoben; wie wenig beliebt sie ist, beweisen die zahlreichen Auswanderungen; es kömmt daher nur auf uns an, unser Ansehen über die ganze Insel auszubreiten, es muß uns offenbar weit leichter seyn, sie ganz zu unterwerfen, als den frühern europäischen Ansiedlern; die Nähe unserer Besitzungen auf dem Kontinente von Indien verstattet uns eine hinreichende Anzahl von Truppen herüber zu führen, die Sipoy's der Kompagnie können zu diesem Dienste gebraucht werden und werden wenig von den Fiebern leiden, die den Europäern so schädlich sind; ein einziger Feldzug würde hinreichen und eine kleine Anzahl wohlgewählter befestigter Plätze die Eroberung sichern. Der Sitz der Regierung müßte nach Columbo verlegt werden; um die Eingebornen zufrieden zu stellen, müßten einem Sprößling ihres alten Fürstenhauses, der eine Art von Hof unter englischer Aufsicht halten könnte, die äußern Zeichen der höchsten Macht übertragen werden. *)

Eine solche Veränderung würde für die Cingalesen durch Beendigung der Bürgerzwiste und Thron-

*) Auf die Art, wie die Verhältnisse durch den Vertrag mit Mutu Sami regulirt wurden.

streitigkeiten und die Segnungen einer wohlgeordneten Regierung so äußerst wohlthätig seyn, daß sich kein moralischer Einwand dagegen machen läßt. *) Das Blutbad zu Candi hat ferner einen Frieden schwieriger gemacht, da eine Genugthuung gefordert werden muß, wozu die Urheber des Verbrechens sich schwerlich verstehen werden. Ich habe nicht nöthig, den großen Vortheil hinzuzufügen, der aus den Verbindungen zwischen unsern Häfen und Niederlassungen auf der entgegengesetzten Seite, quer durch die Insel entstehen würde. Durch Ausrottung der Wälder und Gebüsche würden wir wahrscheinlich das Land gesunder machen.

Es ist sehr darüber gestritten worden, ob Ceylon ein unabhängiges Gouvernement seyn muß. Wenn ganz Indien eine neue Verfassung erhielte, so würde ich nein sagen; aber jetzt scheint es mir keine Frage zu seyn, daß sie keiner Präsidentschaft untergeordnet werden muß; denn nach den bisherigen Vorgängen kann Niemand wünschen, die Bedienten der Kompagnie wieder eingeführt zu sehen; ich glaube auch, daß wenn die Krone die Verwaltung Indien's übernehmen sollte, Ceylon sehr wahrscheinlich der Sitz einer eignen Regierung seyn würde; die Lage der Insel in der Mitte unserer Besitzungen, ihre Häfen, ihre Erzeugnisse und die Schätze, die, wie ich glaube,

*) Diese Ansicht ist doch zu stark in dem Geiste eines Eroberers: wenn aber nun ein Volk die verheißnen Segnungen nicht will? R.

in den Eingeweiden der hohen Gebirge verborgen sind, werden sie zu einer unserer schätzbarsten Erwerbungen machen. In diesem Fall könnte vielleicht die Frage entstehen, ob es nicht rathsam wäre, den Sitz der Regierung nach Point de Galle zu verlegen. Ungeachtet die Befestigungen von Columbo stark sind, so ist der Hafen doch nur in einer Jahreszeit sicher, denn während des Südwestmonsuns ist die ganze Küste dem Winde ausgesetzt; der innere Hafen von Point de Galle ist zu allen Zeiten sicher, da er ganz von Land umgeben ist und die Schiffe können während jedes Monsuns sicher ein- und auslaufen. Die Befestigungen gegen die Seeseite sind äußerst stark und könnten im Nothfalle beträchtlich vermehrt werden; der Hafen selbst ist großer Verbesserungen fähig. Der Ort liegt in mäßiger Entfernung von Negumbo, wo in einer Jahreszeit die Aufmerksamkeit der Regierung besonders erfordert wird, weil es der Hauptmarkt für den Kanel ist, und wo ein kleines Fort zum Schutz für die Schäler errichtet werden müßte, was in der Nähe von Trincomale, dem großen Seearsenal unseres ostindischen Reichs, ebenfalls geschehen mußte.

In Hinsicht der Gesundheit ist Point de Galle jedem andern Orte vorzuziehen, und überdies liegt es in der schönsten, obgleich wildesten Gegend des Eilands. Es ist die bequemste Station für alle Schiffe, die bestimmt sind, die Depeschen, die zu Lande befördert werden sollen, entweder das rothe Meer hinauf oder nach Bassora und nach den indischen Präsidentschaften zu bringen. Man hat von Trinkomale selbst gesprochen; allein erst nach vielen Jahren wird die umliegende Gegend im Stande seyn, hinreichende Bedürfnisse für die Garnison, die Flotte und die vermehrte Bevölkerung hervorzubringen, die immer mit der Hauptstadt verbunden ist. Unsere Lage ist von der der Holländer ganz verschieden; der nächste Ort, von dem sie Verstärkungen beziehen konnten, war Batavia und die Verbindung mit demselben war schwer, wenn sie nicht die Herrschaft der See hatten; sie waren daher genöthigt, eine solche Macht zu halten, die beständig die Insel vertheidigen konnte; wir können zu jeder Zeit Unterstützung aus unsern indischen Besitzungen ziehen und haben keinen Feind, der im Stande ist, sie aufzufangen. Zu der Zeit des Südwest-Monsuns können sie größtentheils zu Lande geschickt werden. Die drei Hauptpunkte, Columbo, Galle und Trinkomale, müssen hinreichend befestigt seyn, um einem plötzlichen Angriffe widerstehen zu können; alles Weitere ist unnöthig. Dschafna Patnam ist von großer Wichtigkeit, aber einem Angriffe weniger ausgesetzt und dem Kontinente näher, woher Hülfe erwartet werden kann.

Die Cingalesen sind in viele Kasten und Unterabtheilungen von Kasten gesondert; die erste derselben ist die der Wellala's oder der Landbauer; aus den beiden obern Klassen derselben werden die Modeliars und vornehmen einheimischen Regierungsbeamten gewählt; aus der untern die niedrigen Beamten und

Laskarins oder Kriegsleute. Die Kaste der Fischer ist zahlreich und mächtig, aber auch die Muhammedaner treiben diese Beschäftigung. Die andern Kasten zeichnen sich durch ihre verschiedenen Gewerbe aus, womit sie sich ausschließend abgeben; so reinigen die Wäscher nur Kleider, und nur die Barbiere nehmen den Bart ab. Bei einem neulichen Streit zwischen diesen beiden Kasten blieben die Wäscher unbarbiert und die Barbiere in ihren schmutzigen Kleidern, bis Hr. North, unzufrieden über ihren Anblick, einen Frieden zwischen ihnen vermittelte.

Die Tschallas oder Kanelschäler sind eine zahlreiche und unruhige Kaste. Sie stammen ursprünglich nicht aus der Insel, erhielten aber wegen ihrer Wichtigkeit große Vorrechte von der holländischen Regierung. Hr. North schaffte sie ab und gab ihnen zum Ersatz einen höhern Sold. Ihre Ländereien waren frei von Abgaben und ihre Processe wurden von ihrem eignen Vorsteher geschlichtet, der Kanelkapitain hieß, einen Titel, den Hr. North selbst annahm. Der Gouverneur ist amtshalber Vorsteher der Vellala's und erster Sekretair der Fischer. Die übrigen haben eingeborne Vorsteher; die höhern Kasten sind äußerst eifersüchtig auf ihre Vorrechte und bestrafen sehr streng diejenigen der untern Kasten, die sich derselben anmaßen. Einem Manne, der es wagte, sein Haus mit Ziegeln zu bedecken, ohne zu dieser Auszeichnung berechtigt zu seyn, ward es auf Befehl seines Obern niedergerissen, und ein armer Schneider, dessen Lieb zum Putz ihn verleitete, sich in einem scharlachnen Wams trauen zu lassen, ward beinahe an der Kirchenthür getödtet. Das Vorrecht der Kasten erstreckt sich auch auf die Tracht der Weiber und viele dürfen keinen Rock bis unter die Knie oder über die Brüste tragen. Eitelkeit ist die herrschende Leidenschaft der Cingalesen. Sie sind daher beständig geneigt, sich über ihren Stand zu kleiden, woraus unaufhörliche Streitigkeiten entstehen.

Die Malabaren, die den nördlichen Theil unserer Kolonie bewohnen und von denen ein Zweig vor der letzten Revolution auf dem Throne von Candi saß, sind auch in Kasten, aber nicht auf dieselbe Art, wie die Cingalesen getheilt. Außer diesen, die meist dem Namen nach Christen sind, giebt es zwei zahlreiche Kasten Muhammedaner, erstlich die Lebbies oder afrikanischen Kaufleute, die von den Holländern als Fremde betrachtet und deren jeder jährlich zu 24 Schillingen taxirt wurde. Die englische Regierung hob diese Abgabe auf. Sie sind thätig und arbeitsam. Hr. North führte einen Mufti ein, um ihre Processe zu schlichten; er nahm aber gleich seinen Brüdern Bestechungen und wurde entlassen. Der Gouverneur ist jetzt selbst ihr Richter. Zweitens die Malajen, die in Prinzen, Soldaten und Räuber eingetheilt werden können, obgleich in der That die letztere Bezeichnung ohne Ungerechtigkeit auf sie alle ausgedehnt werden kann.

Unter den Prinzen sind einige abgesetzte Beherrscher von Java und den umliegenden Inseln, oder der Halbinsel Malakka, welche die Eifersucht der Holländer hierher verbannte, bis sie es für zuträglich hielt, sie wieder einzusetzen und ihre Nachfolger nach Ceylon zu schicken; auch finden sich darunter Weiber und Verwandte derjenigen, die während ihrer Verbannung gestorben sind. Die Soldaten sind im brittischen Dienst und die Malajen sind in dieser Eigenschaft vortrefflich, ungeachtet sie ein hohes Ehrgefühl haben, das ihre Rache verderblich macht; wenn sie sich beleidigt halten, unterwerfen sie sich ohne Murren militärischer Bestrafung. Sie bilden ein Gegengewicht gegen die Eingebornen, mit denen sie durchaus nicht verbunden sind, und doch sind sie nicht zahlreich genug, um gefährlich zu seyn. Sie verließen die brittischen Offiziere nicht, bis diese sie verlassen hatten, und auch dann noch zogen die Anführer den Tod der Schande vor.

Die Cingalesen sind ein schönerer Menschenschlag, als die Bengalesen und zierlicher, als die Rohillas oder Rajaputten. Sie sitzen selten in einer gebogenen Stellung und haben daher volle Waden. Ihre Kleidung ist gar nicht ohne Geschmack. Die untern Stände lassen den Körper nackt, bis an die Hüften; ein großes, umgeworfenes Tuch reicht über die Knie, es ist gewöhnlich von einem hübschen Muster oder auch weiß mit einer Kante; bisweilen wird ein ähnliches Stück über die Schultern geworfen. Der

Kopf wird mit einem Schnupftuche bedeckt. Die Weiber bekleiden die Hüften, wie die Männer; die Kasten, denen es erlaubt ist, tragen ein weißes Hemde, das vorn zuschließt und bis zu den Hüften herabgeht. Die andern ziehen ein Stück Tuch fest über die Brust und lassen es herabhängen. Der Ausdruck ihrer Gesichter ist schön; ihre Haut beinahe schwarz und ihr Haar, worauf sie sehr stolz sind, ist lang, schwarz und nicht starr. Die Fehler der Cingalesen scheinen alle das Werk ihrer letzten Gebieter zu seyn. Unterdrückung hat einen großen Einfluß auf die Bildung ihres Charakters gehabt, worin der vornehmste Zug Trägheit ist. Man hat sie für eine natürliche Eigenschaft gehalten und es herrschte ein allgemeines Vorurtheil, daß ein Cingalese zur Arbeit müsse gezwungen werden; allein unter der holländischen Regierung hatten sie keine andere Wahl, als arm und müßig zu seyn, oder umsonst zu arbeiten, und es ist kein Wunder, daß sie das erstere vorzogen. Nun da ihnen ihr Eigenthum gesichert ist, werden sie nach und nach thätiger.

Es wird keiner eingebornen Frau zur Schande gerechnet, Beischläferin eines Weißen zu seyn; sie geht mit seinem Namen unter ihrem Volke und wird nach dem Vermögen geachtet, das sie mitbringt. Sie geht vor ihrem Vater oder ihrer Mutter zur Messe und wenn sie katholisch ist, erhält sie leicht von einem portugiesischen Bastardpriester, der von seiner Religion nichts als die Ceremonien kennt, Absolution. So herrschen ungebundene Sitten durch den Einfluß der Europäer.

Da ein großer Theil der Insel Ceylon lange Zeit unter der Herrschaft der Portugiesen und Holländer gewesen ist, so haben viele Einwohner, wenigstens äußerlich sich zu der Religion ihrer Herrn gewandt; die Portugiesen zerstörten mit dem gewöhnlichen intoleranten Eifer der Katholiken die Tempel des Buddha in allen ihren Provinzen und indem sie einen Gottesdienst an dessen Stelle setzten, dessen Glanz und Aeußeres gut berechnet war, die Einbildungskraft zu fesseln, machten sie einen großen Theil der Einwohner zu Proselyten. Die Holländer giengen kaltblütiger zu Werke, und stellten bloß die Versuchung auf, daß sie das Bekenntniß des protestantischen Glaubens zu einer Bedingung für alle öffentliche Aemter machten, sie errichteten auch sehr weise Schulen durch das ganze Land, in welchen die Jugend in christlichen Grundsätzen unterrichtet wurde. Ihre Geistlichen, obgleich nur zehn an der Zahl, waren thätig und ihre Arbeiten wurden durch die Missionarien von Tranquebar unterstützt.

So breitete sich das Christenthum weit aus, besonders unter den Wellala's oder der edeln Klasse, und die eingebornen Protestanten sind auf mehr als 240,000 geschätzt worden, während die Katholiken noch weit zahlreicher seyn sollen. Viele von diesen sind in der That bloß dem Namen nach Christen, und behalten eine große Ehrerbietung für die Gebräuche des Heidenthums und die Lehren des Buddha. In einiger Entfernung von der Aufsicht der Regierung ziehen sie die Priester mit völliger Zuversicht sowohl als Beschwö-

U 2

rer, wie als Aerzte zu Rathe. Herr North erzählte mir eine sonderbare Anekdote von ihrer fortdauernden Anhänglichkeit an ihre alte Religion. Bei einer seiner Reisen durch die Insel, hatte er Gelegenheit einen Mann eidlich zu vernehmen und fragte ihn, welcher Religion er sey; er erwiederte, ein Christ; und von welcher Secte? ein holländischer Christ. Also glaubt ihr an Buddha? Ja gewiß. Herr North ließ ihn nicht als einen Protestanten schwören; ich bin indeßen überzeugt, daß bereits das Schein-Christenthum ein Vortheil ist, da es die Vorurtheile zerstört und die Kinder durch den Unterricht in den Schulen zu wirklichen Christen werden.

Während der Herrschaft der Holländer waren die Schulen mit den geistlichen Einrichtungen verbunden, standen unter sorgfältiger Aufsicht und wurden zahlreich und blühend. Bei der Eroberung der Insel durch die Engländer wurden die Gehalte der Lehrer nicht bezahlt und die Schulen verfielen schnell. Herr North erkannte bei seiner Ankunft die Wichtigkeit dieser Einrichtung, stellte sie verbessert wieder her und hob zu gleicher Zeit eine Auflage auf einheimische Heirathen auf, die zur Unterhaltung derselben verwandt ward, aber den Concubinat beförderte. Die Zahl der Kirchspielschulen ward von ihm bis zu 170 erhöht, die Akademie zu Columbo ungerechnet. Die Schulmeister mußten zugleich die Notariatsgeschäfte in ihren Distrikten verrichten, so daß sämmtliche Kosten des Instituts, die sich auf 4600 Pfund beliefen, nicht bloß der Erziehung gewidmet waren; wäre dies indessen der Fall gewesen, so würden doch die Vortheile eines zum Besten des künftigen Geschlechts berechneten Plans um diesen geringen Preis nicht zu theuer erkauft worden seyn. So rechnete man jedoch nicht zu Hause, denn im Jahre 1803 erhielt Hr. North Befehl, die Ausgabe für die Schulen jährlich auf 1500 Pfund zu beschränken, weswegen die in den Landdistricten nothwendig aufgegeben werden mußten.

Diese Veränderung hat dem beabsichtigten ökonomischen Zweck nicht entsprochen, da zu Folge des hernach zu erwähnenden Plans, einen Landanschlag zu machen, besoldete Personen angesetzt wurden, die zugleich als Schulmeister hätten dienen können. Es ist sonderbar, daß, während der fromme Eifer würdiger Männer Missionen nach Indien veranlaßt hat, wo durchaus keine Wahrscheinlichkeit des Erfolgs vorhanden ist, Ceylon übersehen ward, das den besten Ausgang verspricht. Die Cingalesen haben die starken Vorurtheile aufgegeben, welche die Hindu's so eng an die braminische Religion binden und ihre Anhänglichkeit an Kasten ist weit mehr eine Sache der Eitelkeit, als der Religion. Keine Schande oder Ausschließung bestraft die Annahme des Christenthums.

Durch ruhige und standhafte Fortsetzung der von den Holländern eingeführten Entwürfe konnte man mit Recht die allmähliche Bekehrung der ganzen cingalesischen Nation erwarten, und es ist traurig, daß durch die Oekonomie der brittischen Regierung diese Hoffnungen vermindert sind. Herr North fand auf einer Reise rings der Küste, daß das Heidenthum wegen der Abwesenheit der Geistlichen in vielen Gegenden den verlorenen Boden wieder gewonnen hatte. Die von den Holländern festgesetzte Zahl hätte vermehrt werden sollen, da das Bekehrungsgeschäft unter den Augen der Regierung sicherer, als durch Missionarien betreiben wird, deren Eifer so oft der Klugheit voraneilt. Die Verminderung der Clerisey hat ein anderes Uebel zur Folge gehabt, die Vermehrung des Concubinats unter den Protestanten. In einigen Gegenden wohnen keine Geistliche innerhalb 100 Meilen und die armen Leute sind nicht im Stande so weit zu reisen, um getraut zu werden. In einem Punkte sind die Engländer aus guten Gründen von dem Beispiel der Holländer abgewichen. Diese drückten die Katholiken unter ihrer Herrschaft sehr; sie durften keinen besondern Begräbnißplatz haben und mußten ungeheure Gebühren bezahlen, um ihre Todten bei den Protestanten zu begraben. Dies Gesetz ward durch General Stuart abgeschafft. Auch die Taxe auf ihre Heirathen war unter den Holländern so groß, daß sie beinahe an ein Verbot gränzte. Diese Klasse der Einwohner hat daher durch unsere Eroberung beträchtlich gewonnen.

Die Gerechtigkeit ward unter den Holländern von eben so unwissenden, als feilen Personen verwaltet. Ihre Gerichtshöfe waren mit Männern ohne Kenntniß, ohne Erziehung, ohne Charakter besetzt, die Niemand controllirte; ihre Aemter, wozu Zufall oder Bestechung sie befördert hatte, machten sie zu Richtern, obgleich sie der Auswurf ihres Landes waren. Kein holländischer Krämer würde seinen Sohn in die Dienste der ostindischen Kompagnie gegeben haben, wenn er es nicht für einen Schimpf gehalten hätte, ihn zu Hause zu behalten. Noch schlechter als die Theorie war die Ausübung. Advokaten wurden nicht zugelassen. Procuratoren und Fiscäle erhielten durch die Gunst der Regierung ihre Anstellung, ohne daß der mindeste Anspruch auf Kenntniß des Rechtsganges gemacht ward. Selbst die wichtigsten Angelegenheiten wurden oft nicht in einer Sitzung verhandelt; sondern der Fiskal, der nicht nothwendig ein Rechtsgelehrter zu seyn brauchte, hielt in Gegenwart von 2 Mitgliedern, die noch unwissender als er selbst waren und kein Recht hatten, sich in die Sache zu mischen, und deren Stimme in der Entscheidung nichts galt, ein Verhör; sein Ausspruch ward gemeiniglich an die Mitglieder geschickt und von ihnen für sich mit einem ganz unverzeihlichen Mangel an Vorsicht und Kenntniß der Sache unterzeichnet.

Ein merkwürdiger Beweis von der Sorglosigkeit der holländischen Kriminalverwaltung ist Hrn. North vorgekommen. Ein zur Arbeit verurtheilter Mann überreichte ihm eine Bittschrift des Inhalts, daß er viertehalb Jahr wegen eines sehr geringen Vergehens in dieser Lage gewesen sey. Man fand beim Nachsehen des Protocolls, daß er von den Richtern nur auf ein

Jahr verurtheilt sey, daß aber der Schreiber, der unterdessen gestorben war, aus Versehen den Zeitraum in 10 verändert hatte. Die Archive der Holländer gaben nur sehr wenig Nachrichten, worauf man sich verlassen konnte; sie scheinen alle Rechnungen verfälscht zu haben, um ihre Herrn zu Hause zu betrügen; eine nothwendige Maasregel, um ihre Unterschleife zu bedecken, ohne welche sie von ihrem Gehalte nicht eben konnten. Zu Folge ihrer wirklichen oder vorgeblichen Unwissenheit in den Gesetzen und Gebräuchen ihrer Cingalesischen Unterthanen, vermischten sie in den Ausdrücken ihrer Sprache, und in der Anwendung ihrer Gesetze Personen, die durch ihre Kaste genöthigt waren, andern erniedrigende und freiwillige Dienste zu leisten, mit häuslichen Sclaven, dahingegen die wahre Bestimmung der Dienste, wozu sie verbunden waren, sie ausdrücklich von dieser unglücklichen Klasse unterschied. Durch die Kapitulation blieben die Sclaven ihren Herrn, aber Hr. North befreite viele, die auf eine ungerechte Art zu Sclaven gemacht waren, und jetzt darf keiner aus- oder eingeführt werden. Ein Bastard von einer schwarzen Sclavin ist frei, aber man kann wegen des Verlustes, der dadurch in den weiblichen Diensten entsteht, sich beschweren, und es sind schon verschiedene Klagen darüber angebracht worden.

Die Holländer hatten die Idee, daß ein ungetheiltes Erbe die Auswanderung verhindere, sie verstatteten daher keine Theilung unter den Kindern bei dem Tode des Vaters, sondern zwangen sie, gemeinschaftlich die Güter zu verwalten. Man kann sich leicht vorstellen, was für Verwirrung diese Maasregel in der dritten und auch schon in der zweiten Generation hervorbringen mußte. Herr North verstattete die Theilung und stellte in jedem District Beamte an, um das Land zu registriren. Die Holländer vernachlässigten den Ackerbau und vermehrten dadurch das Unglück der Eingebornen und entvölkerten ihre Besitzungen. Ihr einziger Zweck war Kanel und sie wünschten die Insel in gänzlicher Abhängigkeit zu erhalten. H. North bemüht, diesem Uebel abzuhelfen, bewilligte jedem Land, der es verlangte, unter der Bedingung, daß er nach fünf Jahren der Regierung einen Zehnten an trockenen Körnern von dem Ertrage auf hohem, und ein Viertel von dem auf niedrigem Boden bezahlen sollte. Auch durch Verminderung der Laskarins nöthigte er viele sich, wegen ihres Unterhalts, auf den Landbau zu legen. Ein Befehl aus England hob alle Pensionen, die den Landdrosten, oder den höhern Beamten in holländischem Dienst, bewilligt waren, auf, und brachte diese unglücklichen Leute an den Bettelstab; diese Maasregel gieng aus dem knickernden Ersparungssystem hervor und ward hernach gewissermaßen gemildert, aber auf eine nicht gefällige Art, indem es dem Gouverneur überlassen ward, Pensionen im Namen Sr. Majestät zu bewilligen. Ohne diese Hülfe hätten sie durchaus aus Mangel umkommen müssen, denn ihre Besoldungen unter den Holländern waren so niedrig, daß sie selbst bei ihren Unterschleifen nur das Leben hatten. Sie sind jetzt in Unbedeutenheit hinabgesunken, und vegetiren nur gerade von ihren Pensionen. Das Gefühl des veränderten Zustandes veranlaßt viele zum übermäßigen Trunk, so daß sie bald gänzlich ausgestorben seyn werden; einige von ihnen waren tief in die Empörung verwickelt, die dem Blutbade vorangieng.

Ueber den großen Handelsgegenstand der Insel, den Kaneel, weiß ich den Berichten anderer Schriftsteller nicht viel hinzuzufügen. Die Holländer hatten verschiedene Gärten zum Anbau derselben; der zu Mahrandahn, nahe bei Columbo, hat 15 Meilen im Umfang und ist von einem Graben umschlossen. Die Holländer hatten zugegeben, daß ein beträchtlicher Theil von Privateigenthum mit ihm vermischt ward. Herr North hat indessen andere Gärten bei Negumbo angelegt, die mit der Zeit das ganze Bedürfniß hervorbringen dürften und der Garten zu Columbo wird alsdann zu andern Zwecken eröffnet werden. Die Kosten, den Kaneel von entfernten Stellen zu ziehen, sind weit größer, als wenn er aus einem Garten gesammelt wird und es ist ein wichtiger Gegenstand, so viel Land als möglich dem Kornbau vorzubehalten, da die jährliche Einfuhr an Reiß, bloß zum Gebrauch der Insel, auf 50,000 Säcke geschätzt wird. Die Oeffnung des Gartens zu Mahrandahn wird in dieser Hinsicht ein wichtiger Vortheil seyn, aber einen noch bedeutenderen Gewinn verspricht ein Plan des Herrn North, das Mutah-rajah-ville Salzmoor zwischen Columbo und Negumbo auszutrocknen und das salzige Wasser abzuleiten. Dadurch wird ein Strich von 10 Meilen lang und zwei breit, guter Reißboden werden, und wahrscheinlich genug für den Bedarf von Columbo hervorbringen.

Es ist ein Vorurtheil, den dünnsten Kaneel für den besten zu halten; die dicke Rinde von alten Bäumen ist freilich grob und bitter, aber die von Pflanzen, die üppig in einem günstigen Boden und hinreichendem Luftzuge wachsen, ist sehr dick, sanft und fest und ihre aromatische Eigenschaft übertrifft die der dünnern. Es ist offenbar ein Gegenstand von großer Wichtigkeit, einen beträchtlichen Theil der Insel aufzuräumen; aber es muß mit Vorsicht geschehen; würden die Hügel entblößt, so lehrt die Erfahrung, daß sie nicht mehr in gleichem Grade die Wolken anziehen, woraus zuletzt Dürre entsteht; die Thäler und noch mehr die Ufer der Flüsse müßten von dem dichten Gestrüpp befreiet werden; unter den Zweigen desselben, das wiederum Wurzeln nach jeder Richtung aussendet, erzeugt sich wahrscheinlich das verderbliche Sumpffieber; kein Lufthauch kann hindurch dringen und die eingeschlossenen Ausdünstungen aus dem schwarzen vegetabilischen Moder, mit stinkenden Ausflüssen aller Art belastet, müssen höchst schädlich werden und sowohl die Luft, als das Wasser verderben.

In Isle de France waren die Ufer der Flüsse kaum von ihrem Schatten gereinigt, als das Wasser gesund ward. Dicht gepflanzte Kokosbäume scheinen das Wachsen des Unterholzes zu verhindern; könnten sie nicht deswegen an den Ufern der Flüsse angepflanzt werden? Würde aller Schutz, auch in den niedrigen Gegenden, entfernt, so dürften die Saaten zu sehr der Sonne und dem Winde ausgesetzt seyn, so wie auch die Fruchtbäume beschädigt werden; dagegen würden schlanke Bäume, ohne dem Umlauf der Luft Einhalt zu thun, Schutz gewähren; Gruppen derselben und Alleen müßten nach Aufräumung der Waldung und des Unterholzes gepflanzt werden; Feuer kann zum Ausroden in Ceylon nicht gebraucht werden, da die Bäume nicht trocken genug sind; dies ist vielleicht ein glücklicher Umstand, denn die Wirkungen des Feuers lassen sich nicht zügeln und das schöne Tischlerholz ist der Erhaltung werth.

Ich kann dies Kapitel nicht schließen, ohne der Verwaltung des Herrn North ein rühmliches Zeugniß zu geben. Sein milder wohlwollender Charakter und seine aussöhnende Politik trugen wesentlich bei, die Gemüther der Eingebornen der brittischen Regierung zu gewinnen, nach dem abscheulichen Betragen derjenigen, die, während die Insel unter der Aufsicht der Präsidentschaft Madras stand, daselbst herrschten. Die Civilbeamten, die nach diesem Lande der Verheißung herabkamen, wurden von einem Schwarm eingeborner Debasches begleitet, die auf den Rang und Titel des Aumils Anspruch machten und das Land als ihrer Habsucht Preis gegeben betrachteten; es ist kaum glaublich, zu welcher Höhe sie ihre Erpressungen trieben; das holländische Gesetz ward abgeschafft und das System von Madras eingeführt, das, obgleich vielleicht in seinen Grundsätzen vernünftiger, in der Ausführung gewaltthätiger war, den Gefühlen des Volks mehr widersprach, und zerstörender auf seine Gebräuche und auf sein Vermögen wirkte. Einer dieser Aumils überreichte, da er die Besuche der Eingebornen bei seiner Ankunft empfieng, Allen eine Muskatnuß und, da sie fortgegangen waren, forderte er von einem Jeden eine, seinen Umständen angemessene Geldsumme. Andere suchten nicht einmal einen solchen Vorwand für ihre Erpressungen, und kerkerten zu Baticalu auf mehr als drei Jahre den Widam oder Eingebornen-Vorsteher ein, weil er ihnen nicht die verlangte Summe bezahlen wollte; ihr einziger Zweck war, Geld zusammenzuhäufen; sie verderbten die Wälder, indem sie alle schöne Holzarten fällten, und legten eine allgemeine, äußerst drückende, Taxe auf die Kokosbäume; es war ein gleicher Maaßstab angenommen, obschon ein Baum in der Nähe einer Stadt doppelt so viel werth ist, als im Lande. Endlich konnten auch die geduldigen Cingalesen nicht mehr tragen und es brach eine allgemeine Empörung aus. Ein Aumil bezahlte mit seinem Leben für seine Verbrechen; und die Regierung war so sehr von seinen Missethaten überzeugt, daß nie eine Untersuchung darüber angestellt ward. Hr. Andrews, der als Handelsresident und Generaleinnehmer mit der höchsten bürgerlichen Autorität bekleidet war, kann nicht von der Schuld frei gesprochen werden, diesen Abscheulichkeiten wenigstens nachgesehen zu haben; und der Vorfall mit der Perlensischerei während seiner Verwaltung, wozu noch einmal so viel Boote, als wofür die Kompagnie Bezahlung erhielt, gebraucht wurden, berechtigt zu einem noch ungünstigern Urtheil über sein Betragen.

Die Ankunft des Herrn North war diesen Heuschrecken durchaus nicht angenehm, welche die Hoffnung zu haben schienen, ihn von seinem Gouvernement zu verdrängen. Sie fanden aber zu ihrem Schaden sehr bald, daß seine Festigkeit und Entschlossenheit eben so groß, als seine Milde und sein Wohlwollen waren. Er verabschiedete die Unverbesserlichsten, suspendirte andre und vertrieb mit einem Male das Geschlecht der Debaschen und Aumils von der Küste. Er stellte die holländischen Gesetze und Einrichtungen, woran das Volk gewöhnt war, wieder her, und verbesserte die Mißbräuche derselben, auf eine langsame und fast unmerkliche Art; es gereicht den Direktoren zur Ehre, daß sie Herrn North in diesen Maasregeln sehr unterstützten und alle seine Handlungen bestätigten; unter der neuen und wohlthätigen Verwaltung erhielt Ceylon bald ein anderes Ansehen; statt eines erschöpften Schatzes war die Einnahme der Civilausgabe beinahe gleich; die Wasserbehälter, die, so wie jedes andere nützliche Werk, vernachlässigt worden waren und woraus eine fürchterliche Seuche unter dem Vieh entstand, wurden ausgebessert, und die Kompagnie oder Kaste der Bauleute, die daran arbeiteten, ward wie unter den Holländern anerkannt; die Gräben, Werfte

Magazine und Kanäle, die durch die Vernachlässigung der Kompagnie beinahe ganz verfallen waren, wurden wieder hergestellt; das System, die Modeliars und andere durch Accommodessars oder Bewilligung freien Landes zu bezahlen, ward abgeschafft und regelmäßige Bezahlung dagegen eingeführt; diese Maasregel, obgleich sie eine scheinbare Vermehrung der Ausgaben bewirkte, hat wirklich Ueberschuß gegeben, weil sie das steuerpflichtige Land vermehrte; sie hatte auch eine gute Wirkung zum Vortheil der untern Klassen, die Ländereien gegen die Leistung von Diensten inne hatten, sie wurden von dem Druck der Modeliars befreit, die sie zu ihrem Nutzen gebrauchten; diese selbst wurden durch die Achtung, womit die europäischen Offiziere sie in ihren Districten behandeln mußten und durch eine gleichförmige Rücksicht auf ihre Eitelkeit und Vorurtheile gewonnen.

Die Gesellschaft in Columbo ist groß genug, um jeden Wunsch nach Unterhaltung zu befriedigen; die Richter werden sogar besser bezahlt, als nothwendig ist, und auch die übrigen Departemente sind mit Beisitzern versehen, denen ihre Besoldungen ein gemächliches Leben verstatten; mehrere von ihnen zeichnen sich durch Talent und Kenntnisse aus, wie z. B. Hr. Tolfrey, der verschiedene Stellen bekleidet und vollkommen Meister der cingalesischen Sprache ist; er ist gegenwärtig mit einer cingalesischen Grammatik beschäftigt, und das Publikum darf erwarten, daß alle in den Büchern dieses Volks enthaltenen Aufschlüsse zu seiner Kenntniß kommen werden; kurz, die Gesellschaft in Ceylon kann es mit jeder in den Präsidentschaften der Kompagnie aufnehmen.

Es ist in Ceylon sehr schwierig, europäische Artikel für den Tisch zu bekommen, da seit geraumer Zeit kein Schiff von England angekommen war. Der einzige Luxus besteht in Fischen, die schön und überflüssig, aber theuer sind; in einigen Häusern, besonders beim General Macdowal, war die Tafel wohlbesetzt. Hrr. North, obgleich er einen guten Tisch liebte, verstand nicht zu schelten und folglich waren seine Mahlzeiten die schlechtesten in Columbo, worüber er oft selbst zu lachen pflegte; er war sehr zufrieden, wenn wir ausgebeten wurden, weil wir, sagte er, etwas Eßbares haben würden. Man strebt nach keinem Glanz, aber Alles ist nett und die Aufnahme äußerst gastfrei. Man speist früh, was mir sehr angenehm war; wir waren gemeiniglich um 9 Uhr im Bette und die erfrischende Seeluft gewährte eine Ruhe, die in den schwülen Ebenen Bengalens unbekannt ist. General Macdowal hat sich große Mühe gegeben, europäische Gewächse anzupflanzen, seine Bemühungen haben aber keinen großen Erfolg gehabt; er hat sich indessen viele Fruchtbäume aus Bengalen verschafft, die eine schätzbare Erwerbung ausmachen. Unter ihnen sind der Loquot und Litschi.

Bei Sorgfalt und Aufmerksamkeit würde die Insel nach meiner Ueberzeugung Alles hervorbringen, was man wünscht, aber jetzt werden nur einheimische Pflanzen erzeugt. Die Häuser sind im Allgemeinen groß und kühl, längs der ganzen Vorderseite mit Verandah's, aber nur ein Stockwerck hoch, und machen keinen Anspruch auf Zierlichkeit; unter den Holländern herrschte ein Vorurtheil, daß die Seeluft ungesund sey; sie baueten daher alle Häuser im Fort Columbo, mit den Hinterseiten gegen dieselbe und suchten sie durch Mauern, so viel als möglich abzuhalten.

Die Küsten der südlichen Theile der Insel sind außerordentlich gesund; die Geißel des Landes, das Sumpffieber, hat immer nur in dem Innern des Landes um sich gegriffen, aber bestimmt ist nicht ausgemacht, in welchen Gegenden; sublimirtes Quecksilber wird als das Hauptmittel gebraucht, es besiegt das Fieber, giebt aber dem Kranken in der Regel, nicht hinreichende Stärke sich zu erholen; man sagt, daß der Magen keine China verträgt, aber Einige haben sie, mit großen Dosen Laudanum versetzt, mit Erfolg gegeben; man vermuthet allgemein, daß der Nachtthau besonders schädlich ist; der Sommer ist am ungesundesten.

Die fürchterliche und beschwerliche Krankheit, der Aussatz, ist ziemlich häufig; ein Hospital ist dafür angelegt. Man hat den Arsenik angewandt, aber ohne Erfolg; er ward auf jede Art und mit allen andern Arzneimitteln, die nur irgend eine Wirkung versprachen, versetzt. Ein Uebel, das, so weit ich erfuhr, der Insel eigenthümlich ist, ist das Berry — berry; es ist eigentlich eine Wassersucht, die oft in wenigen Tagen tödtet; ich bemerkte die Elephantiasis zu Galle und Columbo. Die Zahl der Wundärzte ist durchaus nicht den Bedürfnissen der Insel angemessen, selbst wenn sie gesunder wäre; die Garnisonen sind so klein und in einer solchen Entfernung von einander, oft 30 — 40 Meilen, daß ein Regiment statt zwei Wundärzten ihrer 4 oder 5 bedarf; auch die Uebersendung von Arzneimitteln ist schändlich vernachlässigt. Zum Glück hat man einige aus Madras erhalten; aber es läßt sich nicht erwarten, daß man dort viel übrig haben wird.

Während ich das Zimmer hüten mußte, las ich Thunberg wieder und erstaunte über die Dürftigkeit seiner Nachrichten, und verschiedene sehr sonderbare Irrthümer, die er begangen hat; darunter gehört die lange Reihe von Gerichten aus der Brodfrucht, die wirklich alle aus der Jakka bereitet werden, einer ganz andern Frucht, von der die Eingebornen größtentheils leben. Sie ist hier weit besser, als alle, die ich in Indien kostete, und schmeckt weniger unangenehm. Die Brodfrucht wird von den Eingebornen wenig benutzt, sie glauben, daß sie den Aussatz erzeugt. Hr. North befahl, auf meine Bitte, verschiedene Male sie aufzusetzen, aber es geschah nie und endlich sagte ihm sein erster mohrischer Bediente, daß es nicht gut sey.

Die ganze Naturgeschichte der Insel ist wenig bekannt, und nirgends ist ein schöneres Feld dem Botaniker oder den Sammlern in andern Zweigen eröffnet. Thunberg hat nur wenig gethan und das Wenige nur mittelmäßig; auch kann ich seine Wahrhaftigkeit nicht bestätigen, besonders in seinem Berichte über die Art, zwischen den verschiedenen Oertern zu reisen. Sollte der gegenwärtige unglückliche Krieg die brittische Herrschaft über die ganze Insel befestigen, so wird man sicher in Gegenden reisen, denen bisher kein Europäer sich nähern durfte und in diesem Falle kann man mit Recht erwarten, daß selbst von Seiten der Regierung für die nähere Kenntniß der Insel etwas geschehen wird. *)

*) Was Mylord Valentia hier gegen den trefflichen Thunberg erinnert, verdient eine Bemerkung: der Uebersetzer hält es insonderheit für seine Pflicht ein Paar Worte zur Rechtfertigung eines Mannes hinzuzusetzen, der ihm als Freund und Mensch noch weit schätzbarer ist, als wie Gelehrter, und der vorsätzlich gewiß auch in den unbedeutendsten Dingen der Wahrheit nichts vergeben hat. In der Originalausgabe seiner Reise, die ich nur besitze, IV, 263 sagt Thunberg ganz deutlich, daß es auf Ceylon zweierlei Arten des Brodbaums giebt: unbegreiflich ist es uns, daß Valentia, der doch mit Botanik sich beschäftigt zu haben scheint, übersehen konnte, daß der sogenannte Jakkabaum, wenigstens von den ältern Schriftstellern, als eine Gattung des Brodbaums betrachtet wird: der eigentliche Brodbaum heißt nach Forster Artocarpus incisus, der Jakkabaum aber Art. integrifolius. Alles was Thunberg anführt, gilt von dem letztern, den er nur als eine Art des Brodbaums ansieht, und daher unter diesem Namen aufführt. Ebenso ist es mit den übrigen Nachrichten: Thunberg blieb nur eine kurze Zeit auf der Insel, und es ist leicht zu erachten, daß ein armer Wundarzt im Dienste der holländischen Kompagnie das Land anders bereiste, als Mylord Valentia, der überall wie ein Fürst empfangen ward. Der Uebersetzer erkennt sehr wohl die Mängel der Thunberg'schen Reise, aber er ist auch überzeugt, daß eben die Authenticität der Nachrichten sie ungemein schätzbar macht. R.

Siebentes Kapitel.

Abreise von Columbo — Negumbo — Dschilow — Anbapane — Putlam — Reise nach Mardschicotti — Condodschi — Manaar — Reise nach Ramissaram — Pamban — Ramnad — Ankunft zu Tanjore — Besuch bei den Pagoden zu Combocoņum — Cuddalor — Ankunft zu Pondichery — Besuch bei den sieben Pagoden — Ankunft zu Madras.

Da meine Gesundheit sich bedeutend besserte, wurden alle Vorkehrungen zur Abreise getroffen; jede Verzögerung war meinen Planen hinderlich, da ich Briefe aus Bombay erhalten hatte, mit der Nachricht, daß Lord Wellesley einem Kreuzer der Kompagnie befohlen habe, früh im Februar dort zu seyn, uud mich nach dem rothen Meere zu bringen; ich hatte also keine Zeit zu verlieren. Am 13ten wurde mein Gepäck nach Negumbo vorausgeschickt und ich dachte am andern Tage zu folgen. Der Gouverneur war so gefällig, mich bis dahin zu begleiten.

Am 17ten Januar. Um 7 Uhr des Morgens verließen wir St. Sebastian; das Wetter war angenehm und kühl, der ziemlich breite Weg war ganz von Ko-

kosnuß = Bäumen beschattet, mit häufigen Hütten, die ein ganzes Dorf, den ganzen Weg bis zum Fluß Betal, in einer Entfernung von viertehalb Meilen bildeten. Dieser Fluß ist hier von einer beträchtlichen Größe, wir setzten auf die gewöhnliche Art über und verließen nun das Seeufer auf einem sehr engen Pfade durch ein dichtes Sumpfgebüsch; alle 10 Ellen war er, wie vorher, mit Hütten besetzt, die fast von den Bäumen verborgen waren, bis wir Dschiaile naheten, wo das Land umher offener ward; vorher waren an diesem Platze einige Kaneelgärten, sie wurden aber aufgegeben und im Jahre 1802 verkauft. Weil wir der Seeluft entbehrten, war es sehr schwül und erst gegen 4 Uhr erreichten wir Negumbo; wir kamen dicht bei den Salzmooren, die ausgetrocknet werden sollen, vorüber, durch eine Gegend, die offener, aber weniger malerisch, als gewöhnlich, war. Wir quartierten uns bei dem Kommandanten Kapitän Blackwal ein; er bewohnt ein altmodiges, großes, holländisches Haus, dicht an einem schönen Teiche, den man aber klüglich durch eine Reihe Wirthschaftsgebäude zu verstecken gewußt hat. Demselben gegenüber ist das Fort, das bloß zum Schutz gegen die Cingalesen dient, denn es wird nur durch einen Erdwall vertheidigt; der sowohl innen als außen gleichmäßig abschießt, auf demselben liegen einige alte Kanonen; es scheint ehemals dicht am Seeufer gelegen zu haben, wovon es jetzt einige 100 Ellen entfernt ist.

Es ist eine durchgängige Meinung auf der Insel, die dies sehr zu bestätigen scheint, daß die See auf der Westseite schnell Boden verliert und auf der östlichen gewinnt. Das Land umher ist ganz eben, aber der Teich und die Kokoshaine bildeten eine schöne Scene. Die Stadt ist nett, groß und volkreich, und mit Kokos- und andern Fruchtbäumen untermischt; der neue Kaneelgarten ist nur 7 Meilen von hier und die Garnison zu seiner Beschützung daher beträchtlicher. Als ich im Begriff war abzureisen, waren alle meine Träger, 47 an der Zahl, und der Ober-Kuli mit ihnen davon gelaufen; es mußten Leute ausgeschickt werden, um sie aufzusuchen; früh am andern Morgen kamen 39 zurück; sie entschuldigten sich, daß der Ober-Kuli sie betrogen habe; statt anderthalb Thaler habe er ihnen nur einige Fakams gegeben, um sich mit Lebensmitteln zu versehen, sie hätten also nichts zu essen und könnten nicht arbeiten. Mir schien diese Entschuldigung hinreichend, und ich bat den Gouverneur, ihnen zu verzeihen. Ich hatte dem Anführer ihren ganzen Sold bezahlt, gab ihnen denselben aber noch einmal, und überließ seine Bestrafung Sr. Excellenz, der mir versprach, daß er tüchtig gepeitscht, seines Amts entsetzt werden, und das Geld zurückzahlen sollte, das ich dem Waisenfonds schenkte. Einige der Träger waren wahre Krüppel; ich behielt daher nur 34 und der Mudeliar des Orts verschaffte 26 neue, die, damit sie sich nicht entfernen möchten, in einem Nebenhause eingesperrt wurden.

Um 6 Uhr reiste ich ab. Wie wir die Stadt verließen, nahm uns ein Kokoshain auf, der das Seeufer bedeckte; der Sand war außerordentlich tief und wir kamen nur langsam vorwärts; sobald es dunkel ward, fanden wir die Landstraße durch Feuer von Kokosnußblättern auf jeder Seite illuminirt. Fackeln von denselben waren in den Sand gesteckt, oder wurden von Weibern und Kindern getragen, die von Dorf zu Dorf neben den Palankins liefen. Die Scene war schön und ward bisweilen erhöht, wenn das trockene Gras von den Fackeln Feuer fieng, und die Flamme längs dem Boden fort lief. Dieser Weg erstreckte sich 4 Meilen zu dem Kaimal-Flusse. Er war breit und die Boote klein: wir konnten daher nicht mit einem Male hinüberkommen; um 8 Uhr landeten wir Alle auf einer dürren Landspitze zwischen dem Flüsse und See; hier waren keine Kokosnüsse, keine Dörfer und keine Fakkeln mehr. Die Dunkelheit ward desto unangenehmer wegen des Kontrastes mit der heitern Scene, die wir hinter uns gelassen hatten. Bei der Häßlichkeit der sandigen, mit Gestrüpp bewachsenen Gegend verlor sich nicht viel durch die Dunkelheit; meine Bursche waren äußerst lustig, lachten und sangen die ganze Nacht.

Am 16ten Januar. Um 8 Uhr Morgens kamen wir nach Dschilow. Das Dorf liegt quer an einem kleinen Flusse, dessen Ufer mit einem sehr schönen Strauch verziert waren, den ich zuerst für die Stechpalme hielt, bis ich fand, daß er eine große, purpurne Blume habe. Das Fort selbst ist höchst unbedeutend, es besteht aus einem Graben, der an einigen Stellen nur drei Fuß tief ist, mit einem Erdwall, der auf beiden Seiten gleichförmig abschießt und ungefähr nur 10 Fuß hoch ist. Oben ist eine Reihe Palissaden dicht an einander eingeschlagen, und vor denselben oder an dem Rande des Grabens ist auswärts eine Reihe von Bäumen gepflanzt; diese Verbesserung ist später hinzugefügt und noch ohne dieselbe hielt der Ort eine Belagerung, geleitet von dem zweiten Adigaar und 3000 Cingalesen aus. Sie machten ihre Approchen sehr regelmäßig und brachten ihre Batterien so nahe, daß sie mit der Garnison sich unterredeten. Hr. Campbell, der, obgleich ein Civilbeamter, den Befehl führte, hatte nur 60 Malajen und Sipoy's bei sich, aber der Feind, der Alles sehen konnte, versuchte keinen Sturm; die Belagerten hatten keine Kugeln und nur anderthalb Tonnen Pulver; Herr Campbell war genöthigt, Pise (eine kleine Kupfermünze) zu brauchen, wovon er für 6000 Reichsthaler vorräthig hatte, und sein Feuer sehr zu schonen, da er die Zeit des Entsatzes nicht mit Sicherheit berechnen konnte. In anderer Hinsicht brauchte er sich eben nicht sehr zu fürchten, denn auf seiner Seite ward kein Mann getödtet; sein Havildar sagte ihm, es sey nicht nöthig, mit Kugeln zu laden; kommt nur Pulver genug hinein, so ist das Geräusch hinreichend sie abzuhalten. Wiederholt wurden der Besatzung Belohnung versprochen, wenn sie ihn verlassen wollte, aber ohne Erfolg; endlich kam Kapitän Blackwal zu Wasser von Negumbo zu seinem Beistand, und die Canoische Armee zog sich in äußerster Eile zurück. Sie hielten sich selbst für so ganz Herren des Landes, daß sie dem Dorfe keinen Schaden thaten, noch einiges Salz wegführten, dessen sie im höchsten Grade bedürftig waren, und wovon dieser Ort einer der Hauptniederlagen ist.

Der Anführer der Fischer gieng während der Belagerung zu ihnen über, und begleitete sie auf ihrer Flucht. Es heißt, daß er ein Fort für sie im Innern aufführt, wo eine Macht von 6000 Mann versammelt wird. Die Vorposten stehen an den Gränzen nur etwa 12 Meilen entfernt; die beständige Niederlage der Candier an jeder Stelle hatte die Auswanderung vieler eingebornen Familien zur Folge, die Schutz in unsern Provinzen suchten; sie belaufen sich in diesem District auf mehrere Hundert und haben uns durch viele schätzbare Nachrichten ihre feste Ergebenheit bewiesen. Nach Anleitung derselben machte Herr Campbell einen Einfall in ihr Gebiet, verbrannte eine große Menge Getraide, und was noch wichtiger für sie war, plünderte eins ihrer größten Salzmagazine; er denkt, sobald er sich den Beistand einiger wenigen Europäer aus der Garnison von Negumbo verschaffen kann, die Quartiere dieser 6000 Bursche plötzlich anzugreifen und die Feigheit und militärische Ungeschicklichkeit der Singalesen ist so groß, daß er dies wahrscheinlich mit 100 Mann völlig bewirken wird.

Herr Campbell empfieng mich mit seiner kleinen Garnison, die am Thore des Forts aufgestellt war, und führte mich zu seiner Wohnung, dem einzigen Hause in dem Orte. Die Leute wohnen in Hütten aus Palmenblättern; das Fort ist nicht 100 Quadratfuß groß, so daß die Wälle gänzlich die Luft abhalten und es außerordentlich ungesund machen; die katholische Kirche ist nett und geräumig, sie ward durch Subscription gebaut; der Pater, ein Bastard-Portugiese, sagte mir, daß er drei Districte unter sich habe und seine Gemeinde sich auf 500 Seelen belaufe; der Altar ist mit Madonnen und andern Bildern geziert. An dem Fuße eines der kleinern ist das Bette des Paters. Herr Campbell schenkte mir ein großes Eingalesisches Manuscript, wie gewöhnlich auf den Blättern des Talapot geschrieben, mit einer hölzernen Decke, zierlich mit Arabesken bemalt; er hatte es in einer Pagode genommen und nannte es eine Bibel. Die verhältnißmäßige Größe desselben zu andern Büchern konnte es zu diesem Titel berechtigen. Er sagte mir, daß einige sehr sonderbare Tempel des Buddha nicht weit entfernt wären, und wir wurden versucht, von einer neuen Wache von Sipoys begleitet, dahin zu gehen.

Der Weg führte durch ein weites, offenes Feld, bedeckt mit hohem Grase, worin eine Menge Vieh weidete; in einer Jahreszeit ist es ein völliger Sumpf und trägt, da es nie gemäht wird, ohne Zweifel zu der Ungesundheit des Ortes bei. Die Pagoden waren von einigen sehr edeln Arten des Ficus Bengalensis und der Cariotha urens umgeben. Wir wurden aber sehr getäuscht, da wir fanden, daß die Gebäude malabarisch, dem Mahadeo geweiht, mit zahllosen ehernen

Statuen des Siwah, Wischnu und der Trias von Figuren versehen waren. Die Braminen waren jämmerlich arm und sehr dankbar für die Paar Thaler, die ich ihnen gab. Sehr ärgerlich über diesen unnützen Verzug eilten wir zurück und um 3 Uhr kamen wir das Fort vorüber; unser Weg wand sich durch ein äußerst dichtes Moor, voll von der Rhizophora und andern Sumpfgewächsen. Wir giengen über verschiedene Arme des Flusses, oder der salzigen Lagune und landeten endlich auf einer dürren Sandspitze, die auf der einen Seite die See, auf der andern einen Fluß mit salzigem Wasser hatte.

Es bildet einen Theil der besondern Insel von Nave Carre; diese ist allem Anschein nach ehemals von der See bedeckt gewesen, die, wie ich glaube, sich über die Lagune ausdehnte und das östliche Ufer derselben bespülte, wo auch jetzt die Vegetation erst beginnt. Nahe dabei liegt die kleine Stadt Dschilow, das Land war völlig eben und das Auge entdeckte keinen Hügel, keinen hohen Baum; wir mußten noch über eine Bucht von salzigem Wasser, worüber einige Zeit vergieng, so daß wir zu Andapane, etwa 12 Meilen weit, etwa um 11 Uhr in der Nacht ankamen. Es ist ein einziges Haus, bestimmt für die Tappelbursche oder Postboten; wir würden uns auch nichts haben verschaffen können, wenn nicht unser Freund für Alles gesorgt hätte; wir schliefen in unsern Palankins in dem Hause, das uns vor einigen sehr heftigen Regengüssen schützte, die in der Nacht herabfielen.

Am 17ten Januar. Es war ein neblichter Morgen und sehr kalt; ich wartete bis 8 Uhr, um das Wetter sich aufklären zu lassen, aber umsonst. Der Weg führt über eine völlige Ebene, die von salzigen Mooren und Bächen durchschnitten ward und die Leute waren alle Augenblicke bis an die Knöchel in Wasser und Schlamm; kein Wunder also, daß wir nur langsam fortkrochen. Nach einer Liste der Stationen, womit ich versehen war, sollte in der Entfernung von 12 Meilen sich ein Dorf zeigen, Namens Nadrancolore, wo ich zu frühstücken und meine Leute ausruhen zu lassen dachte, aber es wollte nie erscheinen und bis 3 Uhr sah ich außer meinen Begleitern, kein menschliches Wesen; die Spuren von Elephanten waren häufig, da sie von dem Gebüsch zu einigen frischen Wasserteichen gegangen waren. Meine Leute waren völlig erschöpft und genöthigt, alle 10 Minuten anzuhalten. Hier verließ ich die Insel und kam zu dem festen Lande. Es zeigte sich die große Lagune und auf einer Seite desselben das Fort Putlam. Einige Bursche aus einem Dorfe unterstützten mich, und ich kam wohlbehalten um 4 Uhr an, nachdem ich 8 Stunden auf 24 Meilen zugebracht hatte. Kapitän Purden, der den Befehl führt, kam mir in einer kurzen Entfernung entgegen und führte mich zu einem kleinen Hause, von Kokosblättern gebaut, dicht an dem Rande des Wassers, außerhalb des Forts, aber durch eine Brustwehr und Palissaden, die von demselben ausgehen, beschützt. Das Fort ist ziemlich stark, aber verfallen. Die Sparsamkeit würde die Wiederherstellung nicht zugeben, selbst wenn es wichtiger wäre, als es wirklich ist. Die Garnison besteht aus 60 Malajen, ohne einen Europäer und ist vollkommen hinreichend, um die Eingebornen von dem Gebrauch der zahlreichen Salzpfannen, in der Nachbarschaft, abzuhalten.

Das Land ist fortdauernd eben und morastig, folglich äußerst ungesund. Das Sumpffieber ist häufig; der letzte Kommandant, Kapitän Oconnel, starb daran aus Mangel an ärztlicher Hülfe; der nächste Wundarzt ist zu Kalpetti, an der äußersten Spitze der gegenüber liegenden Insel. Kapitain Purden hat das Fieber ebenfalls gehabt, aber sich selbst durch große Dosen von Laudanum und China kurirt; er hat dieselben Mittel verschiedenen seiner Leute mit gleichem Erfolg gegeben und versichert, daß sie nie unwirksam gewesen sind. Jetzt ist keine China in den Magazinen vorräthig; Major Beaver ward auch durch einen einheimischen Arzt kurirt. Die hiesigen Einwohner sind Malabaren; der Vorsteher und die Häupter der Kasten machten ihre Aufwartung und überreichten das gewöhnliche Geschenk von Limonen. Der erste war ein sehr schöner Mann in der Landestracht und mit einem Schwerd umgürtet, das ihm Herr North gegeben hatte. Ich erfuhr, daß der Regen das Land ganz unter Wasser gesetzt und es unmöglich gemacht habe, zu Lande nach Aripo zu reisen, daß auf den Flüssen keine Boote wären, daß auf den 60 Meilen kaum ein Einwohner zu finden sey, und Tiger und Elephanten die Landstraße unsicher machten, auch Träger schwer zu verschaffen seyn würden, obgleich der vornehmste Malabar es über sich nahm, wenn ich mich zur Reise entschließen sollte. Statt dieser Unbequemlichkeiten versicherte man mich, daß ich den ganzen Weg zu Boot zugleich in weit wenigerer Zeit zurücklegen könnte. Ich war nicht lange unentschieden und gieng ruhig zu Bette, ohne die Aussicht auf eine langweilige Reise für den morgenden Tag, der mit den nothwendigen Vorbereitungen hingebracht wurde.

Am 18ten Januar. Ich entließ alle meine Träger, die sich auf 60 beliefen, und fand, daß alle Kosten meiner Reise bis zu diesem Orte noch nicht 20 Pfund ausmachten. Wir mietheten 4 Boote und 36 Leute für 7 Dollars, 8 Anas den Tag; eines derselben ward mit weißem Tuch bedeckt, und ausgedielt; es diente uns, darin zu sitzen und mir zum Schlafen. Die andern, die nur mit Palmblättern bedeckt waren, waren für die 3 Palankins-Bedienten und das Gepäck bestimmt. Das Wasser ist hier sehr schlecht und trägt wahrscheinlich dazu bei, den Ort ungesund zu machen. Kapitän Purden rüstete sich zu einer Expedition gegen 13 Cingalesische Dörfer und er denkt ein hinreichendes Detaschement von einer Garnison zu nehmen, die nur aus 60 Mann besteht. Er ist sehr munter, obgleich er in einem Sitze der Krankheiten und ohne einen einzigen Gefährten lebt; sein nächster Nachbar ist Herr Campbell zu Dschilow.

Am 19ten Januar. Ich war um 5 Uhr auf, aber

trotz allen meinen Bemühungen, kamen wir nicht vor 8 Uhr an Bord. Ich nahm einen kleinen Zögling des letzten Kommandanten mit, der Malabarisch, Eingalesisch, Portugiesisch und etwas Englisch sprach, und der als Kapitän Purdens Diener, mehr Ansehen bei den Bootsleuten, als meine Laskarins hatte; ich hatte auch eine Wache von Sipoy's. Unsere Boote waren klein, ruderten aber gut; und unsere Leute recht hübsche, stattliche Gestalten. Sie strengten sich äusserst an und wenn der Wind, der uns aber gemeiniglich entgegen war, da er von der See kam, es erlaubte, spannten sie die Segel auf; unser Lauf gieng die Lagune nordwärts herauf, die mit Inseln angefüllt ist, die größtentheils mit Holz bedeckt sind. Es war überall so seicht, daß der Mann am Vordertheil den Grund mit seinem Bambus erreichen konnte; gemeinigiich waren 6 oder 7 Fuß desselben hinreichend.

Nach dem Anblick der Sandbank, welche die äusserste Gränze der Lagune bildet, muß ich glauben, daß sie ehemals einen Theil des Oceans ausmachte; sie wird wahrscheinlich bald ausgefüllt seyn und die See selbst wird durch diese allmählichen Ansetzungen noch auf eine gößere Entfernung zurücktreten; die Sage spricht von sehr weitläuftigen Distrieten, die von dem östlichen Ufer der Insel entweder durch die Wirkung des Monsuns oder irgend eine heftige Erschütterung weggerissen sind. Jetzt scheint kein neuer Eingriff des Meeres wahrscheinlich, denn die östliche Küste besteht aus Felsen und die Hügel, nahe dem Ufer, sind hoch und von dem festesten Stoffe; um 4 Uhr kamen wir zu einem flachen, sumpfigen Ort an dem Lande. Eine Fischerhütte war in kleiner Entfernung, woher die Ruderer sich einige Artikel verschafften. Um 8 Uhr trat der Landwind ein und wir giengen mit demselben ab. Mein Bette ward auf den Boden des Bootes gelegt, der uneben und daher sehr unbequem war. Ich lag in meinen Kleidern; meinem Oberrock, einem Schiffermantel und hatte zwei Tücher über mich; aber die Kälte war so durchdringend, daß ich kaum schlafen konnte, da die Enden des Bootes nur schlecht mit trocknem Palmlaub verschlossen waren. Die Leute indessen schliefen draußen bloß mit einem einfachen Stück Tuch bedeckt, das durch den Thau völlig naß ward.

Am 20ten Januar. Ich erwachte gerade, da wir die Lagune verließen, um in die See zu stechen. Die Nordspitze der Insel Kurnardivo, die nahe an die größere Insel stößt, war ein wenig hinten und das Vorgebirge von Cudramalle vor uns. Letzteres ist das Merkzeichen für die Taucherboote, wenn sie von Condodschi zurückfahren, wovon es etwa 20 Meilen entfernt ist. Die See war ganz glatt und der Wind trieb uns rund um das Vorgebirge, das hoch ist und deutliche Zeichen von der heftigen See trägt, die sich bei'm Südwestmonsun dagegen bricht. Der Wind änderte sich nicht bis 11 Uhr; um welche Zeit wir einen Fluß, der ungefähr 6 Meilen von Mardschicotti entfernt ist, erreichten. Hier fanden wir viele Hütten von den Fischern errichtet, die jährlich von Columbo unter der Aufsicht eines Vorstehers zum Fischen kommen. Sie salzen ihren Fang ein und kehren am Ende der dazu schicklichen Jahreszeit mit demselben zurück. Der Fluß hat eine Sandbank, die wir mit einiger Schwierigkeit zurücklegten. Alligators, von jeder Größe, gab es in ungeheurer Menge; mein Diener schoß nach verschiedenen, während sie in der Sonne auf dem Lande schliefen; aber sie entkamen alle ins Wasser. Gegen 5 Uhr kamen die Fischerboote zurück; sie waren gleich denen auf der Südküste gebaut, aber größer und bestanden aus einem einzigen hohlen Baume; die Seiten einen Fuß hoch, waren angenähet und die Taue an einen Ausleger befestigt. Die Luft war frisch und ihre Segel groß, sie kamen daher schnell heran und gewährten einen artigen Anblick. Sie wollten uns keine Fische verkaufen, schenkten uns aber einen, wofür wir ihnen wiederum Geld gaben.

Am 21ten Januar. Ich erwachte um 6 Uhr nach einer sehr guten Nacht und fand, daß wir Condobschi zurückgelegt hatten und dicht bei Aripo waren. Diesen Orten gegenüber sind die berühmten Perlbänke; zur Aufsicht über die Fischerei hat Hr. North mit einem Aufwande von 4000 Pfund Sterling ein Haus errichten lassen. Es ist gewiß ein schönes Gebäude, von Dorischer und, meiner Meinung nach, sehr reiner Bauart; die Außenseite ist ganz mit einem glänzenden weißen Mörtel bedeckt, der alle Eigenschaften des Marmors hat. Es werden zu diesem Behufe Austerschalen verbrannt, die ganz vorzüglich tauglich dazu sind. Das Innere ist klein und unbequem; es wundert mich, daß Hr. North nicht St. Sebastian diesem Orte vorzog, wo er bloß einige Wochen im Jahre sich aufhalten kann; er würde auch dort das Vergnügen einer schönen Aussicht, einer reizenden Gegend und hoher schattiger Bäume gehabt haben, während nichts abscheulicher seyn kann, als die hiesige Gegend, eine ganz baumlose Sandebene. Es soll ein Garten angelegt werden, aber Jahre lang wird das Auge aus den Fenstern noch nichts entdecken, als den Ocean und auf dem Lande eine traurige Einöde. Wir giengen ein wenig weiter nach einem, bis zur Vollendung des Hauses für den Gouverneur gebaueten Bungelow. Er war kühl und geräumig. Nahe dabei ist ein kleines, einem Fort gleiches Haus, wo ein gewisser Hr. Nagle wohnt, welcher der wirkliche Baumeister ist. Ich ward sehr höflich aufgenommen und verweilte hier den ganzen Tag. Um halb zehn Uhr schifften wir uns wieder nach Manaar ein, da der Wind günstig war. Um 1 Uhr waren wir in der Mündung des Kanals, der die Insel von Ceylon trennt; unsere Leute wollten in der Nacht nicht in denselben einlaufen und warfen also Anker.

Am 22sten Januar. Sobald es hell ward, liefen wir in den Kanal ein, der bei hohem Wasser von beträchtlicher Weite, aber, einen sehr engen krummen Raum ausgenommen, äußerst seicht ist; das Fahrwasser wird durch Pfähle, die in den Schlamm gesteckt sind, bezeichnet. Nach 2 Stunden erreichten wir das

Fort, das stärkste, das ich gesehen habe, seitdem ich Columbo verließ: es hat steinerne Wälle, einen nassen Graben und das Ganze ist gut erhalten. Die Garnison besteht aus mehr als hundert Freiwilligen, die sich während der letzten Unruhen stellten und nicht nur ihr eigenes kleines Eiland vertheidigten, sondern sogar herüber giengen, um die Candier anzugreifen. Sie waren ausgerückt, um mich zu empfangen, und ihre Kleidung war sehr gut. Hr. Deane, der Richter, kam mir an der Landungsstelle entgegen und führte mich etwa eine Viertelmeile nach seinem Hause. Ich hatte nicht allein das gewöhnliche Unglück, mir die Ohren von den Tomtoms und andern schrecklichen Mißtönen der Musik zerreißen zu lassen, sondern es wurden auch weiße Tücher vor mir ausgebreitet; da sie aber nur 4 oder 6 Stücken hatten, mußte ich sehr langsam gehen, um den Leuten Zeit zu lassen, sie hinten aufzunehmen und vorn wieder hinzulegen. Die Insel Manaar bringt kein Korn hervor, hat aber sehr viele Kokosbäume und Palmen; wir hatten einige gute Früchte und Gemüse, die aber von Dschaffapatnam gebracht wurden. Sie wird für äußerst ungesund gehalten, wovon ich keinen Grund einsehen kann, da die Moräste wegen der Nähe der See nicht stehend werden können.

Am 23sten Januar. Um 8 Uhr gieng ich mit denselben Ehrenbezeugungen ans Ufer; vier Boote waren bereit, aber äußerst unbequem, da kein Holz auf den Boden gelegt war; sie waren in jeder Hin-

Y 2

sicht schlecht beschaffen, obgleich sie weit größer waren, als die wir vorher gehabt hatten; der Preis von diesem Orte nach Ramiseram ist für ein großes Boot 25 Thaler und für eins von der folgenden Größe 20 Thaler. Sie werden nicht für den Tag, sondern für die ganze Ueberfahrt bezahlt. Es waren in meinem Boote nur 8 Mann und ein Tindal (Steuermann). Wir fuhren fort, die Enge von Manaar heraufzugehen, da der Nordostmonsun uns gerade entgegen war; die Leute waren daher genöthigt, die Boote mit Stangen fortzustoßen und bisweilen sie zu schleppen. Der Kanal blieb fortdauernd krumm und war ebenfalls durch Pfähle bezeichnet; wenn er gerader gemacht und vertieft werden könnte, so würde er den Küstenhandel trefflich begünstigen; wie er jetzt ist, können nur kleine Schiffe ihn benutzen. Um 12 Uhr waren wir in der offenen See, und indem wir die Segel aufzogen, versuchten wir längs dem Ufer gerade nach Westen zu laufen, aber unser Boot ward so gegen den Wind getrieben, daß wir um 3 Uhr fest auf dem Grunde saßen. Die andern Boote segelten viel besser, setzten ihre Reise fort, ohne sich um uns zu bekümmern und wir waren also bald getrennt. Herr Salt war genöthigt, am Abend mehrere Meilen zu gehen, um sein Boot zu suchen, und ich zog mich in das meinige zurück, wo die heftige Brandung mir nur wenig Ruhe ließ. Die Bootsleute versuchten verschiedene Male fortzukommen, aber ohne Erfolg, bis gegen Morgen, da der Wind sich glücklicherweise ein wenig legte.

Am 24sten Januar. Um 8 Uhr war uns Talmana im Gesichte, wo ich mich wieder mit meinen Gefährten vereinigte. Ich vertauschte hier mein altes Boot und verschaffte mir einige Ruderer mehr, wodurch ich den ganzen Tag aufgehalten ward. Wir lagerten uns unter einem sehr schönen Hibiscus populneus, verschafften uns vortreffliches Geflügel, Eier, und Milch und um die Köstlichkeit des Mahls zu vollenden, kauften wir einen Kokosbaum, den wir um des Kohls in dem Gipfel willen, abhieben. Ein kleines Kind war Besitzer des Orts und ward zu mir gebracht, um den Preis zu empfangen. Ein sonderbarerer Kontrast läßt sich nicht denken, als zwischen dieser Nordspitze von Ceylon und der südlichen, wo wir landeten; sie ist ein trauriger dürrer Ort, der bloß von einigen wenigen Fischern bewohnt wird. Der Tappal (ein Courier oder Postbote) segelt von hier nach Ramiseram, das ungefähr 30 Meilen entfernt, beinahe im Westen liegt. Die Adamsbrücke (das Riff oder die Untiefe, die sich von Mannaar bis nach dem Continente hinüber erstreckt) bleibt auf dem ganzen Wege links. Wir giengen alle am Abend an Bord, da wir am frühen Tage segeln wollten.

Am 25sten Januar. Um 9 Uhr erblickten wir die Hügel von Ramiseram, mit den hohen Thürmen einer Pagode gerade vor uns; sie gewährte, als wir uns näherten, einen sehr prächtigen Anblick; um 11 Uhr landete ich. Der Pandaram, oder Vorsteher der Pagode, wartete, umgeben von seinen Braminen, Sängerinnen, Elephanten, Staatspalankins, Fahnen, Tom-toms u. s. w. am Ufer; auch warteten alle die eingebornen Kompagnie-Beamten der Insel und waren sehr bemüht ihre Nasurs von Limonien zu überreichen und ihre Grüsse darzubringen; ich nahm die Frucht an, wie ich fortgieng, und fand nach Erkundigung einen Offizier, der Englisch sprach. Ich war seiner Aufmerksamkeit vielen Dank schuldig, da er abgeschickt worden war, mich zu empfangen; sein Name war Apupilli, und er war Amildar von Pambam, der Hauptstadt, der vornehmstein dem ganzen Eilande. Er brachte mir einen sehr höflichen Einladungsbrief vom Oberst Marting, der zu Ramnad den Befehl führte, und einen andern von Herrn Latham, dem Richter, mit der Nachricht, daß er einen Naig und 10 Delogets des Gerichtshofes (eingeborne Unteroffiziers und Gerichtsboten) abgeschickt habe, mich zu begleiten.

Gerade dem Landungsplatze gegenüber, war eine Schultri für mich gereinigt und bereitet; vor derselben war ein Raum mit weißem Tuche eingeschlossen, eine Decke von demselben Stoff war herübergezogen und gegen die Pfeiler, die sie stützten, waren Pisangbäume mit Blumen und Früchten gestellt. Diese machten mit ihrem herrlichen Laube eine sehr schöne Wirkung. In der Mitte war ein scharlachner Himmel angebracht, und unter demselben erhob sich ein Musnud, ungefähr einen Fuß von dem Boden. Hierauf setzte ich mich; und nöthigte den Pandaram zu meiner Rechten. Er war ein sehr fetter, gut aussehender Bursche von ungefähr 14 Jahren; sein Kopf war ganz geschoren; auf der Spitze trug er einen großen Rosenkranz von rothen Korallen und braunen Kugeln, von dem goldene und scharlachseidene Quasten herabhiengen; er hatte ein ähnliches Halsband; seine Kleidung bestand aus Scharlachtuch und bedeckte kaum seine Brust und Schultern, übrigens aber war sie weit genug. Er umarmte mich nicht auf asiatische Art, sondern bot mir auf englische Weise seine Hand. Als er saß, überreichte er zuerst einen Nasur von 15 Pagoden, die ich berührte und ausschlug; hernach ward zu meinen Füßen ein Geschirr mit Shawls und goldenem Flor, nebst einer Menge schöner Früchte gesetzt.

Da es sehr heiß war, gebrauchte ich sogleich meine Delogets, die Volksmenge abzuhalten; nach den gewöhnlichen Komplimenten äußerte ich meinen Wunsch mich anzukleiden, worauf sogleich alle Besuchenden sich entfernten, bis auf Apu und die zu ihm gehörenden Leute. In der That war damals mein ganzer Aufzug nicht sehr geeignet, Ceremonienbesuche zu empfangen; ich war in drei Tagen nicht rasirt und meiner Person und meiner Kleidung war nicht wenig von dem Schmutze des Bootes angeflogen. Herr Salt, der seekrank gewesen war, und eine noch schlechtere Figur spielte, kam mitten in dieser Verwirrung an. Während wir uns ankleideten, ward ein Frühstück bereitet, das alle Uebelkeit gänzlich kurirte. Nach demselben besuchten Herr Salt und ich die Pagode; wir giengen durch das Dorf; jede Thür war bei dieser Gelegenheit mit einem grünen

Pisang geschmückt und quer über die Straße hiengen Kr'nze von Laub. Die Häuser waren sehr einförmig, ein Stockwerk hoch, mit Stroh bedeckt und vorn mit Verandahs versehen; der untere Raum war ungefähr zwei Fuß vom Boden erhaben und mit rothen und weißen Streifen bemalt.

Der Eingang zu der Pagode führte durch ein sehr hohes Thor — ich schätzte es etwa 100 Fuß hoch — das bis an die Spitze mit Schnitzwerk bedeckt war. Es war pyramidenförmig und endigte in eine Art Sarkophag; die Thür war etwa 40 Fuß hoch und bestand aus einzelnen Steinen; sie waren perpendiculär aufgesetzt und andere lagen quer darüber; diese dauerhafte Arbeit erinnerte mich an die Ruinen der ägyptischen Baukunst. Wir traten hierauf in eine Halle, die durch eine dreifache Reihe von Pfeilern zu einem Viereck leitete, das rundum mit Säulen umgeben war; das Innere war zum Theil mit Mauern bedeckt und drinnen waren die geheiligten Tempel. Vorn an den Pfeilern befanden sich ausgehauene Figuren von Gottheiten. Das Viereck schien ungefähr 600 Fuß groß zu seyn; das Ganze war trefflich ausgeführt und das schönste Werk der Baukunst, das ich in Indien gesehen habe. Der junge Panbaram, von seinen Braminen begleitet, kam uns entgegen; er ließ es jedoch nicht zu, daß wir so weit giengen, um mit dem Allerheiligsten parallel zu seyn; einige kleine Tempel waren jenseits der Pfeilerreihe und in einem Fache befand sich ein Wasserbehälter.

Das ganze Gebäude ist von einer hohen Mauer umgeben. Wir kamen aus einem zweiten Thorwege heraus, der unvollendet war, er sollte aber eben so groß werden, wie der nördliche, wodurch wir hineinkamen. Wir giengen längs der Außenseite nach Süden, wo der Eingang zu den Tempeln war; in der Mitte war ein kleiner dem Mahadea gewidmet, rechts vom Eingange lag ein sehr großer, aber noch unvollendeter, für den Ramah Swami und links wird in einem kleinern, der fertig ist, seine Frau Seta verehrt; die Vorderseite war roth bemalt und mit unzähligen Figuren, von verschiedenen Gottheiten geschmückt. Vor dem Tempel des Mahadea war ein Wasserbehälter; vor dem der Seta zwei Vorzimmer, mit einem offenen Platze dazwischen; wir erhielten Erlaubniß, uns dem Eingange des zweiten zu nähern, und von hier aus das Allerheiligste zu besehen; allein da der Tempel noch ziemlich weit zurück lag, zerstreute die Lampe das geheimnißvolle Dunkel nicht genug, ich konnte also die Gegenstände nicht genau unterscheiden; ich bemerkte einen ehernen Pfeiler, der sich in eine Fahne von drei Querstangen endigte, oben mit einem Vogel. Die Gottheit war noch weiter entfernt und dem Anscheine nach reich gekleidet; der Pandaram selbst darf nicht in den innersten Tempel hineingehen; überhaupt kein anderer, als die aufwartenden Braminen, die in der Stadt leben, und ihren Theil von den Opfern erhalten. Ramah's Tempel gleicht inwendig dem seiner Gattin, außer daß Statt des Pfeilers ein großer eherner Lingam vor ihm steht. Man sagte mir, daß die Gottheiten nur ein wenig vom Boden erhoben wären, weswegen ich sie nicht sehen könnte; sie wünschten sehr ängstlich, daß ich nicht weiter gehen möchte, weil sie alsdann einen Vorwand haben würden, es auch andern abzuschlagen; ich that Alles, was sie verlangten, weil ich es für wesentlich vortheilhaft für die Engländer halte: daß sie nie die religiösen Vorurtheile der Einwohner verletzen; in den Eingangstempeln standen eine Menge Statuen, einige roth und schwarz bemalt, andere ohne Farben. Die Bauart war beständig hübsch; außerhalb der Thür standen die Wagen, worauf die Götter bisweilen gefahren werden. Sie sind von Holz, mit Schnitzwerck verziert, und werden von Männern gezogen.

Ich besuchte darauf den Pandaram in seiner Wohnung; man setzte mir Früchte vor und wand mir Kränze von Jasminum Sambac um Nacken und Schultern; wir sagten uns gegenseitig vermittelst meines Dolmetschers sehr viele Komplimente. Ihre Bitte um meinen Schutz für ihre Gottheit machte mir viel Vergnügen. Ich nahm jetzt Abschied mit großen Versicherungen der Achtung, und indem ich die Tomtoms, Trompeten und Sängerinnen entließ, gieng ich längs dem Ufer zu unserer Schultri zurück. Die Felsen sind von dem Stein, woraus die Tempel gebaut sind.

Ich bedauerte sehr, daß meine Unwissenheit in der Sprache mich verhinderte, die Verfassung des

Ortes genau zu erfahren, die sonderbar zu seyn scheint; der Aumildar, der Englisch und Französisch sprach, war ein sehr unterrichteter Mann und benachrichtigte mich, daß die Insel der Ranni von Ramnad gehört, daß die Priester einen Theil derselben besitzen, wofür sie jährlich nur 1200 Pagoden bezahlen, und wenigstens einen Gewinn von 5000 haben; sie entrichten auch keine Abgaben, und genießen verschiedener anderer Privilegien, sowohl hier, als in Ceylon. Der Zusammenfluß der Pilger ist sehr groß und bringt beträchtliche Summen ein, da jeder nach seinem Range bezahlt. Der Rajah von Tanjore ward im verflossenen Jahre erwartet, er konnte aber die Kosten nicht aufbringen; denn, da nothwendig seine ganze Familie an einer so heiligen Wallfahrt Theil nehmen muß, so würden die Geschenke und andere Ausgaben die ungeheure Summe von 60,000 Pagoden betragen haben. Die Gottheit gebraucht kein anderes Wasser, als was von Fakirs aus dem Ganges gebracht wird, es wird jeden Morgen über sie gegossen und alsdann an die Andächtigen verkauft, und dient so zu einer beträchtlichen Vermehrung der Einkünfte. Der größte Theil derselben fällt dem Pandaram und seinen Verwandten zu, die ungefähr 70 Jahre die höchste Macht besessen haben.

Ramnada heißt der Knabe, der jetzt herrscht; er folgte seinem Oheim und da er nicht heirathen darf, folgt ihm sein nächster männlicher Verwandter. Sie stellen sich sehr arm, sind aber gewiß äußerst reich.

Ich halte es für gut, wenn man sie zur Vollendung des Tempels nöthigte, der wirklich eine Nationalzierde ist. Man sagte uns, daß 1000 Säulen in demselben wären, aber dies scheint eine runde Zahl und da er zu verschiedenen Zeiten gebaut wurde, ist eine solche Genauigkeit unwahrscheinlich; ich glaube, daß deren wohl noch einmal so viel seyen. Hr. Salt verweilte sich, um seine Zeichnungen zu vollenden und hatte folglich Gelegenheit, den Aufzug zu sehen, worin die Götter zum Bade in der See nach der äußersten Spitze des Eilands geführt wurden, die für äußerst heilig gehalten wird; ehemals war sie viel weiter, aber die See spült immer mehr Land fort. Der große Ramah schiffte sich von diesem Orte ein, um die bösen Geister von Ceylon zu vertreiben und daher entsteht seine Heiligkeit. Die Bilder waren mit Juweelen bedeckt und nur die goldenen Köpfe sichtbar; der Elephant, worauf sie ritten, war reich verziert; die Begleitung bestand nur aus wenigen Oberbraminen und auch die Volksmenge war nicht sehr groß. Sie hielten an, um sie Hrn. Salt zu zeigen; der Aumildar, obgleich von der Hindureligion, bemerkte: dies sey eine hübsche Art, den Leuten das Geld aus der Tasche zu locken!

Um 8 Uhr des Abends gieng ich in meinem Palankin ab, von dem Aumildar von Panban und dem Naig der Delogets zu Pferde begleitet. In zwei Stunden erreichte ich Panban, das 9 Meilen entfernt ist. Der ganze Weg war gepflastert, welches zu verschiedenen Zeiten durch reiche und heilige Leute geschehen ist. Fast alle 100 Ellen war eine Schultri, mit ihren dienenden Braminen. Sie kamen alle heraus, um mir, während ich vorüber reiste, ihre Salams zu machen, und der vornehmste beschenkte mich regelmäßig mit Früchten und Blumen. Die Wohnung des Aumildars war hübsch; er hatte für mich einen Mus. nud aus weißem Tuche bereitet, womit auch die zu ihm führenden Stufen, die ganze Diele und Decke belegt waren. Rund um die Pfeiler waren Pisangs gestellt, welche die Wirkung sehr erhöhten. Das Zimmer war gut erleuchtet und das Gewühl der Menschen, deren Köpfe bloß mit der Diele gleich waren, ward von Dienern mit Fackeln abgehalten. Es begann sogleich ein Gesang der dauerte so lange, bis die Früchte zu meinen Füßen gelegt und von mir unter meine Begleiter ausgetheilt waren. Ich verweilte so kurz als möglich und gieng unter derselben Begleitung nach der Fähre, die etwa eine Meile entfernt war. Hier hatte der Aumildar ein kleines Haus für den Augenblick aufgeführt, im Fall die Boote nicht fertig seyn sollten; er hatte auch eine Brücke angelegt, um dicht an sie heran zu kommen. Es warteten zehn Fahrzeuge, die alle der Ranni von Ramnad gehörten. Ich fragte meinen Begleiter, warum er eine so große Menge besorgt habe? Er hatte einem Mann von meinem Range ein gewaltiges Gepäck und eine Menge Begleiter zugetraut. Mein Boot war gleich den Zimmern mit weißem Tuch bekleidet und oben mit einem Himmel versehen, der von Pisangpfeilern gestützt ward.

Die Meerenge ist hier ungefähr eine Meile breit; diese und die bei Manaar sind die einzigen Verbindungswege zwischen Koromandel und Malalar, ohne Ceylon zu umsegeln; zum Unglück können beide nur von kleinen Schiffen befahren werden. Das Bette dieser Meerenge ist felsig; der Einlauf von Norden ist nur 100 Fuß breit zwischen zwei Felsen, und da sich ein dritter gerade gegenüber erhebt, so wird große Vorsicht erfordert, um sicher hindurch zu steuern; der Strom ist äußerst reißend; Lichter an dem Ufer zeigten uns den Landungsplatz. Ich fand die Leute der Ranni bereit mich zu empfangen, auch war ein kleines Haus aufgeführt, um darin auszuruhen; es ward in ihrem Namen eine Menge von Früchten überreicht, die ich unter meine Leute austheilte. Gleich nach 11 Uhr gieng ich nach Ramnad ab; die Nacht war viel wärmer, als ich bis jetzt gewohnt gewesen war; das Land war sehr traurig, der Weg führte meistens durch tiefen Sand, und salzige Moore waren häufig.

Am 26sten Januar. Kurz vor der Stadt erschien die Suwarri der Ranni. Der Morgen war heiß und ich hätte mich gern des Staubes überhoben gesehen, den die Elephanten und Soldaten erregten. Meine Leute waren sehr ermüdet, aber zum Glück schickte die alte Dame ihre Träger und sie giengen munter vorwärts. Um 9 Uhr erreichte ich das Haus des Obersten Marting in dem Fort, das 30 Meilen von Panban entfernt ist. Ich fand in ihm einen vortrefflichen liebenswürdigen Mann; er ist ein Portugiese und 44 Jahre in Indien gewesen, 30 hat er zu Ramnad zugebracht. Er ist Oberst eines von ihm geworbenen einheimischen Korps und ein Segen für die umher wohnenden Einwohner. Das Haus, worin er lebt, ist von ihm selbst gebaut und die Gegend ist so viel als möglich verbessert, mehr um der Beschäftigung willen, die es den Armen giebt, als zu seinem Vergnügen; es liegt in den Mauern des Forts, das von den Vorfahren der Ranni angefangen, aber nie vollendet ward. Der Pallast stößt daran, ein düsteres Gebäude mit hohen Mauern und ohne Fenster auf der Außenseite; in dem Fort ist auch ein großer Wasserbehälter, an dessen Rande eine alte Pagode, jetzt ein Hühnerhaus des Obersten, das Grab des letzten Gemahls der Ranni und eine protestantische Kirche von sehr hübscher Bauart liegen. Die edle Kompagnie gab zur Erbauung derselben 700 Pagoden und der Oberst, obgleich ein Katholik, 900, weswegen er von seinen Glaubensgenossen sehr getadelt ward. Hier sind auch Baracken und eine schwarze Stadt. Die Wälle sind äußerlich vollendet, schön, ganz aus Steinen und oben mit Schießscharten; sie sind wohl erhalten, aber da inwendig noch keine Brustwehr ist, fehlt es noch an Kanonen.

Am 27sten Januar. Heute machten wir einen Besuch bei der Ranni; wir erreichten die Mauern des Pallastes in unsern Palankins, doch nöthigten die engen Thorwege uns bald, sie zu verlassen. Das Gebäude ist von Stein, aber die Bauart ohne alle Schönheit. Die Wände waren mit geschnitzten Gottheiten bedeckt, und in jedem Winkel waren in Nischen kleine Statuen derselben. Nach verschiedenen Krümmungen betraten wir einen Thorweg, der in einen kleinen Hof führte, in dessen Mitte sich ein massiv steinernes Gebäude mit Pfeilern und Stufen befand. In demselben war ein Musnud mit einem Teppich und nicht weit davon auf der einen Seite standen Stühle von einem weißen Tuch. Die Ranni kam uns unten auf der Treppe entgegen und bot uns die Hand, sie führte dann ihren angenommenen Sohn, einen hübschen kleinen Knaben von 7 Jahren zu uns; nach einigen Komplimenten durch Oberst Marting setzten wir uns alle. Sie war sehr einfach gekleidet, ihr Mann war noch kein Jahr todt und bis zu dem Ablauf dieser Zeit darf sie keine Juweelen tragen. Ein Gewand von weißem Musselin bedeckte sie vom Unterleib herab, oben trug sie ein großes Stück Musselin mit einer goldenen Kante. Es war sehr los um sie gewunden und zeigte zum Theil ihre Haut; die Enden waren sichtbar und mit einem derselben bedeckte sie sehr oft ihren Mund und den untern Theil ihres Gesichtes. Ihr Kopf war unbedeckt, ihr Haar lang und etwas grau, in ihren Ohren hatte sie sehr große und schwere goldene Ohrringe, die ihre Schultern berührten und ihre Ohren zu einer schrecklichen Größe ausdehnten. Von Person war sie schlank, äußerst mager; sie hatte schwarze Zähne und einen weiten Mund; ihr Alter war etwa 40 Jahre. Sehr verführerisch kann die gute Frau nie gewesen seyn, aber sie war eine Fürstin und brachte ihrem Gemahl dies Land zur Mitgabe. Sie ist übrigens munter und gutmüthig. Sie sollen sehr glücklich zusammen gelebt haben. Ihr Bruder besaß vorher das Land unter der ostindischen Kompagnie, aber er mußte immer mit Gewalt zur Bezahlung seiner Kists oder seines Tributs gezwungen werden, und es war bekannt, daß er, um es zu vermeiden, sein Geld in Töpfen unter der Erde verbarg; endlich ward die Regierung von Madras seiner Ausflüchte müde, er ward angegriffen und abgesetzt und ist seitdem, als ein Gefangener, in Madras geblieben.

Da er keine Nachkommen hatte, ward ein Vergleich mit seiner Schwester geschlossen. Sie bezahlt der Kompagnie zwei Drittel des reinen Ertrags, welche Summe sich jährlich auf 90,000 Pagoden beläuft. Ihr bleiben 45,000 übrig, durch verschiedene Mittel steigert sie sie bis zu 50,000; eine Summe, die mehr als hinreichend ist, um ihr einen glänzenden Unterhalt zu sichern. Sie ist reich und hat viele Juweelen. Der kleine Knabe war damit bedeckt, die Brillanten in seinem Armbande waren besonders schön und sollen ein Theil der Beute von Seringapatnam gewesen seyn; er trug auch eine Kette von Smaragden und Rubinen, die leider durchlöchert waren, und eine Schnur sehr großer Perlen.

Die alte Dame heißt Ranni Subnpuddi Munglasuwari Natschiar; das erste Wort ist ein Titel, das zweite bedeutet ihre Macht über Ramiseram, wovon sie Oberherrin ist, das dritte ist ihr Name, und das vierte bezeichnet sie als älteste Tochter. Nach einer flüchtigen Unterhaltung erhob sie sich von ihrem Sitze, nahm ihren Knaben an der Hand, stellte ihn in meine Arme und verlangte meinen Schutz für ihn; natürlich versprach ich Alles und sie unterhielt mich hierauf mit einer Aufzählung von seinen Vollkommenheiten. Nach ungefähr einer halben Stunde äußerten wir den Wunsch uns zu entfernen; sie überreichte mir mit ihren eignen Händen ein Paar Shawls, wand einen Kranz von gelben Blumen um meinen Nacken und sprengte Rosenwasser auf meine Hände und mein Schnupftuch. Herr Salt erhielt einen Shawl und Blumen. Dann gieng sie mit uns an die Thür, wo wir mit einem Handdruck Abschied nahmen.

Am 28sten Januar. Die Herzlichkeit meines Wirthes ließ mich den Tag nicht bedauern, den ich noch warten mußte, um die Träger anzuschaffen, aber aller Bemühungen ungeachtet mußte Herr Salt wieder zurückbleiben. Die Küstenleute tragen das Gepäck nicht an einem Bambus auf der Schulter, sondern jeder trägt einen Theil desselben auf dem Kopfe, und ich bedarf daher doppelt so viel Leute, als in Bengalen. Das Fort gewährte mit seinen hohen steinernen Wällen, den herüberragenden Pagoden und dem Pallaste, einen trefflichen Anblick, in einer völlig flachen Umgebung. Der Weg war sehr unangenehm und führte durch Reißfelder, die für die Aerndte bereitet wurden; einige

Leute waren beschäftigt, das Wasser aus den Behältern abzulassen, die es über die Fläche des Landes gehalten hatten; andere pflügten mit Ochsen tief in Schlamm und Wasser; wieder andere erhoben Dämme um die kleinen Abtheilungen, um dadurch eine hinreichende Tiefe des Wassers zu erhalten. Unsere Bursche mußten hindurch waten, und den Palankin über die Dämme heben, die bisweilen sehr hoch waren. Der Naig der Delogets war zu Pferde, sein Diener watete an meiner Seite; um 11 Uhr erreichten wir eine Pagode, von derselben Gestalt, wie die zu Ramiseram.

Das Gebäude am Eingange war hübsch und pyramidenförmig; der erste Tempel darinnen war groß, von Steinen gebaut und durch Pfeiler, die mit hinein gehauen Gottheiten bedeckt waren, gestützt. In demselben erhob sich eine eherne Säule durch das Dach, und war oben mit einem Pfau versehen; vor derselben war der Lingam aus schwarzem Stein. In den zweiten Tempel wollten sie mir nicht erlauben hinein zu treten, aber bei dem Dämmerlichte der Lampen konnte ich eine Kette von Tempeln unterscheiden, die eine große Strecke hinterwärts fortlief; nach und nach wurden sie niedriger und enger, bis sie in einen kleinen Tempel mit einer Kuppel endigten, unter welcher die Gottheit sich befand. Zu jeder Abtheilung führten einige niedrige Stufen, aber ohne Verbindung mit der freien Luft. Der Priester brachte, während ich da war, ein Opfer von Reiß, beugte sich nieder und zog häufig eine kleine Glocke.

Z 2

Ein hoher Wall umgab das Ganze und gegenüber war eine Schultry gebaut. Um halb 1 Uhr erreichte ich Devipatam, ein einzelnes Dorf, 9 Meilen von Ramnad; es war sehr heiß, obgleich ein angenehmer Wind von der See wehte. Hier stießen wir wieder auf unsre Reisegefährten, nachdem wir sie bei Panban verlassen hatten. Um drei Uhr Morgens erreichte ich Cotapátam.

Am 29sten Januar. Um 9 Uhr kam ich zu Dschadubabu an. Herr Hawkins von Terischinopoli hat hier einen Bungelo, wo er während der Hitze des Sommers die Seeluft genießt; zum Glück war er einige Tage hier, um ein ihm gehöriges Schiff abzufertigen. Durch seine Hülfe brachte ich bald meine Träger zusammen und um 12 Uhr gieng ich ab; wir verließen jetzt das Ufer, da es sich hier plötzlich nach Osten biegt, bis es sich am Kap Calamere endigt. Das ganze Land war sehr angebaut, die Paddifelder waren daher beinahe unwegsam; in kleinen Entfernungen lagen Schultry's und Pagoden; an ihrer Vorderseite bemerkte ich mehrere gigantische Figuren reich gezierter Pferde, die aus Ziegeln gebildet und mit Schunam (Mörtel) überdeckt waren. Sie waren mit Fruchtbäumen und hohen Banianen vermischt; die Gegend ward dadurch weniger einförmig, als das ebene Land erwarten ließ. Um 4 Uhr kam ich zu Putticotta an, wo ich neue Träger erwartete, aber vergebens; dieselben Bursche wurden daher bewogen, noch 15 Meilen bis zu einem Tappalhause weiter zu gehen, wo wir die Nacht blieben.

Am 30sten Januar. Da auch jetzt noch keine neuen Träger aus Tanjore erschienen, blieb mir nichts übrig, als mich von den bisherigen ganz nach diesem Orte bringen zu lassen. Um 8 Uhr begegnete mir ein Diener von Kapitän Blackburn, der mir das Mißverständniß aufklärte. Es giebt nämlich zwei Wege von Ramnad nach Tanjore; der eine, den ich nahm, am Ufer, der andere über die Hügel durch das Land der Poligaren, wo der Tondiman, das Haupt der Stämme Buducotta, seine Hauptstadt hat. Durch ein Versehen des Obersten Marting, von dessen Briefen ich eine Abschrift hatte, waren die verlangten Träger nach diesem letztern Orte, statt nach dem erstern bestellt. Kapitän Blackburn glaubte, daß ich um den Hof des Tondiman, eines der halbwilden Häuptlinge, die an Macht und Sitten den europäischen Herren aus den Feudalzeiten gleichen, zu besuchen, diesen Weg gewählt habe. Zum Glück aber hatte er auch einen Mißverstand für möglich gehalten und also 2 Pandis mir auf diesem Wege entgegengesandt; ich stieg in den einen und kam bald in Tanjore an, das von Ramnad 128 Meilen entfernt ist, die ich in 48 Stunden zurücklegte.

Lord William Bentink hatte, zu Folge der Briefe von Lord Wellesley, Befehl gegeben, mich überall mit der äußersten Aufmerksamkeit zu empfangen. Da ich der erste Edelmann war, der jemals Tanjore besuchte, freute sich der Rajah sehr auf mich und er war übereingekommen, mich als Seinesgleichen zu behandeln. Serfadschi, der gegenwärtige Rajah, ist der adoptirte Sohn des Tuljaschi, der im Jahre 1786 starb. Zur Gültigkeit der Adoption sind nach dem Hindugesetz drei Dinge nothwendig, erstens die angenommene Person muß ein Kind, zweitens aus der Familie der nächsten Verwandten seyn, und drittens der unmittelbare Erbe muß seine Einwilligung gegeben haben. Tuljaschi hatte keinen von diesen Punkten erfüllt. Die ostindische Kompagnie nahm daher bei seinem Tode keine Rücksicht auf die Ansprüche des Serfadschi und setzte den Amarring, den Bruder des Rajah, auf den Musnud; die Einkünfte von Tanjore machten einen Theil der Sicherheit aus, die der Nabob des Carnatik den Engländern auf die Bezahlung ihrer Subsidien gegeben hatte, und der Rajah war durch Verträge gebunden, es keinem zu vermachen; er that es dennoch und die Originalurkunde fiel dem Residenten in die Hände und ward an Lord Hobert nach Madras geschickt. Er wollte den Rajah sogleich entfernen, aber Sir John Shore widersetzte sich hartnäckig und wollte auch nicht zugeben, daß die Entscheidung aufgeschoben würde, bis die Sache nach England berichtet werden konnte.

Amarring fuhr fort zu regieren, aber sein schlechtes Betragen ward endlich so offenbar, daß es für nothwendig geachtet ward, ihm einen Vertrag vorzuschlagen, wodurch er die bürgerliche und militärische Verwaltung von Tanjore den Engländern übergeben sollte. Ermuntert durch die Straflosigkeit seines frühern Mißverhaltens weigerte er sich, denselben einzugehen und bot der Kompagnie Trotz. Unterdessen war der junge Serfadschi sorgfältig erzogen worden, zuerst zu Madras und hernach unter dem achtungswürdigen dänischen Missionar Herrn Schwarz; natürlich wünschte die englische Regierung ihn Statt seines Oheims anerkannt zu sehen und weil sie glaubte, daß noch immer einige Zweifel wegen der Adoption Statt finden möchten, ward die ganze Sache an die Pundits verwiesen, die mit einem Scharfsinn, welcher der Sorbonne selbst Ehre gemacht haben würde, entschieden, daß obgleich die Adoption des Serfadschi in allen wesentlichen Stücken fehlerhaft gewesen sey, dies doch allein eine Sünde des Tuljadschi sey, aber keinesweges den Ansprüchen des Kindes auf den Musnud schade.

Durch eine solche Entscheidung gestärkt, setzte sie den Amarring sogleich ab, doch ward ihm ein jährliches Einkommen von 125 Pagoden und ein Landpallast gelassen, wo er unter dem Schutze des Neffen sich aufhielt, mit dem er bis an seinen Tod 1802 in sehr freundschaftlichen Verhältnissen stand. Serfadschi vollzog im Jahre 1799 den Vertrag, der seinem Oheim vorgeschlagen war, überließ die Verwaltung des Landes den Britten, und behielt sich einige Palläste vor, den Tribut aus Tranquebar von 2000 Pagoden, ein reines Einkommen von einem Lak Pagoden und ein Fünftel des Ueberschusses nach Abzug aller Ausgaben für den Militär- und Civilstaat, welcher sich noch beinahe auf zwei Lak beläuft. Diese Summen reichen zu seinen nothwendigen Ausgaben und zur Behauptung der Würde eines asiatischen Prinzen vollkommen hin. Er ist wirklich reicher, als seine Vorfahren, welche, obgleich sie dem Namen nach, im Besitz des Einkommens waren, ungefähr 6 Lak Pagoden an die Kompagnie für den Unterhalt der Truppen und ein Lak für die Interessen der Schulden und die Bedürfnisse des Gottesdienstes, welches beides die Kompagnie übernommen hat, bezahlen mußten. Die Einrichtung ist eben so vortheilhaft für die Kompagnie und die Einwohner gewesen. Durch die kluge Verwaltung des Einnehmers, Herrn Harris, ist Ordnung und Thätigkeit eingeführt; das Volk ist geschützt und zur Arbeit ermuntert, folglich ist der Ertrag gestiegen und die Einnahme hat sich schnell vermehrt.

Kein Theil Indien's hat so viel durch die brittische Herrschaft gewonnen, als Tanjore, denn in frühern Zeiten litt kein Land so sehr durch Kriege; seine Existenz hieng fast ganz von der Erhaltung der ungeheuern Erdwälle ab, die zu Coiladdy errichtet worden sind, um die Wasser des Cauweri von der Vereinigung mit dem Colerum abzuhalten, nachdem sie sich nahe bei Terischinopoli getrennt haben; der erste Zweig des Acundacauveri, ist mehrmals wieder getheilt und verbreitet durch seine verschiedenen Kanäle Fruchtbarkeit über die ganze Ebene, von Devicotta nach Kap Kalamere, eine Gegend, die ohne die Bemühung der Menschen, Wasser herbeizuschaffen, eine dürre Wüste seyn würde. Die Franzosen wußten dies sehr gut, und suchten im Kriege von 1750 die Erdwälle zu zerstören, mußten aber durch die Anstrengungen der Engländer ihre Versuche aufgeben.

Der Krieg hat lange in diesen fruchtbaren Provinzen aufgehört, und die Vereinigung der Halbinsel unter einer Macht, hat die Erneuerung desselben höchst unwahrscheinlich gemacht. Der Rajah ist vertragsmäßig nicht verbunden eine Kriegsmacht zu halten; da aber die Regierung von Madras ihm als eine Gunst, den Besitz des Forts zu Tanjore gegeben hat, so hat er eine Garnison von 1500 Mann geworben und unterhält die Wälle in einem vortrefflichen Zustande mit einem jährlichen Aufwande von 50,000 Pagoden. Die Erziehung, die er während der Zeit seines Unglücks erhielt, war weit vorzüglicher, als die der Asiaten im Allgemeinen. Er spricht das Englische mit Geläufigkeit und Zierlichkeit und ist durch das achtungsvolle und einnehmende Betragen, das beständig gegen ihn beobachtet ist, ganz für unsere Regierung gewonnen; einem Manne von Gefühl, wie er, muß der schnell wachsende Wohlstand seines Landes angenehm seyn und die strenge Rücksicht auf die religiösen Vorurtheile der Bewohner knüpft ihn noch dichter an uns.

Nirgends in Indien hat die Religion der Hindu's so viele Macht und Glanz behalten, als auf der Küste Koromandel. Da die Muselmännischen Eroberungen hier niemals bleibend waren, so blieben die heiligen Oerter immer in ihrem ursprünglichen Zustande und ihre großen Einkünfte unangegriffen. Fast in jedem

Dorfe erhebt sich eine Pagode mit ihrem hohen Thorwege von massiver und zierlicher Bauart, und bei einer jeden wird eine große Menge Braminen entweder durch die früher bestimmten Einkünfte oder durch eine Besoldung von der Regierung unterhalten. Die Landstraßen, die zu diesen heiligen Oertern leiten, sind mit Schultrys besetzt, wo oft Braminen wohnen, um für die Bedürfnisse der Pilger zu sorgen. Diese heiligen Männer sind hier die Hauptinhaber des Landes, und verrichten nach ihrem Gesetze jedes ländliche Geschäft außer dem Pflügen; als Korps haben sie auch weitläuftige, freie Ländereien. Freilich würde eine genaue Untersuchung das Mangelhafte ihrer Ansprüche in vielen Fällen ergeben, doch wird Klugheit sie wahrscheinlich verhindern sie zu mißbrauchen; der Gewinn würde kein Ersatz für den Verlust ihrer Ergebenheit seyn, deren wir jetzt, durch den Schutz, den sie erhalten durch ihr erhöhtes Einkommen, von 45,000 Pagoden jährlich, die nach dem Herkommen des Rajahs, unter die ärmern Tempel vertheilt werden, gewiß sind. Die Absetzung des letzten Rajahs, und die Erhebung des gegenwärtigen haben bewiesen, daß die Braminen bewogen werden können, jeden Wunsch der brittischen Regierung zu unterstützen; die Eingebornen können durch sie beherrscht werden, und selbst ihre Vorurtheile werden zur Sicherheit dienen.

Ich erhielt eine Einladung von dem Major Marting, mit ihm in dem kleinen Fort zu frühstücken, das nur eine Meile von dem Hause des Kapitän

Blackburn entfernt ist. Es ward dem Rajah in dem Vertrage eingeräumt, aber im Fall eines Kriegs behielten wir uns das Recht vor, es wieder zu besetzen; wir haben es jetzt gethan und Major Marting hat ein neues Korps recht hübscher Bursche geworben, die unter seiner thätigen Leitung schnelle Fortschritte in der Disciplin machen. Das Fort hat eine Meile im Umfang, ist sehr stark und gut erhalten, die Mauern sind hoch und aus großen Steinen erbaut, auf den Ecken sind Warten; der Graben ist breit und tief, aus dem festen Felsen gehauen und mit einem gut eingerichteten Glacis versehen; es stößt auf der einen Seite an das große Fort, das auf eine ähnliche Weise befestigt ist, und worin der Rajah wohnt; es ist verfallen, aber er stellt es mit großen Kosten wieder her. Seine Truppen sind die einzige Garnison.

In dem kleinen Fort ist die berühmte Pagode, deren Hauptgebäude das schönste Muster eines pyramidalförmigen Tempels in Indien ist. Der Rajah war äußerst besorgt, daß ich nicht den Eintritt verlangen möchte, weil mein Beispiel auch für Andere sehr wirksam seyn würde. Natürlich gab ich seinem Verlangen nach, aber ich gieng an die Thür, um den Ochsen von schwarzem Granit zu sehen, der für eins der schönsten Denkmäler der alten indischen Kunst gehalten wird. Vor dem Vertrage zwischen dem jetzigen Rajah und der Regierung von Madras hatte die Garnison Besitz von der Pagode genommen, welche die Braminen verlassen hatten. Bei ihrer Zurückgabe hat der Rajah sie mit großen Kosten gereinigt und Schildwachen sind ausgestellt, um Jedem den Eintritt zu verwehren. Die Braminen kamen uns am Thorwege entgegen und überreichten Früchte und Blumen. Der Pagode gegenüber liegt auf den Wällen ein fast ähnliches pyramidalisches Gebäude, das aber gegenwärtig zum Magazin dient. Wir bestiegen hernach die Wälle die da sie höher sind, als die umgebende Mauer der Pagode, uns eine völlige Ansicht des Innern gaben. Der große Tempel ist gewiß ein sehr schönes Werk der Baukunst; und in seiner Spitze und den Verzierungen von allen andern, die ich gesehen habe, verschieden. Wir sahen die Ueberbleibsel von den Linien des Hrn. Lally, als er den Ort, ohne Erfolg, belagerte. Er war für eine Ueberrumpelung zu stark und es fehlte ihm an Mitteln zu einer regelmäßigen Belagerung; er fügte jedoch, wie gewöhnlich, der benachbarten Gegend alles mögliche Uebel zu.

Von einer Warte war eine sehr schöne Aussicht; die Pagode bildete den Vordergruud, dann erschien das große Fort mit dem Pallast des Rajah und den Pagoden; hinten dehnte sich eine reiche, mit Reißfeldern und Hainen bedeckte Landschaft aus und zuletzt erhob sich eine Kette hoher Gebirge. Man hatte erst angefangen, die Kanonen auf Laveten zu bringen; wird dies erst vollständig geschehen seyn, so wird zur Belagerung eine sehr große Armee und ein starker Artilleriezug erforderlich seyn, um eine Bresche zu bilden. Um 12 Uhr versammelten wir uns, um den Rajah zu besuchen; seine Wachen waren gut gekleidet, und wohl disciplinirt; der Pallast ist ein altes Gebäude mit verschiedenen hohen Thürmen, von einer hohen Mauer umgeben.

Das große Viereck, worein wir zuerst traten, ist unvollendet; die Wege, die zu dem Durbar führten, waren enge und wir waren bald genöthigt, unsere Palankins zu verlassen; so wie er mich sah, stand er von seinem Musnud auf, und kam mir an der Thür entgegen; er gab mir die Hand und bezeugte in sehr gutem Englisch sein Vergnügen, mich in seinem Pallaste zu empfangen. Er führte mich darauf zu einem Stuhle zur Rechten des Musnud, Kapitän Blackburn nebst drei seiner Hofleute wurden zu seiner Linken gesetzt. Seine Begleiter standen hinten und umher; er war auf Mahrattische Art gekleidet, mit wenigen Juweelen; aber ein Strauß von sehr schönen Perlen hieng über seinen Turban. Das Zimmer war nicht groß, aber sehr kühl; es bildete die eine Seite eines Vierecks, das fast ganz von einem Wasserbehälter ausgefüllt ward, in dessen Mitte sich ein kleines Gemach befand, das durch Stufen mit dem, worin wir saßen, Gemeinschaft hatte; Alles war hübsch und vortrefflich unterhalten. Die Gewandtheit des Rajah im Englischen machte mir großes Vergnügen; zum ersten Male konnte ich mit einem eingebornen Prinzen, ohne Dolmetscher, reden; und nur mit dem Nabob Visir hatte ein freies Gespräch ein ähnliches Interesse für mich. Sein Betragen ist vortrefflich und Gutmüthigkeit strahlt aus seiner Miene. Er ist jung, wohlgenährt, hübsch, mit einem dichten, schwarzen Bart und einer ziemlich schönen Gesichtsfarbe; er hat zwei Weiber, aber bis jetzt keine Nachkommen. Es ist daher nicht unwahrscheinlich, daß die Kinder seines abgesetzten Oheims ihn beerben werden.

Vorher gab die Kompagnie dem Beherrscher von Tanjore den Titel König und nannte ihn Majestät. Man fand es abgeschmackt, da er ein Vasall des Nabob von Karnatik ist, und änderte ihn in Excellenz, der, da er immer denen, welche die Majestät repräsentiren, zukommt, eben so unpassend ist; Hoheit ist gewiß sein rechter Titel. Er drückte seine Dankbarkeit gegen die englische Nation aus, und versicherte die Unveränderlichkeit seiner Gesinnung. Von der Aufrichtigkeit dieser Aeußerung gab er bei dem Ausbruch des Kriegs mit den Poligaren einen überzeugenden Beweis: sein kleines Heer war nach 3 Stunden marschfertig, um unter Kapitän Blackburn sich dem Feinde zu widersetzen, der einen Einfall in das Land gemacht hatte. Mit großem Vergnügen nahm ich seinen Vorschlag an, mir einige Theile seines Pallastes zu zeigen, und ward von ihm zu einem sehr großen und vortrefflichen Zimmer im zweiten Stock geführt, wo er, wie er mir sagte, gewöhnlich lebt. Es war tapezirt und hatte englische Stühle; vier Bücherschränke standen einander gegenüber, die hauptsächlich mit englischen Büchern angefüllt waren; es war mir nicht wenig angenehm, meines Großvaters, Lord Littletons,

Geschichte Heinrichs II. zu entdecken, worauf ich sogleich Se. Excellenz aufmerksam machte.

Eine Seite des Zimmers führte zu einer Verandah; die entgegengesetzte war mit Gemälden, der Fürsten von Tanjore aus der Mahrattischen Dynastie, von ihrem Gründer Sevadschi herunter bedeckt. Dieser berühmte Häuptling hatte zwei Söhne; der älteste folgte ihm in Puna und wird durch den Rajah von Satarah repräsentirt. Der zweite Sohn Eccodschi ward im Jahre 1680 mit einem Truppenkorps von seinem Vater abgeschickt, um dem Hindufürsten von Tanjore beizustehen, der von einem andern Fürsten, der über Terridschinopoli herrschte, angegriffen war; Eccodschi entsetzte die Hauptstadt leicht, zog sich aber zu einem Dorf, 5 Meilen weit zurück, und verlangte von hier eine Vergeltung, die sein unglücklicher Bundsgenosse nicht zu bezahlen im Stande war. Unterdessen ward nach einer sechsmonatlichen Verhandlung eine Vereinbarung getroffen; Eccodschi erklärte, er würde abziehen, wünsche aber vorher dem Prinzen in seinem Fort seine Aufwartung zu machen; es ward bewilligt unter der Bedingung, daß er nur eine kleine Begleitung mit sich bringe; der Tag war wie gewöhnlich von den Astrologen bestimmt, die ihn nach seinem Befehl warnten, das Fort nicht vor 6 Uhr Abends zu betreten. Er nahte sich demnach um diese Zeit nur mit 100 Pferden; hatte aber vorher eine große Anzahl seiner Leute verkleidet hinein geschickt, die ihre Dolche unter ihren Gewändern verborgen hatten; als er das Thor betrat, stürzte er mit 60 Pferden gegen den Pallast, und ließ die übrigen 40 zurück, um sich mit einem Korps zu vereinigen, dem er befohlen hatte, ihm zu folgen. Sie thaten es unbemerkt in der Abenddämmerung. Die Wache ward leicht überwältigt. Der Fürst und die meisten Glieder seiner Familie wurden getödtet; Eccobsche bemächtigte sich der Herrschaft, die bis jetzt bei seiner Familie geblieben ist.

Die Gemälde waren in schönen vergoldeten Rahmen, und von einem eingebornen Künstler auf Leinwand nach den Zeichnungen an den Mauern des Pallastes, von denen viele sich dem Verfall nahten, copirt; sie hatten bedeutendes Verdienst und waren interessant, da sie Personen vorstellten, die auf dem Schauplatz der englischen Politik eine so merkwürdige Rolle gespielt hatten. An den Wänden hiengen verschiedene musikalische Instrumente, die einigermaßen einer Guitarre glichen und reich mit Diamanten und Perlen geziert waren. Der Rajah ließ einen seiner Leute verschiedene Melodien, und unter andern God save the King und Marlborough spielen. In einem Winkel war eine englische Pedalharfe, sein Lieblingsinstrument, da es aber unter seiner Würde ist, für einen Musikverständigen gehalten zu werden, durfte ich ihn nicht bitten, sich hören zu lassen. Er komponirt jedoch und unterhält ein englisches Musikchor und wird sich Instrumente aus Europa kommen lassen. Der obere Theil der Wände war mit eingeschnittenen Gottheiten bedeckt; er sagte mir, daß er diese den Christen zeige, welche die heiligern in den Tempeln nicht sehen dürften. Die Treppen waren so schlecht, als in Bengalen. Er führte mich darauf zu einem Zimmer, das er sein Kabinet zum Zeichnen nannte; die Wände waren mit Gemälden und Kupferstichen von aller möglichen Art bedeckt; es war mit englischen Stühlen und Tischen versehen und auf den letzteren lagen Papier, Farben und alle Geräthschaften zum Zeichnen, das er sehr liebt.

Wir kehrten darauf zu dem Durbar zurück, und ich machte Anstalt zum Abschied; ein Diener brachte Blumen, er schlang ein großes Gewinde von gelben und grünen vermischt um meinen Nacken, kleinere um meinen Arm und gab mir einen Strauß in die Hand; die Blumen waren reichlich mit Rosenwasser benetzt; eine Schnur kleiner Perlen, woran ungeschnittene Smaragden und Rubinen hiengen, wurde ebenfalls um meinen Nacken gewunden; Kapitän Blackburn ward auf dieselbe Weise behandelt, so wie auch Herr Salt, nur daß er keine Edelsteine erhielt. Ganze Stücke Kinkab zu Kleidern und Shawls wurden zu unsern Füßen gelegt und von unsern Bedienten weggenommen. Wir nahmen darauf Abschied und wurden von dem Rajah bis an die Thür begleitet; seine Leute zeigten uns das Uebrige des Pallastes. Sie führten uns zuerst zu einem Durbar, wo er zu Gericht sitzt; einem großen Zimmer, das eine Seite des Vierecks bildet; jetzt waren die hölzernen Säulen, die bei feierlichen Gelegenheiten verziert werden, unbekleidet und häßlich. Nahe dabei war eine Werkstätte, wo ich ein wunderliches Fuhrwerk mit 6 Rädern sah. Der Kasten war achteckig, ungefähr vier Fuß im Durchmesser, rund umher mit Fenstern. Das Holz war reich ausgeschnitten und vergoldet; vorn ist eine Orgel, die, spielt wenn die Räder sich umdrehen, und vor derselben eine Uhr und eine Maschine, um die Weite des zurückgelegten Weges zu bezeichnen.

Das nächste Zimmer war weit interessanter; es war der Durbar der eingebornen Fürsten und übertraf an Größe und Pracht weit den von ihren mahrattischen Bezwingern errichteten; die Pfeiler waren von schwarzem Stein, hoch und massiv, und das Dach bestand aus ähnlichen großen, steinernen Massen. Der Musnud erhob sich in der Mitte ungefähr drei Fuß vom Boden; er bestand aus einem Stück schwarzen Granit, von derselben Art, woraus der Ochse in der Pagode gemacht ist, war 18 Fuß lang, 16 breit und 2 dick. Erstaunt, warum sie ihr eignes Gebäude diesem königlichen Throne vorgezogen haben sollten, fragte ich nach der Ursache und hörte, daß der erste Fürst dieser Dynastie wenige Tage, nachdem er sich darauf gesetzt hatte, starb; seine Nachfolger sahen dies für unglücklich an und haben ihn nicht weiter gebraucht; er bildet, wie der andre, die eine Seite eines Vierecks, hat aber rings umher Pfeiler und auf der einen Seite einen hohen Thurm, gleich denen beim Eingange der Pagoden, was die Pracht sehr vermehrt. Die Hitze war groß und ich herzlich müde, wir giengen daher nicht weiter und kehrten zurück.

Am 1sten Februar. Um 10 Uhr erwiederte der Rajah meinen Besuch. Er war zu Pferde, in derselben Kleidung als gestern und von seiner Reiterei und andern Truppen begleitet; sein General war an ihrer Spitze und zeichnete sich durch einen stählernen Handschuh aus, der unsern alten Rüstungen glich, und bis an den Ellenbogen reichte. Seine Suwarry war weder zahlreich, noch glänzend; das vornehmste Zeichen der Würde war ein weißer Sonnenschirm, der in diesem Lande einen besondern Anspruch auf Ehre giebt. Der Tondiman wünschte ihn sehr, allein es würde eine grausame Beleidigung für den Rajah gewesen seyn, wenn die Regierung von Madras sein Verlangen bewilligt hätte; es wurden ihm daher bloß zwei silberne Stäbe geschickt. Seine Pferde waren gut und seine Diener sehr nett; er hatte verschiedene rothe Flaggen bei sich und seine Hofleute trugen perpendiculäre Hüte, um die Sonne abzuhalten; andere hatten bunte Sonnenschirme; auch waren sein Musikcorps und seine Tomtoms bei ihm. Ich empfieng ihn an der Treppe, führte ihn zu einem Sofa, und setzte ihn zu meiner rechten Hand. Er verlangte Hrn. Salts Zeichnungen zu sehen, und machte verschiedene treffende Bemerkungen darüber; er blieb fast eine Stunde bei mir und empfieng beim Weggehen genau dieselben Geschenke, die er mir den Tag vorher gegeben hatte; er mußte seinen Turban abnehmen, um mit den Blumen und Perlen umwunden zu werden, denn sie giengen nicht über seinen marattischen Turban; seine Höflinge erhielten Geschenke nach ihrem Range. Es ist sonderbar, daß ein unter Christen erzogener Mann, mit einem vortrefflichen Verstande, ein Sklave des hindu'schen Aberglaubens ist, *) und doch haben die Braminen, wie es scheint, keinen strengern Anhänger, als ihn, obgleich er sonst von liberalen Gesinnungen beseelt wird; wiewohl er nachsichtiger gegen die dänischen Missionarien, die in seinem Lande leben, ist, dehnt er seinen Schutz auch über die Katholiken aus, die dem Namen nach, eine beträchtliche Schaar aus der niedrigsten Kaste der Hindu's ihrer Heerde einverleibt haben.

Es würde ungerecht seyn, wenn ich das ehrenvolle Zeugniß verschweigen wollte, das Kapitän Blackburne der dänischen Mission und ihrer Gemeinde ertheilt. Ihr Betragen macht dem christlichen Namen Ehre, und sie leben im vollkommenen Frieden mit den Heiden umher, aber der Erfolg ihrer Bekehrungsversuche ist so gering, obgleich sie mit allen möglichen Vortheilen arbeiten, daß die Hoffnung anderer Missionarien, Proselyten zu machen, wirklich sehr klein seyn muß. Ihre Schulen sind von dem Rajah erlaubt

*) Ohne Vorurtheil möchte man eben in dieser Anhänglichkeit an seinen väterlichen Glauben den größten Beweis von seinem Verstande finden.

R.

und eine, die unter dem unmittelbaren Schutz seines alten Lehrers, Herrn Schwarz stand, der 50 arme Kinder in derselben erzog und erhielt, wird auf eigne Kosten Sr. Hoheit fortgesetzt. Kann wohl mehr geschehen, um dem Christenthume in Indien Eingang zu verschaffen und doch, wie gering ist die Anzahl der Bekehrten!

Der Tondiman schickte einen Vakil, um mir sein Bedauern zu bezeugen, mich nicht in seiner Hauptstadt gesehen zu haben, und Früchte zu meinen Füßen legen zu lassen, zum Beweis, daß das Land mein sey; er verlangte die Dauer meines Aufenthalts in Tanjore zu wissen, denn wenn es Zeit sey, wollte er mir persönlich seine Aufwartung machen. Ich versicherte ihn auf das äußerste meiner Hochachtung und bedauerte, den Besuch eines so erprobten Freundes meines Landes nicht annehmen zu können. Tondiman ist ein Erbtitel, nicht der Name eines Individuums und seit dem letzten Kriege, der mit der Vernichtung der Murdu's von Schewagunga endigte, ist er das Haupt dieser Stämme geworden, unter denen das sonderbare Gesetz besteht, daß die Weiber in der Regierungssuccession den Männern vorgehen. Die junge Ranni kann heirathen, wen sie immer will und während ihres Lebens ist ihr Gemahl Rajah, aber bei ihrem Tode folgt unmittelbar ihre Tochter.

Als wir im J. 1755 mit den Polygaren bekannt wurden, wurden sie als ein wilder, roher Menschenschlag betrachtet, der kein Vertrauen verdiente und der auch durch nichts von seinen Plünderungen abgehalten werden konnte. Wenn sie jemals diese Vorwürfe verdienten, so ist ihr Charakter jetzt völlig verändert. Sie sind ein braver, thätiger Stamm, und wenn sie mit Gerechtigkeit und auf eine edle Art behandelt werden, eben so friedliche Nachbarn, als alle andere. Leider muß ich gestehen, daß dies nicht immer der Fall gewesen ist; ein trauriger Beweis davon sind die Vorfälle, die den letzten Polygaren-Krieg veranlaßten. Die Panjalamcourdschi-Rajah's waren junge Männer, die über einen unbedeutenden Stamm von Polygaren herrschten und der brittischen Regierung einen Tribut bezahlen mußten. Aus verschiedenen Umständen entsprang zwischen ihnen und dem Einnehmer eine Kälte, weswegen sie sich weigerten, in Person den Tribut abzuzahlen. Der Einnehmer wollte ihn auf keine andere Art empfangen; eine Unterhandlung fand Statt und endlich kam man überein, daß der älteste ein sicheres Geleit von ihm erhalten und ihn in dem Fort Ramnad treffen sollte; er kam, bezahlte seinen Tribut und wollte sich entfernen, als, aller Treue zuwider, ein Versuch gemacht ward, ihn anzuhalten; durch diese Verrätherei gereizt, stieß einer der Begleiter dem Offizier einen Dolch ins Herz und entfloh mit seinem Herrn.

Eine sehr achtungswürdige Kommission ward von Madras herabgesandt, um die Umstände zu untersuchen. Sie berichtete, daß der Mord nicht vorherbedacht scheine, sondern allein aus einer plötzlichen Aufwallung des Bluts, bei Entdeckung des beabsichtigten Verraths, entstanden sey. Die Regierung erklärte sehr weise für alle Theilhaber eine Amnestie, aber die Eifersucht der Panjalamcourdschi-Häupter dauerte fort, sie bezahlten ihren Tribut nicht und Feindseligkeiten waren die Folge. Die Brüder waren zum Widerstande zu schwach, sie flohen aus ihrem Fort und suchten sich in einem Gebüsch zu verbergen, wo sie entdeckt und gefangen wurden. Der älteste wurde hingerichtet, der jüngste, da er taub und stumm war, ward verschont, aber in ein brittisches Fort eingesperrt, woraus er entkam und nach seinem eignen floh, was er wieder herstellte. Er vertheidigte es gegen Major Macauley mit 800 Mann, und schlug einen Versuch zu stürmen ab; endlich traf Major Agnew mit Verstärkungen ein; es ward ein zweiter Angriff gemacht; der glückte; der Platz ward zerstört, und der junge Rajah blieb bedeckt mit Wunden unter den Todten liegen; in der Nacht ward er von seinen Freunden fortgebracht und sorgfältig verhehlt, bis er im Anfang des Jahrs 1801 im Stande war, zu den Murdu's, damaligen Häuptern von Schewagunga, zu fliehen.

Dies Land ward ursprünglich von einer Frau beherrscht, bis etwa vor 25 Jahren; als zwei Brüder, Namens Mordu, aus einer niedrigen Kaste, die sogar gemeine Diener im Pallaste gewesen waren, unter dem Titel Dewans des Herrschers, ihres Gemahls, die Regierung an sich rissen. Bei seinem Tode nöthigten sie die Ranni, einen Mann aus ihrer Kaste zu heirathen, um ihre Macht zu sichern. Sie lebte nicht lange; nun scheinen sie alle Rücksicht für unnöthig gehalten zu haben, denn sie nahmen den Titel Pandi-Rajahs, oder der alten Könige des Landes an, von denen außer in der Sage keine Spur jetzt mehr ist. Der Nabob von Arcot vertrieb sie bei der Nachricht von diesem Vorfalle aus ihren Gebieten, unterstützt von den Truppen der Kompagnie, unter General Stewart, setzte sie aber durch Bestechung wieder ein und sie bezahlten ruhig ihren Tribut, bis die brittische Regierung einige Untersuchungen über ihr Recht an das Land anstellte. Als sie hierüber unruhig waren, traf der Panjalamcourdschi-Rajah ein, von dessen Talenten sie eine große Meiung hatten. Die Häupter von Schewagunga konnten eine Armee von 20,000 Mann, die mit Musketen, Luntengewehren oder Speeren bewaffnet waren, in's Feld stellen. Sie entschlossen sich daher zum Kriege und verlangten vom Tondiman, sich mit ihnen zu vereinigen, unter der Drohung, sogleich in sein Land einzufallen und es zu zerstören; eine Drohung, die sie wohl hätten ausführen können, da die Britten nicht im Stande waren, ihn zu beschützen; er weigerte sich indessen standhaft. Da Oberst Agnew von ihren Unternehmungen hörte, beschloß er in ihr Land einzudringen, aber der Versuch mißlang, und er ward zum Rückzuge nach Ramnad genöthigt. Die Murdu's drangen jetzt in den Tondiman, wenigstens neutral zu bleiben, während Kapitän Blackburn, der Resident zu Tanjore, ihn aufforderte, mit seiner Macht den Engländern beizustehen.

Tondiman war im Begriff, die Tochter seines Vorgängers zu heirathen, was ihm das Land gesichert haben würde, aber er nahm keinen Anstand, die Verbindung abzubrechen und eilte so sehr, daß er in drei Tagen zu Oberst Innes zu Nattam mit 3000 Mann stieß; zugleich übergab er Terumiam, sein einziges starkes Fort, als ein Militärdepot; er leistete auch einen sehr wichtigen Dienst durch die Gefangennehmung vieler Familien, deren Väter und Männer den Murdu's folgten, und die sich in seinen Gehölzen verborgen hatten; dem zu Folge verließ Jedermann, der zu diesen Familien gehörte, sogleich ihre Sache, und ward ein ruhiger Unterthan. Die vereinigten Rajah's vertheidigten sich mit großer Tapferkeit und widerstanden, in ihr Fort Caliarcoil eingeschlossen, 5 Monate lang der ganzen Macht, die wider sie aufgebracht werden konnte. Die Ueberlegenheit an Kriegszucht und Anzahl gab endlich den Britten den Sieg, Cullarcoil ward mit Sturm genommen, und obgleich die Murdu's in das Gehölz entrannen, das es auf sieben Meilen umgiebt, so wurden sie doch bald herausgejagt und aufgehangen; der eine war 55, der andere 60 Jahr alt. Der Panjalamcourdschi-Rajah floh nach Pylney, wo er endlich auch ergriffen und hingerichtet ward. Ich muß diese Handlung innig bedauern. Die Veranlassungen, die seine Familie von dem Residenten erhielt, waren hinreichend, um die Empörung zu beschönigen; es konnte rathsam seyn, seine Rückkehr nach seinem eignen Lande zu verhindern, aber mir scheint, die Regierung von Madras würde durch Schonung seines Lebens besser für ihre eigne Ehre gesorgt haben.

In der Schewagunga-Familie war kein weiblicher Erbe, das Land ward daher einem Verwandten gegeben, der mit der letzten Ranni verlobt war, aber durch die Murdu's an der Vermählung verhindert ward. Die Eroberung ward zur Erhöhung des Tributes nicht benutzt, der bei 50,000 Pagoden jährlich blieb. Das Betragen des Tondiman war so freundschaftlich gewesen, daß die Regierung ihn zu belohnen beschloß; sie gab ihm daher den Distrikt von Killinelli, der jährlich zu 6000 Pagoden geschätzt ward, und an Tribut nur einen Elephanten gab; er hatte zu Tanjore gehört, war aber in Tippu's Kriegen in seinen Besitz gekommen. Da die Wiedereroberung des Landes für wichtig gehalten ward, so erboten sich die Engländer es dem Tondiman zu übergeben, wenn er die Forts einnehmen wollte; er that es, aber beim Frieden siegte der Tanjorische Einfluß in Madras und er ward genöthiget sie wieder herauszugeben. Er ward mit zwei goldenen Stäben beehrt, die vor ihm getragen wurden, ein Beweis von hoher Auszeichnung, die einen Titel mit sich führt. Beharrung bei dem freundschaftlichen System, das von Kapitän Blackburn so weise angenommen ist, wird ohne Zweifel die Polygaren mit den Britten verknüpfen, da sie unsere Macht völlig kennen; er versichert mich, daß wenn ihre Dienste erfordert würden, er 10,000 Mann von ihnen ins Feld stellen könnte. Sie haben sich bei jeder Gelegenheit ungewöhnlich brav und thätig gezeigt und sie werden in den Holzgefechten in diesem waldigen Lande keine verächtlichen Bundesgenossen seyn.

Am 2ten Februar. Um 3 Uhr reisten wir ab; wir passirten das Bett des Cauweri, das jetzt ganz trocken ist, wenn es voll Wasser ist; muß der Anblick sehr schön seyn. Die entgegengesetzte Seite ist mit Holz bedeckt, woraus die hohen Pagoden, in größerer Menge, als ich bisher gesehen habe, mit ihren ehrwürdigen Häuptern hervorragen. Wir kamen um halb 8 Uhr durch die Stadt Comboconum, ehemals die Hauptstadt von Tanjore; es sind noch eine Menge Denkmäler ihres Glanzes übrig; jetzt wird sie hauptsächlich von Braminen bewohnt; ihre Wohnungen waren nett, neue Häuser wurden gebaut und die alten gut unterhalten. Ich sehe diese Gegend daher für wohlhabend an. Einige Pagoden und Wasserbehälter waren sehr schön, es ist aber ein sehr sonderbarer Umstand, daß fast beständig der äußere Thorweg von größeren Dimensionen ist, als der Tempel selbst; die Kosten des Baues müssen sehr groß gewesen seyn. Um halb 1 Uhr erreichten wir Cutallum, ein kleines Dorf. Das Land war außerordentlich reich und vortrefflich angebaut. Um 4 Uhr kamen wir zu Weidenathgudian, einer sehr großen und blühenden offenen Stadt, mit einer großen und, wie ich glaube, reichen Pagode, denn die Suwarry, mit der die Braminen mir entgegen kamen, war sehr artig. Die Elephanten waren mit Flaggen bedeckt und die Sängerinnen heiter gekleidet, das Geräusch der Tomtoms war indessen unerträglich und ich eilte so schnell als möglich aus der Stadt.

Um halb 11 Uhr erreichten wir den Bungelow des Hrn. Campbell, nahe bei Dschelumbrum. Thee und verschiedene andere Erfrischungen waren fertig und unser Wirth war hernach so gütig und verbindlich, uns zu den berühmten Pagoden zu führen, die, da die Braminen von meinem Besuche Nachricht erhalten hatten, erleuchtet waren. Das tiefe Dunkel, das theilweise durch das Licht der Fackeln erhellt ward, machte einen sehr feierlichen Eindruck. Der Thorweg, wodurch wir hinein traten, war neulich durch eine andächtige Wittwe, mit dem ungeheuern Aufwande von 40,000 Pagoden, wieder hergestellt; jede Seite des Thorweg's bestand aus einem Stein, der 40 Fuß hoch und mit Schnitzwerk verziert war; die ganze Bauart verrieth ein höheres Alter, als Tanjore und Ramiseram. Dem Eingange gegenüber ward ein Portikus, von 100 gerifselten Säulen errichtet, an einigen Stellen 3, an andern 5 hinter einander. Das Dach war noch nicht fertig. Wir giengen dann, in einer krummen Richtung zu dem Eingange des heiligsten Tempels; das Gebäude ist älter und der Styl reiner, als bei den andern umher, auch die gehauenen Figuren zeigten ein größeres Bestreben, des Künstlers eigentliche Handlung darzustellen, als bei den übrigen gefunden wird.

Es war außerordentlich schön erhellt, so daß, indem ich meine Fackeln wegschickte, ich das Innere besser, als am Tage sehen konnte; an der Gottheit war eine Menge von Gold und Juweelen verschwendet. Die Gebäude waren wie gewöhnlich gestaltet und wir durften uns nur der Thür des Vorzimmers nahen. Auswendig stund ein ungeheurer Lingam von schwarzen Steinen, auf einem hohen, viereckten Fußgestell mit vielen Stufen; darüber ward ein Himmel von Pfeilern getragen, die sich über dem Boden ohne Fußgestelle erhoben. Ein kleiner Tempel, der bei der Rückkehr uns gegenüber lag, war von derselben Bauart, und die gehauenen Figuren hatten gleiches Verdienst. Hier bemerkte ich zum erstenmale einen kleinern zirkelförmigen Pfeiler von schwarzem Stein vor dem größeren, so wie in einigen gothischen Kathedralkirchen in England, der eine sehr schöne Wirkung machte.

In diesem Tempel sind viele Inschriften in unbekannten Charakteren; ich hätte sie gern abgeschrieben, aber es war unmöglich, da ich leider so sehr eilen mußte, um nicht zu spät nach dem rothen Meere zu kommen. Es ist eine sehr heilige Pagode und ob sie gleich, außer einem Antheile an dem durch die Regierung bewilligten Gelde, keine ferneren Einkünfte hat, so wird sie doch für reich gehalten, wegen der zahlreichen Geschenke der Frömmigkeit und des Aberglaubens. Tippu bemächtigte sich ihrer während des Kriegs und beunruhigte unsere Truppen daraus sehr. Die Mauern sind ungemein hoch und dick und, ungeachtet die Thore gesprengt wurden, vertheidigten sie sich dennoch und trieben durch herabgeworfene brennbare Materialien die Truppen heraus.

Am 3ten Februar. Um 9 Uhr erreichte ich Kuddalore. Das Factoreihaus ist ein edles Werk der Baukunst von meinen Verwandten, Diamond Pitt, als hier die Hauptniederlassung der Britten auf der Küste Koromandel war; es hat einen schönen Portikus und war mit einem Terrassendach versehen, das Hrn. Lally so sehr gefiel, daß er es nach Pondichery bringen ließ. Diesen Ort erreichte ich um halb 7 Uhr und ward von dem Oberst St. John, vom 73sten Regiment, sehr herzlich empfangen. Am 5ten Februar gab uns Oberst Keith ein Mittagsmahl in seinem Landhause an den Ufern des Flusses der Insel gegenüber, welche die Franzosen zu befestigen dachten; am Abend war ein Ball, wobei die meisten der Franzosen anwesend waren; das Betragen der Männer war sehr schlecht, aber die Frauen zeichneten sich, wie gewöhnlich, im Tanzen aus. Einige Damen hatten sich drei oder viermal scheiden lassen, so daß ihre Moral eben nicht die strengste zu seyn scheint.

Pondichery, einst die glänzendste Stadt im Osten und die Hauptstadt der Franzosen, als sie den größten Theil des Karnatik inne hatten, hat sich seit seiner Zerstörung im Jahre 1761 nie wieder erholt. Die französische Regierung befahl, im Vertrauen auf die große, unter Lally ausgesandte Macht, thörichterweise, daß er alle brittische Forts, die in seine Hände fallen möchten, zerstören sollte, und dies geschah mit Fort St. Davids. Das Schicksal des Kriegs unterwarf Pondichery der Vergeltung; die Festungswerke wurden gänzlich demolirt und das Glacis ward zur Ausfüllung des Grabens gebraucht. Dies befriedigte jedoch den Rath von Madras noch nicht; die Erinnerung der großen französischen Macht scheint ihn unaufhörlich verfolgt zu haben, und er beschloß die Zerstörung auf die öffentlichen sowohl, als auf die Privatgebäude auszudehnen; das Jesuitercollegium und einige öffentliche Gebäude sind noch Denkmäler seiner Rache; die Privathäuser sind ganz hergestellt und Pondichery ist noch, nächst Kalkutta die schönste Stadt, die ich in Indien gesehen habe. In der Mitte des Vierecks liegen die Pfeiler und andere Zierden einer Pagode, aus schwarzem Stein, reich mit Bildwerk, geschmückt; sie wurden durch Hr. Dupleix aus einem heiligen Gebäude genommen, als er den Rang eines Subah annahm, und in dem ganzen Pomp eines orientalischen Prinzen lebte.

Die große Expedition, die unter dem Generalkapitän Decaen abgesandt wurde und aus 7 Generalen, einer verhältnißmäßigen Anzahl geringerer Offiziere und, mit Einschluß einer Leibwache von 80 Pferden, aus 1400 Mann bestand, und überdies reichlich mit Geld versehen war, scheint nicht bloß für das kleine Gebiet von Pondichery bestimmt gewesen zu seyn. Als sie aus Frankreich abgieng, war die Macht Perrons auf dem höchsten Gipfel, und hieher war wahrscheinlich ihre Bestimmung; hätten sie sich mit ihren Landsleuten vereinigen und ihre Entwürfe, die Anzahl der auf europäische Art disciplinirten Sipoy's noch zu vermehren, ausführen können, so würde der Ausgang eines künftigen Krieges vielleicht ihren Wünschen entsprochen haben. Zum Glück für uns sah Lord Wellesley die Gefahr, und seine Thätigkeit hat sie, wie ich hoffe, auf immer entfernt.

In der Halbinsel war wenig von französischem Einfluße zu befürchten. Von der Zeit ihrer ersten Niederlassung hatten sie die Vorurtheile der Eingebornen nicht berücksichtigt und wurden folglich von ihnen verabscheut. Dupleix hatte ihre Tempel zerstört, Lally sie zur Arbeit in den Laufgräben und andern militärischen Diensten gegen ihre Kaste gezwungen und die Regierung selbst hatte überall den Aufenthalt aller Familien, die nicht christlich wären, in ihren Gränzen verboten. Diesem unduldsamen Geiste schreibe ich hauptsächlich den Verfall der französischen Macht, und dem entgegengesetzten Betragen die Erhöhung der englischen, auf ihren Trümmern, zu.

Das Andenken an das, was die Franzosen waren, ist noch nicht in den Gemüthern der Eingebornen erloschen und macht den Erfolg ihrer Versuche weit schwieriger. Admiral Linois war früher von dem Kriege unterrichtet, als Admiral Rainier; er kappte in der Nacht seine Ankertaue und ließ 40 Offiziere und alle Civilbeamte, die bei seiner Ankunft gelandet waren, zurück; er nahm alle Generale mit sich. Den Oberbefehl übernahm jetzt der Brigade-General Binot, mit dem die Unterhandlungen über die Uebergabe des Ortes fortgesetzt wurden, bis die Regierung zu Madras von dem Anfang der Feindseligkeiten unterrichtet ward; hierauf ward Oberst Monneyppenni mit dem 13ten Regiment nach Pondichery gesandt, mit dem Befehl, in Vereinigung mit Oberst Cullen zu handeln, der bereits als brittischer Commissionär dort war; er kam in der Nacht, als alle Franzosen zu Bette waren an und hätte sie ohne die geringste Schwierigkeit gefangen nehmen können; aber so sonderbar es auch scheinen mag, General Binot erhielt Erlaubniß, alle seine Landsleute in der Baracke zu versammeln, um sich, wie er sagte, mit ihnen über die Sache zu berathschlagen. Kaum sah er sich in Sicherheit, als er bestimmt alle Unterhandlungen verweigerte, bis das 73ste Regiment die Stadt geräumt haben würde; es geschah und hierauf ward die bekannte Kapitulation geschlossen, der zu Folge die Franzosen Kriegsgefangene wurden.

Das Benehmen der brittischen Offiziere, die eine so entschiedene Uebermacht hatten, ist bei dieser Gelegenheit durchaus unerklärlich. General Binot versuchte, selbst nach der Kapitulation, allerlei Schwierigkeiten zu machen, und erlaubte sich höchst unstatthafte Forderungen. Die Civilbeamten, die zurückblieben, sind im Ganzen anständige und achtungswürdige Männer; größtentheils Royalisten, die nach dem Frieden nach Frankreich zurückkehrten. Sie wurden von der Regierung zu Madras äußerst edelmüthig behandelt, und es wurden ihnen mit einem Aufwande von 30,000 Pagoden, ihre Besoldungen ausgezahlt; dennoch ließen sich einige in eine Verbindung mit General Decaen zu Isle de France ein. Oberst St. John entdeckte es, und da er der Regierung den Namen des Schiffes mittheilte, das die Depeschen von der Dänischen Niederlassung Tranquebar fortbringen sollte, ward befohlen es aufzufangen, und so kam sie in Besitz aller Briefe. Hieraus erhellte, daß die Franzosen ihre Hoffnung auf Travancore gesetzt hatten, den einzigen Theil der Seeküste, der uns nicht gehörte; hier dachten sie ein Truppencorps ohne Widerstand landen zu können, und sie schmeichelten sich mit der Hoffnung, daß die Polygaren sogleich zu ihnen stoßen würden.

In beiden Fällen aber würden sie sich betrogen haben, denn die Polygaren sind unserer Regierung völlig ergeben, und obgleich Travancore unabhängig ist, so ist doch der Rajah durch die engste Freundschaft mit uns verbunden; er ist der einzige Handelsmann in seinen Besitzungen, kauft alle Erzeugnisse von seinen Unterthanen und überläßt sie uns wieder, mit einem beträchtlichen Vortheile; ein englischer Resident begleitet ihn stets und Oberstlieutenant Colin Macaulay, der gegenwärtig diese Stelle bekleidet, hat durch sein vorsichtiges und einnehmendes Betragen die Knoten zwischen uns noch fester gezogen. Der Hauptspion ward ergriffen und nach Madras gesandt, wo er noch im Gefängniß ist. Die lange Periode, während welcher Pondichery in unsern Händen gewesen ist, und kein Handel getrieben ward, hat die ordentlichen Einwohner ins größte Elend versetzt und nur der Edelmuth der Engländer hat viele vor dem Hungertode gesichert, indem sie, ohne alle Parteilichkeit den achtungswürdigen Familien kleine Jahrgehalte bewilligt hat; die Häuser sind verpfändet und wieder verpfändet worden, bleiben aber in den Händen der ursprünglichen Besitzer, weil kein Gerichtshof vorhanden ist, durch welchen sie dem Pfandgläubiger übergeben werden können. Unterdessen wird nichts ausgebessert und natürlich werden sie, wenn der gegenwärtige Krieg noch einige Jahre dauert, gänzlich verfallen.

Pondichery hat als Handelsstadt keine natürlichen Vortheile und ist nur emporgekommen, als sie die Hauptstadt der Franzosen in Indien war. Würde der Ort ihnen im Frieden zurückgegeben, so könnte er wieder wichtig werden; es ist ausgemacht, daß sie noch die Absicht haben ihn zum Sitz der Regierung zu machen. Ich habe gehört, daß sie es in eine offene Stadt verwandeln und die Kokosnußinsel, die nicht weit davon in dem Flusse Ariangcopang liegt, befestigen wollten, von der aus die Engländer im Jahre 1766 die Stadt beschossen. Wäre dies geschehen, so hätte ein Theil der alten Stadt abgetragen werden müssen, um eine neue Esplanade zu bilden.

Die Sitten einer vom Mutterlande abgeschnittenen Colonie können niemals sehr verfeinert seyn; aber die Armuth hat den Bewohnern Pondichery's es unmöglich gemacht, an eine angemessene Erziehung des künftigen Geschlechtes zu denken. Die jungen Männer sind über alle Erwartung unwissend und die Vollkommenheiten des andern Geschlechtes beschränken sich auf die Kunst gut zu tanzen und ein Paar Melodien auf dem Fortepiano zu spielen; der Verstand und das Gemüth werden fast ganz vernachlässigt und doch herrscht in dem Betragen eine angenehme Lebhaftigkeit, so daß man oft die Abgeschmacktheit der artigen Dinge, die vorgebracht werden, übersieht; ein Verdienst haben die Franzosen hier, wie in Europa, die bewunderungswürdige Geduld, womit sie das Unglück ertragen. In dem Ballsaal hätte Niemand vermuthen können, daß die Meisten dieser lustigen, lachenden Wesen, die nichts als Glück verriethen, oft nicht wissen, wie sie satt werden sollen. Oberst St. John und seine Frau thun Alles, was in ihren Kräften steht, um sie ihre Lage vergessen zu lassen, nicht bloß durch häufige Partieen, sondern durch tausend kleine Aufmerksamkeiten, die näher zum Herzen sprechen.

Am 7ten Februar. Um 2 Uhr Morgens gieng ich ab, und erreichte dreiviertel auf 11 Uhr Alumparva;

das Land war waldiger, sparsamer bevölkert und mit wenigern Pagoden geschmückt. Das Karnatik wird sich in Jahrhunderten nicht von den schrecklichen Verheerungen des Tippu und seiner Bundsgenossen, der Franzosen, erholen. Die See war während des ganzen Weges ungefähr eine Meile zur Rechten; links waren die Berge sichtbar; ich kam vor einem salzigen See vorbei, der südlich den Dschagheir begränzt; er war sehr breit, aber nur zwei Fuß tief. In Allumparva hält eine alte portugiesische Frau eine Art Wirthshaus und da Hr. Salt sie von meiner bevorstehenden Ankunft benachrichtigt hatte, hatte sie ein Frühstück bereitet. Wir verließen ihr Haus um dreiviertel auf 12 Uhr, und giengen über den Fluß Pinear, der jetzt nur 20 Fuß breit und zwei tief war, obgleich sein Bette wenigstens eine halbe Meile betrug. Die Berge gewährten links eine schöne Aussicht. Bald nach sechs Uhr erreichten wir Sadras, wo wir uns in dem Wirthshause der Madam Isaac, einer sehr höflichen und achtungswürdigen alten holländischen Frau gütlich thaten. Die Stadt ist gegenwärtig verfallen; ehemals war hier ein kleines Fort, umgeben von einer Ziegelmauer, ungefähr 15 Fuß hoch, deren eine Seite dicht an die See stieß. Es ward, mit Verletzung der holländischen Neutralität, von Lally genommen und in ein Depot verwandelt; jetzt liegt es in Trümmern; eine Reihe von Häusern umgiebt in einer kleinen Entfernung die drei Landseiten des Forts, aber sie verfallen sehr schnell und die Bewohner begeben sich nach blühenden Oertern.

Am 8ten Februar. Um 6 Uhr reiste ich von Sadras ab, und verließ bald die gerade Straße, um die berühmten Ruinen von Mahabalipuram zu besuchen, die allgemein, ich weiß nicht warum, die 7 Pagoden genannt werden, denn eine solche Anzahl ist nicht vorhanden. Sie verdienen allerdings die Aufmerksamkeit eines Reisenden, aber da sie aufs genaueste in dem ersten und fünften Bande der Asiatic researches beschrieben sind, halte ich es für unnöthig, Etwas darüber zu sagen. Der ganze Tag war wolkig und gegen Abend fieng es an zu regnen. Als es dunkel ward, trugen mich meine Bursche über einen See, der eine Meile breit war, um einen Umweg von etwa zwei Meilen zu vermeiden, und giengen bis an den Bauch im Wasser; Wind und Regen machten es sehr unangenehm, und überdies fürchtete ich, daß sie fallen möchten; indessen kam ich glücklich herüber, und traf um 8 Uhr in Madras ein. Am folgenden Tage machte ich meine Aufwartung bei dem Gouverneur Lord William Bentink, der mich sehr freundlich empfieng, und auf den folgenden Tag zu Mittag bat.

Ich war erstaunt, daß ich nichts von dem Nabob des Karnatik hörte, und fragte den Lord, ob er Sr. Hoheit meine Ankunft gemeldet habe; auf seine Bejahung, erwähnte ich die Aufmerksamkeit, die ich an andern Höfen erfahren hatte, und wunderte mich, daß er sich auch nicht einmal, wie es doch gewöhnlich ist, nach meinem Befinden erkundigt habe. Seine

Antwort war charakteristisch genug; „er weiß wenig, was er Ihnen schuldig ist und wartet auf Instructionen von uns, er betrachtet sich gewissermaßen selbst als einen Fremden." Nach dem Essen hatte ich eine lange Unterredung mit General Wemys, und war so glücklich, manche Vorurtheile gegen Herrn North aus seinem Gemüth zu entfernen, die ihm während seines kurzen Aufenthalts in dieser Präsidentschaft beigebracht waren.

Um 11 Uhr gieng ich zu dem Gouvernements-Gartenhause, und der Lord, General Wemys und ich fuhren, begleitet von der Leibgarde, die ein sehr schönes, wohlmontirtes Korps bildet, zu dem Nabob. Als wir die Thore der Gärten des Dschepak-Pallastes betraten, fanden wir die Truppen des Nabob aufgestellt; sie präsentirten das Gewehr, und der Gouverneur ward mit 19 Schüssen begrüßt. Wir kamen vor verschiedenen unbedeutenden Gebäuden vorüber; der Nabob kam uns an den Stufen des Durbar entgegen; er umarmte zuerst mehrere Male recht herzlich den Lord William, und sagte mit einer sehr guten Aussprache: wie glücklich bin ich Sie zu sehen, mein theurer Lord; dann ward ich vorgestellt, und empfieng eine ähnliche Umarmung und beinahe ein ähnliches Kompliment. Nachdem auch der General bewillkommt war, faßte Se. Hoheit den Lord und mich unter den Arm und wir giengen zu einem Sopha, der zur Rechten seines Musnuds stand. Der Lord ward von ihm auf den Sopha und ich auf einen Stuhl zu seiner Linken gesetzt; sein ältester Sohn saß dem Lord William zunächst, und die englischen Herren nahmen in einem Kreise auf Stühlen Platz. Einige sehr hübsch gekleidete Eingeborne standen hinter dem Nabob, aber einige seiner Verwandten saßen. Kapitän Grant, von der Leibwache, machte den Dolmetscher und nach den gewöhnlichen Fragen, die die Etikette vorschreibt, trat eine allgemeine Unterhaltung ein.

Ich rühmte die Zierlichkeit des Zimmers, worin wir uns befanden; er erwiederte, daß er dafür und für andere Bequemlichkeiten den Engländern Dank schuldig sey, statt im Gefängnisse zu sitzen. Ein Verschnittener brachte seinen zweiten Sohn herein, ein Kind, das auf dem Arm getragen ward, und den er uns vorzustellen wünschte, aber das kleine Geschöpf hatte keinen Sinn für die Ehre und schrie so heftig, daß sie es wegnehmen mußten. Er sagte, daß es gewöhnlich sey, bei diesen Gelegenheiten Kleider zu überreichen, und er hoffe, wir würden ihm die Ehre erzeigen, sie anzunehmen, worauf wir uns verbeugten. Sie wurden nicht bei dem Durbar in Geschirren dargebracht, sondern nach unsern Wohnungen gesandt. Er trug mir eine Menge Empfehlungen an die königlichen Personen auf, und bat mich insbesondere, Sr. Majestät seine große Unruhe auszudrücken, daß er nicht mit einem Briefe von ihm, wie sein Vorgänger, beehrt worden sey. Der Lord William bemerkte lachend, daß er lange vor meiner Ankunft in England eintreffen würde. Jetzt wurden Blumenkränze ausgetheilt, nebst Pawn und Attar, worauf wir mit Rosenwasser besprengt wurden. Wir nahmen hierauf Abschied und wurden von dem Nabob bis an die Treppe begleitet, wo er alle seine Komplimente wiederholte und unter andern sagte: daß er außerordentlich stolz sey, zwei Lords auf einmal, bei sich gesehen zu haben. Das Zimmer, das er zum Durbar gebraucht, ist außerordentlich hübsch, von großen Verhältnissen und durch Pfeiler getheilt. Es ist unvollendet und war nicht einmal dschunamirt, sondern nur weiß angestrichen. Sein Musnud und seine Meubles waren schön, und das Bildniß des Prinzen von Wales von Hoppner zierte eine Seite des Zimmers.

Das Gebäude ward von einem englischen Offizier entworfen und sollte zwei Stockwerke hoch werden. Da Se. Hoheit durch die Milde der ostindischen Kompagnie von der Regierung befreit und sehr reich ist, so kann er es wahrscheinlich vollenden, und in diesem Falle wird es der schönste Durbar werden, den ich in Indien gesehen habe. Der Nabob ist sehr fett und düster; seine Miene ist einfältig und in seinem Betragen zeigt sich nicht die geringste Spur eines Fürsten; sein Sohn hat einen Ausdruck von Stolz und Wildheit in seiner Miene, der keinen günstigen Schluß auf seinen künftigen Charakter machen läßt; beide waren einfach gekleidet, nur der Vater hatte einen mit flachen Diamanten verzierten Gürtel, woran kein Schwerdt hieng, und einen sehr zierlich mit kleinen Rubinen und Brillanten besetzten Dolch. Bei meiner Ankunft zu Hause, fand ich die Geschenke des Nabob vor, die in einer schönen, goldstoffenen Kleidung, Shawls und einem Stück Kinkab bestanden; Se. Hoheit schickte mir auch eine große Menge Früchte und ein Mittagsmahl, das, wie gewöhnlich, unter meine eingebornen Bedienten vertheilt ward.

Am 12ten Februar. Heute ward mein europäischer Bediente von einem heftigen Fieber ergriffen und dadurch genöthigt, das Bette zu hüten. Diese Verzögerung war äußerst unglücklich; die Zeit, wo es leicht ist, das rothe Meer hinauf zu gehen, eilte schnell vorüber, und ich konnte ihn unmöglich zurücklassen, theils weil ich seiner Dienste bedurfte, theils weil er mir so treu auf allen bisherigen Reisen gefolgt war. Ich entschloß mich also geduldig, seine Wiederherstellung zu erwarten, aber Herrn Salt sogleich abgehen zu lassen, um die berühmten Fälle von Caveri zu besuchen; ich konnte alsdann auch darauf rechnen, den ganzen Weg nach Seringapatnam mit Tappal zu machen, was, wenn er mich begleitete, unmöglich war.

Am 13ten Februar. Lord William gab mir heute zu Ehren ein prächtiges Diner. Wir speisten in dem von Lord Clive erbauten Eßsaale und sahen in demselben wie Pygmäen aus, da unsere Köpfe nicht einmal bis an die Spitze der Vertäfelung reichten. Am 14ten Februar besuchte ich einen Ball im Pantheon; es war ursprünglich ein Privathaus, und muß als solches sehr unbequem gewesen seyn. Es ward mit dem Ruin des Erbauers von einer Gesellschaft zu einem öffentlichen Vergnügungsort gekauft, wozu es sehr wohl eingerichtet ist, denn es hat einen sehr großen dschunamirten Saal. Man hat ein Theater hinzugefügt, wo bisweilen gespielt wird. Es ist ein hübsches Gebäude und die Dekorationen sind gut gemalt. Die Hinterseite des Theaters ist offen, und durch ein Vorzimmer mit dem Ballsaal verbunden; dieser Ball ward von einer Wettgesellschaft gegeben, denn Pferderennen sind hier erlaubt; der Saal war sehr voll und ich bemerkte nicht, daß die Damen von Madras die von Kalkutta an Schönheit übertrafen; die Neuigkeit des Abends waren die Panpfeifen, die aber den Damen von Madras außerordentlich gemein vorkamen.

Am 15. Februar. Ich hatte für Herrn Salt 16 Palankinträger auf einen Monat gemiethet; sie erhielten nur 28 Pagoden; sie mußten täglich über 20 Meilen machen und ihm Zeit lassen, Alles nach seiner Bequemlichkeit zu zeichnen. Er nahm Wein und Zwieback mit sich; Reiß, Früchte und Geflügel konnte er in jedem Dorfe erhalten. — Meine Unbekanntschaft mit der indischen Haushaltungsart kam mir theuer zu stehen; da ich in einem eignen Hause wohnte, fand ich zum ersten Male, was es für einen herrlichen Ertrag in Indien gewährt; es war ohne Mobilien, denn Lord Bentink hatte die Güte, sie zu schicken, und doch mußte ich für einen Monat 90 Pagoden bezahlen. Da mein Bedienter sich endlich wieder besserte, so setzte ich meine Abreise auf den 23sten fest. Zu meinem großen Verdruß bestimmte der Nabob diesen Tag, um mir in dem Gouvernementshause vor meiner Abreise einen Gegenbesuch zu machen. Um 12 Uhr verfügte ich mich dahin, so unangenehm es mir war; bald hernach kam der Nabob in einer englischen Kutsche, die mit vier Pferden bespannt war und von seiner Leibwache begleitet, an. Er hatte keine Suwarry und machte auf eine unpassende Art einen bloßen Privatbesuch; indessen bin ich sehr geneigt, diesen Verstoß seiner Unwissenheit und nicht einer Absicht unhöflich zu seyn, zuzuschreiben. Der Sekretär und die Adjutanten empfiengen ihn an den Stufen des Portikus und führten ihn die Treppen herauf; oben ward er vom Lord William und mir empfangen, wir umarmten ihn beide und führten ihn zu einem Sitze. Nachdem er alle seine Botschaften an die königliche Familie wiederholt und mir eine glückliche Reise gewünscht hatte, gieng er endlich fort; die Unterhaltung war langweilig und uninteressant, und er zauderte so lange, daß meine Geduld beinahe zu Ende war. Er macht dem Gouverneur sehr gern Besuche und giebt sich, so viel als möglich, mit Europäern ab.

Die Uebernahme des Landes mag sich nun rechtfertigen lassen oder nicht, so scheint es wenigstens unbezweifelt, daß sie ihn nicht im Geringsten gekränkt hat; er scheint ganz zufrieden mit der Regierung in seinem Pallast zu Dschepauk und einem weit größeren Einkommen, als jemals in die Kassen seiner Vorgänger stoß. Es ist auf ihn ein Verdacht gefallen, daß er an dem Tod seines Vetters, des abgesetzten Nabob, Schuld sey, der in den Mauern von Dschepauk starb; aber wenn man bedenkt, daß dies Ereigniß in den Zimmern seiner eignen Mutter Statt fand, was im Orient ein sicherer Schutz ist, und wohin er sich mit seinem Willen aus der ihm angewiesenen Residenz, außerhalb des Pallastes, zurückzog, so wird die Unbefangenheit ihn von der Beschuldigung frei sprechen.

Die Gesellschaft zu Madras ist natürlich beschränkter, als in Kalkutta, aber vollkommen so achtungswerth. Die Lebensart ist ungefähr dieselbe, ausgenommen, daß der Tisch hier nicht unter einem gleichen Gewichte von Fleischspeisen seufzt. Die Fische sind besser und der Wein ist weit vorzüglicher. Dem Aeußern nach ist Madras ganz von Kalkutta verschieden; es hat keine europäische Stadt, außer ein Paar Häusern in dem Fort, die meistens zu Magazinen gebraucht werden. Die Herren von der Kolonie wohnen beständig in ihren Gartenhäusern, wie sie dieselben sehr passend nennen, denn sie sind alle von so dicht bepflanzten Gärten umgeben, daß das benachbarte Haus selten sichtbar ist. Die Dschautry-Ebene, einst der Schauplatz von Tippu's Verheerungen, als er an der Spitze eines Reiterkorps die Gauts hinabstürzte, und bis an die Mauern von Fort St. Georg Schrekken verbreitete, ist jetzt von diesen friedlichen Wohnungen bedeckt und der dürre Sand ist in eine fruchtbare Gegend verwandelt. Ich vermuthe indessen, daß die Kolonie durch die Beschränkung des Luftzuges nicht mehr so gesund ist. Die Besuche sind durch diese Anlagen sehr erschwert, denn während des weitläuftigen Raumes, den jedes einzelne Haus einnimmt, muß man häufig volle drei Meilen machen; um von einem zum andern zu kommen.

Auch das Gouvernementshaus liegt in der Ebene an dem Rande der Esplanade und hat, da es nicht ganz eingeschlossen ist, den Vortheil einer schönen Aussicht auf die See und Fort St. Georg; zum Unglück liegen die dem Nabob gehörigen Dschepauk-Gärten zu weit vor und fangen die Seeluft auf. Das Haus selbst ist groß und hübsch; die Dielen, Wände und Pfeiler sind von dem schönsten Dschunam, und von einem Glanze, der fast dem Marmor gleicht. Lord Clive baute einen sehr großen Saal von schönem Ansehen in einer kleinen Entfernung vorn, der von dem Hause aus einen häßlichen Eindruck macht, und da er von demselben getrennt, zum Gebrauch bei feierlichen Gelegenheiten unbequem ist. Die Straßen sind eine große Zierde des Ortes, sie sind breit und auf jeder Seite von einer schönen Allee von Bäumen beschattet. Das Fort selbst ist schön, stark und nicht zu groß; es ist nützlicher, als Fort William, welches wegen der Schwierigkeit der Schiffahrt auf dem Ugli von der Seeseite niemals angegriffen werden kann. Madras hingegen würde ohne die Festung den Angriffen jedes kleinen Geschwaders ausgesetzt seyn, das der Wachsamkeit unserer Kreuzer entgangen wäre.

Man hätte schwerlich einen schlechtern Platz für eine Hauptstadt finden können, als Madras, an dem äußersten Ende einer Küste, wo der Strom äußerst reißend ist und auch bei dem schönsten Wetter eine fürchterliche Brandung macht; indessen, so unbequem die Lage seyn mag, besonders jetzt, da die ganze Halbinsel uns gehört, würden die Kosten der Verlegung so groß seyn, daß sie wahrscheinlich nie Statt finden wird. Man versicherte, daß ein Damm angelegt werden könnte, um der Gewalt des Nordostmonsuns zu widerstehen, und es ward ein Kunstverständiger von der Kompagnie abgeschickt, um den Zustand des Ufers zu untersuchen und einen Bericht zu machen. Er fand, daß die Sache thunlich sey, aber große Kosten erfordern würde. Die Direktoren wollten nur wenige Actien nehmen und Privatpersonen konnten kein Interesse haben, große Summen an eine ungewisse Unternehmung zu wagen; es ist daher nichts geschehen, und die Hauptstadt des Karnatiks bleibt noch immer ohne einen sichern Ankerplatz für ihre Handelsschiffe.

Achtes Kapitel.

Abreise von Madras — Conscheveran — Vellore — Tippu's Familie — Gemetzel im Jahr 1806 — Santghur — Die Gauts — Empfang an den Gränzen von Mysore — Colar — Bangalore — Seringapatnam und Aufenthalt daselbst — Herrn Salt's Tagebuch — Abreise von Seringapatnam — Reise über die Gauts — Mangalore — Jetziger Zustand von Canara.

Am 24sten Februar. Gestern Abend spät gieng ich ab und schlief die ganze Nacht in meinem Palankin; das Land war, als ich erwachte, flach und sandig, mit häufigem Gebüsch untermischt, bis ich die Stadt Conscheveran erreichte, wo angebaute Reißfelder anfiengen. Der Einnehmer hatte in einem Hause, wo er sich bisweilen aufhält, Alles für meinen Empfang einrichten lassen. Trotz eines sehr angenehmen Windes stand das Thermometer im Zimmer auf 89°. Die hiesigen Pagoden sind groß und von derselben Beschaffenheit, wie zu Tanjore. Die Wasserbehälter sind mit Steinen eingefaßt und wohl erhalten; die Straßen sind breit und durchkreuzen einander in gera=

den Winkeln; jede Seite ist mit einer Reihe von Kokosbäumen eingefaßt und die ganze Stadt hat ein wohlhabendes Ansehen. Sehr auffallend waren mir die Wagen, worauf sie die Hauptgottheit des Orts, bei ihrem jährlichen Besuch zu einer andern Pagode führten; sie waren weit größer als alle, die ich gesehen hatte, und ungeachtet ihrer großen Unverhältnißmäßigkeit müssen sie doch, mit bunten Zierrathen geschmückt, sich gut ausnehmen. Um 1 Uhr gieng ich wieder ab; als ich die große Pagode vorüberreiste, die der Iswara geweiht ist, kamen die Priester und zahlreiche Tänzerinnen hervor, um ihre Komplimente zu machen; einige der letztern waren hübsch. Die Sonnenhitze war äußerst drückend und das Thermometer stand auf 96°; wir konnten daher nur langsam fortgehen; die Dörfer sind sparsam, das Gebüsch häufiger und der Boden dürrer Sand, der, wenn der Wind ihn erhob, mich beinahe erstickte.

Die von frommen Eingebornen errichteten Schultri's, wo der Reisende Schatten und oft Unterhalt findet, sind häufig, aber verfallen; ihr größter Feind ist der Banianbaum. Der Saame wird von Vögeln auf's Dach getragen und findet in der regnigten Jahreszeit zwischen den großen Steinen Nahrung, faßt allmählich Wurzel und trennt sie, so wie er an Dicke zunimmt, bis endlich das Gebäude ein Steinhaufen wird. Rund um die meisten Dörfer sind die Ueberbleibsel einer Hecke, mit einem Wall und steinernen Bastionen an dem Thore und den Ecken. Sie wurden errichtet, um die Einwohner gegen die Einfälle von Tippu's räuberischer Reiterei zu schützen, die das Carnatik verheerte und die Einwohner fortführte. Er beschädigte auch den trefflichen Wasserbehälter zu Cauveripahk, welcher der größte in dem Karnatik seyn soll; er ist jedoch jetzt wieder hergestellt, und befruchtet einen großen Strich des Landes.

Beim Vorüberreisen bemerkte ich die Ruinen eines Forts, aber in der Stadt schien mir nichts einen Besuch zu verdienen. Die Nacht war kühl und erfrischend; der Weg führte längs der Hügelkette, die Velore beherrscht, und wandte sich zwischen großen Felsenmassen und Hainen von wilden Datteln (elate sylvestris) und Fächer-Palmen (borassus flabelliformis) und hier und da über eine kleine Wiese. Der Mond schien hell, und die starke Wirkung des Lichtes auf den Bergen machte die Scene äußerst schön. Um 2 Uhr erreichte ich die äußern Werke der Petta (Vorstadt) von Velore, die hier von dem hohen Bergrücken herabsteigen und sich durch das Thal ziehen; inwendig war Alles dürr und felsig. Ich reiste durch die Stadt, und erreichte das Thor des Forts. Die Schildwache weigerte sich, mich einzulassen; ich war gezwungen ein Billet mit einem Bleistift bei Mondlicht an den Kommandanten, Oberst Campbell zu schreiben; mit einiger Schwierigkeit überredete ich einen europäischen Sergeanten, es zu besorgen. Nach einer Stunde ward ich eingelassen, die Wachen traten ins Gewehr und der Oberst empfieng mich an den Stusen seines Hauses und entschuldigte die Verzögerung.

Am 25sten Februar. Nach dem Frühstück machte ich einen Spaziergang mit Major Marriot, der die Aufsicht über Tippu's Familie seit ihrer Ankunft daselbst führt, um einen, jetzt in ein Magazin verwandelten, Pallast oder Pagode zu sehen. Er bildet eine Seite des öffentlichen Platzes, woran auch die Palläste der Fürsten, das Kommandantenhaus, und die Häuser der vornehmsten Einwohner liegen. Vorn ist ein hoher Thorweg von der gewöhnlichen unzierlichen, aber imponirenden Bauart. An jeder Seite steht eine Statue von einer Art blauem Stein mit vier Armen; sie wurden in dem Innern des Gebäudes unter dem Boden gefunden und hier von den Britten aufgestellt. Wenn man den Thorweg links hinein geht, so sieht man ein sehr herrliches Gemach, das von sonderbaren, aber schön ausgehauenen Pfeilern gestützt wird.

Nur die geduldige Arbeit eines Hindu kann ein so kleinliches Werk vollendet haben. Jeder Pfeiler besteht aus einem einzigen Steine, die vorderen sind zum Theil mit Figuren zu Pferde geschmückt, die mit ziemlichem Geist ausgeführt sind, die andern sind auf jeder Seite in viereckte Fächer getheilt. Viele enthalten die verschiedenen Begebenheiten des Crischna mit den Gopis und die sehr merkwürdige Sage, wie er auf dem Kopfe einer Schlange tritt. Auf andern sind

Cc 2

die vielen andern phantastischen Figuren, die der Hindu-Religion ihr Daseyn verdanken. Major Marriot schenkte mir sehr gütig Zeichnungen von verschiedenen Säulen, die man wegen der Menge von Steinen, die inwendig aufgehäuft waren, damals nur schwer untersuchen konnte. Er erkundigte sich auch bei den Nachkommen der Erbauer, was für Traditionen sie darüber hätten, aber ich konnte nur erfahren, daß das Gebäude von einem Naig vor ungefähr 400 Jahren aufgeführt war.

Der Musnud war in dem Hintertheile des Gebäudes angebracht; er war ungefähr 12 Quadratfuß groß und ruhte auf dem Rücken einer ungeheuern Schildkröte. Diesem Zimmer, welches wahrscheinlich der Durbar des Fürsten war, gegenüber, ist ein anderes von gleicher Größe, aber von verschiedener Bauart und einfacher; einige kleine Pagoden von der Bauart der tanjorischen liegen, umgeben von einer Mauer, dem großen Thorwege gegenüber. Sie scheinen viel älter, als die übrigen; bei der Rückkehr bemerkte ich einige Figuren des Ramah's und einige seiner Affengenerale auf der inwendigen Seite des Thorweges. Man machte mich auch auf eine Figur aufmerksam, die den Stifter vorstellen sollte. Die Zartheit der Arbeit übertrifft Alles, was ich gesehen habe.

Das Fort Velore ist zum Gefängniß für Tippu's Familie gewählt worden, weil es zu den festesten Plätzen in ganz Indien gehört. Die Mauern bestehen aus sehr großen Steinen und haben in kurzen Zwischenräumen, Bastionen und runde Thürme. Zwischen denselben faßt eine Fausse - braie die Mauer ein, und macht mit dem Wall und den kleinen herüberhangenden viereckten Thürmen eine sehr hübsche Wirkung. Ein tiefer und breiter Graben, größtentheils aus dem festen Felsen gehauen, umgiebt das ganze Fort außer an einem Eingange, wo, nach dem indischen System, ein Damm ist; er wird jetzt abgetragen, um einer Zugbrücke Platz zu machen. Alligator's von einer sehr großen Art, womit der Graben angefüllt ist, geben den gewöhnlichen Vertheidigungsanstalten einen Zusatz. Ein Sergeant von der schottischen Brigade ließ sich, um eine kleine Wette, mit ihnen in einen Kampf ein; er gieng in das Wasser und ward verschiedene Male von den furchtbaren Thieren herunter gezogen, er entkam indessen endlich mit verschiedenen schweren Wunden. Wo der Graben eng ist, ist ein Glacis gebildet; das Ganze erinnerte mich sehr an die Bauart der alten englischen Ritterburgen. Das Fort wird so gänzlich von den Hügeln beherrscht, daß von jedem derselben ein Sechspfünder hinüber schießen kann. Auf den drei höchsten Spitzen sind drei Forts; nur eines hat Wasser, ist aber zu groß; nähme es nur die Spitze ein, so könnte es leicht unüberwindlich gemacht werden; so lange es nicht genommen ist, können die untern Forts nicht angegriffen werden. Heider Ali bemerkte es, und als er Belore belagerte, brachte er durch große Anstrengung einige Kanonen auf eine vierte Anhöhe; von derselben machte er eine Bresche in dem kleinen Fort, und wollte in der Nacht einen Sturm unternehmen; er ward aber von einem desertirten Trommelschlager abgehalten, der ihn benachrichtigte, daß gerade in der Bresche eine tiefe Grube sey, worein sonst sein ganzes Detachement gefallen und umgekommen seyn würde; er war also zu einem neuen Angriffe gezwungen, allein, ehe er vor sich gehen konnte, kam Sir Eyre-Coote zum Entsatz heran. Seit der Eroberung von Meisore ist Belore unwichtig geworden, und man würde es, wenn es nicht wegen der Familie Tippu's geschähe, verfallen lassen.

Die Hügel machen Belore äußerst schwül; das Thermometer zeigte im Schatten 86°, und doch fand ich bei meiner Zurückkunft vom Spaziergange, daß die englischen Offiziere auf dem großen Platze Ball spielten. Kein Wunder, daß die Leber so häufig angegriffen wird. Ich hätte sehr gern Tippu's Söhne gesehen, aber mein Wunsch, sobald als möglich zu Manjolore einzutreffen, trieb mich, meine Abreise zu beschleunigen. Ich ließ ihnen ein Kompliment sagen und mein Bedauern bezeugen, daß ich das Vergnügen nicht hätte haben können, sie zu besuchen. Major Marriot ertheilte mir alle Nachrichten über sie, die ich wünschte. Sie bewohnen den alten Pallast, der vor ihrer Ankunft sehr vergrößert ward. Die öffentlichen Zimmer sind hübsch und allen gemeinschaftlich, inwendig aber hat jeder sein eignes. Sie werden mit großer Aufmerksamkeit behandelt und haben alle Freiheit, die mit der sichern Bewachung ihrer Personen verträglich ist. Jetzt dürfen sie das Fort durchaus nicht verlassen, und selbst an der Thür des Pallastes stehen Leute, um sie zu beobachten. Diese strengen Vorsichtsmaasregeln werden nur seit dem Versuch zu ihrer Befreiung beobachtet.

Es sind überhaupt 12 Söhne und 8 Töchter Tippu's vorhanden. Futty Heider, der älteste, aber uneheliche Sohn, hat 12 oder 14 Kinder; er sowohl, als seine drei nächsten Brüder, haben jeder jährlich 50,000 Rupien; eine weit größere Summe, als er während des Lebens seines Vaters empfieng, obgleich er dem Namen nach im Besitz einer größern Dschagheire war; dennoch hat er wahrscheinlich mehr, als irgend jemand durch die Absetzung seiner Familie verloren; obgleich Tippu ihm den Musnud gewiß nicht bestimmt hatte, so scheint es doch wahrscheinlich, daß er, da er allein den Truppen bekannt und gar nicht unbeliebt war, sich der Nachfolge angemaßt haben würde.

Futty Heider beträgt sich mit dem größten Anstand, so wie in der That alle, bis auf den Sultan Moezoddin, den ältesten rechtmäßigen Sohn, der dem Major Marriot durch sein schlechtes Betragen sehr viele Unruhe macht. Er verwendet alles Geld, was er sich verschaffen kann, um sich Tänzerinnen zu kaufen, steckt sich in Schulden und tödtete sogar neulich eine Aufwärterin im Harem. Alle übrige Söhne, außer den vier ältesten, haben jährlich nur 25,000 Rupien, die sie empfangen, wenn sie 14 Jahre alt sind. Die Weiber, einige Heiders mit eingeschlossen, machen beinahe 800 aus; jede von Rang hat ein besonderes Zimmer und ein kleines Taschengeld, aber der ganze Harem wird, wie zur Zeit Tippu's, mit Lebensmitteln versehen. Um ohne Verletzung des muselmännischen Anstandes, mit dem Major Marriot, der alle ihre Angelegenheiten besorgt, umgehen zu können, haben sie ihn in die Familie aufgenommen, und nennen ihn folglich Bruder; er versichert, daß sie glücklich und zufrieden sind. In der That haben sie gewiß keinen Verlust erlitten; denn ihr Loos ist weit besser, als es unter jedem Nachfolger Tippu's gewesen seyn würde. Sie kommen aus verschiedenen Theilen der Welt und jede schmückt ihr Zimmer nach der Mode ihres Vaterlandes. Major Marriot hat daher ganz einzige Kenntnisse von den Sitten der Härems, von Persien, Delhi und vielen andern orientalischen Ländern.

Die vom Sultan Tippu für seine und Heiders Familie bestimmten Summen machten mit Allem, was ihr Unterhalt erforderte, wenig mehr als ein Lak Pagoden aus; allein die Engländer haben für die Bedürfnisse der Gefangenen zwei Lak angewiesen, eine Summe, die mehr als hinreichend ist; obgleich die Bedürfnisse sich schwer bestimmen lassen, wenn alle Söhne ihre Familie wie Futty Heider vermehren sollten. Am meisten bedaure ich die Töchter; viele von ihnen waren vor dem Tode ihres Vaters verlobt, es ward ihnen aber seitdem nicht erlaubt, sich zu ihren Männern zu begeben; es ist allerdings gefährlich, die Verbindung einer Familie auszudehnen, die immer als das Haupt der muhammedanischen Religion im Osten betrachtet ward. In einer kleinen Wohnung, nahe dem Pallaste wohnt ein Bruder des Tippu, der seines Ranges entsetzt ist. Major Marriot hatte viele Mühe, ihn von Seringapatnam zu entfernen; er vergiftete sich mit Bang und stürzte sich an der Spitze seiner Weiber heraus, mit der Erklärung, daß er nicht folgen werde. Seine armen Weiber fielen dem Major zu Füßen und beschworen ihn, ihren Herrn nicht zu tödten; endlich ward er durch zwei handfeste Verschnittene in einen Palankin gezwungen und ihm kein Bang mehr gegeben.

Ich weiß nicht, ob es nicht rathsam gewesen wäre, die ganze Familie Heiders nach Kalkutta zu bringen, wo sie unbekannt und die Citadelle geräumig genug für sie gewesen wäre. Denn, abgesehen von aller Gefahr, welche die Befreiung dieser jungen Tiger zur Folge haben würde, so hat ihr Aufenthalt in Bellore wenigstens den Nachtheil, daß wir 3000 Mann müssig halten müssen, die anderswo nützlicher gebraucht werden könnten; noch größer wird das Uebel durch den Umstand, daß ein Theil der Garnison aus Europäern bestehen muß. Die unglücklichen Ereignisse, die seitdem eingetreten sind, beweisen, daß die Gefahr größer war, als ich damals glaubte. Die Folge desselben war die Entfernung der männlichen Glieder der Familie nach Kalkutta; ich hoffe, daß das fürchterliche Gemetzel, das am 6ten Julius 1806 Statt fand, in den Gouverneurs von Indien das Gefühl von den Gefahren erweckt haben wird, die sie, wegen der entschiedenen Feindseligkeit aller muselmännischen Prinzen des Landes, umgeben.

Es ist ohne Zweifel, daß Tippu's Söhne, besonders Moezobdin, tief in die Verschwörung verwickelt waren und es scheint eben so gewiß, daß nur die Schnelligkeit des Obersten Gillespie uns vor einem Religionskriege in dem Karnatik bewahrte. Es muß nicht vergessen werden, daß in Bengalen ein ähnlicher Versuch durch den Vesir Ali gemacht ward; obgleich die Gefahr damals abgewandt ward, so bleibt doch immer der Saame der Feindschaft und er kann nur durch die Wachsamkeit der Regierung und eine genaue Aufmerksamkeit auf die Vorurtheile der Hindu's unschädlich gemacht werden, welche die Mehrheit in der Bevölkerung des Landes bilden. Die Feindschaft und die Versuche der Familie Tippu's würden ganz vergeblich gewesen seyn, hätten wir ihnen nicht, thörichterweise, Gründe gegeben, um die Gemüther der Sipoys irre zu leiten, indem wir auf einer Maasregel bestanden, die so allgemeine Unzufriedenheit erregte.

Nichts konnte in der That ungegründeter seyn, als die Vorspiegelung, daß man die Sipoys zum Christenthum zwingen wollte. Es ist auch wahrscheinlich, daß selbst der Turban, der allgemein unter unsern eingebornen Truppen eingeführt werden sollte, wirklich ihren Religionsgebräuchen nicht entgegen war: dessen ungeachtet ist es unglaublich, daß sobald entdeckt ward, daß die Absichten der Regierung falsch dargestellt wurden und man die Einführung eben dieses Turbans allgemein nur als einen vorbereitenden Schritt zu ernsthaften Neuerungen ansah, der Gouverneur von Madras einen einzigen Augenblick anstehen konnte, den Befehl zu widerrufen. General Cradbock scheint die Gefahr gefühlt zu haben, und hätte er nicht ein unglückliches Vertrauen in Offiziere gesetzt, denen lange Dienstzeit und größere Erfahrung eine nähere Kenntniß von dem Nationalcharakter zu geben schien, so würde er wahrscheinlich die Kleidung der Sipoys, wie er sie fand, gelassen und aller Unzufriedenheit vorgebeugt haben. Sollte übrigens eine Veränderung in der Kleidung der Sipoys nothwendig seyn, so bin ich überzeugt, daß sie leicht durch Vermittelung der Braminen ins Werk gerichtet werden kann, auf deren Empfehlung alle Hindu's sie nicht nur ohne Murren, sondern sogar mit Zufriedenheit annehmen werden. — Das Thermometer zeigte 89° im Schatten. Die Jahreszeit ist so weit vorgerückt, daß das Reisen nur in den Nächten erträglich ist, ich entschloß mich daher sie zu benutzen, um die Gauts zu erreichen, in der Hoffnung, daß auf dem höhern Lande die Hitze nicht so groß seyn wird. Um 9 Uhr gieng ich ab und reiste ganz leidlich die ganze Nacht.

Am 26sten Februar. Beim Erwachen fand ich mich zu Sautghur, 20 Meilen von Velore; die Lage ist malerisch, denn der Ort wird von Felsen, die zum Theil mit Gesträuch bedeckt waren, umgeben. Die nächste Station den Gaut hinauf, war sehr mühsam. Ich hatte mit einem Aufwande von 130 Rupien Träger von Madras vorausgesandt; sie waren fertig, aber die Kuli's welche die Bagage tragen sollten, konnten nicht gefunden werden. Ich besuchte unterdessen den Garten des Nabob vom Karnatik, der für den besten im Lande gehalten ward, und den sich der Besitzer in dem letzten Vertrag mit der Kompagnie vorbehielt. Er ist, wie alle andere orientalische Gärten, ohne Schönheit; die Bäume sind regelmäßig gepflanzt und zur Wurzel eines jeden wird Wasser in kleinen Kanälen geleitet. Hernach wanderte ich umher und sammelte verschiedene Saamen; die Agave americana wächst hier und an manchen andern Stellen, durch die ich kam, in solcher Menge, daß sie unmöglich aus Amerika eingeführt seyn kann. Endlich kamen meine Kuli's an, sie hätten eine größere Züchtigung verdient, als ich befehlen mochte; das Thermometer, das am Morgen nur 79° war, stand jetzt im Schatten auf 89°; ich war nicht nur der Hitze, sondern auch beträchtlichem Verzug ausgesetzt, da die Bursche nicht im Stande waren, so schnell mit dem großen Gewicht meines Palankins zu gehen.

Nachdem wir eine Ebene, wo ich beinahe vom Staub erstickt ward, quer durchschnitten und einen kleinen Hügel erstiegen hatten, erblickte ich den Gaut selbst, der sich den Berg hinauf windet. Wir ruhten eine kurze Zeit in einer Moschee, nahe dem trocknen Bette eines Flusses und fiengen dann an hinauf zu klimmen. Der erste Theil war so jäh, daß ich erstaunte, wie 6 Mann mich in der Sonnenhitze hinauf tragen konnten. Dieser Paß ist seit der Eroberung von Meisore durch die Engländer erweitert und geebnet worden. Artillerie kann jetzt mit geringer Schwierigkeit hinaufgebracht werden, welches, als Lord Cornwallis seinen ersten, unglücklichen Angriff auf Seringapatnam machte, unmöglich war.

Die Ruhe Meisores und des Karnatik, durch die endliche Ausrottung der Dynastie des Heider hat die leichte Verbindung von beiden Ländern zu einem Gegenstand von großer Wichtigkeit für den Handel gemacht; nur in diesem Lichte ist die Verbesserung der Landstraße vortheilhaft, denn hoffentlich werden wir nie nöthig haben Geschütz hinauf zu bringen. Die Hügel waren mit großen Steinen bedeckt, unter denen viele Bäume und Sträuche und bisweilen ein Tamarinden- und Banianbaum von ehrwürdigem Alter und stolzer Größe wuchsen. Bald wurde der Weg hinauf stufenartiger und lief bisweilen ein wenig abwärts. Endlich erreichten wir ein elendes Dorf Naikeneray; hier wünschten meine Träger anzuhalten; da sie aber bis nach Baitamungalum gemiethet waren, wo der Rajah von Meisore den ersten Wechsel seiner Träger beordert hatte, mußte ich darauf bestehen, weiter zu gehen, obgleich ich sie wirklich bedauerte, da sie sich 4 Stunden in der Hitze des Tags angestrengt hatten. Endlich aber waren sie so ermüdet, daß es unmöglich war fortzukommen; ich hielt also an und speiste zu Mittag.

Die Gegend hat sich ganz verändert. Statt der Ebene, die ich seit Madras durchreist hatte, ward das ganze Land hüglig, mit wenigen hohen, einsamen Bergspitzen vor mir; es schien äußerst unfruchtbar und ich fand mich sehr getäuscht, nicht die großen Waldungen zu finden, die ich erwartete. Das Thermometer stand 91°. Vier meiner Träger waren so erschöpft, daß ich sie zurücklassen mußte und ich versuchte allein mit acht Bencatagherry zu erreichen. Hier traf ich einen Hirkarra des Rajah, den ich sogleich zurückschickte, um die Bursche von Baitamungalum zu holen. Um 3 Uhr des Morgens kamen sie an, mit einem sehr achtungswürdigen, wohlgekleideten, einheimischen Offizier Muhammed Issack, Fuschabar von Colar, der nebst dem Aumildar des Distriktes seine Aufwartung machte. Der letztere überreichte einen Nasur von Früchten und Blumen; die letztern bestanden in verschiedenen Kränzen aus der Blüte der Nyctanthes sambac, die auf einen Faden gezogen waren. Er wand verschiedene Gewinde um meinen Nacken, kleinere um meine Arme und überreichte zugleich einen Strauß; der Geruch war aber zu stark, um sie lange in dem Palankin dulden zu können; meine Unbekanntschaft mit der Sprache machte eine lange Unterhaltung unthunlich, ich versuchte jedoch meinen Wunsch nach baldiger Abreise auszudrücken.

Am 27sten Februar. Die Nacht war kühl und angenehm; vor Sonnenaufgang war das Thermometer nur 69°, am Tage fand ich mich von Muhammed Issack und dem Aumildar zu Pferde begleitet, nebst einigen wenigen Sipoys und einem Corps bewaffneter Päons. So wie ich einem Dorf nahte, wurde von zwei vorauslaufenden Leuten in eine gellende Trompete gestoßen. Die Einwohner kamen sogleich heraus, und der Vornehmste überreichte, ohne den Palankin aufzuhalten, seinen Nasur von Früchten, während die übrigen ihre Salams machten nnd gewöhnlich noch eine Zeit hinterherliefen, um ihre Neugierde zu befriedigen. In einer kurzen Entfernung von Baitamungalum, erwartete mich der Codwal (der einheimische Richter) und eine Wache von Sipoys, die mich in die Stadt begleiteten, die von einer Lehmmauer umgeben ist. Viele Häuser sind neu, und ein wohlhabendes Aeußere spricht zu Gunsten der jetzigen Regierung. Jedes Dorf, wodurch ich kam, hatte entweder eine Mauer oder ein Fort zur Vertheidigung; ein starker Beweis, daß das Eigenthum unter der muhammedanischen Regierung nicht sehr geschützt war; das Land war im Allgemeinen wohl angebaut; der Aumildar versah mich reichlich mit Eiern und Milch, wofür er jede Bezahlung verweigerte, weil er von Purni, dem Dewan von Meisore Befehl hatte, mich mit allen Bedürfnissen zu versehen; eben so war es in Hinsicht der Träger, der Fudschabar verstattete mir nicht, sie zu bezahlen oder ihnen etwas zu geben. Er sagte, Purni würde es ihm nie verzeihen, und er beobachtete mich so genau, daß ich es auch selten heimlich zu thun im Stande war.

Um 8 Uhr gieng ich mit meiner gewöhnlichen Begleitung ab; das Land war eben, und der Weg mittelmäßig. In kurzen Entfernungen waren auf jeder Seite Pfähle in die Erde geschlagen, zwischen ihnen war ein Band gezogen, woran kleine Zweige des Mangobaums hiengen; es sollte wahrscheinlich eine Ehrenbezeugung seyn, aber es diente auch den Weg zu bezeichnen. Die Träger von Meisore waren denen, die ich von Madras vorausgeschickt hatte, durchaus nicht gleich. Sehr viele trugen zugleich und waren doch bald erschöpft. Um 11 Uhr erreichte ich Ulkundapetta, wo ich frische Träger fand; hier ruhte ich unter einem herrlichen Banianbaume und erquickte mich sehr an dem kühlen Wasser von einigen trefflichen Kokosnüssen, die mir geschenkt waren.

An diesem Orte ist eine sonderbare Felsenmasse in einer höchst seltsamen Manier auf einander gehäuft; auf einer der größten war eine Pagode nebst einigen Wohnungen. Mauern laufen von einer zur andern, um eine Vertheidigung zu bilden, und das Ganze wird von einer Hecke und Gesträuch umgeben. In dem Garten fanden sich einige wenige Kokosnußbäume, die man sonst nirgends sah. Um 12 Uhr stand das Thermometer auf 90° und wir mußten anhalten. Der erste Beamte in jedem Dorfe, wodurch ich kam, überreichte mir Früchte und Zucker. Die Schaaren der Begleiter, die sie umgaben, waren sehr groß und hatten sie sich nicht, durch die, zu meinem Empfang gemachten, Vorbereitungen von meiner Ankunft benachrichtigt, aus den benachbarten Dörfern versammelt, so muß die Bevölkerung weit größer, als in irgend einem Theile von Koromandel seyn. Um 1 Uhr gieng ich ab und um 2 Uhr erblickte ich Colar; hier ward ich von den gewöhnlichen Beamten und einer größern Volksmenge, als ich je gesehen hatte, empfangen; sie begleiteten mich in die Stadt und setzten mich in einem, dem jungen Rajah gehörigen Garten ab; er war schattig und angenehm; da der Fudschadar nun in seiner Hauptstadt war, schickte er mir ein vortreffliches Mittagsmahl von Geflügel und Pillau. In dem Garten befanden sich Kohl und, außer den gewöhnlichen Früchten, Artischocken, Gurken und Trauben.

Colar ist für ein lehmernes Fort; jetzt stark. Es hat zwei sehr hohe Mauern und in der Stadt eine steinerne Warte, die sich hoch über sie erhebt; an den Thoren sind noch mehrere Werke. Inwendig aber giebt es nur wenige Häuser. Um 5 Uhr gieng ich ab, noch immer von meinem Freunde, dem Fudschadar und dem Aumil des Distrikts begleitet. Mit Mühe machte mir meine gewöhnliche Wache von 20 Sipoys Bahn durch das Gedränge in der Petta, die an das Fort stößt und nett und volkreich ist. An dem Ende derselben kam ich vor dem Grabe von Heiders Vater und dem Mausoleum vorüber, wo Heider selbst lag, bis sein Sohn ihn nach dem Lolbang, bei Seringapatnam, bringen ließ. Die Gewölbe sind schön, von Bäumen umgeben; ein hoher und unebener Hügel macht einen Hintergrund und das Ganze gewährt einen schönen Anblick.

Dies war der Geburtsort Heiders, dessen schnelle Erhebung und unläugbare Talente eine Untersuchung über den Ursprung und den frühern Zustand seiner Familie veranlaßt haben. Es ist jetzt ziemlich ausgemacht, daß sie ursprünglich aus Arabien und wahrscheinlich aus einem vornehmen Geschlechte stammt, denn der erste, der Indien um das Jahr 1660 betrat, ward bei seiner Ankunft zum Mulla der Moschee zu Bisiapur bestimmt und bei seiner Entfernung nach Culbarja ward ihm verstattet, sich durch Heirath mit einer berühmten Fakirs-Familie zu vereinigen, welche ihren Namen von diesem Orte hat. Ein jüngerer Zweig der Familie entfernte sich hernach aus Unzufriedenheit von Culburja nach Sera und trat in die Dienste des dortigen Saubadars. Bei der Eroberung der Mahratten ward der Saubadar nach Colar versetzt, welche Purgunna ihm zum Unterhalte gegeben ward. In seinem Dienste erhob sich Futty Naig, Heiders Vater, zu einem beträchtlichen Ansehen und ward endlich von dem Rajah von Seringapatnam gebraucht, in dessen Dienst er starb; sein Sohn Heider Ali folgte ihm in allen seinen Aemtern. Die brittische Regierung hat großmüthig die Einkünfte, die er einem Kollegium von muhammedanischen Priestern anwies, um für die Seelenruhe seines Vaters zu beten, nicht eingezogen. Sie standen an dem Thore, um ihre Komplimente abzustatten; der Weg war neulich ausgebessert worden und ward noch immer durch die Gewinde von Mangozweigen bezeichnet; wir wanden uns zwischen den Hügeln durch, stiegen aber keinen hinan.

Das Land ist wild und, dem Anschein nach, nicht fruchtbar. Um 7 Uhr empfieng ich die Komplimente des Aumils von Nursapor, der mir mit frischen Trägern und den gewöhnlichen Geschenken entgegenkam. Hier sah ich weder Stadt noch Dorf. Beim Einbruche der Nacht reichte die Anzahl der Fackeln hin, um in einer beträchtlichen Entfernung die Dunkelheit zu zerstreuen. Um 1 Uhr weckten mich meine Bursche auf, um die Menge der Früchte, die mir der Aumil aus Cotta brachte, zu empfangen; sie wußten sehr gut, daß sie ihnen zufallen würden; er war von einer großen Anzahl von Sängerinnen und einer äußerst geräuschvollen und unharmonischen Musik von Trompeten und andern Instrumenten begleitet, die ich nur mit einiger Mühe zum Schweigen bringen konnte. Glücklicherweise kam ich, ohne gestört zu werden, durch Kistnaraschapore.

Am 28sten Februar. Um 6 Uhr war uns die berühmte Stadt Bangalor im Gesichte. Das Land war nackter, als irgend eines, das ich noch gesehen habe.

Dd 2

Die Petta, wodurch ich kam, ist groß und noch sehr volkreich, obwohl sie durch die Einfälle des Lord Cornwallis sehr viel gelitten haben muß. Das Fort ward durch Tippu, nach dem Rückzuge der Britten, zerstört, da er fand, daß sie es mit Leichtigkeit nehmen, aber gegen seine ganze Macht immer vertheidigen konnten. Purni hat es wieder hergestellt und noch stärker gemacht, als es war. Das Glacis ist sehr schön. Der Schwager des Dewans, der Aumil des Distriktes ist, kam mir entgegen. Sein Geschenk von Früchten war kleiner, als ich noch jemals empfangen hatte, und er behandelte mich überhaupt sehr nachlässig. Da ich von seinem Diener hörte, daß Major Lambton außerhalb der Stadt campire, beschloß ich zu ihm hinauszugehen. Ich erfuhr von ihm, daß der Aumil geizig, unwissend und ganz untauglich für seine Stelle sey. Auch der Aumil kam heraus, ohne seine Schuhe abzulegen, ein Beweis von Geringschätzung, die er keiner Person bezeigen mußte, die als ein Gast seines Gebietes betrachtet ward.

Major Lambton ist vor einiger Zeit gebraucht worden, 6 Grade, nördlich von der Linie innerhalb des Wendezirkels, zu messen, um sie mit den Graden, die im Süden von den Spaniern und Franzosen, in Südamerika gemessen sind, zu vergleichen. Er wird seine Arbeiten quer über die Halbinsel ausdehnen, wodurch unstreitig die Geographie viel gewinnen wird. Er sagte mir, daß viele Plätze in dem Innern von

Meisore mit wenig Genauigkeit in den Charten niedergelegt wären; in der Bestimmung von Arcot ist ein Irrthum von 9 Meilen. Er bestätigte auch eine Bemerkung, die ich gemacht hatte, daß die Eingebornen in dem Gebiete der Kompagnie weit unhöflicher, als in irgend einem andern Theile von Indien sind. Ich möchte dies der Unabhängigkeit zuschreiben, die sie unter dem gleichen Schutze der brittischen Gesetze fühlen.

Herr Heyne, der Wundarzt in der Station, machte mir seine Aufwartung; er hatte mich erwartet und für meine Bequemlichkeit in dem Pallaste Heiders in der Stadt, wo sehr schöne Gärten im asiatischen Styl sind, gesorgt. Er beschenkte mich mit dem Saamen von verschiedenen Pflanzen, und mit Zeichnungen von Gewächsen, die ein Eingeborner gemacht hatte und die großes Verdienst haben. Seine Kenntniß der Botanik und seine unermüdlichen Anstrengungen werden die Sammlung von Pflanzen, des höhern Landes von Meisore, womit er sich beschäftigt, schätzbar und interessant machen. Ich freute mich sehr über eine Schüssel mit Stachelbeeren aus dem Garten des Sultans; wahrscheinlich können alle europäische Gewächse und die meisten Früchte hier sehr vollkommen gebaut werden.

Das Klima ist außerordentlich angenehm und, wie ich höre, auch im Sommer nicht den heißen Winden ausgesetzt, die in dem Karnatik Alles verbrennen. Es ist auch sehr gesund. Nach einem frühen Mittagsessen gieng ich um 3 Uhr ab; mein alter

Freund, der Fudschabar hatte mich verlassen, von dem Aumil sah ich nichts, und ich hatte bloß einen Hircarra Purnis zu meiner Begleitung. Ich kam durch ein nicht sehr angebautes Land, mit vielem Gebüsch nach Kingeri, das ein kleines, wohlerhaltenes lehmernes Fort und eine, dem Anschein nach wohlbevölkerte, Petta hat. Das Land war wilder und der Weg unebener; Tiger sollten hier in großer Menge seyn, aber unsere zahlreichen Lichter sicherten uns vor jedem Anfall. Um 12 Uhr erreichte ich Ramageri und empfieng fast ohne erwacht zu seyn, die gewöhnlichen Geschenke.

Am 29sten Februar. Um 6 Uhr fand ich mich von dem Aumildar begleitet, der mich, wie ich den Palankin eröffnete, mit der größten Menge von Früchten beschenkte, die ich noch erhalten hatte. Die Jakkas und Wassermelonen waren ausgezeichnet schön. Ehe ich darüber verfügen konnte, machte der Kotwal von Muddur, welchem Platze ich mich nahte, seine Salams und Geschenke, so daß mein Palankin ganz beladen war. Ich fieng daher an die Früchte unter die Volksmenge zu werfen, die uns begleitete, ward aber für diese Beleidigung der Etikette und Mangel an schicklicher Würde, durch die Staubwolken bestraft, die sich durch das Gedränge erhoben. Um 10 Uhr erreichte ich Mubbin; um 12 Uhr war das Thermometer in dem Palankin 92°. Von Tuperkera war das Land äußerst, felsigt aber an vielen Gegenden angebaut. Ich sah verschiedene Wasserbehälter, wie ich erfuhr, die Werke früherer Rajah's, und nicht der muhammedanischen Dynastie. Nach einer kleinen Erhöhung zeigte sich das Hochland von Meisore und Seringapatnam in der Mitte; der Anblick dieser Hauptstadt betrog mich sehr.

Die einzigen hervorragenden Gegenstände sind die Minarets der Moscheen, welche weder hoch, noch zierlich sind, und eine Warte von verschiedenen Stockwerken, worauf die brittischen Fahnen wehten. Ich ward sehr ehrenvoll aufgenommen und nach dem Schlosse Tippu's geführt, wo Zimmer für mich bereitet waren. Der Lolmahal oder Tippu's Privatwohnung besteht nur aus einem Viereck. Drei Seiten desselben sind in zwei Stockwerke getheilt, vorn mit einer Verandah von ungemaltem Holze. Hinten waren viele kleine Zimmer; die von ihm zu Vorrathshäusern gebraucht wurden, die aber jetzt ausgemalt und für den Residenten eingerichtet sind. Die vierte Seite besteht aus einem einzigen Zimmer, von der Höhe des ganzen Gebäudes; es war der Durbar des Tyrannen, wo er schrieb oder seine Minister empfieng.

Es ist ein sehr schönes Gemach, vorn 70 Fuß lang und 40 Fuß tief. Die Mauern sind roth gemalt mit einem vergoldeten Gitterwerk, das darüber läuft und nach dem Kratzen der Tiger gebildet ist, *) Tippu's Lieblingszierrath. Rund um das Zimmer laufen, wie

*) Formed by the tigers' scratch.

ein Kranz, Sprüche aus dem Koran, die in goldenen Buchstaben, jeder etwa von einem Fuß Höhe, auf einem rothen Grunde ausgelegt sind. Drei Reihen Pfeiler unterstützen das Dach, das wie die Seiten bemalt ist; jeder Pfeiler besteht aus einem einzigen Stück Holz, ist roth angestrichen und stark gefirnißt. Die Gestalt ist phantastisch, indem sie sich sehr gegen den Boden verdicken, aber wieder verengern, bis sie eine Grundlage von schwarzem Marmor erreichen. Hinter dem Durbar ist ein kleines Zimmer, wo der Tyrann schlief, wenn Furcht oder Zorn es ihm erlaubten. Es hat nur zwei Fenster, die beide mit Eisen vergittert sind, und auch die Thür ist stark verwahrt. Der einzige Eingang in den Lolmahal führte durch den anstoßenden Harem, und durch einen engen krummen Gang, wo seine Furcht einige Tiger angekettet hatte, um die Sicherheit noch zu vermehren. Er schlief niemals in der Nachbarschaft von Seringapatnam auf seinen Landhäusern, sondern kehrte stets zu dieser sichern Burg zurück.

Tippu scheint für seine Tyrannei durch die Furcht, die sie immer begleitet, verdientermaßen bestraft zu seyn. Er wußte, daß seine Unterdrückungen die Herzen vieler seiner Unterthanen von ihm abgewandt hatten. Seine Bigotterie veranlaßte ihn, ihre unschuldigsten Vorurtheile auf die grausamste Art zu verletzen, indem er nicht nur ihre Tempel zerstörte, und die Braminen ihrer Einkünfte beraubte, sondern auch ihre Töchter beleidigte, und sie zwang, sich zu seiner Religion zu bekennen. Unbegreiflich ist es mir, wie man in den öffentlichen Verhandlungen der Compagnie sein Betragen vertheidigen, und behaupten konnte, daß er kein Tyrann war. War er es nicht, so gestehe ich, daß ich mir durchaus keinen Begriff von einem solchen Charakter bilden kann. Die innere Regierung seines Landes war höchst drückend. Er setzte ein unbegränztes Vertrauen in eine Art von Aumils, die keine andere Empfehlung hatten, als daß sie Muhammedaner waren, und die, durch keine Eide gebunden, nicht nur einen großen Theil der Einkünfte unterschlugen, sondern ohne Scheu die unglücklichen Hindu's plünderten. Ihre Verworfenheit gieng so weit, daß sie geheime Untersuchungen über die Weiber in ihren Distrikten anstellten und wenn sie von einer merkwürdigen Schönheit hörten, sie mit Gewalt in ihre Zenana's bringen ließen.

Da keine regelmäßige Polizei in dem Lande herrschte, so waren einige Distrikte allgemein in Empörung und es war nicht selten, daß die Pattels oder die Hauptleute von zwei oder drei benachbarten Distrikten, sich versammelten und den Aumil nöthigten, ihnen sein Land zu einem Preise zu bewilligen, der ihnen gefiel; widersetzte er sich, so ward er gewöhnlich ermordet. Bisweilen hatte Tippu Zeit sie zu bestrafen, und dann that er es sehr strenge, aber zu andern Zeiten hatte er wichtigere Beschäftigungen und die Ungestraftheit ermunterte sie, ihre Widersetzlichkeit zu wiederhohlen. Die natürliche Folge war, daß sich die wirklichen Einkünfte des Landes schnell verminderten, und daß nur zwei Drittheile derselben in die königliche Schatzkammer flossen. Könnte irgend ein Zweifel seyn, daß Tippu den Namen, den ich ihm gegeben habe, verdiente; so würde sein Betragen in Kanara und Malabar ihn völlig heben. Die gänzliche Ausrottung der Nairs von Range, die durch die Eroberung seine Unterthanen geworden waren, scheint seine Absicht gewesen zu seyn und ward, so weit es in seiner Macht stand, ausgeführt; denn in Malabar waren, wie er es uns abtrat, keine mehr übrig und in Kanara waren sie bis auf die Hälfte herabgesetzt.

Der Behauptung, daß viele Einwohner unsere Provinzen verlassen, um unter der mildern Regierung Tippu's zu leben, weiß ich nichts Anderes entgegen zu setzen, als eine bestimmte Läugnung der Thatsache. Heider führte wirklich aus dem Karnatik über 60,000 Familien weg, von denen, als Lord Cornwallis in Meisore eindrang, nur noch eine Spur übrig war; aber diese unglücklichen Geschöpfe, weit entfernt mit ihrer Lage zufrieden zu seyn, ergriffen die erste Gelegenheit, um zu ihren väterlichen Ebenen zurück zu kehren. Es ward auch nicht einmal ein Versuch gemacht, das Gesetzbuch, das Tippu bekannt machte und das von einem Herrn im indischen Hause so sehr gepriesen ist, in Kraft zu setzen; es hatte keine andere Absicht, als dem Tyrannen den Ruhm eines Gesetzgebers zu verschaffen. Heider war wirklich ein anderer Charakter; er mochte immerhin ein Usurpator seyn, aber er regierte die Provinzen, die er seinem Gebieter entriß, oder von den benachbarten Prinzen eroberte, gewiß zum Besten der Einwohner. Er verstattete seinen muhammedanischen Vorurtheilen keinen Einfluß auf sein Betragen zum Nachtheil der Hindu's, wie die folgende Anekdote auf eine merkwürdige Art beweist.

Ein berühmter muhammedanischer Heiliger, genannt Pir Sabda, wohnte zu Seringapatnam und ward sehr verehrt. Am Feste der Schri-runga, der Göttin des Ueberflusses, kam ihre Statue, die, wie gewöhnlich, in Procession von dem Tempel durch die Straßen getragen ward, unglücklicherweise der Thür des Pir vorüber, dessen Schüler, gereizt durch die Abgötterei, herausstürzten, die Leute schlugen und sie und die Göttin zurück zu ihrem Heiligthume trieben. Die Braminen beklagten sich beim Heider, der ihnen sagte, daß, wenn sie angegriffen würden, sie sich vertheidigen müßten. Am nächsten Tage fand die Procession wieder Statt und ward abermals von den Schülern des Pir Sabda angefallen; nun aber gewann die Sache ein anderes Ansehen, denn die Hindu's, bei weitem, die zahlreichsten, schlugen die Angreifenden, und setzten ihren Zug in Triumph fort. Am folgenden Tage stellte sich der Pir, nebst allen seinen Schülern bei dem Durbar Heider's ein, und klagte über die erhaltene Beleidigung. Heider hörte ihn geduldig, und fragte dann, was sie von ihm wollten? Sie hätten die Leute angegriffen und wären mit Recht geschlagen worden; was sie also von ihm erwarten könnten, und was sie zu einer solchen Handlung veranlaßt hätte? Der Pir erwiederte, daß die Procession eine Beleidigung der muhammedanischen Religion sey, und daß sie nicht unter einer muhammedanischen Regierung, an deren Spitze ein muhammedanischer Fürst stehe, geduldet werden müsse. Heider unterbrach ihn sogleich durch die Frage, wer sagt euch, daß hier eine muhammedanische Regierung ist, oder daß ich an der Spitze derselben stehe? Ich habe es nie gethan. Darauf verlangte der Pir eine Privataudienz, die ihm bewilligt ward. Da er aber fand, daß Heiders Entschluß unveränderlich war, erklärte er seine Absicht, den Ort zu verlassen. Heider sagte ihm, er möge gehen, wohin er wolle. Aeußerst unwillig begab er sich nach Arcot, wo damals viele Fakirs sich aufhielten, allein, da er seinen neuen Aufenthalt nicht so angenehm fand, wie den vorigen, kehrte er wieder nach Seringapatnam zurück und wünschte wieder in dem Fort zu leben. Heider indessen verweigerte ihm bestimmt seine Erlaubniß, weil er sich derselben unwürdig bewiesen habe, versprach ihm aber ein Haus irgendwo anders. Der Pir begab sich voll Zorn nach der schwarzen Stadt, wo er starb und zu Schinapatam begraben ward.

Heider hinterließ durch dies gleichförmige System der Klugheit und Mäßigung seinem Sohne ein blühendes und gedeihendes Reich; eine starke und für einen Asiaten wohldisciplinirte Armee, eine zahlreiche und zufriedene Bevölkerung. Er soll auf seinem Toddette seinem Nachfolger gerathen haben, sich mit den Engländern auszusöhnen und sich um ihre Freundschaft zu bemühen. Hätte er es gethan, so würde er wahrscheinlich die ererbten Vortheile auf seine Nachkommenschaft gebracht haben; statt dessen veranlaßten ihn Mangel an Urtheil, und starker Hang zum Überglauben, zu Feindseligkeiten, die mit seinem Verderben endigten. Niemand, dem das Wohl der Menschheit am Herzen liegt, kann diesen Ausgang bedauern; die Tirannei einer kleinen Anzahl von Muselmännern über die eingebornen Hindu's ist vernichtet; die Provinz Meisore, die unter ihm schnell ihrem Verfalle entgegengieng, hat sich bald erholt und giebt bereits ein größeres wirkliches Einkommen, als den ehemaligen Nominalbetrag; die Wasserbehälter, die Tippu zerstörte, bloß weil sie von Hindu-Rajahs gebaut waren, obgleich von dem höchsten Werth für seine Unterthanen, werden jetzt hergestellt, und die Städte, die er durch seine Armeen oder durch die nicht weniger sichere, aber langsamere Wirkung des Handelsverbots mit den Nachbaren entvölkerte, erhalten ihren Handel und ihre Einwohner wieder, und erheben sich zu einem höhern Wohlstande, als vorher. Mit inniger Zufriedenheit sah ich solche offenbare Beweise von der guten Regierung des Purni, der als Dewan, während der Minderjährigkeit des Rajah, das Land verwaltet. Brittischer Einfluß setzte ihn in diese Lage, und brittische Waffen verbannten die Familie der Tyrannen und verschafften ihm die Freiheit, für das Wohl seines Landes zu wirken; denn obgleich er unter Tippu sehr große Macht hatte, so war es doch unmöglich, die bigotten Vorurtheile seines Herrn gegen seine hindu'schen Unterthanen zu entfernen, oder seinen ersten Günstling Mirsaduk zu beschränken, der ein Ungeheuer an Tyrannei und Geiz war.

Ich speiste bei Oberst Demeuron, der in dem Pallast Heiders wohnt. Das Staatszimmer war grün gemalt, was die Lieblingsfarbe dieses Fürsten gewesen zu seyn scheint, mit vieler Vergoldung; auf der einen Seite stößt es an das Harem und führt auf den öffentlichen Platz aus.

Am 12ten März. Nach dem Frühstück gieng ich nach Tippu's Durbar hinunter, begleitet von Major Symons, der gütig den Dolmetscher machte; ich empfieng hier die Komplimente des Narsingrow, des ältesten Sohnes des Purni, und des Bucherow, seines Abgesandten. Sie überbrachten die Grüße des Rajahs zu meiner Ankunft in Seringapatnam, und eine Einladung nach seiner Residenz in Meisore. Narsingrow überreichte einen Nasur von Früchten, Shawls u. s. w. Er bezeugte das Bedauern seines Vaters, daß seine nothwendige Abwesenheit mit der Armee an der Gränze ihn verhindere, mich zu besuchen. Er erkundigte sich, ob ich auch unterwegs zu meiner Zufriedenheit behandelt sey; ich ergriff diese Gelegenheit, um einige Winke über das schlechte Betragen des Schwagers des Purni fallen zu lassen. Narsingrow rsicherte mich, daß die Vernachlässigung, womit er mir begegnet habe; nur der Unwissenheit zuzuschreiben sey, daß er aber die Sache sogleich an seinen Vater berichten wolle. Jetzt begann die gewöhnliche asiatische Unterhaltung. Bucherow stellte in den stärksten Ausdrücken die Verpflichtungen des Rajah und seiner Familie gegen die Engländer und besonders Lord Wellesley dar. Ich schenkte jedem ein Paar Shawls, die ich mit meiner eignen Hand über ihre Schultern hieng. Da wir uns wieder gesetzt hatten, benachrichtigte mich Major Symons, daß zwei Neffen Tippu's mir vorgestellt zu werden wünschten.

Es sind die Söhne des Abdul Kir Chan Nabob von Sawanore, von einer Schwester Tippu's, die neulich starb. Der älteste, Heider Hussein Chan, ist ungefähr 18 Jahre alt, wie man mir sagte, seinem Oheim ungewöhnlich gleich und von sehr einnehmenden Sitten. Der andere ist nur 14 Jahre alt, ein sehr hübscher Knabe, aber durchaus ohne alle Erziehung; ich umarmte sie beide bei ihrem Eintritt, setzte sie aber zu meiner Linken. Tippu sorgte durchaus nicht für seine eigne Familie. Diese Knaben haben jetzt ein größeres Einkommen von der brittischen Regierung, als sie gehabt haben würden, wenn er am Leben geblieben wäre und ihre Unabhängigkeit ist sehr groß. Ihr Vater ist jetzt abgesetzt, aber seine Wiederherstellung scheint gar nicht unwahrscheinlich. Sie stehen unter keinem Zwange und leben nach ihrem Belieben. Der älteste von ihnen machte das gewöhnliche asiatische Kompliment, der jüngste schwieg. Nach einer kurzen Zeit ließ ich Pawn und Atter bringen. Ich machte bei der Ueberreichung keinen Unterschied zwischen dem Sohn des Ministers, und den Neffen des abgesetzten Sultans, obgleich der erstere jetzt der höchste an Rang ist; aber die Erinnerung, was die Familie der letztern einst war, bewog mich, ihnen jede Aufmerksamkeit zu bezeigen. Ich gab jedem von ihnen einen Shawl von vorzüglicher Güte.

Begleitet von Major Symons, besuchte ich den Lolbang, einen ländlichen Pallast, auf dem andern Ende der Insel, worauf Seringapatnam gebaut ist. Er ward von Heider angefangen und 1780 vollendet, als er im Karnatik kriegte. Er kehrte niemals zurück, um ihn zu bewohnen. Das Gebäude ist zwei Stockwerke hoch und nicht ohne Eleganz. Die untere Flur scheint für das Gefolge bestimmt gewesen zu seyn und ist sehr frei; oben sind einige treffliche Zimmer und Balkons, die man für den Sultan bestimmt hatte. Sie waren schön gemalt, wiewohl zu dunkel, um für europäische Unterhaltungen erhellt zu werden; deshalb hat Oberst Close einen beträchtlichen Theil weiß anstreichen lassen. Der Pallast liegt in einem Garten; vor der ersten Belagerung von Seringapatnam durch Lord Cornwallis, mag er da er allein mit Cypressen angefüllt war, hübsch gewesen seyn: aber jetzt ist er sehr häßlich. Es werden in demselben viele Fruchtbäume kultivirt, die regelmäßig gepflanzt sind; und ein kleiner Kanal führt zu den Wurzeln Wasser. Ein Muhammedaner hat keine Vorstellungen von den Schönheiten der Natur.

Neben dem Lolbang ist Heiders Mausoleum, wo alle königliche Personen dieser Dynastie ruhen. Heider selbst, seine Gemahlin, Tippu; sie liegen unter schwarzen Marmorgräbern, die ungefähr 18 Zoll vom Boden erhöht sind. Sie sind mit reichen Tüchern bedeckt und darüber erhebt sich ein Himmel. Das ganze Gebäude mit seinen Kuppeln, den glänzend polirten schwarzen Marmorsäulen, und der daran stoßenden Moschee macht einen herrlichen Eindruck. In der Verandah sind verschiedene Glieder der Familie begraben; und außerhalb derselben, auf einer erhöhten Terrasse, die rings um das ganze Gebäude läuft, sind die Gräber verschiedener treuen Diener. Die brittische Regierung hat mit ihrer gewöhnlichen Freigebigkeit fortgefahren, den Mullahs ihren Gehalt zu bezahlen, um den Koran zu lesen. Die Kosten belaufen sich jährlich auf 2000 Pagoden. Täglich werden bei dem Mausoleum auch 3 Pagoden unter die Armen vertheilt.

Wir besuchten hierauf ein von Tippu näher bei der Stadt erbautes Lustschloß; hier hält sich Lord Wellesley bei seinen Besuchen auf, und es ist ihm gelungen, es zu einem sehr guten Hause für einen Europäer zu machen, ohne die asiatische Schönheit und Sonderbarkeit zu zerstören. Tippu zog sich oft früh Morgens nach demselben zurück und blieb daselbst den ganzen Tag, kehrte aber beständig am Abend nach Seringapatnam zurück. Das obere Stockwerk besteht aus einem Mittelzimmer: vier andere sind an den Ecken und dazwischen Verandah's: alle sehr sorgfältig gemalt. Unten wird jede Seite von einer Verandah bedeckt, deren Wände mit sehr wunderlichen Gemälden verziert sind. Auf der einen Seite ist die berühmte Schlacht mit Major Bailly, worin Tippu die Hoffnung künftiger militärischer Geschicklichkeit gab, die aber nicht erfüllt ward. Major Bailly steht in dem hohlen Viereck, das von seiner kleinen Schaar gebildet wird. Der Pulverkarren ist in dem Moment des Auffliegens dargestellt. Tippu und Heider rükken heran. Die Figuren sind gut gemacht und sollen ähnlich seyn.

In der entgegengesetzten Verandah sind die Gemälde noch merkwürdiger; Heider und Tippu erscheinen in ihrem ganzen Glanz als Eroberer und unten sind die verschiedenen bezwungenen Fürsten angebracht, und unter ihnen einige, die sich niemals unterwarfen, besonders der Rajah von Tanjore. Mit Verdruß sah ich einen brittischen Offizier, den Tippu immer gegen sich zu haben wünschte, weil er sich überzeugt hielt, ihn nebst seinem Korps gefangen zu nehmen: er setzte hinzu, daß er als Gefangener sicher seyn sollte, vermuthlich im Gegensatz des armen Bailly, von dessen Talenten er eine ganz andere Meinung hatte und der daher nur im Grabe Sicherheit fand. Diese Person ist mehrere Male dargestellt. An einem Ort zieht sie ihr Schwerdt mit einer drohenden Miene und Stellung gegen ein Weib: und an einem andern ergötzt sie sich mit Tänzerinnen. In derselben Verandah sind sehr interessante Figuren von Eingebornen aus allen Kasten und von jedem Gewerbe. General Wellesley hat sie ausbessern lassen.

Am 2ten März. Früh Morgens reiste ich nach Meisore ab, das ungefähr 9 Meilen von Seringapatnam in demselben Thale, aber höher und folglich gesunder liegt. Tippu, um so viel als möglich jede Erinnerung an die Hindu'sche Dynastie zu zerstören, die er abgesetzt hatte, verlegte die Stadt auf eine kleine, ungefähr eine Meile entfernte Anhöhe und gab ihr einen neuen Namen. Nachdem sie beinahe vollendet war, fand er, daß daselbst kein Wasser sey, der Ort also nicht bewohnt werden könnte. Die Engländer machten der Sache ein Ende; denn der Rajah fieng sogleich an, die Materialien nach ihrer alten Stelle zurück bringen zu lassen, wahrscheinlich um dort zu bleiben.

Die neue Stadt, die sich neben dem Sitz der Regierung erhoben hat, besteht aus einer Straße, die ungefähr eine Meile lang ist. Narsingrow, Bucherow und die Hausofficianten des Rajah kamen mir etwa eine Meile von der Stadt mit seiner Suwarry von Elephanten, Kesseltrommeln und Trompeten entgegen und führten mich zu einem kleinen Hause, das der Rajah für den englischen Residenten, wenn er nach Meisore kommt, erbaut hat. Das Gedränge war sehr groß, und der Staub würde mich erstickt haben, wenn die Landstraße nicht mit Wasser besprengt gewesen wäre. Die ganze Stadt war neulich weiß angestrichen und bei jeder Thür waren Bananas-Pflanzen in die Erde gesteckt, die eine angenehme Wirkung machten. Die Schnüre hiengen, wie vorher, über die Straße, aber statt der Mangozweige waren sie mit Stücken Tuch verziert. Ich fand hier die Herren aus Seringapatnam versammelt, um an einem durch den Rajah veranstalteten Frühstück Theil zu nehmen. Außer einer Menge von Früchten und allen Arten Backwerk und gekochten Gerichten wurden verschiedene Solanum's in Töpfen hereingebracht; die Früchte waren gekocht und hiengen an der Pflanze, die ganz unversehrt war. Bei andern Pflanzen waren die Wurzeln bereitet und der grüne Stamm unverletzt erhalten. Die Bereitung dieser Gerichte muß einige Geschicklichkeit erfordert haben, aber übrigens waren sie schlecht, dagegen einige Confitüren, die von seiner eignen Tafel seyn sollten, vortrefflich. Das Fort ist wohlgebaut; auf der Esplanade dürfen keine Häuser errichtet werden. Beim Eingange empfieng mich die Garnison. Die Trommel und Pfeifen ertönten und die Offiziere senkten ihre Degen, wie ich vorüber gieng, aber die Gemeinen blieben unbeweglich, ohne die Waffen zu präsentiren.

Ich habe nie ein so schönes Corps gesehen, es ist wohlgekleidet und, wie ich hörte, wohldisciplinirt. Der Rajah nimmt keinen aus einer niedrigen Kaste in seinen Dienst. In den Mauern sind viele leere Plätze; der Pallast ist klein und nett, aber unvollendet, vor demselben war seine Ehrenwache zu meinem Empfange aufgezogen. Der Musnud war in einer Verandah, auf der linken Seite des Einganges, angebracht, er bestand aus Elfenbein mit phantastischem Schnitzwerk; er ward in dem Magazin Tippu's gefunden und zur Inauguration des jungen Rajah 1799 gebraucht. Wahrscheinlich verdankte er dem geringen Werthe des Materials seine Erhaltung, die Hindu's schienen aber aus Aberglauben sehr viel darauf zu halten. Se. Hoheit war in Goldtuch gekleidet, um seinen Hals hiengen einige schöne Perlen. Auf seiner einen Seite lag ein goldener Dolch (Creß, Kriß), auf der andern ein kleines Schwerdt. Beim Eintreten machte ich meine Grüße, die er erwiederte und streckte seine Hand aus, was ich aber nicht verstand. Zu seiner Linken wurden für mich und meine Gesellschaft Stühle gesetzt, gegenüber saßen die andern englischen Herren. Zu seiner Rechten waren Narsingrow und Bucherow, und hinter ihm sehr viele Bediente. Seine Verwandten und verschiedene Knaben, die mit ihm erzogen werden, saßen hinter mir. Die Verandah, worin wir saßen, war mit weißem Tuch bedeckt und die Pfeiler schön bemalt und vergoldet. Vor seiner Hoheit stand ein Gefäß mit Sambakblüten angefüllt und an jeder Seite ein Bedienter mit Zweigen, worin Weihrauch brannte.

Der Rajah war Anfangs sehr ängstlich, nachdem er sich aber etwas gefaßt hatte, betrug er sich mit großer Würde und vielem Anstande. Er antwortete auf verschiedene Fragen, ohne Stocken, und vernünftig; wie mich Major Symons versicherte, ward ihm nichts zugesagt; er ist etwa 11 Jahre alt, von mittlerer Größe, für sein Alter weder groß, noch klein; nicht schön, aber seine Miene verräth Verstand; er schien munter, doch würde es bei einer solchen öffentlichen Gelegenheit unanständig gewesen seyn, nur zu lächeln; er that es einmal, ward aber sogleich von einer Person, die hinter ihm stand, erinnert; ich fragte nach seinen Beschäftigungen und erfuhr, daß er das Reiten und die Vergnügungen des Landes liebe. Diese werden seiner Würde angemessen gehalten, aber als ich bemerkte, daß er lustig aussehe, ward mir gleich das Gegentheil versichert. Ich stellte meine Fragen ein, da ich fand, daß man mir nichts von seinem Treiben sagen würde, als nur, was mit der Etikette übereinstimmte. Ich empfahl sehr, ihn im Englischen zu unterrichten und bemerkte die Vortheile, die diese Kenntniß dem Rajah von Tanjore gewähre; sie versicherten mich, es solle gewiß geschehen. Ich überreichte ihm einen Säbel, mit einem Handgriff von Achat mit Rubinen verziert; er legte ihn sogleich neben sich und versicherte, daß er immer meinetwegen bei ihm liegen solle, und daß das Geschenk ihm besonders schätzbar sey, wegen seiner Abstammung aus der Schatiya oder Kriegerkaste. Er wand, zur Erwiederung, um meinen Nacken eine schöne Perlenschnur, woran ein Kleinod von flachen Diamanten und ungeschnittenen Rubinen hieng. Er schenkte mir auch in Geschirren, die wie gewöhnlich zu meinen Füßen gesetzt wurden, zwei schöne Schauries, zwei Punkas und zwei Spazierstäbe aus Sandelholz, nebst zwei Flaschen Sandelöl, was er mich als Erzeugniß seines Landes anzunehmen bat. Gleich darauf ward eine Begrüßung von den Wällen des Forts gefeuert, und die Sambakkränze wurden um meinen Nacken geflochten. Seine Mutter ließ mir ein Kompliment sagen und kurz nachher wurden Pawn und Atter vertheilt und wir nahmen unsern Abschied.

Natürlich ist das ganze System Tippu's aufgegeben, und Alles, einen einzigen Fall ausgenommen, auf den alten Fuß wieder hergestellt. Meisore war ehemals den Angundi-Fürsten zinsbar, die bisweilen auch die Narsinga-Fürsten heißen. Nachdem sich die Patanische Dynastie in die fünf unabhängigen Staaten von Bisapor, Ahmet-Nuggar, Berar, Beder und Golkonda getheilt hatte, vereinigten sie sich zu einem Kriege wider den Anagondi-Fürsten und zerstörten seine Macht. Dadurch wurden alle unteren Zemindars von seiner Herrschaft befreit und unabhängig. In dem Königreiche Meisore waren wenigstens siebenzehn, die bis auf Heider und seinen Sohn ununterjocht blieben, die in dieser Hinsicht sehr richtig urtheilten, eine unnütze Klasse aus dem Lande trieben und keine Mittelsperson zwischen dem Landesherrn, als Grundeigenthümer und dem Reiot länger dulbeten. Bei der Wiederherstellung der Hindu'schen Fürsten wandten sich die Zemindars an Purni, um wieder eingesetzt zu werden und es möchte ihnen vielleicht gelungen seyn, wenn sich nicht Oberst Close ihren Ansprüchen als ungegründet widersetzt hätte. Er führte an, daß der Rajah sie außer Besitz gefunden habe, und daß sie nicht erwarten könnten, daß er ihnen einen so beträchtlichen Theil seiner Besitzungen einräumen werde. Er erreichte zuletzt seinen Zweck, indem er einigen kleine Pensionen gab, und andere, als Militärpersonen bei dem Rajah anstellte. Meisore hat daher keinen Zemindar, und die Folge ist gewesen, daß seit fünf Jahren keine Empörung Statt gefunden hat, während die benachbarten Provinzen durch Krieg und Insurrection zerrüttet wurden.

Am 3ten März. Mein erster Besuch war auf der Cortine, wo die Bresche gemacht worden war. Ich ward von verschiedenen Herrn begleitet, die bei dem Sturm gegenwärtig gewesen waren, und die mir Alles genau zeigten. Der Angriff ward sehr scharfsinnig an einer Stelle unternommen, wo eine Bresche, wegen des asiatischen Fehlers einer langen Cortine, leicht war; das gerade Feuer von der Bombay-Armee, auf der entgegengesetzten Seite des Flusses, machte den Aufenthalt auf den Wällen zu einem sehr gefährlichen Dienst. Die armen Eingebornen, die dort seyn mußten, hatten sich, zum etwanigen Schutz, Löcher in die Erde gegraben, und hielten gerade in denselben ihr Mittagsmahl, als die stürmende Mannschaft eindrang, die sehr viele tödtete, ehe sie heraus kommen konnten. Seine französischen Offiziere, hatten dem Tippu oft gerathen, ein Binnenwerk von der Sultans Batterie auf der Höhe anzulegen, um die Nordwestbastion und den Theil der Cortine, wogegen der Angriff gerichtet war, abzuschneiden; aber er war eigensinnig und unwissend; er scheint sich eingebildet zu haben, daß der Cauvery die Vertheidigung sehr begünstige, denn er hatte die Verschanzungen in einem Winkel nach der Nordwestbastion herabgeführt, damit sie der Fluß, wie ein Graben, auf beiden Seiten umgeben möchte. Während des Sturms vom 4ten Mai lief eine kleine Schaar Soldaten in der Hitze des Streits über eine Mauer, die sie vereinigte, von dem äußern zum innern Wall, obgleich sie sehr hoch, und nicht über einen Fuß oben breit war; der Versuch war wirklich so kühn, daß dieselben Leute sich am folgenden Tage, bei kühlem Blute scheuten, den Weg noch ein Mal zu machen.

Diese und ein größerer Haufe, der in einer andern Richtung seinen Weg nahm, unterstützte den Angriff sehr, indem sie dem Sultan und seinen Begleitern in die Seite kamen, die sehr tapfer Einschnitt für Einschnitt auf dem äußern Wall vertheidigten und sich langsam vor der überlegenen Macht der Stürmenden, zu dem Thor in dem innern Wall zurückzogen. Wahrscheinlich hatte er die Absicht, sich gleich von einem Ort zurückzuziehen, der nicht länger vertheidigt werden konnte, und sich an die Spitze seiner Truppen, die sich etwa auf 20,000 Mann beliefen, außerhalb der Stadt, zu stellen, und den Krieg so lange, wie möglich, zu verlängern. Das Bangaloer Thor war während der ganzen Belagerung offen, und seine Flucht würde daher keine Schwierigkeit gefunden haben; wäre die Wegführung seiner Weiber unmöglich gewesen, so ist, nach seinem Charakter kein Zweifel, daß er sie getödtet und in den Ruinen seines Pallastes begraben haben würde. Dies Alles hinderte der Fall des Tyrannen, so daß wahrscheinlich seine Familie eben so viel, als die Engländer, gewannen, die dadurch eines verlängerten Krieges überhoben wurden. Der innere Graben und Wall ist ganz zerstört, ausgenommen an dem Orte, wo die Mauer den Soldaten zum Weg diente, die zum Denkmahl ihres Muthes erhalten ist.

Es ist ein sonderbarer Umstand, daß die Belagerer nichts von dem Daseyn eines solchen Grabens und der innern Mauer wußten, ehe der Sturm Statt fand, ungeachtet sie beständig einheimische Spione in dem Orte hatten. Das Thor, worin Tippu fiel, ist nebst dem innern Werk zerstört; dafür ist eine Straße angelegt und auf jeder Seite mit Bäumen bepflanzt, die mit der Zeit viel zur Schönheit des Orts beitragen wird. Es ist noch unbekannt, wer dem Sultan die tödtliche Wunde beibrachte. Die unschätzbare Perlenschnur, die er um seinen Nacken trug, war der Preis des Soldaten, aber sie ist niemals zum Vorschein gekommen. Er hatte viele Jahre daran gesammelt, indem er immer eine schlechte Perle abnahm, wenn er eine kostbarere kaufen konnte. Wir giengen auf dem Walle eine kurze Strecke nach Süden, wo die Befestigungen in eben dem Grade stark sind, als sie an dem Ufer des Cauvery schwach sind. Wäre es von Wichtigkeit, Seringapatnam zu einem starken Orte zu machen, so müßten die von den Franzosen vorgeschlagenen Werke ausgeführt werden. Aber um den Angriffen, denen es in der jetzigen Lage der Dinge ausgesetzt seyn kann, zu widerstehen, ist es stark genug. Wegen der zahlreichen und großen Gebäude ist zu Seringapatnam ein Magazin angelegt, weil in Bangalore die Kosten zur Aufführung der Gebäude sehr beträchtlich gewesen seyn würden; ich weiß aber nicht, ob man diesen Ort, der gesunder ist, nicht hätte vorziehen sollen.

Seringapatnam steht tief unter allen Hauptstädten, die ich in Indien besucht habe. Die Paläste des Sultans haben weder die schwere, imponirende Würde der Hindu'schen Bauart, noch die leichte, luftige Zierlichkeit der muhammedanischen Gebäude zu Lucknow. Die Staats-Zimmer Tippu's waren hübsch, aber die Heider's äußerst einfach. Ihre Zenana's waren außerordentlich schlecht, jede bestand aus einem viereckigen Gebäude, von zwei Stockwerken, rund umher mit Verandahs, die in den Mittelpunkt ausliefen, einige Zimmer waren groß, aber ungeziert, und die Pfeiler von Holz. Ich habe verschiedene Herrn gesprochen, die sie gleich, nachdem sie von den Weibern verlassen waren, besuchten, und sie versicherten mich, daß sie damals in eben so schmutzigem Zustande waren, als ich sie fand. Die Lampen waren in Wandnischen angebracht und das Oel einer jeden lief auf den Boden herab und bildete einen langen schwarzen Streif, und die hölzernen Pfeiler in den größten Zimmern und in den Verandahs, hatten durch Fett und Schmutz ihre Farbe verloren. Die beiden Zenana's Tippus und Heider's stießen zusammen und hatten eine Verbindung mit einander. An jeder Seite war ein Pallast einer dieser Fürsten. Vorn war ein Eingang von dem öffentlichen Platz, wo die Truppen exercierten, wohlgesichert und bewacht von Verschnittenen. Doch waren oben in der Mauer viele verdeckte Löcher befindlich, woraus die Gefangenen Alles, was außerhalb vorgieng, sehen konnten; was wenigstens mehr Veränderung gewährte, als das einförmige Einerlei des Innern. Jetzt dienen diese Gebäude zu öffentlichen Zwecken. Heiders Pallast ist der Aufenthalt eines Wundarztes, seine Zenana ein europäisches Hospital. Tippu's Zenana ist eine Baracke für die Artillerie; seine Privatzimmer sind von dem Residenten und seine öffentlichen von den europäischen Truppen eingenommen.

Diese Gebäude haben äußerlich ein schwerfälliges Ansehen, wegen des Mangels an Fenstern, aber die Aussicht von denselben ist von den Engländern sehr verbessert worden, die den Raum bis zu einem Tempel des Schri Runga geöffnet haben, der vorn eine Schultry und einen hohen Thurm im Tanjorischen Styl hat. Links ist der alte Pallast der Rajahs von Meisore und rechts sind die Wälle mit ihren Alleen von jungen Bäumen. Hierauf besuchte ich Tippu's Arsenal, das ehemals eine Schultry und eine Pagode war, die an den Pallast der Rajahs stieß. Die Bauart des Ganzen ist massiv und weit älter, als die der andern Gebäude. Die Pfeiler sind viereckig und mit Schnitzwerk bedeckt, aber die Zwischenräume sind ausgefüllt, um es für seinen jetzigen Zweck brauchbar zu machen und es ist daher schwer, die Arbeit zu untersuchen. Hier sind große Vorräthe von Luntenflinten, Speeren, Dolchen, Nairmessern und Kettenrüstungen, die dem Tippu gehörten, für die Britten aber nur den Werth von altem Eisen haben. Sie könnten an die Eingebornen verkauft werden, aber bei dem unruhigen Zustande von Malabar würden sie wahrscheinlich bald gegen die Verkäufer gebraucht werden, und sie werden daher aus Vorsicht zurückbehalten. Die sonderbarsten Gegenstände sind einige Artilleriestücke, von Tippu gegossen und mit der Gestalt eines Tigers verziert, der den Kopf eines Europäers verzehrt; ein Sinnbild von der Wildheit des Tyrannen und seiner Unversöhnlichkeit gegen seine christlichen Feinde.

Gegenwärtig ist hier ein beträchtliches Magazin von europäischen Gewehren und Feldstücken. Der anstoßende Pallast lag in Trümmern, und ist ganz abgetragen, um einer Fabrik von Lavetten Platz zu machen, die unter der Direktion des Kapitän Scott im Jahre 1802 angelegt ward. Ehemals wurden sie zu Madras nach Kontrakten gekauft; es ward das Rangun Tekholz gebraucht, das von schlechter Beschaffenheit ist, und die Arbeit war überhaupt so schlecht, daß ein Dienst von wenigen Monaten sie unbrauchbar machte. Kapitän Scott hat die Eingebornen in der Bearbeitung des Holzes, des Kupfers und des Eisens unterrichtet; Alles geschieht in einem Gebäude, und ungeachtet nur ein so kurzer Zeitraum seit der Gründung verflossen ist, so hat die Fabrik doch schon einen hohen Grad der Vollkommenheit erreicht. Die Festigkeit des Tekholzes, das in den Wäldern etwa 40 Meilen von Seringapatnam gefällt wird, verstattet, der Arbeit, ohne Eintrag der Stärke, Leichtigkeit und Zierlichkeit zu geben. Die Kosten lassen sich noch nicht bestimmen, doch glaubte Kapitän Scott, daß sie sich nicht höher belaufen würden, als vorher, da sie gekauft wurden.

Herr Salt kam von seiner Reise nach den Fällen des Cauvery zurück und theilte mir folgenden Bericht darüber mit.

Am 16ten Februar. Um 8 Uhr des Morgens erreichte ich Condscheweram. Der Haupteingang zu der großen Pagode ist sehr hoch und gleicht an Gestalt und Verzierung dem zu Tanjore sehr; links, wenn man durchgegangen, ist ein großes Gebäude, wie eine Schultry, das nach der Versicherung der Braminen, tausend Pfeiler enthält. Der große Umfang macht diese Angabe wahrscheinlich; auf vielen derselben waren schön und sorgfältig Figuren von Hindugottheiten ausgeschnitten; mehrere hatten eine Art von Heiligenschein um ihre Köpfe; einige Gruppen waren mit mehr, als gewöhnlicher Geschicklichkeit zusammengesetzt, besonders eine, welche die Bestürzung eines Kindes darstellt, das ein Bramine an den Altar des Mahadeo bindet. Die Seiten der hinaufführenden Treppe wurden durch zwei schön gehauene Elephanten, die einen Wagen zogen, gebildet; ein erhöhter Musnud nahm die Mitte ein. Diesem Gebäude gegenüber war ein Wasserbehälter und verschiedene kleine Pagoden. Die Seite der einen war mit alten und unbekannten Charakteren bedeckt, die denen bei den sieben Pagoden glichen; auf einer andern waren in erhöhter Arbeit einige andere sonderbare Zeichnungen in Fächer geschnitzt, wovon ich zwei kopirte.

Die erste ist eine Art von Centaur, der über einen Altar eine Glocke zog, und die zweite stellt den Ramah dar, wie er seinen Bogen spannt, der von sonderbarer Zusammensetzung ist, und unten saß Hunimaun. In den zweiten Hof, oder das innere Viereck, das für heilig gehalten ward, wurde ich nicht zugelassen. Dieser Tempel ist dem Siwah geweiht. Ich stieg hernach auf sieben Stufen zu der Spitze des großen Thorwegs; die Aussicht von demselben ist außerordentlich schön. Ungeheure Wälder werden durch eine große Wasserstrecke unterbrochen; viele Pagoden erheben sich zwischen den Bäumen und eine prächtige

Reihe von Bergen zieht sich in der Entfernung zurück. Westlich bemerkte ich eine sonderbar gestaltete Pagode. Ich hörte, daß sie malabarisch sey, und folglich beschloß ich sogleich, sie zu besuchen. Sie liegt ungefähr eine Meile von Condschewer am. Ihr Anblick bestätigte, was ich von ihrem Alter gehört hatte, denn sie war von rauher massiver Sculptur und in demselben Styl gebaut, wie einer der aus dem Felsen gehauenen Tempel bei den sieben Pagoden.

Am Eingange waren vier ungeheure Löwen und ein thönerner Ochse, offenbar neu. Rechts von dem Eingange waren sieben runde Gebäude, die eben so viele Lingams von polirtem Granit bedeckten, etwa zwei Fuß hoch; einige waren rund, andere in viele Seiten geschnitten; die Pagode selbst ist pyramidenförmig, und endigt sich oben in eine Art Kuppel. Um den untern Theil läuft ein ungefähr sechs Zoll breiter Streif, der mit unbekannten, den vorhin erwähnten, ähnlichen Charakteren beschrieben ist. Das Inwendige besteht aus zwei dunkeln Gemächern; in dem ersten waren zwei kleine vergoldete Statuen des Ramah und der Sota aufgestellt, wovon bloß die Köpfe sichtbar waren, wie zu Ramiseram. Diese Pagode ist jetzt ganz verlassen.

Am 17ten Februar. Um 10 Uhr erreichte ich Arcot, das einst groß und volkreich war; jetzt zeigt es viele Spuren von der Verheerung des Kriegs, denn der größte Theil liegt in Ruinen. Die Stadt wird hauptsächlich von Muhammedanern bewohnt, die sehr ruhige Unterthanen sind, und durch eine geringe Aufmerksamkeit auf ihre Vorurtheile leicht in Ruhe gehalten werden. Der Einnehmer, Major Makleot, hat einen Plan entworfen, die Stadt wieder aufzubauen, der, wenn die Regierung ihn billigen sollte, von großer Wichtigkeit seyn würde, da hier ein beträchtlicher Handel ist und bei der Sicherheit der jetzigen Verwaltung täglich neue Ansiedler kommen.

Am 18ten Februar war ich zu Velore und am 19ten erreichte ich Ambur; das ganze Land, wodurch ich von Arcot gereist war, zeigte deutlich, daß es seine Bevölkerung noch nicht wieder erhalten hatte, denn viele Gegenden lagen öde; das Dorf Ambur ist nett und regelmäßig gebaut. Die Bewohner sind betriebsam und machen eine beträchtliche Menge von Bibergeil (Castor oil), das sie ausführen. An der Westseite ist ein hoher einzelner Berg, worauf ein fast unnehmbares Fort stand. Der einzige Zugang war auf einem engen und sehr jähen Pfade, durch ein kleineres Fort an dem Fuße. Die oberen Werke sind, seitdem es in unsern Besitz kam, ganz zerstört und die unteren, worin einige Uebelthäter verhaftet waren, wurden von einigen wenigen Sipoys unter Befehl eines eingebornen Offiziers bewacht. Mit vieler Anstrengung erstieg ich den Gipfel; ich fand dort eine Ebene, die groß genug war, um ihren Anbau von Wichtigkeit zu machen, und zwei Wasserbehälter, neben welchen die Baracken ehedem gestanden hatten. Die Aussicht von demselben war herrlich und weit und die Luft verglichen mit der, die ich unten empfunden hatte, kühl und angenehm. Am Abend verschaffte ich für eine Rupie hinreichende Lebensmittel für mich und die Träger auf den Tag.

Am 20sten Februar. Früh am Morgen erreichte ich Bahambaddi; in der Nacht war ein Kuli mit allen meinen Victualien und Frühstückapparat davon gelaufen; zum Glück traf ich hier Herrn Cator, der Major Lambdon in seinem Messungsgeschäfte unterstützte. Er half mir den Verlust ersetzen und am Abend giengen wir zusammen einige Meilen weiter, bis zu einem Orte, wo er sein Zelt aufschlug; ich schlief im Freien in meinem Palankin.

Am 21sten Februar. Nach dem Frühstück ritten wir auf Herrn Cators Pferden durch einen ununterbrochenen Wald, bis nach Kischnagherri, wo wir, obgleich die Entfernung volle 40 Meilen betrug, in viertehalb Stunden ankamen; hier ist ein anderes von den Hügelforts und eins der stärksten in dem Baramahal, das nur durch Ueberrumpelung genommen ward. Es ist ebenfalls von den Engländern zerstört. In dem Anblick dieser einzelnen Berge ist etwas außerordentlich Großes und Sonderbares.

Am 23sten Februar. Ich reiste die ganze Nacht durch ein sehr wildes und romantisches Land, das durch das helle Licht des Mondes vielleicht schöner gemacht ward, als es bei Tage gewesen seyn würde, und um 10 Uhr erreichte ich Riacotta, das eins der wenigen Hügelforts ist, die noch von den Engländern in Baramahal unterhalten werden; wahrscheinlich wegen der Wichtigkeit der Lage, da es an Meisore stößt. Ich gieng beinahe rund um dasselbe und zum Theil auf demselben zu einer kleinen, in dem Felsen ausgehöhlten Pagode, vor welcher eine Terrasse aufgeführt ist, die eine weite Aussicht über das umliegende Land gewährt; unten hat Oberst Lighton einen großen Garten, der Ueberfluß an europäischen Gewächsen hat. Das Klima ist so gemäßigt, daß er eine große Verschiedenheit von Früchten und Gemüsen erzielen kann. Kirschbäume blühen vortrefflich. Ich verweilte hier einen Tag.

Am 25sten Februar. Früh am Morgen erreichte ich Ossaur, wo die Hindu's eins von ihren Festen feierten. Um 3 Uhr reis'te ich wieder ab, und um 12 Uhr traf ich zu Anicul ein, wo mich 25 Hircarras und Peons erwarteten, um mich nach Sewasummudra zu begleiten.

Am 26sten Februar. Ohne Aufenthalt reis'te ich weiter nach Tulli, wo Herr Kelso, zur Bequemlichkeit der Reisenden, einen kleinen Bungelow errichtet hat. Der Tag war äußerst unangenehm, die Luft stickend heiß und die Leute eben so arm, als der Ort jämmerlich. Wir konnten nichts erhalten und ich und meine Begleiter fuhren sehr schlecht.

Am 27sten Februar. Bei Tagesanbruch erreichte ich Cankinelli. Meine Peons brachten mir einen Tiger herein, den sie getödtet hatten und der von der Spitze der Nase bis zu der Spitze des Schwanzes 8 Fuß maß.

Am 28sten Februar. Es war während der Nacht schwül, und obgleich ich früh abreis'te, erreichte ich Mahavilli doch erst spät am Morgen, denn meine Träger waren fast erschöpft. Seit meiner Ankunft in Meisore ward ich in jedem Dorfe mit Tomtoms u. s. w. empfangen, eine lärmende Ehrenbezeugung, mit der ich mich gern verschont gesehen hätte. Zu Mahavilli sahe ich zum ersten Male, einige große Fledermäuse gegen Mittag umher fliegen, und eine große von ihnen klebten mit ihren Füßen an zwei Bäumen dicht an der Schultry, wo ich mich aufhielt; ungefähr zwei Drittel von ihnen waren in beständiger Bewegung, indem sie mit ihren Flügeln fächelten; sie unterhielten ein unaufhörliches gellendes Geräusch. Ich wünschte, daß eine geschossen werden möchte, und da nichts dagegen eingewandt wurde, schickte ein Peon eine Kugel gegen sie ab, die drei tödtete. Nach dem Schuß entstand ein schreckliches Geschrei, und der größte Theil flog kreischend über unsere Köpfe. Sie maßen über vier Fuß von Flügel zu Flügel, ihr Kopf gleicht sehr dem eines Fuchses, und ihr Haar hat dieselbe Farbe, überhaupt sind es sehr häßliche Thiere. Am Abend gieng ich ungefähr drei Meilen, um einen ehemaligen Garten Tippu's zu sehen. Er war sehr groß, in gerade Gänge gelegt, und mit Mango-, Guava-, Limonen-, Orange- und Granatäpfelbäumen angefüllt. Die Guaven- und Granatäpfel waren reif und die Mangobäume noch schöner in Blüte. Es scheint nie vollendet gewesen zu seyn; denn es ist nur ein kleines Gebäude für Pflanzen vorhanden und durchaus kein Ort für die Aufnahme des Fürsten. Seine Nachbarschaft hat den Bewohnern nicht viel gefruchtet; denn ein großer Theil der Häuser in dem Dorfe, das zwischen dem Garten und dem Fort liegt, war verlassen und Alles zeigte das Bild des Jammers; das Land umher [illegible] eben.

Am 29sten Februar. Früh morgens traf ich in Calicut ein. Das Dorf war mit einem dicken und unangenehmen Nebel bedeckt; ich schloß mich daher in meinen Palankin bis 10 Uhr ein, um welche Zeit die Sonne ihn zum Theil zerstreut hatte. Ich glaube, daß diese Dünste sehr schädlich seyn müssen und die Einwohner suchten sich sehr angelegentlich gegen den Einfluß derselben zu bewahren. Sie waren alle in grobe schwarze Mäntel gehüllt, und hatten den Mund sorgfältig bedeckt, und sahen eher Geistern der Unterwelt, als menschlichen Wesen gleich; auch die von mittlerem Alter hatten ein altes Ansehen und graue Bärte. Die Hügel umher waren am Mittag kaum sichtbar, und um die Erbärmlichkeit der Lage noch zu vermehren, liegt hinter der Stadt eine Reihe von Sandhügeln, die eine stickende Hitze in dieselbe zurückwerfen. Hier ist eine Pagode von alter Bauart, innerhalb der Mauer, die sie umgiebt, ist die Statue eines Ochsen sehr passend auf die Spitze eines kleinen Tempels, ungefähr 12 Fuß lang und 8½ hoch angebracht, und mit Blumen und reichem Schmuck verziert.

Am 1sten März. Diesen Morgen kam ich zu Sattigul an, der nächsten Station bei den Fällen des Cauwery, wo man sich mit Bedürfnissen versehen konnte. Ich reis'te ungefähr 5 Meilen von diesem Orte, bis zu der Insel Sewasummudra; hier waren die Ruinen einer Brücke über den Cauwery, die mit der Insel in Verbindung standen, sie war ganz aus großen Säulen von schwarzem Granit erbaut; jede hatte etwa zwei Fuß im Durchmesser und 20 Fuß in der Länge. Dieses prächtige Werk, das eine Länge von ungefähr 300 Ellen hatte, war jetzt so ganz zerstört, daß der Palankin mit Schwierigkeit über die zerbrochenen Massen getragen ward, die den Strom versperrten. Gerade gegenüber war das südliche Thor einer Mauer, welche die Stadt umgab, wohin ehemals eine Treppe geführt hatte. Das Innere war eine völlige Wildniß von hohem Grase, dazwischen mit großen Banianbäumen; doch kann man noch immer die Hauptstraße, die sich von Süden nach Norden, quer in gerader Linie ausdehnt, und etwa eine Meile lang ist, unterscheiden.

Ungefähr eine Viertelmeile weiter war ein flacher Stein perpendicular aufgerichtet, mit einer Inschrift in unbekannten Charakteren. Er stand vor einem Viereck, das eine kleine Pagode umgab, auf deren Spitze ursprünglich vier Ochsenstatuen standen. Eine derselben war durch einen Banianbaum heruntergeworfen worden, der das Gebäude von einander gesprengt hatte. In dem Innern dieser Pagode war eine schöne, aus schwarzem Granit gehauene und vortrefflich erhaltene Statue des Siwa mit allen seinen Attributen. Etwas weiter war noch ein anderer, dem erstern sehr gleicher Tempel und 100 Ellen hinter demselben einer von größeren Verhältnissen. Das erste Zimmer ward von vier Reihen Pfeilern gestützt; acht an der Zahl und ungefähr zehn Fuß von einander. Hier lag unter einigen Ruinen eine kleinere, merkwürdige Statue, der obere Theil derselben bis an die Hüften war menschlich mit vier Armen; unten endigte sie sich in die Gestalt einer Schlange, die zusammengewickelt einen Sitz bildete. Ihre sieben Köpfe erhoben sich in einen Himmel über das Haupt der Figur; das in das zweite Zimmer führende Thor war zierlich und reich ausgehauen und glich dem in dem Tempel von Benares, die mit Recht als vollkommene Muster von diesem Zweige der hindu'schen Bauart betrachtet werden.

In diesem Gemache war eine 7 Fuß lange Statue des Wischnu in dem besten Styl der indischen Bildnerei; sie ruhte in voller Länge auf einem hocherhabenen Fußgestelle und der Kopf lag gerade nach Süden. Die Figur war wohlbeleibt, so wie die der eingebornen Fürsten. Sie hatte die pyramidenförmige Mütze auf, und war als reich gekleidet und mit Juweelen geschmückt dargestellt. Die Augen waren verschlossen. Ein Arm ruhte auf dem Polster und der andere quer über dem Körper, und sieben Blindschleichen bildeten über seinem Haupte einen Himmel. Diese Zimmer waren klein und dunkel und in der Absicht, sie zu betrachten, hatte ich mich mit Fackeln versehen; an der Außenseite stand eine große Figur des Hunimaun in ganz erhabener Arbeit; westlich davon, einige 100 Ellen ist der Fluß und einige Ueberbleibsel einer, der erstern ähnlichen Brücke. Indem ich nach der großen Straße zurück kehrte und nordwärts gieng, sah ich die Ruinen von verschiedenen andern Pagoden; sie waren alle verlassen und ich war daher im Stande, das innerste Heiligthum zu betrachten. Sie bestanden aus einer Reihe von Zimmern, die nach und nach kleiner und dunkler werden, so wie sie weiter zurück lagen; die Hauptstatue ist unveränderlich in dem entlegensten Gemach; eine von ihnen war der Parbubti, dem Weibe des Siwa, geweiht. Hier ist auch eine Schultry mit sehr hohen Pfeilern; die meisten von diesen Gebäuden waren aus Ziegeln mit Steinen bedeckt.

Nachdem ich durch das nördliche Thor gegangen war, wanderte ich zu dem Wasserfalle, der beinahe eine Meile entfernt ist. Leute, die ihn in der regenhaften Jahreszeit gesehen hatten, hatten mir in Madras so viel davon gesagt, daß ich bei der Annäherung sehr getäuscht ward. Er fällt wirklich von einer sehr großen Höhe gewiß gegen 150 Fuß, aber die Wassermasse ist in dieser Jahreszeit nicht hinreichend, um ihn groß zu machen. Er stürzte sich in vier Kanäle, von einer dem Anscheine nach ebenen Oberfläche herab und der Fall wird von vielen hervorstehenden Felsen gebrochen; die größten derselben sind dem Mittelpunkte nahe und sondern ihn fast in zwei Abtheilungen. In der Regenzeit muß er erstaunlich groß seyn, da viele Kanäle jetzt trocken waren, wodurch das Wasser alsdann mit fürchterlicher Gewalt rauschen muß, denn es sind große Massen zerrissen worden, und solche Zeichen der Zerstörung umher verbreitet, daß sie auch, bei der Abwesenheit des Stromes, außerordentlich furchtbar erscheinen.

Die Umgebung ist äußerst wild, obgleich die Größe der Felsen die Bäume auf dem entgegengesetzten Hügel, der für seine Lage sonderbar sanft ist, sehr klein erscheinen läßt. Nachdem ich das Ufer durchstrichen und ihn von verschiedenen Punkten angesehen hatte, stieg ich in einen der tiefsten Schlünde hinab und nachdem ich verschiedene Ansichten ungestört von den Tigern, die in der Nachbarschaft sehr zahlreich seyn sollen, aufgenommen hatte, kehrte ich zu einer kleinen Schultry oben zurück. Ich hatte gehört, daß noch ein anderer, beinahe eben so bedeutender, Fall vorhanden seyn sollte, aber ungeachtet wiederholter Fragen bestanden meine Begleiter, entweder aus Verlangen zurück zu eilen, oder aus Abneigung, an einem so einsamen Orte zu weilen, so ernstlich darauf, daß nichts Sehenswerthes mehr da sey, daß ich, obgleich unbefriedigt, gezwungen war nach Sattigur zurück zu kehren. Bei meiner Ankunft in Seringapatnam erfuhr ich, daß ich Recht gehabt hatte, denn auch der südliche Zweig hat einen Fall, der aber ganz troksen gewesen seyn mag.

Am 2ten März. Ich gieng nach Narsipor, wo auf einer Insel eine Pagode ist, worin beständig Affen gefüttert und sehr verehrt werden. In der Nacht traf ich zu Seringapatnam ein.

Am 4ten März. Narsingrow zeigte mir an, daß Alles zu meiner Abreise bereit sey, und zugleich meldete er mir, daß sein Vater den Aumil von Bangelore seiner Dienste entlassen hätte; ich äußerte zwar, daß dies meine Absicht nicht gewesen sey, da ich aber seine Entfernung für ein Glück für die Bewohner hielt, wollte ich die Sache nicht weiter treiben. Dr. White theilte mir einige Nachrichten über die Arzeneikunde der Eingebornen mit. Ihre Unwissenheit ist außerordentlich; sie gebrauchen einige Arzeneien aus dem Mineralreich, besonders sublimirtes Quecksilber (Calomel), geben sie aber in so starken Dosen, daß die Mittel oft verderblicher, als die Krankheit werden; ein gewöhnliches Emeticum bereiten sie durch Auflösung einer kleinen Kupfermünze in Säure, aber ihre Kühnheit wird durch die Stärke der Dosis oft mit dem Tode bestraft. — Fasten (Starvation?) ist eine andere Vorschrift für alle Krankheiten; Purnis Tochter starb daran, nicht lange vor meiner Ankunft. Das Fieber ward bezwungen, aber die Schwäche war so groß, daß die Patientin erlag. Eine Arzenei wird für desto besser gehalten, je mehr Ingredienzien sie enthält, die häufig sich bis auf funfzig belaufen, wenn sie untrüglich ist. Dr. White versicherte mich, daß er in mehr als hundert Fällen flüchtiges Alcali, gegen den Biß giftiger Schlangen gebraucht gesehen habe und immer mit Erfolg.

Gegen Abend besuchte ich noch die Brücke, die über den Kauvery auf der Straße nach Bungalore gebaut wird. Alle Arbeiter waren zurückgehalten und setzten ihre Arbeit bei dem Schimmer von tausend Fakkeln fort, die in einem Augenblick angezündet wurden, und durch die breiten Strahlen, die sie auf die rauhen Pfeiler warfen, eine schönere Wirkung hatten, als der volle Glanz des Tages. Der Fluß war so niedrig, daß man zu Fuß herüber gehen konnte. Ich setzte mich mit Narsingrow auf einigen großen Steinen und bewunderte einige Zeit die Scene, die durch tausend Zuschauer belebt ward, die mit ihren weißen Kleidern das stille Dunkel zertheilten und sich nach allen Richtungen bewegten. Die Brücke ist ein sonderbares Werk und von gleicher Bauart, wie die, welche Hr. Salt zu Sewasummudra sah, so daß der Brückenbau in diesen drei Jahrhunderten keine Fortschritte gemacht hat. Sie wird aus Pfeilern aufgeführt, die ungefähr achtzehn Fuß hoch sind und zwei oder drei im Durchmesser haben. Drei Reihen derselben, jede von 67, sind in den tiefen Felsen gesenkt, jede 10 Fuß von einander, aber oben vereinigt, und durch große, flach und dicht an einander gelegte Steine festgemacht, auf welchen Sand geschüttet ist. Die großen Steine sind alle von Menschenhänden aufgerichtet, ohne mechanische Hülfe, was die Arbeit sehr langwierig macht. Die Kosten haben sich bereits auf 10,000 Pagoden belaufen und wahrscheinlich wird es noch ein Mal so viel kosten, denn die aufgerichteten Steine sind noch nicht vollzählig. Man hofft jedoch, daß dies vor den nächsten Regen geschehen wird, wenn die Arbeit ohne Unterbrechung fortgesetzt werden kann. Purni hat, wie er sagt, diesen großen Aufwand gemacht, um den Wunsch des Rajah für die Bequemlichkeit der englischen Garnison an den Tag zu legen, für welche die Brücke allerdings sehr wichtig seyn wird, da eine Verbindung mit dem nördlichen Ufer zur Regenzeit fast unmöglich war. Nach Süden war eine alte Brücke von ähnlicher Bauart, wovon ein Theil zu einer Wasserleitung diente. Um 6 Uhr nahm ich Abschied von allen meinen Freunden und reiste, begleitet von Herrn Salt, nach Mangalore ab.

Am 5ten März. Um 7 Uhr erreichte ich Kikary, eine kleine Stadt mit einem lehmernen Fort. Das Land bestand aus malerischen Hügeln, aber Anbau fand nur in den Thälern Statt, wo zahlreiche Wasserbehälter einen beständigen Wasservorrath sicherten. Die Ealte sylvestris und Phoenixa sannifer des Roxburg waren hier in großem Ueberflusse. In einiger Entfernung zeigten sich viele Hügel. In der Nachbarschaft von Dschinrappatam wuchsen eine Menge Kokosbäume. Die Festungswerke des Orts sind neulich hergestellt. Er hat ein Glacis, einen Graben und gute steinerne Wälle, runde Thürme und Bastionen mit Schießscharten. Ich konnte aber nicht bemerken, daß das Geschütz mit Lavetten versehen war. Meine Träger waren sehr schlecht und ich mußte daher in einer sehr schönen Gegend, nahe bei einem Dorfe, das einen Lehmwall, und an einem Ende eine Warte hatte, anhalten. Viele Reißfelder waren in der höchsten Fülle und nahe bei ihnen Haine von Areka-, Banana-Mango- und Kokosbäumen. In einiger Entfernung waren verschiedene hohe buschige Hügel, die nicht wenig zur Verschönerung der Landschaft beitrugen. Die Veränderung der Temperatur war an diesem Tage sehr merklich. Das Thermometer stand um Mittag in meinem Palankin auf 90, um Sonnenuntergang auf 80, um 7 Uhr auf 75 und in der Nacht auf 64°. Die Stadt Hasana, die ich beim Fackelschein passirte, schien stark befestigt zu seyn.

Am 6ten März. Um 7 Uhr kam ich zu Paliam an, einer kleinen malerischen Stadt, auf einer mäßigen Erhöhung, mit einer Pagode und von schönen Bäumen umschattet. Die Vegetation erstreckte sich nur auf eine kleine Entfernung von der Stadt. Wir fiengen an uns den Hügeln zu nahen, die wir lange gesehen hatten uud betraten ein ganz hügeliges Land, das sich oft in hohe Bergspitzen erhob. Das Gebüsch war sehr dick und soll der Schlupfwinkel von Tigern seyn. Damit wir nicht von diesen wilden Thieren beunruhigt werden möchten, hatte Purni das Gras auf jeder Seite des Weges anzünden lassen, so daß ein regelmäßiger schwarzer Streif von ungefähr einigen 100 Ellen unsern Pfad bezeichnete. An einigen Stellen war das Feuer noch nicht ausgelöscht, sondern erhob sich in einiger Entfernung in Rauchwolken. Die Gegend ward beträchtlich besser, wie wir weiter kamen; die kleineren Hügel vor uns und im Vorgrunde waren mit Nutzbäumen bedeckt, die Spitzen der Gebirge nackt, aber der untere Theil mit Nutzbäumen und Gebüsch beschattet. Hin und wieder waren große Plätze leer, die später im Frühling mit einem glänzenden Grün bedeckt seyn müssen. Jetzt sieht man nichts, als das trockne Gras, das so leicht Feuer fängt und die Wildheit der Scene nicht wenig vermehrt. Im Norden war eine Reihe von hohen, blauen Bergen, die sich einer über den andern erhoben, bis sie sich im Nebel verloren. Im Süden war ein angebauteres Land, mit abgerissenen, kleineren Hügeln; auf einem desselben waren die krummen Mauern eines Hügelforts sichtbar. Jetzt fiengen wir allmählich an auf einem krummen felsigen Pfade herab zu steigen, der den Trägern sehr beschwerlich war, so daß die Leute, die Purni abgeschickt hatte, um uns den Weg zu bahnen, sie im Tragen unterstützen mußten. Da ich mich Uscotta nahte, wurden die Bäume größer und es erschien wieder Anbau.

Uscotta ist eine kleine nette Stadt, die durch ein Thal von einem Fort getrennt wird, das stark scheint und gut belegen ist, da sich kein Hügel in der Nähe befindet. Hier, so wie in allen andern Theilen von Meisore, ist ein kleiner Bach durch einen hohen Wall, der quer durch das Thal geführt ist, in einen Wasserbehälter verwandelt; diese sehr mühsamen, aber äußerst nützlichen Werke machen dem alten Fürsten des Landes Ehre. Die Bigotterie Tippu's hat viele zerstört, die ihren Ursprung dem nützlichen Eifer der Hindu's für ihre Gottheiten verdanken, aber Purni macht diese Nationalbeleidigungen schnell wieder gut.

Hier sollten die Träger aus Canara eintreffen, aber da sie noch nicht da waren, gieng ich mit denen des Rajahs weiter. Es gieng jetzt so häufig und so jäh bergauf und bergab, daß ich in beständiger Angst war, die Träger möchten mich niederwerfen. Ehe es ganz dunkel ward, erreichte ich das Ufer eines Flusses, an dessen anderer Seite sich eine große Anzahl Leute versammelt hatte. Als ich herüber kam, ward ich von einem sehr ehrwürdigen Manne, dem Aumil des Distrikts, empfangen, der von verschiedenen andern, dem Anscheine nach angesehenen, Eingebornen begleitet war. Sein Nasur von Früchten war der ansehnlichste, den ich noch empfangen hatte, und bestand außer den gewöhnlichen Artikeln noch aus Wallnüssen und Ananassen. Er begleitete mich eine Strecke und ließ beim Abschiede eine große Wache zu meinem

Schutze zurück. Hier traf ich die Träger von Mangalore. Die Gegend ward wilder und der Weg so uneben, daß obgleich die Träger vortrefflich waren, sie häufig ruhen mußten. Denn wir betraten jetzt die Engpässe der Gebirgskette, die das Hochland von Meisore, von den niedrigen Gegenden von Malabar und Canara trennt. Um 2 Uhr morgens, erreichten wir Purnidschutter, auf dem Gipfel des Besselygaut, des südlichsten von allen.

Am 7ten März. Um 3 Uhr des Morgens fieng ich an diesen berühmten Gaut hinabzusteigen. Der Weg ist mit großer Arbeit aus einem Bette von losem Felsen gebildet, worüber die Bergströme im Winter mit solcher Gewalt herabgestürtzt sind, daß sie alle weicheren Theile weggespült und an einigen Stellen einzelne Felsen von 4 bis 5 Fuß im Durchmesser zurückgelassen haben, die in der Mitte des Weges nicht über zwei Fuß von einander stehen. Es war eine langweilige und schwierige Sache, den Palankin herüberzubringen; indessen blieb er unbeschädigt. Die Bursche waren genöthigt, Stöcke mit eisernen Spitzen zu gebrauchen, um nicht durch das Gewicht des Palankins vorwärts geworfen zu werden, obgleich ich den ganzen Weg gieng, nicht bloß zu ihrer Erleichterung, sondern auch um die Erhabenheit der Gegend zu bewundern. Wir waren in einen Wald von den größten Bäumen des Ostens getreten, von denen einige ihren Stamm 100 Fuß erhoben, ehe ein einziger Zweig sich ausstreckte; aber die Abschüssigkeit war so groß, daß ich oft mit ihren Gipfeln in einer so kleinen Entfernung parallel war, um sie bei dem Schein der zahlreichen Fackeln, die mich begleiteten, unterscheiden zu können, die aber unzureichend waren, um die undurchdringliche Blätterdecke, die Meilen weit den Himmel verhüllte, oder das tiefe Dunkel des Abgrundes zu erhellen, wohin wir hinabstiegen. Am Tage würde die Scene nicht halb so prächtig oder schauerlich gewesen seyn. Purni hatte, aus Aufmerksamkeit gegen uns, den schlimmsten Theil des Weges ausbessern lassen; wenn nichts geschehen wäre, so weiß ich nicht, wie wir ihn hätten passiren können. General Wellesley hatte ihn in einen guten Stand gesetzt, aber eine Regenzeit reichte hin, um ihn wieder zu verderben. Wir wurden aufgehalten durch zahlreiche Triften von Ochsen, die mit Salz beladen den Gaut hinaufstiegen und Korn nach Mangalore gebracht hatten. Gegen Tagesanbruch kam ich zu einer Stelle des Weges, wo eine Oeffnung mir den hohen, fast bis nahe an den Gipfel mit Wald bedeckten Berg zeigte, von dem ich herab kam. Wir hatten verschiedene Bäche passirt, hier vereinigten sie sich und bildeten einen kleinen Strom.

Jetzt war ich im Stande, die reiche Vegetation zu bemerken, und, was mich gleich überraschte, ihre Aehnlichkeit mit der von Ceylon. Die Zweige der höchsten Bäume waren mit Schmarotzerpflanzen bedeckt. Die Epidendrons und Filices waren mannichfaltig und schön, aber am ausgezeichnetsten war das Dracontium pertusum, das den gigantischen Stamm der Ficus Bengalensis ganz mit seinen Blättern bedeckte. Die Laurus Cassia war unter dem Unterholz, und die Seiten des Weges, wurden durch verschiedene Arten der Justicia verschönert. Ich kam, mitten in diesem unermeßlichen Walde, durch ein kleines Dorf, wo die Bewohner ihr Korn auf eine wahrhaft patriarchalische Manier dreschen; es ward auf einer Tenne von harter Erde von Ochsen getreten, denen, nach mosaischem Gesetz, das Maul nicht verbunden war. Um 8 Uhr erreichte ich ein kleines Gebäude, das zu meinem Gebrauche errichtet, und mit Kokoslaub beschattet war. Nahe dabei war eine kleine Pagode. Die Braminen derselben machten mir ihre Complimente und überreichten mir einen Nasur von Früchten, Milch und einigen Süßigkeiten. Zur Vergütung machte ich ein kleines Geschenk an die Gottheit.

Als wir weiter kamen, ließen wir den dichten Wald hinter uns und hatten häufig Oeffnungen von ebenem und angebautem Lande. Zu unserer Linken strömte ein kleiner Fluß und jenseits waren die Hügel bis an die Gipfel mit Bauholz bedeckt. Gegen Norden zeigte sich wieder die Kette der blauen Berge. Ich ergötzte mich an der Gegend, und hielt häufig an, um sie zu bewundern und Pflanzen zu sammeln, obgleich das Thermometer um diese Zeit auf 92° stand. Als wir Currup nahten, wichen die Bäume dem Gebüsch. Meine Peons baten hier um Erlaubniß zur Rückkehr, die ich ihnen sogleich ertheilte; sie wünschten darauf einige Kuli's, zu welchem Zwecke, konnte ich nicht errathen, wenn nicht, um ihnen das Gewicht ihrer Musketen zu erleichtern; ich schlug dies aber bestimmt ab, und sie giengen sehr mißvergnügt fort.

Bei Tagesanbruch befand ich mich an dem Ufer des Netravaty, der durch seine Vereinigung mit dem Kumardary eine beträchtliche Größe erreicht hatte, obgleich der Strom jetzt niedrig war; in der Regenzeit ist er tief genug, um die ungeheuern Tek- und andere Nutzbäume, die in den Wäldern der Gebirge gefällt werden, nach Mangalore hinabzuflößen. Beim Heranklimmen eines jähen Hügels hatte ich eine sehr schöne Aussicht auf den Fluß, der sich durch ein reiches, mit Wald und angebauten Feldern untermischtes Land schlängelte. Der Borassus flabelliformis war gewöhnlich, der Kokosnußbaum aber nur in der Nähe der Dörfer. Das Land war nicht malerisch, weil die Hügel, des Anbaues wegen, in Terrassen getheilt waren, aber der Anblick allgemeiner Wohlhabenheit ersetzte vollkommen die vermißte Schönheit.

Um 10 Uhr erreichte ich Buntwall, eine große offene Stadt mit einer Menge lehmerner Häuser. Beim Eingang kam mir der Aumil ein sehr gefälliger Mann entgegen, der mich durch eine sehr lange Straße zu seiner Wohnung führte. Vor allen Häusern war ein Gedränge von Menschen und quer über die Straße waren Guirlanden von weißem Tuch gehängt. Die Flur in dem Hause des Aumil war bedeckt, so daß sie sehr kühl und angenehm war. Ich gieng in meinen Palankin hinein, um das Gedränge zu vermeiden und ward zu einer erhöhten Verandah, auf der einen Seite geführt, die mit weißem Tuche bedeckt und mit Polstern versehen war. Der Aumil selbst überreichte den gewöhnlichen Nasur von Früchten, und stellte mir die vornehmsten Bewohner der Stadt vor; jeder derselben legte mir ebenfalls Kokosnüsse zu Füßen, unter welchen ich hier zum ersten Male einige von jener Varietät bemerkte, die ihrer vorzüglichen Beschaffenheit wegen Sultanie genannt wird. Sie sind größer und auswendig von einem glänzenden Orangenfarb; die Ananas waren vortrefflich. Der Aumil sagte mir, daß Buntwall sehr blühend sey, weil es der Hauptmarkt des Handels zwischen Meisore und Canara ist. Ich sah eine große Menge Pferde in der Straße, die hinaufgiengen, um die Cavalerie zu Madras zu remontiren. Die Bewohner sind hauptsächlich Braminen, aber von einer untern Kaste.

Um 11 Uhr trat ich meine letzte Station nach Mangalore an. Das Land war sehr uneben, obwohl die Landstraße, die aus einem vollkommenen Pflaster von sehr großen Steinen bestand, sehr gut war. Jedes Thal war angebaut. Endlich als ich einen jähen Hügel hinanstieg, hatte ich das Vergnügen den Fluß Mangalore, eine herrliche Wassermasse und jenseits desselben das Meer zu erblicken. Hier fand ich zum ersten Male den Ziegelstein, eine Substanz, die, ehe sie aufgegraben wird, weich genug ist, um in jede Gestalt geformt zu werden; aber der Luft ausgesetzt so hart, als Stein wird. Sie gleicht in ihrem Ansehen dem Ziegel, ist aber poröser, und wird zum Häuserbau gebraucht; auch sind Brücken daraus errichtet, die sich gut halten.

Mangalore war der einzige Seehaven in Tippu's Gebieten, und ward daher sehr von ihm geschätzt, obgleich er nur auf der Sandbank Wasser genug für kleine Schiffe hat. Es gelang ihm jedoch, Schiffe von 500 Tonnen herüber zu bringen, die er hauptsächlich zu dem Zweck gebaut hatte, um seine Einkünfte von den vielen zinsbaren Rajahs, die an der Küste lebten und durch Seeraub große Summen zusammen häuften, einzusammeln. Der Haven selbst ist tief und von beträchtlichem Umfange; die Sandbank dient den zahlreichen Küstenschiffen zum Schutz, die jetzt der schnell wachsende Handel von Meisore und Canara beschäftigt. Kein Ort hat mehr Grund, sich über die Veränderung der Herrschaft zu freuen, als Mangalore, denn der Handel ist zehnmal so groß, als unter der muhammedanischen Herrschaft. Jetzt belaufen sich die Exporten auf 11 Lak Rupien; der Reiß allein beträgt 9 Lak; er giebt ohne Schaden des Landmanns eine Abgabe von 10 Procent, und wahrscheinlich wird die Production, so wie Meisore an Wohlhabenheit zunimmt, weit größer werden. Die Einfuhr besteht hauptsächlich in Tüchern aus Surate und der Nachbarschaft; in Pferden zur Remonte für die Cavalerie in Madras; einigen wenigen Droguerien aus Arabien; Zucker und einer beträchtlichen Menge Salz; denn obgleich Canara zu seiner eignen Consumtion hinreichend hervorbringt, so kann es doch lange nicht das große Bedürfniß des Hochlandes ohne Einfuhr befriedigen. Der sehr beträchtliche Ueberschuß zum Vortheile von Mangalore wird mit barem Gelde gedeckt.

Zwei Flüsse, die an den Hügeln entspringen, fallen hier ins Meer; der eine von Norden, der andere von Süden. Sie bringen in der Regenzeit die hohen Bäume herunter, die in der trocknen Jahreszeit gefällt und mit großen Anstrengungen an die Ufer geschafft sind. Ich sahe einige Balken, die 90 Fuß lang waren und eine Menge von sehr gut bearbeitetem Schiffbauholz, das auf Befehl des Admirals Rainier, nach den Docken von Bombay geschickt werden sollte. Es ist außerordentlich Schade, daß wegen der Sandbank, die jetzt nur 10 Fuß Wasser hat, Mangalore kein Kriegshafen werden kann, wozu es wegen des außerordentlichen Vorraths an Holz, der Fruchtbarkeit des Landes umher, und des gesunden Klima's vorzüglich geschickt ist. Hier sind die Magazine für das Sandelholz, das auf den Hügeln von Meisore wächst und worüber die Kompagnie ein Monopolium von dem Rajah hat. Die Menge und der Preis sind sehr unbestimmt und nach der Größe des Stamme veränderlich, der bisweilen nur 3 Zoll im Durchmesser und selten über einen Fuß beträgt. Es wird in Stücke von 4 Fuß Länge mit der Axt gehauen; würde es gesägt, so könnte viel erspart werden, aber es ist schwer, einen Indier zur Veränderung seiner Werkzeuge zu überreden. Das Sandelholz wird meistens nach China ausgeführt; die Chinesen verbrennen es an gewissen Festen vor den Bildern ihrer Vorfahren. Glücklicherweise ist die Provinz Canara, nachdem sie 1799 unter englische Herrschaft gerieth, von geschickten und edlen Männern regiert worden.

Es ist in der That unmöglich, daß eine Provinz sich in einem blühenderen Zustande befinden kann. Größtentheils schreibe ich es der gänzlichen Entfernung der Zemindars zu. Die Inhaber besitzen das Land von der Regierung, ohne irgend einen Zwischenverpächter, und bezahlen ein Viertel des Ertrags; Niemand hat ein Gut, das jährlich mehr als 500 Pagoden einbringt. Die Abgaben werden von eingebornen Beamten gesammelt, ohne daß sie nöthig haben, die Hülfe des Militairs in Anspruch zu nehmen, um widerspänstige Häuptlinge zum Gehorsam zu bringen. Auf die Gesetze wird mit Nachdruck gehalten, aber sie werden nie zu Werkzeugen der Unterdrückung gebraucht. Der Anbau verbreitet sich von selbst, die Einwohner sind zufrieden und werden immer wohlhabender. Die Regierung wird durch keine Empörung gestört und jährlich vergrößert sich ihr Einkommen.

Wie verschieden ist der Zustand der Provinz Malabar, die von Natur gleiche Vorzüge hat, gewesen seit dem Augenblicke, da wir sie erhielten, bis zum heutigen Tage. Tippu hatte während seiner Regierung den Samurin und die Nairen-Rajahs vollkommen aus Malabar, wie aus Canara vertrieben, und sie wanderten in Armuth in den Gebüschen, als die Provinz an Lord Co nwallis abgetreten wurde. Zum Unglück beherrschte ihn die Idee, daß es nützlich sey große Pächter zu haben, daß die Nairen freundschaftlich gegen uns gesinnt und grausam unterdrückt wären. Hr. Dunkan ward daher abgesandt, um den Samurin und die Nairen-Rajahs wieder in die Vorrechte einzusetzen, die sie vor der muhammedanischen Eroberung gehabt hatten, aber auch zugleich Gerichte einzurichten, wo die Processe nach englischen Gesetzen entschieden werden sollten. Die Rajahs, angenehm durch diese Aufforderungen überrascht, kamen sogleich zurück; sie wußten, was es heiße Fürsten zu seyn, hatten aber keine Vorstellung von englischen Gerichtshöfen und daher wurden sie unwillig, als diese sie zu beschränken versuchten. Hätten die Beamten der ostindischen Kompagnie mit Festigkeit und mit Milde gehandelt, so möchte die Ruhe erhalten worden seyn; aber einige von diesen Herrn scheinen nur daran gedacht zu haben, schnell ihr Glück zu machen, während andere sich jedem Ausbruche ihrer Leidenschaften überließen und die Nairen unverantwortlich schlecht behandelten. Der Rajah von Cottiotte empörte sich endlich offenbar, weil einer seiner ersten Bedienten ergriffen und vor seinen Augen gepeitscht worden war; auch hatte er vorher verschiedene Streitigkeiten mit der Regierung über die Bezahlung eines Tributs für Wynaad.

Die Regierung von Bombay entschloß sich jetzt zu einer Einrichtung, die den Rajahs gleich im Anfang hätte vorgeschlagen werden sollen, nämlich ihnen gute Pensionen, aber keine bürgerliche Gewalt zu geben. Alle ließen es sich gefallen, bis auf den Beherrscher von Cottiotte, der noch in offener Empörung fortfährt und der brittischen Macht trotzt. Oberst Stevenson trieb ihn von Busch zu Busch mit solcher Schnelligkeit, daß er oft den Ort erreichte, wo er eben sein kärgliches Mahl gehalten hatte, aber dennoch ohne entscheidenden Erfolg.

Der Rajah beunruhigt das ganze Land, und erstreckt seine Einfälle bis in die Nachbarschaft von Tellischerry, wo er neulich einbrach und verschiedene Häuser verbrannte. Seine Sache ist gar nicht unpopulär, denn zwei seiner Neffen, die zu Gefangenen gemacht waren, entwischten nicht allein aus Cananore, wo sie verwahrt wurden, sondern veranlaßten ihre Wache von Sipoys, mit ihnen durchzugehen. Der Verlust, den die Kompagnie an Offizieren und Leuten während dieses unbedeutenden Krieges gehabt hat, ist wahrscheinlich größer gewesen, als im Kampfe mit Tippu und ich zweifle, daß sie bis jetzt einige Einkünfte aus der fruchtbaren Provinz Malabar erhalten hat. Da das schlechte Betragen ihrer

Bedienten, durch die Processe, die gegen sie eingeleitet sind, erwiesen ist, so sollte, meines Bedünkens, die Regierung die Empörung des Rajahs von Cottiotte ohne weitern Unwillen ansehen und durch sanfte Mittel ihn zu seiner Pflicht zurück zu führen suchen. Ich bin überzeugt, daß wenn Malabar so wie Canara verwaltet würde, so würde die Ruhe nicht nur bald wieder hergestellt seyn, sondern die Kompagnie würde auch in kurzem bedeutende Einkünfte erhalten, statt genöthigt zu seyn, ihre Truppen in einem gefährlichen und unnützen Kriege aufzuopfern.

Neuntes Kapitel.

Bewegungsgründe der Reise nach dem rothen Meer — Abreise von Mangalore — Kap Guardafui — Kap Aden. Reise durch die Enge von Babelmandeb — Ankunft zu Mocha — Abreise nach der Afrikanischen Küste — Raß bailaul — Insel Rakma — Saiel Abail Amphila — Howakel — Miseras — Insel Valentia — Ankunft auf der Insel Dhalac — Herrn Salts Reise nach Dalach el kibir — Abreise nach Massovah.

Am 13ten März. 1804. Es war mir immer sehr sonderbar erschienen, daß wenn die Westküste des rothen Meeres wirklich so gefährlich wäre, als die Neuern sie einmüthig darstellen, die Alten sie unveränderlich der östlichen vorgezogen und beschifft haben sollten. Auch das Stillschweigen der brittischen Offiziere nach einem längern Aufenthalte im rothen Meer konnte meine Vermuthung, daß eine westliche Fahrt vorhanden sey, nicht beseitigen. Die Uebel, die sie aus Mangel an Wasser, frischen Lebensmitteln und Holz erduldet hatten, machten die Untersuchung, ob diese Gegenstände nicht zu Massovah, Dalac oder den anliegenden Inseln zu erhalten seyn sollten, zu einer sehr wichtigen Angelegenheit. Die Aegypter und Römer hatten im Alterthume, des Handels mit Abissynien und dem innern Afrika wegen, hier ihren Aufenthalt genommen, und Bruce versichert, daß zu Dalac 360 Wasserbehälter, welche die Freigebigkeit der Ptolemäer errichtete, noch erhalten und hinreichend wären, die größte englische Flotte mit Wasser zu versehen; auch die Handelsvortheile aus der Eröffnung einer Verbindung mit Abyssinien schienen der Aufmerksamkeit werth zu seyn. Der Zeitpunkt, da so eben die brittische Seemacht an den Ufern von Arabien und Aegypten so glänzend erschienen war, und der Handel mit dem inneren Afrika in seinem gewöhnlichen Kanal über das letztere Land, erst durch die Eroberung der Franzosen und hernach durch den bürgerlichen Krieg zwischen der Pforte und den Beis, der eine gänzliche Trennung zwischen den obern und untern Provinzen veranlaßt hatte, unterbrochen war, schien der günstigste Augenblick für diesen Versuch zu seyn.

Auch schien es mir unsere Nationalehre zu beeinträchtigen, daß eine Küste, die den Beherrschern Aegyptens einen ausgebreiteten Handel mit Gold, Elfenbein und Perlen gewährte, auf unsern Karten gleichsam gänzlich fehlte, und daß wir, während neue Inseln und sogar neue Continente durch die Geschicklichkeit unserer Seeleute entdeckt wurden, nicht einmal viele der, von einem alten Seefahrer in dem Periplus des rothen Meeres beschriebenen Häven und Inseln an der Ostküste von Afrika zu bestimmen im Stande seyn sollten. Während meines Aufenthalts in Kalkutta sprach ich oft mit dem Marquis Wellesley über das rothe Meer und äußerte ihm meine Ansichten und Meinungen, womit er selbst übereinstimmte. Endlich schlug ich ihm vor, daß er einen von den Kreuzern zu Bombay zu einer Reise nach dem rothen Meere ausrüsten lassen sollte, und ich erbot mich selbst, eine Entdeckungsreise an der östlichen Küste von Afrika anzustellen, und die nothwendigen Untersuchungen über den Zustand von Abyssinien und der benachbarten Länder zu machen. Der Lord billigte meinen Plan, und um allen Schwierigkeiten vorzubeugen, ward beschlossen, daß der kommandirende Offizier in Rücksicht der Oerter, wohin wir gehen wollten, ganz unter meinem Befehl stehen sollte.

Die erforderlichen Instructionen wurden unmittelbar nach Bombay gesandt und ich beschleunigte meine Abreise nach Columbo, weil es wünschenswerth war, das rothe Meer so früh im Jahr, als möglich, zu erreichen. In Tanjore erhielt ich Depeschen aus Bombay, mit der Nachricht, daß die Antelope im Anfang des Februars in Mangalore fertig seyn sollte. Allein die erzählten Umstände hinderten mich, Mangalore vor dem 8ten März zu erreichen. Dies war zum Theil unglücklich, da es mir die Möglichkeit raubte, Suez vor der Veränderung des Monsuns in dem

Arabischen Meerbusen, zu erreichen. Zu einigem Trost gereichte es mir jedoch zu erfahren, daß die recht schweren Winde in dieser Gegend selten vor dem Junius eintreten, um welche Zeit ich sicher am Lande zu seyn hoffte; auch schien es besser, ein unbekanntes Meer gegen den Wind, als mit demselben zu befahren.

Bis nach Mocha konnten wir mit Gewißheit auf den Nordostmonsun rechnen, obgleich er wahrscheinlich wegen der späten Jahreszeit nur schwach seyn würde, auch mußten wir vielen Hindernissen durch Windstillen entgegensehen. Wir wußten, daß wir für den Ueberrest der Reise in einem Haven Schutz finden und auf besser Wetter warten konnten, wenn ein Sturm uns überfallen sollte. Admiral Rainier, den ich das Glück hatte hier zu finden, besuchte mich am Morgen nach meiner Ankunft mit verschiedenen seiner Offiziere. Einige von ihnen waren im rothen Meer gewesen, und ich erfuhr von ihnen manche Umstände, die jede Unruhe, die die Berichte früherer Reisenden erregen mochten, verminderten; sie bestärkten mich in meinem Entschluß, die Abyssinische Küste zu untersuchen, durch die Bestätigung der Thatsache, daß während der ganzen Zeit, daß unsere Flotte im rothen Meere war, kein Schiff die Arabische Küste verlassen hatte.

Mit dem Kapitän Keys, einem feinen Manne, war ich wohl zufrieden; sein Schiff war eine Brigg, ganz so groß, als ich erwartete, von 150 Tonnen; sie führte zwölf achtzehnpfündige Karonaden, und hatte, mit den Offizieren, 41 Europäer, 16 Seesoldaten, und 30 Lascars und Diener an Bord. Für diese Mannschaft war Reiß und Pökelfleisch auf 6 Monate und Wasser auf 40 Tage eingeschifft. Natürlich konnte nur wenig Platz für mein Gepäck seyn. Die Cajüte war ziemlich groß; mehr als ein Drittel war für mich abgetheilt; der Ueberrest diente zu einem Speisezimmer, worin der Kapitän und Herr Salt zugleich die Nacht zubringen mußten. Ich machte sogleich meine Anstalten zur Abreise; und am 13ten März um 11 Uhr giengen wir an Bord, lichteten die Anker, und sagten Indien, nach einem 15monatlichen Aufenthalte Lebewohl. Vermöge der mir überlassenen Disposition befahl ich dem Kapitän, nach Aden zu segeln.

Am 18ten März. Wir segelten mit Hülfe der See- und Landwinde längs dem Ufer, ohne es aus dem Gesichte zu verlieren. Das Wetter war schwül, und unser kleines Schiff segelte schlecht, wahrscheinlich weil es tief im Wasser gieng, und der Boden ganz mit Entenmuscheln bedeckt war. Es rollte und stürzte sehr, hatte aber eine gute Eigenschaft: es gehorchte dem Steuer und drehte sich mit Leichtigkeit, was bei häufigen Wendungen von der größten Wichtigkeit ist. Der Wind war ganz entgegen, das Ufer, dem wir vorbei kamen, war flach. Die Berge, die ich bei meiner Reise durch das Hochland sah, waren hier vollkommen sichtbar; wir sahen auch verschiedene felsige Inseln, unter andern eine, die von Tippu stark befestigt war; aber es ist schwer zu sagen, zu welchem Zweck, da sie der Schiffahrt keinen Schutz gewährt. Wir waren von einer Menge Delphine und Hayfische umgeben, und unsere Leute fiengen deren eine große Menge. Der Delphin *) (coryphaena equisetalis) ist ein sehr schöner Fisch, gemeiniglich zwei bis drei Fuß lang, im Wasser erscheint er von einer reichen dunkelblauen, grünen oder goldgelben Farbe, je nach dem Gesichtspunkte, woraus man ihn sieht.

Wenn er gefangen ist, verändert er sich schnell, der Körper ist zuerst meistens orangefarbig, mit glänzendem Blau gefleckt; die Flossen sind grün und dann blau; die Rückenflosse ist, wenn der Fisch stirbt, ganz dunkelgrün, die Bauchflossen liegen dicht an dem Körper, wo eine Oeffnung ist, die sie zum Theil aufnimmt; diese sind auswendig von einer glänzenden Orangefarbe, die dem Golde gleicht, inwendig bei den lebenden Thieren glänzend blau, wenn sie beinahe todt sind, dunkelgrün. Die Steißflosse ist während des Lebens blau und von heller Goldfarbe, die Schwanzflosse eben so. Die Pupille im Auge ist dunkel, die Iris von gelblicher Goldfarbe. Der Fisch hat drei Reihen kleiner Zähne, die in der Mitte durch eine Grube getrennt sind; wenn der Fisch stirbt, bedeckt

*) In der Schiffersprache. Der eigentliche Delphin gehört zu den Säugethieren; dieser hier erwähnte Fisch ist eine Art von Goldkarpfen.

R.

ihn die blaue Farbe zuweilen auf wenige Secunden ganz, und erhält sich dann allein in den blauen Flekken; er folgt dem Schiff in Gesellschaft. In seinem Magen fand sich der fliegende Fisch. Auch die Coryphaena hippurus, (der eigentliche Goldkarpfe) wird von den Schiffern Delphin genannt.

Am 6ten April sahen wir verschiedene Arten von Seelungen (Sea-blubber); eine bestand in einer großen scharlachfarbenen Masse, ungefähr 7 Fuß lang und 2 — 3 breit, ein Theil davon ward an Bord gebracht, und enthielt eine große Anzahl von unterschiedenen, lebenden Wesen, die an einander hiengen; jedes hatte ungefähr 4 Zoll im Durchmesser, war röhrenförmig und an den Enden verschlossen, ein runder Faden mit scharlachenen Flecken war in Zirkeln mitten zwischen der gallertartigen Substanz gewunden. Eine andere war etwa zwei Zoll lang und einen im Durchmesser dick, zum Theil hohl; sie hatte eine dunkelgelbe und eine rothe Stelle, dicht bei einander an dem untern Ende; auswendig war sie mit feinen Stacheln besetzt, die beim Berühren keinen Schmerz hervorbrachten. Mein Diener fieng einen kleinen Fisch von dem Geschlechte Diodon, aber nicht von der von Linné beschriebenen Art; doch scheint er der in Chambers Wörterbuch, unter dem Namen Guamaiacu atinga beschriebene zu seyn; er ist mit Stacheln bedeckt, die er, wenn er seinen Körper aufbläs't, ausspannen kann. Die Bauchhöhle ist mit einer sehr großen Luftblase und einer, gegen seine Größe unproportionirten, Leber angefüllt. Seine Länge beträgt etwa vier Zoll und da wir verschiedene fiengen, glaube ich nicht, daß er größer wird. Die Stacheln verursachen keinen Schaden, obgleich aus der Basis ein Saft von einer glänzenden, hellen Farbe herausfließt, der Papier und andere Dinge befleckte. Wenn er schwimmt, streckt er aus seinem Munde zwei kleine Fühlhörner heraus, und lebt eine beträchtliche Zeit außerhalb des Wassers. Am 12ten war uns bei Tagesanbruch die afrikanische Küste im Gesicht, die ungefähr 11 Seemeilen nordwestlich lag; da wir uns sehr schnell nahten, waren wir um 12 Uhr etwa drei Meilen vom Kap Guarchafui; das Kap selbst ist nicht sehr hoch, aber das Land hinter demselben ragt außerordentlich hervor. Es besteht aus Felsenschichten, eine über die andere, mit Rinnen, die wahrscheinlich durch den Regen gebildet sind. Es war keine Spur von Vegetation zu sehen; wir setzten es in 51° 10′ östlich und 11° 50′ nördlich. Als wir um das Land herum liefen, war eine beträchtliche Gegenfluth.

Der Berg Felix ist mit dem festen Lande durch eine niedrige Sandbank vereinigt; er kann wegen seiner Höhe nicht verkannt werden; wir waren ihm, als es dunkel ward, gegenüber. Wir seegelten mit gutem Winde weiter, und erblickten um 8 Uhr des 15ten einen Theil der afrikanischen Küste in einem Abstande von etwa 11 Seemeilen. Gegen Abend waren wir Kap Aden so nahe, daß wir vor Anker zu gehen beschlossen. Wir glaubten in der Nähe der Stadt zu seyn, am Morgen war aber keine Stadt sichtbar.

Kap Aden ist ein sehr hoher Felsen, auf dessen Gipfel verschiedene zerstörte Thürme liegen; wir ankerten in einer schönen Bai, ungefähr 6 Meilen breit, und eben so lang. Wir fanden endlich unsern Irrthum; wir hatten in der hintern Bai (Backbai) Anker geworfen und Aden selbst liegt an der östlichen Seite des Vorgebirges. Der Strand war sandig und jenseits strich in der Entfernung eine Bergkette; ich habe nie eine so dürre Gegend gesehen, keine, die weniger an die Ideen errinnerte, die Milton's schöne Beschreibung veranlaßt haben mochte.

Es würde ein bedeutender Zeitverlust gewesen seyn, umzukehren, und ich beschloß daher vorwärts zu gehen, obgleich wir dadurch verhindert wurden, uns mit gutem Wasser zu versehen, denn das, was sich weiter hinauf findet, ist beständig salzig. Die hintere Bai ist der beste Wasserplatz, obwohl 5 Meilen von der Stadt. Sämmtliche Kosten betragen 3 Thaler, die von dem Dola gefordert werden. In der Ostbai kann man es kaufen, aber um einen hohen Preis. Auf der Westseite ist eine Reihe von Felsen, die sich beinahe nach Süden so weit ausstreckt, als der Hügel von Aden selbst. Die Spitzen sind seltsam gespalten und erheben sich an einigen Stellen in gothische Thürme; zwei derselben führen den Namen der Eselsohren. Eine andere Bai ist westlich von derselben, und an Gestalt und Größe der erstern völlig gleich. Ihre westliche Gränze bildet eine Reihe von Felsen, von welchen einer einem Trichter so ganz gleicht, daß er diesen Namen verdient; er ist unverkennbar. Die Küste schießt von Westen nach Süden ab. Vor Sonnenuntergang war das Kap selbst völlig sichtbar und glich einem Stellkeil der Artilleristen; Kap St. Antonius lag gerade vor uns. Das Land ist nicht sehr hoch; wir hielten uns in einer Entfernung von 3 oder 4 Seemeilen, um eine Untiefe zu vermeiden, die von demselben ausschießt; um 10 Uhr war die Inse Perim im Gesicht; bald hernach liefen wir in die Meerenge ein, die sich zwischen ihr und dem Lande erstreckt, und um zwölf Uhr warfen wir Anker.

Am folgenden Tage giengen wir ans Land, um es zu besehen, Muscheln zu sammeln und, wo möglich, einiges Wild zu erlegen. Am Ufer wuchs nur eine Art Salicornia. Eine Reihe von abgebrochenen Hügeln, vom Kap getrennt, erhebt sich eine Meile vom Ufer, wir beschlossen sie zu erklimmen. Der Weg hinauf war uneben, aber der starke Wind milderte die Sonnenhitze, und die Anstrengung ward durch die Entdeckung verschiedener merkwürdiger Pflanzen und Mineralien versüßt. Von der Spitze hatten wir eine vortreffliche Aussicht auf Bab-el-mandeb und die Insel Perim. Eine Bai im Osten des Kaps zieht sich ziemlich weit nach innen. Das Land zwischen dieser und der westlichen ist ganz flach, und dürrer, salziger Sand. Das Meer braucht sich nur wenige Fuß zu erheben, um es ganz zu bedecken, und schon ist ein Theil desselben ein salziger See.

Es giebt Beispiele, daß man diese östliche Bai

für die Straße genommen hat, ein Umstand, der sich nie ereignen kann, wenn man nur bemerkt, daß Perim ganz flach ist, und immer auf der Bakbords-Seite bleiben muß; dagegen der Hügel von Bab-el-mandeb das höchste Land in der Gegend ist. Der Hügel, worauf wir waren, erhebt sich plötzlich zu einer Sandfläche, andere giebt es nicht. Unsere Jäger waren an dem Fuße des Hügels, von dem wir bald herabstiegen und uns mit ihnen vereinigten; sie hatten einige Antelopen gesehen, und eine verwundet, aber sie entkam; dagegen brachten sie einige Repphühner, auch hatten sie ein Paar recht schöne Milchziegen sehr wohlfeil gekauft. Am Ufer fanden wir viele arabische Fischer, mit einer Menge von Barben und andern Fischen; wir kauften sie und schickten sie an Bord, um uns dafür einen Vorrath von Wasser zu verschaffen, denn am Lande war nichts zu erhalten. Die Matrosen giengen zwischen den Korallenfelsen, und suchten einige Muscheln, die in ihrer Art schön waren. Es war noch früh, und da der Wind beiblieb, beschlossen wir nach der Spitze Bab-el-mandeb zu gehen; wir mußten über eine kleine Bai, die mit dem See von salzigem Wasser in Verbindung stand, in dem Boote rudern; wie wir fortgiengen, ward es weniger angenehm, weil die Luft oft durch den Sand, worüber sie wehete, erhitzt war. Sie erhielt dadurch ganz die Eigenschaft der heißen Winde in Indien, versengte die Haut, und verursachte einen außerordentlichen Durst. Dr. Mácghie, der uns begleitet hatte und Hr. Salt badeten, wovon sie sehr viel litten, wiewohl nicht so viel, als die beiden Offiziere des Schiffs, die, weil sie sich mehr aussetzten, bald eine völlig rothe Farbe erhielten.

An dem Ufer ist das Grab eines muhammedanischen Heiligen, welches, obgleich ein Ruinenhaufe, sehr besucht wird; die äußere Spitze ist niedrig, aber felsig; wir fanden an den Seiten derselben verschiedene Muscheln, doch keine von Werth. Wir waren jetzt herzlich müde und giengen an Bord. Ich bin überzeugt, daß die Meerenge nicht über 3 Meilen breit ist; wir gebrauchten alle die Vorsicht, unsere Gesichter mit Oel zu salben; diejenigen, die ihre Körper der Luft ausgesetzt hatten, litten sehr; wir, die wir klüger gewesen waren, kamen mit dem Verlust der Haut an unsern Nasen davon. Die Bai, worin wir ankerten, wird durch die Insel und das Vorgebirge gut geschützt, und häufig von Schiffen, die bei Tage Moccha nicht mehr erreichen können, besucht. Hinter dem Hügel, worauf wir waren, ist ein Wald von verkrüppelten Mimosen, der ziemlich ausgedehnt scheint, aber bald erschöpft seyn würde, wenn Perim bewohnt werden sollte. Wir waren zu weit heraus, und nicht von Land umgeben, denn einige bergige Inseln die zu der Gruppe der sieben Brüder gehörten, waren durch die Meerenge sichtbar. Das hohe Land von Afrika, das sich nach Norden erstreckte, schien über die Insel hervor. Am 18ten giengen wir unter Segel; um 10 Uhr warfen wir bei Moccha die Anker und begrüßten die Stadt mit drei Schüssen, die mit einem beantwortet wurden. Ein Fischerboot brachte uns Fische, es war schmal und enge und die Leute fast nackend. Das Segel war von Tuch und ward mit der Hand gehalten, das Boot gieng mit grosser Schnelligkeit und dicht bei dem Winde; die Fische waren vortrefflich. Hr. Pringle, der gegenwärtige Agent der ostindischen Kompagnie, holte mich nach der Faktorei ab, wo ich während meines Aufenthalts zu Mocha wohnte.

Da wir einen Monat auf der Reise von Mangalore zugebracht hatten, so ward es für rathsam gehalten, einen hinreichenden Vorrath von Wasser und Lebensmitteln einzunehmen, ehe wir weiter giengen. Erst am 8ten Mai war Alles fertig. Ich ward sehr unangenehm überrascht, als ich von Hrn. Pringle erfuhr, daß der Kapitän Keys ihn um einen Platz in der Faktorei gebeten habe, bis er Gelegenheit fände, nach Bombai zurückzukehren, und er entschlossen sey, wegen seiner schlechten Gesundheit, den Befehl seinem ersten Offiziere zu übertragen. Hr. Pringle stellte ihm auf mein Verlangen die Folgen, die daraus entspringen würden, so lebhaft vor, daß er sein Vorhaben aufgab; indessen blieb eine Besorgniß in mir zurück, welche keineswegs die, nothwendig mit einer Entdeckungsreise verknüpften Unannehmlichkeiten verminderte.

Ich beschloß indessen, die unternommene Sache auszuführen und fieng darauf an, alle nothwendigen Erkundigungen über meine beabsichtigte Reise einzuziehen. Ich erfuhr, daß eine regelmäßige Communication zwischen Mocha und Massowa und zwischen diesem Orte und Suakin Statt finde, daß Massowa durchaus kein so unsicherer Ort sey, als Hr. Bruce ihn schildert, und daß man für den ganzen Weg Lootsen erhalten könne. Da indessen der weitere Theil der Reise durch sehr enge Straßen führte, und um diese Zeit starke Nordwestwinde den Meerbusen herabwehen, so glaubte ich, daß es unsere Sicherheit sehr vermehren würde, wenn wir ein einheimisches Schiff, eine Dow, mietheten, um voranzugehen und den Weg zu zeigen.

Auf diese Art war ich auch im Stande viele Inseln, denen die Antelope nicht nahen konnte, zu besuchen. Es ward daher eine Dow für 400 Thaler gemiethet, um nach Dalac, Massowa, Suakin, bis zur Breite des Flusses Farat zu gehen, wo wir unsere Beobachtungen zu enden gedachten. Ich miethete auch einen arabischen Burschen, Namens Heider, als Dollmetscher bis zur Rückkehr der Antelope. Er sprach ziemlich gut Englisch und hatte einen vortrefflichen Charakter; monatlich verlangte er 6 Thaler Sold. Ich wollte heute noch abgehen, speis'te aber vorher an Bord des Fuchses. Kapitän Vashon schlug mir vor, wenn ich bis Morgen warten wollte, uns bis nach Dschibbel-Teir und Dalac zu begleiten.

Das Vergnügen seiner Gesellschaft und der Gebrauch seiner Boote war zu reizend, um den Antrag auszuschlagen. Am 10ten gieng ich an Bord der Antelope; der Lootse war da und hatte ein Boot hinten, das wir ziehen mußten; unsere Dow war fertig und hatte ein anderes. Zu meinem sehr großen Erstaunen erfuhr ich von Heider, daß der Lootse den Weg von Dschibbel-Teir nach Massowa nicht kenne, daß man gewöhnlich quer nach der abyssinischen Küste hinüberlaufe und sich längs derselben nach Dalac hinauf arbeite. Kapitän Keys fühlte sich unfähig, das Schiff durch eine unbekannte und gefährliche See zu führen, und folglich ward jeder Gedanke an Dschibbel-Teir aufgegeben. Das Uebelste war die Verabredung mit Kapitän Vashon; da wir die Anker gelichtet hatten, konnte ich wegen der hohen Fluth nicht gut an Bord des Fuchses gehen. Wir liefen ihm jedoch so nahe, daß unser Toppsegel in seine Raa faßte und zerrissen ward; ich sagte ihm, wohin wir giengen und unsere Gründe. Er antwortete, er würde den alten Weg von Dschibbel-Zeighur gehen; wir konnten nicht mehr sagen und schieden. Wir segelten gerade quer ganz nach Süden zum Westen.

Das abyssinische Ufer war bald gerade vor uns im Gesichte, und der Lootse sagte, es sey Ras Beilaul; es war ein verständiger alter Gesell, ein Einwohner von Dalac. Er war den Engländern zu Perim sehr nützlich gewesen; von dem Gelde, welches er von ihnen erhielt, kaufte er sich ein Boot; er gab seine Anweisungen deutlich und wenn das Senkblei geworfen ward, erklärte er es für unnöthig, er wisse, sagte er, wo er wäre, und es sey Wasser genug vorhanden; wir wollten uns jedoch nicht auf ihn verlassen. Wir bemerkten jetzt eine niedrigere Spitze; sie erstreckt sich von Ras Beilaul, ist die östlichste und heißt, wie der Lootse sagte, Ras Firmah. Dicht bei ihr liegt eine Insel Saiel Beilaul. Um drei Uhr ankerten wir ungefähr drei Meilen westlich an einem Vorgebirge, das der Lootse Ras=bunder=beilaul nannte. Wie ein wahrer Lootse, nach Hrn. Bruce's Beschreibung, gab er so plötzlich Befehl zu ankern, daß es unmöglich war zu gehorchen, und wir wurden folglich weiter vom Ufer getrieben, als wir glaubten; indessen fanden wir 1½ Meile von demselben einen sandigen und lehmigen Grund bei 13 Faden Tiefe. Eine Kette von Inseln und Felsen lag den ganzen Weg im Norden; die größte derselben nannte der Pilot Dschibbel Anisch, es muß aber Dschibbel Azroe der Charten seyn.

Die Bai, in die wir jetzt einliefen, ist von sehr großem Umfange und vortrefflich gegen die Südwinde geschützt. Die Breite des Kanals zwischen Mocha und Abyssinien ist geringer, als ich aus dem Anblicke schloß. Ich schickte sogleich meinen Bedienten ans Land, um Muscheln zu sammeln; die Leute haben einen schlechten Charakter, aber wahrscheinlich sind die Erzählungen von ihrer Wildheit übertrieben; unser Lootse erbot sich zu dem Dorfe zu gehen, das, wie er sagte, jenseits der Hügel liegen sollte. Die ganze Küste hat ein dürres, schwarzes Ansehen, ausgenom=

men da, wo weißer Sand durchschimmerte. Nach dem Essen giengen Hr. Salt und Kapitän Keys ans Ufer, nahmen das Loth mit sich, und fanden gegen Hrn. Bruce's Behauptung, daß sich die Küste nach und nach innerhalb einer Viertelmeile vom Ufer bis zu sieben Faden abdache; auch entdeckten sie eine innere Bai, die, außer gegen Norden, völlig sicher war; ein starker Stoßwind hielt sie ab, sie zu sondiren, sie hatte etwa fünf Meilen im Umkreise. Unter einem Stein lag ein Netz, und die eiserne Spitze einer Harpune. Einwohner sahen sie nicht. Die ganze Vegetation bestand in einigen wenigen Mimosen und Kräutern; mein Bedienter fand einige schöne Neritenarten (Schwimmschnecken); viele todte Muscheln verriethen den Reichthum unter der See, aber da ich keinen Taucher hatte, mußte ich mich mit dem Wunsche begnügen. Die Seeleute fiengen verschiedene Fische, die sie Seekatzen nennen.

Am 11ten Mai. Wir giengen um 6 Uhr unter Segel und steuerten Nordnordwest gerade über die Bai, die sehr geräumig erschien; sie mußte wenigstens 12 Meilen lang und von einem Vorgebirge, bis zu einer großen Insel, die das andere Ende bildete, ungefähr 30 Meilen breit seyn; im Hintergrunde hatte das Land ein sehr sonderbares Ansehen: große Strecken waren ganz flach, und drei Punkte hatten eine kegelförmige Gestalt. Um 12 Uhr entdeckten wir einen Archipelagus von Felsen und Inseln um das oben erwähnte Eiland, das der Lootse Rakman nannte; nach seiner Versicherung hatte es einen Fluß und gutmüthige Einwohner; wir beschlossen daher hier anzulegen, und fanden einen vortrefflichen Landungsplatz. Wir bestiegen einen Hügel, der aus einem schwärzlichen Stein, der verbrannt zu seyn schien, bestand. Die Vegetation war beinahe ganz vernichtet; ich sah eine Salicornia, ein unbekanntes Gesträuch, und eine Art Indigofera. Das entgegengesetzte Ufer war mit einer Art von Rhizophora bedeckt; es zeigten sich einige Flamingos, aber zu weit, um mit der Flinte erreicht zu werden; durch einen Schuß wurden zwei Eingeborne, die auf der Insel lebten, veranlaßt, zu uns zu kommen, sie schienen nicht erschrocken und waren sehr freundlich. Sie verstanden ein wenig Arabisch und hatten nicht den wolligen Kopf. Meine Leute giengen zu ihrer Hütte und erhielten einige Schildkröten von ihnen, sie schienen nur hier zu seyn, um sie zu fangen, und hatten kein Boot.

Da ich nicht darauf gerechnet hatte, Einwohner zu finden, hatte ich nichts bei mir, ihnen zu geben; um sie aber nicht ganz unbeschenkt zu entlassen, wand ich mein Schnupftuch um den Kopf des jungen Burschen, der ganz geschoren war, bis auf einen Büschel über die Stirne. Wir fanden, daß sich eine sandige Untiefe von der Insel nach dem festen Lande ausdehnte, und eine Seite der Bai bildete; die andern, oben erwähnten, Inseln waren jenseits derselben und schienen in einiger Entfernung mit ihr in einer Linie zu liegen; der Weg beträgt etwa zwei Meilen, mit flachem Wasser. Nachdem wir neben einem felsigen Vorgebirge, das wir zuerst für eine Insel hielten, hingesegelt waren, kamen wir zu einer dritten, die ebenfalls durch eine sandige Untiefe verbunden war; und alle zusammen bildeten eine vortreffliche Bai für kleinere Fahrzeuge. Wir erhielten hier einige gute Muscheln, und erblickten das Grab eines eingebornen Häuptlings, um welches ein Kreis von Steinen gesetzt war; an einem Ende lagen halbverbrannte Knochen und Schalen von Schildkröten. In der Mitte standen verschiedene Trinkgeschirre. Eins war eine Zuckerdose aus englischem Porzellan. Wir fanden ein zweites, fast ähnliches Grab, und die Bootsleute versicherten, daß auch dies einem Anführer gehöre.

Da diese Inseln bei den Seeleuten keinen Namen haben, nannte ich diese die Begräbnißinsel; ich gab mir alle Mühe, um zum Besten künftiger Seefahrer, die einheimischen Namen zu erfahren, und wo es mir gelang, habe ich sie, so gut ich sie buchstabieren konnte, bemerkt. An der Nordseite hiengen an den Felsen einige vortreffliche Austern, die Muscheln waren an den Ecken mit einer feinen Purpurfarbe überzogen und durchaus nicht unzierlich. Die Insel, zu der wir zuerst giengen, ist bei weitem die größte in der Gruppe und bildet die nordöstliche Spitze der Bai. Sie besteht aus zwei Hügeln, die durch eine niedrige, sandige Ebene getheilt ist, der niedrigste ist nach Nordwest; nirgends ist sie breiter als drittehalb Meilen; die Breite 13° 50'' nördlich, die Länge 42° 10'' östlich. Gegen Osten ist Alles sicher und man kann sehr dicht herankommen. Hr. Salt war einige Meilen hinauf nach dem vorgeblichen Dorfe gegangen; um 10 Uhr kehrte er ganz erschöpft zurück; den Fluß hatte er nicht gefunden, obgleich er deutliche Spuren sah, daß in der Regenzeit Bergströme sich in die See ergießen.

Gegenwärtig fand er nur zwei Quellen, etwa 60 Ellen vom Meere; das Wasser der nächsten war eben so schlecht, als das zu Mocha, das der entlegensten besser und in ziemlicher Menge. Er traf kein Dorf, sah aber drei Männer mit einer großen Menge Kameele und zwei Schafheerden. Die Eingebornen waren außerordentlich freundlich, boten ihm Wasser an, und verkauften willig ein schönes Schaf für etwas Tabak; einen Thaler schlugen sie aus; sie hatten das Vieh an das Wasser hinabgetrieben und kehrten nach ihren Wohnungen, die in einiger Entfernung im Innern lagen, zurück, sie wollten aber nicht zugeben, daß unsere Leute mitgiengen. Sie trugen krumme Messer, wie die Araber, an ihrer Seite, und ihre Speere lagen bei den Quellen. Sie kannten den alten Lootsen und schüttelten allen die Hand, ohne die geringste Furcht zu verrathen. Ihr krauses schwarzes Haar war nach allen Seiten in Spitzen ausgezogen. Dicht am Wasser war eine Menge von Mimosen.

Am 12ten. Um 6 Uhr waren wir unter Segel und unsere Dow gieng voraus. Wir sahen eine Menge Inseln und Felsen; um 12 Uhr waren wir einer gegenüber, die der Lootse Sajel Abajel nannte. *) Unmöglich kann man längs einer sichrern Küste segeln, wir haben keine Sandbank gesehen und die Felsen sind alle dicht am Lande. Am 13ten Abends ankerten wir an einem niedriger Kap, Ras Kussa, wo das Land sich plötzlich gegen Westen wendet; wir setzten es ungefähr unter 14° 34″ n. Br.; 41° 42″ ö. L. Am 15ten kamen wir zu einer neuen Inselkette, die mit dem festen Lande eine Bai bildet; die Bootsleute nannten sie Ras Amfila, Bunder Amfila und die Inseln Amfila; die nächste nannten sie Kubbo, aber ich glaube, sie gaben uns oft falsche Namen. Hr. Salt gieng mit dem Kapitän ans Ufer der Insel, die unbewohnt ist; ersterer brachte mir einige Pflanzen zurück, eine war sehr schön, pupurfarbig, gehörte zur Icosandrie, und hatte saftige Blätter; die Insel war etwa eine Meile breit und drei lang, völlig flach und sandig; sie war dicht mit niedrigem Gesträuch und Kräutern bedeckt, worunter Portulaca officinalis in Ueberfluß war. Wir sahen verschiedene Schlangen, welche die Abyssinier zu fangen pflegen; die Leute von der Dow brachten mir einige Muscheln von derselben Art, als ich zu Mocha erhalten hatte. Der Lootse war an das feste Land gegangen und kam erst am Morgen des 16ten, da wir bereits die Anker gelichtet hatten, zurück und brachte uns einige Schafe; er

*) Der Verf. bestimmt ihre Lage, es ist aber ganz dieselbe, wie die der Insel Rakma, wenn etwa nicht ein Versehen eingeschlichen ist. R.

versicherte, es sey hier ein Handelsplatz, was durch die Erscheinung einiger Dows bestätigt wurde.

Die fünf Amfila-Inseln sind alle gleich flach und sandig, nur etwa 10 Fuß über das Wasser erhöht, und ohne einen einzigen Baum. Alle Charten von der Küste sind außerordentlich unrichtig. Spät am Abend kamen wir vor zwei merkwürdigen Vorgebirgen vorbei, die sich beträchtlich vor dem Ufer voraus-strecken, und die ich für Inseln hielt; einige Felsen lagen zwischen ihnen und der gewöhnlichen Linie des festen Landes, der Lootse nannte sie Ras Sarbo und Ras Roraly. Eine hohe Insel erschien dunkel vor uns bei Sonnenuntergang. Der Lootse warf Anker bei einer Insel, die in der von dem Vorgebirge gebildeten Bai lag, sie war niedrig und ganz eben. Am 17ten kamen wir vor der Insel vorbei, die der Lootse erwartete, und Howakel nannte; sie ist hoch, uneben und etwa 9 Meilen lang. Im Norden von ihr lagen drei niedrige sandige Inseln. Am Abend sahen wir 4 kleine Inseln nach Osten; der Lootse nannte sie Miseras, woraus wahrscheinlich der wunderbare Name, die große und kleine Miseries in Herrn Apres de Menonville's Charte verdorben ist. Um 6 Uhr ankerten wir zwischen dem festen Lande und einer Insel, die wir, weil der Lootse sie für ein wichtiges Merkzeichen hielt, die Lootseninsel nannten. Am 18ten wagten wir uns zum ersten Male zwischen die Inseln; der Kanal ist nur eine Meile breit, aber das Wasser 10 Faden tief.

Die Lootseninsel ist klein und waldig, und an jedem Ende läuft auf eine beträchtliche Strecke ein Sandriff parallel mit dem Ufer; sie ist vom festen Lande 3 Meilen entfernt, und jede Gefahr ist sichtbar. Indessen konnten wir immer noch nicht Dalac entdecken, in der Breite und der Länge, die Herr Bruce angiebt, nämlich 15° 29' Breite und 40° 15' 30" Länge: er sagt, daß sie in einer Entfernung von 9 Seemeilen sichtbar sey; dies ist an sich eine Unmöglichkeit, da er das Land als niedrig beschreibt; ich fieng an zu fürchten, daß er in seinen Reisen viel erdichtet hat. Wir fuhren zwischen verschiedenen Inseln, indem wir uns dicht am Ufer hielten; es war flach, jenseits zeigten sich waldigte Erhöhungen und weiterhin erschienen die hohen Gebirge Abyssiniens beinahe im Nebel verhüllt. Beym Fischen wurden einige dunkelbraune Korallenstücke heraufgezogen, aus deren Höhlen eine Menge lebendiger Thierchen hervorkamen. Jedes derselben war bräunlich, etwa einen viertel Zoll lang mit einem schwarzen Kopf; ich setzte einige zu verschiedenen Malen in Wasser, und sie streckten sich gerade aus; außer dem Wasser zogen sie sich nicht zurück, sondern hiengen dicht an den Seiten, eins über das andere. Wir fiengen auch ein sehr großes Exemplar von der Perlenmuschel, worauf ein Stück Madrepore wuchs.

Wir setzten unsere Reise längs der Abyssinischen Küste fort und arbeiteten uns zwischen einer Insel durch, wo der Kanal etwa 3 Meilen breit war; das

Wasser war bis dicht am festen Lande tief; die Küste schien ziemlich bevölkert zu seyn. Unser Pilot erklärte, daß er heute (19ten) Dalac nicht erreichen könnte und wir ankerten daher bei einem sehr malerischen Eilande, das eine große Bai bildete; eine Sandbank, die von demselben ausläuft, gewährt ihr Schutz gegen Nordwesten. Da die Insel niemals beschrieben ist, und wir vermuthlich die ersten Europäer waren, die sie besuchten, nannten wir sie Valentia. Herr Salt ging ans Land. Heider sollte Muscheln suchen, allein weil die Leute ihn nicht unterstützen wollten, erhielt ich nur sehr wenige, aber diese überzeugten mich, daß hier eine reiche Aerndte sey. Zwei Eingeborne begleiteten Hrn. Salt bis zu der Spitze des Hügels, sie waren sehr freundlich. Aus einem Behälter erhielten wir gutes Wasser, auch verschafften wir uns einige Schafe, die dem Nayb von Massowah gehörten. Die hohen Hügel von Abyssinien waren völlig sichtbar und an einer Stelle erschien zwischen uns und ihnen eine Bergreihe, die in eine Spitze auslief, wodurch die Bai von Massowah gebildet und welche Ras Dschidden genannt wird.

Unser Lootse schien mit den Inseln nur sehr wenig bekannt zu seyn; am 20sten landeten wir in einer kleinen Bai, in deren Grunde ein Dorf lag; er sagte, dies sey Dalac, aber es kam so wenig mit der Beschreibung, die ich davon erhalten hatte, überein, daß ich stark daran zweifele. Ich fragte nach Dalac el Kibir; er sagte mir, es liege in einiger Entfernung, aber der Haven sey nicht sicher genug für Schiffe von unserer Größe, er wage es auch nicht, uns ohne Erlaubniß des Dola dahin zu führen. Bald kam ein Eingeborner, auf einem Catamaran, der aus vier Stücken Holz, von ungefähr 10 Fuß in der Länge und 6 Zoll im Durchmesser bestand, an die Seite des Schiffes. Als er unsern Lootsen erkannte, kam er an Bord, schien aber sehr bestürzt; es war eine schöne, nervige Figur mit einem großen schwarzen Bart, nicht wollig; hernach erfuhren wir, daß er der Sohn des Dola sey, der die ganze Insel von wegen des Nayb zu Massowah befehligte. Er drang in uns ans Land zu gehen, welches ich auch zu thun beschloß: dann bat er um Erlaubniß, mich zu begleiten. Durch einen Unstern bewilligte ich, daß auch unser Lootse von der Gesellschaft war.

Da ich nach dem Ansehen des jungen Mannes, der völlig nackt war, bis auf ein Tuch, das er um seinen Unterleib gewunden hatte, mir keine große Vorstellung von der Würde des Dola bildete, fragte ich den Lootsen um Rath, was für ein Geschenk ich ans Ufer nehmen sollte. Geld, Tuch, Reiß und Tabak wurden erwähnt; kurz ich fand, daß Alles annehmlich seyn würde. Ich und Hr. Salt legten eine asiatische Kleidung an, Heider gieng als Dolmetscher mit. Das Wasser an diesem Ufer ist flach und hat die Madrepor-Felsen, woraus das Ufer besteht, so untergraben, daß eine Landung an den meisten Stellen unthunlich wird. Endlich liefen wir in eine Straße ein, die von einer Insel Nokara und dem festen Lande von Dalac gebildet wird; hier war ein vortrefflicher, aber kleiner Landungsplatz. Der Lootse und der Eingeborne giengen voran, um unsere Ankunft anzukündigen; während wir uns unter dem Schatten eines Felsen niederlegten und unsere Leute einige Austern sammeln ließen, die in großen Trauben von dem Dache der Höhlen herabhiengen, die das Ungestüm der See gebildet hatte. Endlich kamen mehrere Eingeborne und baten uns, nach dem Dorfe zu gehen; ein schlanker, fast nackter Mann, dessen Haar schon in das Wollige hinüber spielte, kam uns entgegen; mein Lootse sagte, es sey der Dola und ihm gebühre das Geschenk; er begleitete uns, bis wir einen andern Mann in arabischer Kleidung mit einer Mütze trafen, sein Bart war weiß wie Schnee und er hatte ein ehrwürdigeres Ansehen als der erstere. Ich merkte sogleich, daß dieser der Dola sey, allein der alte Lootse wollte es nicht zugeben. Wir wurden in ein Haus geführt, das gleich allen übrigen aus Madreporen bestand, die aus der See geholt, viereckig bearbeitet und etwa 12 Fuß vom Boden erhöht waren. Es war mit einer Art Gras bedeckt, und hatte eine Thür, aber kein Fenster. Die bloße Erde bildete die Diele, die Möbeln bestanden nur in 5 hölzernen Betten, die quer mit Stricken überzogen waren; sie waren etwa 3 Fuß vom Boden erhöht und mit Matten aus den Blättern einer Palmenart (dooms-tree *)) belegt; ich setzte mich

*) Volkmann übersetzt es in der Bruceschen Reise durch

auf das eine, Hr. Salt auf ein anderes, und die übrigen wurden von den Eingebornen und meinen Lascars eingenommen, die sich in freundschaftlicher Gleichheit zusammensetzten.

Keiner war auch nur mit einem Messer bewaffnet. Ich bestand wieder darauf, daß der Mann in arabischer Kleidung das Geschenk haben müsse, ward aber überstimmt. Der Eingeborne empfieng also ein Stück blauen Suratetuchs, und 10 Thaler: während der andere nur ein Stück Tuch bekam. Es ward sogleich Kaffee gebracht und unsere Unterhaltung begann. Ich äußerte, daß wir Wasser und Schafe zu erhalten wünschten, wofür wir gern bezahlen wollten. Sie versicherten, sie würden uns damit versehen; eine Probe des Wassers ward gebracht, die vortrefflich war; ich konnte die Menge, die wir bedurften, nicht bestimmen, sondern verwies sie an Kapitän Keys. Sie sprachen in den höchsten Ausdrücken von ihrem Herrn, dem Nayib von Massuah, oder wie sie es aussprechen, Massowah; sie sagten, er sey ein guter Mann, und würde mir, wenn ich eines Lootsen bedürfte, zwei geben; es wären viele auf der Insel, die mich leicht nach Suakin führen könnten, wohin ich, wie sie von mir hörten, gehen wollte. Jetzt wurde der alte Mann als der Repräsentant des Nayib

Cocosnüsse: dies ist aber gewiß unrichtig; wiewohl ich den Namen auch nicht bestimmter angeben kann.

R.

und Gouverneur der ganzen Insel, und der junge Mann, der uns an Bord besuchte, als sein Sohn erkannt. Ich bewog ihn, durch das Versprechen eines Geschenks bei meiner Abreise, mich während meines Aufenthalts zu begleiten; sie sagten mir, daß ihre Insel Nakara heiße, und beständige Residenz des Dola sey, der an jedem Orte Unterdolas hat; daß ehemals Dalac el Kibir der Hauptsitz gewesen, daß aber jetzt der Haven schlecht sey, und unser Schiff nicht aufnehmen könne, daß wir aber, da wo wir lägen, sicher wären.

Trotz der Hitze entschloß ich mich, die Quellen oder Wasserbehälter zu besuchen, indem ich mir vorstellte, daß sie in der Nähe des Dorfs liegen würden. Mein junger Dola begleitete mich; wir giengen durch die engen Gänge, welche die Häuser trennten, ohne eine einzige Frau zu sehen, oder von einem einzigen Bettler belästigt zu werden. An der Seite der Straße lag ein kleines, unverziertes, längliches Gebäude, das, wie man mir sagte, eine Moschee war, nahe dabei waren einige Leichensteine und einige Palmbäume. Wir stiegen beinahe eine Meile auf einem kleinen, über den Felsen gezogenen Fußpfad hinauf, auf welchem nichts wuchs, als einige wenige verkrüppelte Mimosen. Hier ward der Kanal, der Nakara von der größern Insel Dalac trennt, sichtbar, und unter uns in dem Thal ward die Lage des Wassers deutlich durch eine Art Wiese und verschiedene Pflanzungen von Palmbäumen bezeichnet. Die Entfernung betrug noch eine Meile; da ich aber so weit gegangen war, beschloß ich, die Wanderung fortzusetzen.

Bei meiner Ankunft war ich sehr überrascht, als ich eine natürliche, durch eine Oeffnung in dem Felsen gebildete Quelle fand; dieser war einige Fuß mit guter Erde bedeckt und brachte hin und wieder vortreffliches Gras hervor. Es stund ungefähr 7 Fuß weit von dem Wasser, das eine klare Oberfläche von etwa 10 Fuß in der Länge und drei in der Breite hatte. Die Gestalt war wegen der hervorspringenden Seiten des Felsens unregelmäßig. Da die Quelle auch in der dürresten Jahreszeit nicht versiegt, und die ganze Insel mit Wasser versorgt, so erstreckt sich der Behälter wahrscheinlich weit unter der Oberfläche, und das darüber liegende Bette hindert den Einfluß der Hitze. In der Entfernung von 40 oder 50 Ellen hatte man eine Quelle gegraben, und in derselben Tiefe Wasser gefunden; der Dola sagte mir, daß man zu Dalac el Kibir nicht 3 Fuß graben dürfe, ohne es zu finden; bei unserer Rückkehr zum Boote fanden wir den Dola, der uns versicherte, daß Wasser und frische Lebensmittel morgen bereit seyn sollten, da ich entschlossen war, mit meinem Zelte nach der entgegengesetzten Seite zu gehen, und den Haven von Dobelju *) zu besuchen, wo Hr. Bruce geankert hatte.

*) Dobelew: bei Bruce heißt, wenigstens in der teutschen Uebersetzung, der Ort Dobelen.

R.

Bei meiner Rückkehr am Bord hatte ich einen sehr lebhaften Streit mit Kapitän Keys, der mir den Gebrauch eines Boots verweigerte, um etwa in 2 Tagen die Beschaffenheit der Insel genauer zu untersuchen. Schon längst hatte ich gemerkt, daß er mir alle mögliche Hindernisse in den Weg zu legen suchte: die Sache war, weil er die Reise für gefährlich hielt, und daher keine Lust dazu hätte. Es blieb fortdauernd eine Spannung und ich war überzeugt, daß wir nie ganz übereinkommen würden.

Am 21sten Mai gieng der Kapitän an's Ufer: eine Menge Schläuche mit Wasser gefüllt lagen bereit und waren mit Matten, zum Schutz gegen die Sonne bedeckt. Das Wasser war weit besser und wohlfeiler, als zu Mocha; für 27 Schläuche bezahlten wir nur einen Thaler. Die Ziegen, die wir erhielten, waren vortrefflich, und gaben den Hammeln, die wir neulich bekamen, nichts nach. Ich erhielt einige Muscheln, die jedoch meiner Erwartung nicht entsprachen. Hr. Salt und der zweite Lieutenant, Hr. Maxfield, waren in dem Boot des Lootsen nach Dalac = el Kibir gegangen; am Abend empfieng ich ein Billet von dem erstern, worin er mir seine Ankunft meldete, aber der Dola des Orts weigere sich, ohne Befehl von dem vornehmsten Dola ihn in Nokhara herumgehen zu lassen; er ersuchte mich, denselben auszuwirken und zugleich ihm ein Stück blaues Suratetuch zu senden. Beides ward besorgt.

Am folgenden Abend kehrte er zurück. Aus seiner Erzählung sammelte ich nachstehende Beobachtungen. Etwa 2 Meilen von dem Orte wo sie landeten, waren 16 Quellen, wie die zu Nokara, aber das Wasser war nur 2 Fuß unter der Oberfläche; es schöpften hier zwei Schäfer Wasser für verschiedene Kameele, mit ihren Jungen, eine große Heerde Esel, einige schöne Ziegen und zwei Schafe. Sobald als die Kameele getränkt und fortgetrieben waren, ward etwas Wasser für die Vögel, besonders Tauben, die in großen Schaaren herbeiflogen, auf den Stein gegossen. Erst kürzlich war eine Pflanzung von Dattelbäumen angelegt, die jetzt keine Früchte trugen. Unsere Reisenden mietheten für einen Thaler zwei Esel, sie waren aber schlecht und unlenkbar. Ungefähr fünftehalb Meilen von den Quellen passirten sie eine kleine Bucht, wo sie eine große Menge Pelikane, viele Madreporen und Seekraut, aber keine Muscheln trafen. Rechts war ein Salzmoor, das wahrscheinlich zu hohen Flutzeiten mit einem entfernteren in Verbindung steht; sie ruhten unter dem Schatten einer Mimosa, bis Heider und der alte Hassan, der Bootsmann, zu ihnen kamen. Der Lootse war beständig bei ihnen geblieben. Ein Eingeborner kam mit etwas Milch und Wasser einen Hügel herab; er war sehr freundlich, verstattete aber nicht, daß sie zu dem Orte giengen, woher er kam; um ihn nicht zu beleidigen, bestanden sie nicht darauf. Er machte zwei Esel reisefertig und gieng mit ihnen fort.

Der Weg war felsig und uneben, und an einigen Stellen war die Erde von einander gewichen und hatte Klüfte gebildet, an den breitesten Stellen drey Fuß von einander und einige 100 Ellen lang; sie waren beträchtlich tief und das Plätschern der herabgeworfenen Steine bewies, daß am Boden Wasser war. Nach einer ermüdenden Reise von 5 Meilen, erreichten sie um 2 Uhr Dalac el Kibir. Ein angenehmer Seewind setzte sie in den Stand, die Hitze zu ertragen. In der Nähe der Stadt kamen ihnen mehrere Einwohner entgegen, und unter ihnen der Priester. Nur eine Korallenschnur um seinen Nacken zeichnete ihn vor den übrigen aus. Hr. Salt und seine Begleiter wurden nach dem Seraï geführt, auf Polster gesetzt, mit Milch und Wasser und hernach mit Kaffee bewirthet. Sie wurden von vielen Leuten besucht und alle waren neugierig die ersten Europäer, die in ihrer Zeit zu ihnen gekommen waren, zu sehen; besonders erregte Hr. Makefield's Uniform ihre Aufmerksamkeit. Der Priester wollte ihnen, ohne einen Befehl von Nokara, nicht erlauben, mit ihren Papieren und Büchern herauszugehen, erbot sich aber, sogleich einen Boten deswegen abzusenden; auf ihren Wunsch allein zu seyn, begab sich jedermann fort, es wurden ihnen einige sehr gute Kuchen und Milch und Wasser geschickt, sie hielten davon und von ihren mitgebrachten Lebensmitteln eine gute Mahlzeit.

Unter dem Vorwand zu baden, besuchten sie am Abend den Haven nnd machten einige Beobachtungen;

sie schliefen auf Polstern in der freien Luft, wurden aber sehr von den Ratten geplagt, die während der Nacht unter Hrn. Salts Bett eine in einen Korb gelegte Serviette fortschleppten, die alle ihre Lebensmittel enthielt. Ehe sie aufgestanden waren, kam der Bote mit den verlangten Artikeln und der Erlaubniß des Dola zurück. Das Stück blaues Tuch ward sogleich dem Priester übergeben und schien sehr willkommen zu seyn. Nach dem Frühstück fiengen sie an ihre Beobachtungen zu machen. Etwas südlich von der Stadt ist das Grab eines sehr heiligen muselmännischen Propheten, Abu el Heimen; ein Licht wird hier beständig brennend erhalten. Zum Behuf desselben, versicherten sie, bezahle jeder Reisende einen halben Thaler, und Hr. Salt wollte einen so löblichen Gebrauch nicht unterlassen, und gab das Geld.

Nahe bei diesem Orte sind die Ruinen eines Wasserbehälters, der 28 Fuß lang, 12 breit und 18 Fuß tief war, er schien ursprünglich oben gewölbt gewesen zu seyn, und glich einem andern, in einiger Entfernung; seine Gestalt war ein regelmäßiges Oval, am Boden war er flach, die Breite groß und die Tiefe 20 Fuß. Die Seiten waren oben ebenfalls gewölbt, und ließen in dem Mittelpunkt eine cirkelförmige Oeffnung von ungefähr drei Fuß im Durchmesser. Gegen dieselben waren große Rinnen in dem Felsen gehauen, um das Wasser hinein zu bringen; vier andere waren neben der See, einer war viel größer, zwei andere kleiner, als die oben beschriebenen, und cirkelförmig;

der eine lag in Trümmern und war aus dem festen Felsen gehauen, dann mit Steinen eingefaßt und dschunamirt. In keinem war Wasser, aber am Boden zeigte sich ein Niederschlag, und die Luft in demselben war äußerst schwül, sie sollten alle von den Parsis (Persern?) gebaut seyn, von denen sie aber, außer durch die Tradition, nichts wußten. Aus derselben Quelle haben sie auch eine Nachricht von 316, den obenerwähnten ähnlichen Wasserbehältern, gestehen aber auch, daß keiner mehr als 12 oder 14 gesehen hatte; sie fügten hinzu, zu Dobbelju wären gar keine.

Dalac al Kibir war ehemals der Haupthaven der Insel; die Stadt ist ungefähr eine halbe Meile von der See mit einem abschüssigen Ufer dazwischen; der Haven wird ganz von einer Kette von 9 Inseln eingeschlossen, die ungefähr in einer Entfernung von 2 Meilen liegen. Jenseits derselben war die Insel Dschumma sichtbar. Jetzt kann sich kaum eine Dow dem Ufer nahen; bis nahe an die Insel beträgt die Tiefe selten mehr als drei oder vier Fuß. Es waren nur zwei Schiffe da, eins gehörte dem Orte, das andere nach Massowah; der Haven zeigt noch viele Spuren von seiner ehemaligen Wichtigkeit; an der Nordseite sind die Ruinen von zwei steinernen Moscheen, oben mit runden Kuppeln, aber von grober Arbeit; in der einen, gegen die See, ist auf einem Stein in einem Winkel, eine arabische Inschrift befindlich; um die Moschee stehen eine Menge Leichensteine, viele sind gut gearbeitet, und mit Blumen und andern Verzierungen schön geschmückt; einige haben kufische, andere arabische Aufschriften. Da die Steine überall von mäßiger Größe sind, so wünschte Hr. Salt einen wegzunehmen, allein der Priester versicherte, daß dazu die besondere Erlaubniß des Nayib von Massowah erforderlich sey, und er begnügte sich daher eine Inschrift abzuschreiben, die für besonders heilig gehalten ward, obgleich sie äußerlich nichts Empfehlendes hatte; sie war an einem Ende zerbrochen und schlecht gearbeitet. Der Priester sagte ihm, daß sie dem Scheik oder Sultan (er gebrauchte beide Benennungen) zukomme, der die Wasserbehälter baute; sie steht der Moschee gerade gegenüber und wird von den Eingebornen beständig mit Oel feucht erhalten. Unter den Ruinen lagen verschiedene Stücken von Ziegeln und Glas, von denen einige vollkommen rein waren. Die Weiber schienen verborgen gehalten zu werden, sie ließen sich nur von ferne sehen, und die Männer litten nicht, daß sich Fremde ihnen nahten. Die Männer hatten nicht den Krauskopf der Neger. In der Nähe der Stadt sind keine Bäume, außer zwei Palmen und einige Akazien.

Trotz des Widerspruchs des alten Lootsen, der ihn versicherte, daß an der Stelle Bedowi's *) wären, beschloß Hr. Salt einen kleinen Hügel hinauf zu gehen, um die Lage der Insel zu bestimmen; er

*) Bruce schreibt nach der teutschen Ausgabe Belowi's, und nennt sie einen muhammedanischen Hirtenstamm; vermuthlich ist die Schreibart des Textes die richtige, und es ist einerlei mit Beduinen. R.

gieng allein fort, da sie aber fanden, daß er bei seinem Entschluß beharrte, folgten ihm bald verschiedene Eingeborne; hierauf gieng Hr. Salt ungefähr eine halbe Meile nördlich nach einer Bai, derselben, wie sie sagten, die Dalac von Nokara trennt und hier aufhört; ein kleines Boot kann herauf kommen. Dobelju soll etwa zwei Tagreisen (jede zu etwa 9 Meilen,) und Nokara eine entfernt seyn. Um 4 Uhr traten sie ihre Rückreise an. Als sie zu den Quellen gekommen waren, vermißten sie den alten Hassan mit dem Gepäck. Sie warteten einige Zeit und schickten endlich den Lootsen ab, um nach ihm zu sehen; etwa nach zwei Stunden erschien er mit einer jämmerlichen Geschichte, wie ihn unterwegs der Schlaf übermannt habe, und er unterdessen ganz beraubt sey; auf einem andern Wege kam bald hernach der Lootse. Hr. Salt hielt gleich die ganze Sache für einen angelegten Plan, ihn um Geld zu betrügen; die einzige Sache von Wichtigkeit war sein Zeichenbuch; er drohte daher gleich mit der strengsten Rache, wenn nicht Alles am folgenden Tage herbeigeschafft wäre; sie kehrten ans Schiff zurück; am andern Tage brachte der alte Schurke alle verlornen Sachen herbei und gab vor, sie für zwei Thaler eingelös't zu haben, die er wieder verlangte; es wurde ihm aber ganz abgeschlagen und er erhielt nichts, als die 4 Thaler die ihm gleich für sein Boot bewilligt waren.

Am Morgen kam auch der Dola und frühstückte Kaffee und Confitüren mit uns; er schien sehr zufrieden; ich gab ihm einige Pfund Kaffee, sein Sohn brachte mir einen Korb mit Muscheln, worunter einige vortreffliche waren. Gegen Abend gieng der erste Lieutenant noch zu einem Riff und brachte einige sehr schöne Seeigel; eine Art hatte Stacheln, einen Fuß lang, und so scharf wie eine Nadel; die andere war größer und, nachdem sie gereinigt war, sehr schön; die Madreporen waren nicht merkwürdig; Korallen oder Korallenmoos habe ich gar nicht gesehen. Am 23sten Mai zeigte ich dem Kapitän an, daß ich nach Massowah zu gehen wünsche; der alte Dola kam in seinem Catemaran, mit seinem Sohne an Bord, der mit nach Massowa zu gehen wünschte, was ihm gern bewilligt ward. Sein Vater schickte durch den Kapitän einen Brief an den Nayib und rühmte, wie ich hörte, unser gutes Betragen auf seiner Insel. Er empfieng das ihm schuldige Geld, und da er den Wunsch äußerte, eine der großen Gewehre zu hören, wie er sie nannte, grüßte ihn der Kapitän mit einem Schuß, als seine Catemaran die Seite des Schiffs verließ. Wir lichteten die Anker und um 3 Uhr waren wir Massuah gegenüber; wir konnten aber in die Bai nicht einlaufen, sondern mußten außerhalb derselben vor Anker gehen.

Zehntes Kapitel.

Ankunft und Aufenthalt zu Massowah — Streitigkeiten mit dem Kapitän und dadurch veranlaßte Rückkehr nach Mocha — Abreise des Hrn. Salt nach Indien mit der Antelope — Reise in der Fregatte der Fuchs nach Aden — Rückkehr nach Mocha — Reise nach Bombai.

Herr Maxfield gieng in der Jölle ans Land, wo wir dicht bei einem lehmernen Gebäude, das wir für das Castell hielten, eine beträchtliche Menschenmenge versammelt sahen. Bei seiner Rückkehr benachrichtigte er uns, daß die Einwohner unsere Annäherung gemerkt und uns für die Wehabis gehalten hätten. Der Nayib sey von Arkiko herübergekommeu, und sie wären die ganze Nacht unter den Waffen gewesen. Hr. Maxfield sagte ihnen, daß ein vornehmer Mann, der nach Suez gehe, an Bord sey, und wahrscheinlich dem Nayib einen Besuch machen werde, daß wir Erlaubniß wünschten, in den Haven einzulaufen, und Wasser und Lebensmittel zu erhalten, und daß wir das Fort mit drei oder fünf oder sieben Schüssen begrüßen würden, je nachdem der Nayib sie erwiedern werde. Dieser war an der Spitze seiner Truppen, und versicherte, daß der Besuch des vornehmen Mannes ihm angenehm seyn würde, daß er mit nicht mehr als fünf Schüssen begrüßt zu werden wünsche, weil die Bedowis des umliegenden Landes leicht beunruhigt werden, und zu seinem Schutz herabeilen könnten. Die Eingebornen betrugen sich außerordentlich freundschaftlich gegen uns. Wir hatten auf unsern alten Lootsen einen so starken Verdacht geworfen, daß er nicht eher das Schiff verlassen durfte, als bis ich ans Land gegangen war, und uns eine gute Aufnahme versichert hatte. Besonders drohte er, den Naqueda, (den Schiffer der Dow) der ihm, seiner Behauptung nach, nicht genug bezahlte, zu verklagen, und er war daher äußerst unzufrieden, als er zurückbleiben mußte. Einige Banianen kamen in einem Boote heran, dessen Ende mit grüner und rother Seide bedeckt war, sie überbrachten eine neue Einladung von dem Nayib. Unser Gruß ward sogleich gefeuert, und von dem Castell beantwortet, sie hatten aber scharf geladen, und wir konnten deutlich das Pfeifen der Kugeln hören, ob sie gleich weit von uns ab gerichtet hatten. Ich legte ein einfaches mousselinenes indisches Kleid an, und schlang um den Leib einen Shawl, worein ich die Tulwa (indisches Schwerdt) steckte.

Wir landeten dicht bei der Stadt, an einem Damm, mit einem kleinen offenen Raume, der zu einem alten Thorwege führte, an dessen einer Seite ein gros ßes Gebäude war. Es standen daselbst einige alte, von der Zeit sehr beschädigte Metallkanonen, womit sie mich begrüßen wollten, aber die erste versagte. Es hatte sich ein großes Gedränge versammelt, die Leute betrugen sich jedoch sehr gut; wir giengen durch verschiedene verfallene Gemächer und über einen abschüssigen Schutthaufen zu einem großen Zimmer, dessen Ende mit Matten bedeckt war, worauf eine zahlreiche Versammlung von nur halbbekleideten Eingebornen saß. An der linken Seite, in dem Balcon, war der Nayib mit verschiedenen wohlgekleideten Leuten. Ihm gegenüber standen zwei altmodische englische Lehnstühle mit hohen Rücken.

Beim Eintritt machte ich dem Nayib meinen Salam, während er auf die Stühle hinwies. Hr. Salt und ich setzten uns sogleich, Heider und mein Diener standen dabei. Der Nayib war in einer Ecke. Seine Kleidung bestand aus weißem Mousselin; statt des Turbans hatte er einen scharlachnen Shawl, ganz dem gleich, den ich um meinen Unterleib trug; neben ihm befand sich sein Bruder, der Sirdar der Truppen, mit einem großen scharlachenen Janitscharen-Turban. Die übrigen waren seine Söhne, seine Sekretäre u. s. w. Das Volk folgte mit und füllte das Zimmer ganz aus; alle Anwesende setzten sich mit untergeschlagenen Beinen auf dem Boden bis an die Thür; ihre Gesichter waren im Durchschnitt angenehm, verständig und frei von den Spuren heftiger Leidenschaften. Unsere Unterredung bestand diesmal bloß in Komplimenten.

Der Nayib bot mir während meines Aufenthalts ein Haus an, das ich annahm. Es ward Kaffee nach arabischer Sitte in sehr kleinen porzellänenen Tassen gebracht, ohne Milch und Zucker; sie standen in größern von vergoldetem Filigrain, um die Finger nicht zu verbrennen. Hernach ward ein Kaftan von rother Seide über meine Schultern geworfen. Sie fragten, wer Hr. Salt sey. Da sie hörten, daß er mein Sekretär wäre, entstand einige Verlegenheit, und es gieng ein Mann heraus. Ich wünschte jetzt Abschied zu nehmen, aber sie verlangten, daß ich warten möchte, bis mein Haus fertig sey. Ich ahnete, woran es liegen mochte; es trat Jemand herein und gleich darauf ward ein Kaftan von blauem Tuch, mit einem Besatz von gelber Seide über Hrn. Salt geworfen. Jetzt machte ich meinen Salam und der Nayib erhob sich, mich zu begleiten. Die Truppen in dem Thorwege standen von ihren Polstern auf, um ihn zu begrüßen, er dankte ihnen mit einer Bewegung der Hand; darauf begleitete er mich eine beträchtliche Strecke, ohne ein Wort zu sprechen.

Als der Weg sich theilte, gieng er nach der einen Seite und befahl einigen seiner Leute, mich nach der andern zu führen; endlich erreichte ich ein kleines Haus an der Seeseite, der Antelope fast gegenüber; hier waren in einem von Stein gebauten Zimmer verschiedene Polster bereitet, einige waren mit Teppichen, andere mit Betttüchern bedeckt; es war indessen wegen der Dicke der Mauern, und der vielen Oeffnungen, welche die Seeluft zuließen, verhältnißmäßig kühl; die

Banianen begleiteten mich und bald beunruhigten mich eine Menge Besucher, die sich jedoch entfernten, als ich meinen Wunsch, mich zur Ruhe zu begeben, äußerte. Hr. Salt gieng an Bord, um den Kapitän ans Land einzuladen. Der Kapitän kam in voller Uniform und begleitet von seinem ganzen Gefolge, und sogar von dem Havildar der Sipoys, der seine Ordonnanz vorstellen sollte, ungeachtet ich in Dalac erklärt hatte, daß ich keinen einzigen Sipoy ans Land nehmen wollte. Er schickte zu dem Nayib, um ihm seine Aufwartung zu machen, der aber die Audienz bis auf den Abend, und hernach bis auf den nächsten Morgen verschob. Ich erhielt verschiedene Geschenke an Lebensmitteln und zugleich ließ mir der Nayib sagen, daß ich mich wegen aller meiner Bedürfnisse an seine Banianen wenden möchte. Das Thermometer stand auf 99° in einem Zimmer, dessen Mauern vier Fuß dick waren, und wo eine angenehme Seeluft vollen Spielraum hatte. Wir schliefen auf unsern Polstern ohne irgend eine Decke, ich ward indessen von der stechenden Hitze sehr gequält. Wir konnten auf keine schnelle Abfertigung rechnen, da die Lootsen, die uns nach Suakin führen sollten, aus Dalac geholt werden mußten, und unsere Dow einer gänzlichen Ausbesserung bedürftig war.

Am Abend des folgenden Tages hatte ich eine Privataudienz bei dem Nayib, und ich ward von dem Banianen und noch einer andern Person abgeholt. Der Nayib wollte mir keinen Gegenbesuch machen, weil er in diesem Falle alle seine Leute und Truppen hätte mitbringen müssen, die alle Geschenke von ihm erwartet hätten. Er empfieng mich in ganz gewöhnlicher Kleidung, auf einem Feldbette vor der Thür, in einem seiner Höfe sitzend; der Platz ward von zwei kleinen Laternen erleuchtet. Wir hatten eine lange Unterredung, worin ich ihm erklärte, daß ich die Absicht habe zu untersuchen, ob unsere Schiffe mit Sicherheit bis Suez an dieser Küste herausgehen, und unterwegs Wasser und Lebensmittel erhalten könnten. Er versicherte mich seiner Bereitwilligkeit, uns zu dienen; auf der Insel wären gute und freundliche Leute, aber für die auf dem festen Lande, obgleich sie ihm gehörten, könne er nicht einstehen. Er bot mir Scherbet in einer silbernen Tasse an, der von der Person, die ihn hereinbrachte, in meiner Gegenwart gekostet ward. Ich überreichte jetzt mein Geschenk, das in einem Paar schönen Shawls, einem vollständigen, aber nicht gemachten Kleide aus Goldtuch, und einem Stück Kinkab bestand. Er machte Anfangs einige Entschuldigungen, nahm es jedoch an und erneuerte die Versicherung seiner Dienstleistungen. Ich bat ihn um die Erlaubniß, daß meine Leute nach Muscheln suchen und schießen dürften, er versprach sie, wünschte aber, daß wir die Inseln nicht besuchen möchten, weil auf denselben eine ansteckende Krankheit ausgebrochen sey. Er gab an Heider, der die Geschenke gebracht hatte, 5 Thaler, und nach dem Kaffee nahmen wir Abschied.

Der Nayib ist ein kleiner Mann von einem ernsthaften Gesichte, etwa 40 Jahr alt; sein Name ist Edris, er ist 9 Jahre Nayib gewesen, und hat einen vortrefflichen Charakter. Er ist der Sohn des letzten Nayib Hannes oder Ottmann, welcher der Sohn Achmets war, von dem Hr. Bruce so vortheilhaft spricht, des Neffen und Erben Hassans, des damaligen Nayibs, den er aber nicht überlebte. Der jetzige Nayib hat zwei Söhne, die mit einem seiner Weiber erzeugt sind; und zwei Kinder mit einer Abyssinierin. Sein Bruder ist Sirdar der Janitscharen, die aber jetzt diesen Namen verloren haben und Askari heißen.

Am 27sten Mai. Eine Krankheit zwang mich, zu Hause zu bleiben, der Nayib schickte mir einen Askar, der mich vor lästigen Besuchen beschirmte. Die Hitze war sehr groß und das Thermometer stand auf 96°; mein Zimmer war so angenehm, als es in diesem Klima seyn konnte. Ich sah aus meinem Fenster die Insel Valentia in einer Entfernung von fünf Seemeilen, Ras Dschiden und die Bergkette, welche die Küsten des rothen Meeres, von diesem Orte bis an die Ebenen von Aegypten, einfaßt. Hinter demselben erhob sich der Gipfel des Taranta, dessen Höhe die Erzählung des Hrn. Bruce von der Schwierigkeit, die er beim Ersteigen hatte, glaubwürdig macht.

Am 29sten Mai. Von meinem Wirth, der außerordentlich verständig war, erhielt ich folgende Nachrichten. Dalac wird für ein einträgliches Gouvernenent gehalten. Der Nayib erhält von der Person, die es besitzt, nur 60 Thaler an Geld, und einige Kameele, Ziegen und Esel; würde der Dola Gelegenheit haben, eine große Geldsumme einzunehmen, so würde der Nayib sie ihm abfordern, allein wenn sie sich nur auf 30 oder 40 Thaler beläuft, so viel wir ihm bezahlten, so läßt er sie ihm. Der Nayib lebt gewöhnlich zu Arkiko, wo er ein sehr gutes Haus und eine Frau hat, obgleich der Ort nicht so angenehm ist, als Massowah, aber er findet sein Interesse dabei, weil der größere Theil seiner Besitzungen dort liegt; er kommt bisweilen hieher, wo er eine andere Frau hat. Der Handel ist beträchtlich. Auf den Hügeln von Dschibbel Dschidden und denen hinter Arkiko giebt es Elephanten, deren Zähne ausgeführt werden. Aus Abyssinien schicken sie Dschi, (See, ein Getränk) Häute, Goldstaub, Schafe und Sklaven; die Anzahl der letzteren hat neuerdings sehr abgenommen; ein erfreulicher Umstand und Beweis von der zunehmenden Civilisation des Landes. Der Sklavenhandel zu Suakin soll aber verhältnißmäßig zunehmen; sie schicken dagegen englisches, feines Tuch, Waffen, Ammunition und verschiedene indische Manufakturartikel zurück. Aus Abyssinien wird auch etwas Korn gebracht. Sie haben in ihrem eignen Lande eine Menge Ziegen und Ochsen; die See versieht sie mit einer unerschöpflichen Mannichfaltigkeit von den schönsten Fischarten; Wild scheint ebenfalls in großem Ueberflusse zu seyn, so daß sie auf keine Art schlecht leben. Das Wasser ist zu Arkiko nicht ganz gut, aber reichlich; auf der Insel Massowah giebt es etwa 30 Wasserbehälter, die in der regenhaften Jahreszeit angefüllt sind, sie werden verschlossen gehalten und sind, wie ich glaube, Privateigenthum. Sie reichen nicht hin für das Bedürfniß des Ortes, und jeden Morgen wird viel Wasser in Booten von Arkiko gebracht. Jedes Haus ist mit einem Gehäge aus Rohr umgeben, die Zimmer sind aus eben dem Material gebaut und abgesondert; inwendig sind sie mit Matten eingefaßt. Die gemeinen Leute sind außerordentlich freundlich und keiner trägt Waffen, außer die nächsten Verwandten des Nayib. Mein Askar hatte keine andere, als einen Stock. Die Eingebornen schienen nicht eifersüchtig auf ihre Weiber, die zum Bade herabkamen, und sich dicht an dem Orte, wo ich saß, ohne irgend ein Zeichen von Scham wuschen. Die Sklavinnen der Nachbarn wurden, wie ich glaube, von den Europäern am Ufer nicht übermäßig spröde gefunden. Mein nächster Nachbar war der Sirdar des Askari und ich habe ihn in dem Verdacht, daß der Umgang von ihm erlaubt ward, und er an dem Gewinn Theil nahm.

Die Männer und Weiber sind von Natur wohlgebaut, aber das Kindbette zerstört die Gestalten der letzteren. Die Askari stehen ganz unter dem Befehle des Nayib, der sie aus den Abgaben bezahlt, die nach Konstantinopel geschickt werden sollten. Sie erkennen noch den Sultan als ihren Herrn, aber es ist nur eine bloße Form. Der Nayib bezahlt nichts an den König von Abyssinien; sie stehen aber, wie ich erfuhr, in sehr gutem Vernehmen. Die hiesigen Banianen sind sehr wohlhabend, sie sollen es immer gewesen seyn, und einige davon waren dieselben, die Hr. Bruce erwähnt; sie können Weiber nehmen, wenn es ihnen gefällt, was in Mocha nicht der Fall ist, und scheinen weniger gedrückt; sie belaufen sich auf 18 und führen einen beträchtlichen Handel; der Nayib empfängt 10 Procent von dem Werthe aller aus- und eingeführten Güter und einen Thaler von jedem Individuum, welches das Land in Handelsabsichten besucht. Die Perlenfischerei ist von den Einwohnern Dalacs bis zu einem gwissen Grade erneuert, aber obgleich die besten Bänke dem Nayib gehören, so empfängt er doch nichts von dem Gewinn.

Am 2ten Junius. Noch immer verweilten wir hier, obgleich die Dow segelfertig war. Der Lootse kam von Dalac an, gieng aber zurück, um noch zwei zu holen, die durchaus, wie er sagte, für ein großes Schiff nothwendig wären. Sollte die Fahrt oben eben so sicher als unten seyn, so wäre dieser Verzug unnöthig. Ich muß wirklich bedauern, daß wir nicht mehr thaten, allein der Kapitän legte alle mögliche Hindernisse in den Weg; er hielt den Lieutenant Maxfield ab, viele Beobachtungen anzustellen, die er zu machen wünschte; auch bemühte er sich, uns durch eine falsche Längenangabe irre zu führen; zuletzt verhehlte er sie ganz unter dem Vorwande, daß seine Seeuhr in Unordnung sey. Er sagte, daß er Hrn.

Bruce's Länge annehmen und eine neue Rechnung anfangen wollte; wir beschlossen, ihm nicht zu folgen, sondern, da wir jeden Abend vor Anker gehen würden, uns zu bemühen, daß wir den ganzen Weg bis nach Suakin eine Kette von Beobachtungen über die Lage zu Stande bringen möchten. Herr Maxfield vollendete eine Charte von dem Haven, aus welcher die Unrichtigkeit der Bruceschen erhellt. Am 4ten giengen, mit Erlaubniß des Nayib, Hr. Salt und mein Diener nach dem festen Lande auf die Jagd; sie kehrten mit sieben Vögeln aus dem Fasanengeschlechte zurück, ihr Gefieder war ein gemischtes Schwarz oder vielmehr Braun und Weiß. Der Nacken war bloß und die Brust gelb und um die Augen waren sie roth und nackt. Sie tödteten auch einen Haasen, und zwei Schmalthiere, die ganz wie ein Rehbock schmeckten. Mein Bedienter ertrug das Klima vortrefflich; er gieng wie ein Eingeborner auf dem Catamaran aus, und brachte mir von dem Riff Madreporen, von denen einige sehr schön waren. Am 5ten stand das Thermometer auf 108°. Der Artikel, den die Eingeborenen am meisten begehren, sind Messer; sie fragten auch nach Pinseln und Papier, und allen Arten von Spielsachen; sie freuten sich sehr, wenn sie irgend eine von unsern europäischen Bequemlichkeiten sahen, lernten die Namen derselben, und sprachen sie mit großer Leichtigkeit aus. Der Sohn des Nayib verlangte Pulver und Kugeln, um mir einen Elephanten zu tödten.

Am 6ten Junius. Endlich waren die Lootsen angekommen, und ob ich gleich befürchtete, daß der Kapitän sie zu der Erklärung zu bewegen suchte, daß die Reise nach Suakin unthunlich sey, gelang es mir doch, ohne seine Dazwischenkunft sie zu einer entgegengesetzten Aeußerung zu bringen. Sie erklärten, daß zuerst offene See sey; daß bei einer Stelle, Abschig genannt, das Fahrwasser zwischen Felsen und Inseln enger werde, daß aber die erstern alle über das Wasser hervorragten, daß die Tiefe hinreichend sey, und die Breite etwa eine Meile betrage, daß sich daselbst eine Ankerstelle befinde, und ein guter Wind uns in einem Tage nach Suakin bringen würde. Ich fragte, ob sie, wenn wir irgend eine Schwierigkeit finden sollten, von Abschig nach Suakin zu kommen, uns bis nach Dschidda führen könnten; wenigstens, erwiederten sie, so weit, daß wir ohne Beistand einzulaufen im Stande wären. Ich war jetzt vollkommen zufrieden. Um 8 Uhr schrieb ich an den Kapitän, daß ich die Absicht habe, nach Suakin zu gehen, daß aber, wenn die Winde zu stark werden sollten, ich wahrscheinlich nur bis nach Abschig und dann nach Dschidda gehen würde. Der Kapitän konnte oder wollte sich aber durchaus nicht mit den Lootsen und dem Naqueba der Dow vereinbaren. Er schrieb mir, daß wenn wir den von mir vorgeschlagenen Weg nehmen wollten, so würden wir nicht im Stande seyn Suez zu erreichen, und wahrscheinlich nicht einmal Tor; zugleich zeigte er mir an, daß die Antelope in der Mitte des August's das rothe Meer verlassen müsse, um ihre Reise in rechter Jahreszeit zu machen. Der Lootse benachrichtigte Heider'n, daß der Dolmetscher des Kapitäns ihm gesagt habe, daß wenn er mit uns gienge, er vor Hunger sterben würde, weil kein Reiß am Bord sey.

Am 9ten Junius. Mein Wirth kam von dem Nayib, und sagte mir, daß die Lootsen bereit wären nach Suakin zu gehen, wie ich und der Kapitän gewünscht hatten, daß der Kapitän sich aber geweigert ihnen 200 Thaler zu geben, die sie forderten, und die der Nayib ihnen zugestanden habe. Er hatte 160 geboten und erklärt, daß wenn sie das Anerbieten nicht annehmen wollten, er sogleich nach Bombay zurückgehen würde. Er beschwerte sich zugleich über das unhöfliche Betragen des Kapitäns Keys, und sagte, daß er bloß hier bliebe, um mir zu dienen, und daß er gern nach Arkiko abzugehen wünschte. Ich machte noch denselben Abend dem Nayib einen Besuch, und entschuldigte uns, so gut ich konnte, und führte an, daß nicht alle Engländer dem Kapitän Keys gleich wären. Er schlug es jedoch bestimmt ab, vor meiner Abreise nach Arkiko zurückzukehren. Ich hatte an den Kapitän geschrieben, daß ich seinen Brief als eine Erklärung betrachte, daß er den Befehlen des Generalgouverneurs nicht gehorchen wolle; hiergegen protestirte er, fügte aber hinzu, daß die Befehle, wie er glaube, in der Voraussetzung erlassen wären, daß unsere Reise vor dem 15ten August geendet seyn würde, und daß er also an diesem Tage bestimmt nach Indien zurückkehre; bis dahin versicherte er jedoch, alle meine Forderungen erfüllen zu wollen.

Es kam jetzt darauf an, was ich für einen Entschluß ergreifen wollte. Meine Entdeckungsversuche mußte ich ganz aufgeben, da offenbar 9 Wochen zu diesem Zweck unzureichend waren. Es war nicht möglich Suez zu erreichen, und in Cosseir konnte ich, nach Abgang des Schiffs, auch nicht allein warten, bis die nothwendigen Vorkehrungen zur Landreise gemacht waren. Ich entschloß mich also nach Mocha zu gehen, wo ich mit Hrn. Pringle Alles überlegen und den Kapitän Vashon erwarten konnte, der mich wahrscheinlich mit nach Bombay nehmen würde; dieser mußte früh genug ankommen und ich konnte darauf rechnen, mich in einen Chinafahrer einzuschiffen und auf diese Art England im Januar zu erreichen. Sobald ich die Antelope verließ, kam sie unter Kapitän Vashon's Befehl. Ich zeigte dem Nayib an, daß ich die Lootsen nicht bedürfe und gab ihnen eine Vergütung von 10 Thalern; dem erstern war es sehr unangenehm, daß sich die Sache zerschlug; denn er hätte gern die 100 Thaler gehabt, welche die Lootsen ihm von ihrem Solde abgeben mußten. Am Abend hörten wir einen gewaltigen Lärm von heulenden und schreienden Weibern; eine Dow war angekommen und hatte die Nachricht gebracht, daß der Herr von einem der benachbarten Häuser zu Dschidda gestorben war; wir fanden bei'm Herausgehen die Straße voller Leute, die alle wie die Weiber im Hause schrieen. Die Tomtoms forderten sie bald zum Tanz auf, der nur mit einzelnen Unterbrechungen, zu unserm großen Verdruß die ganze Nacht dauerte. Sie sagten uns, diese Trauer werde jeden Morgen zwei Jahre lang fortgesetzt; da wir aber seit unserer Ankunft nichts Aehnliches hörten, und wahrscheinlich in den letzten beiden Jahren einige Personen gestorben waren, so glaubte ich dieser Versicherung nicht. Der Nayib verlangte etwas Weinessig und etwas zu riechen für das Kopfweh; ich schickte ihm Chiliweinessig und eine von meinen Flaschen mit silbernen Stöpseln, mit flüchtigem Alcali angefüllt, was sehr willkommen war.

Am 12ten Junius. Frühmorgens kamen alle Weiber in der Stadt in ihren besten Kleidern, nach der Wasserseite herab, um sich und die Wittwe in der See zu waschen, nachdem sie dieselbe die ganze Nacht in ihren Klagen unterstützt hatten. Nach vier Monaten kann sie wieder heirathen; keine suchte ihr Gesicht zu bedecken. Ihre Kleidung bestand aus zwei Stücken von den bunten arabischen Tüchern, eins war über den Unterleib gewunden, ein anderes um die Schultern, ohne weiter gemacht zu seyn. Das Haar, es mochte wollig oder nicht seyn, war geflochten. Die Mühe, die auf das Flechten verwandt wird, besiegt im ersten Falle die Natur, und giebt dem Haar eine Länge von mehreren Zollen. Sie tragen Zierrathen von Korallen, kleine goldene oder silberne Ohrringe und Zechinen. Die Kleidung der Männer ist der weiblichen beinahe gleich. Die höheren Stände tragen die arabische Kleidung oder ein einfaches Hemde und Hosen von demselben Zeuche. Die gemeinen Leute wickeln bloß ein Tuch um den Unterleib. Sie gebrauchen Sandalen, die bei Niebuhr gezeichnet sind. Der Nayib verließ Massowah am 16ten und ließ am folgenden Tage sagen, daß er zurückkommen würde; ich bat ihn aber, daß er es nicht thun möchte. Seitdem erhielt ich weder Wasser noch sonst etwas, und war gezwungen Alles zu kaufen, welches wir als einen Wink betrachteten, daß sie unsere Entfernung wünschten. Die Seeleute erhielten ihr Wasser nur von Arkiko, worüber sie sich bitterlich beklagten, weil es mit Seewasser vermischt war. Von dem Wasser des Ortes durfte niemanden, außer mir, etwas verkauft werden. Ich machte jetzt alle Vorkehrungen zur Abreise, und war von einer Menge Personen umgeben, die für ihre Dienstleistungen Bezahlung erwarteten. Ich erfuhr, daß Kapitän Keys trotz dem Nayib einen Sklaven gekauft hatte; eine grobe Verletzung seiner Befehle, was für unsere Nachfolger eine unangenehme Wirkung haben kann.

Ich habe den Aufenthalt hier gar nicht wohlfeil gefunden, obgleich die Bedürfnisse des Lebens nicht theuer sind. Zechinen gelten nicht, das einzige gangbare Geld sind Thaler und venetianische Glaskorallen. 2760 der letztern gehen auf einen Thaler, die Unterabtheilung ist von 23 Dahabs, jede von 120 Korallen. Die ganze Rechnung des Nayib für Wasser, Holz und frische Lebensmittel zum Gebrauch des Schiffs betrug

60 Thaler. Die Leute waren außerordentlich freundlich und schienen völlig glücklich. Jeder Soldat hat monatlich drei Thaler, welches beweis't, daß diese Summe zum Unterhalt einer Familie hinreicht. Es würden hier ohne Zweifel manche Früchte und Gemüse wachsen, aber von den erstern sah ich keine einzige, und von den letztern nur eine Art Solanum. Vom größten bis zum niedrigsten sind sie unverschämte Bettler, und ich kann aus Erfahrung hinzusetzen, gelegentlich Diebe. Ich verlor mein Thermometer, der doch keinem Eingebornen von Nutzen seyn konnte, und mein Diener vermißte einen Shawl und verschiedene Hemden. Der Preis eines Hauses ist ein Thaler monatlich, aber mein Wirth verlangte immer noch etwas, und schien kaum mit den 10 Thalern zufrieden, die ich ihm für die 26 Tage gab, die ich bei ihm zugebracht hatte.

Am 19ten Junius gieng ich an Bord; das Schiff hatte den Haven bereits verlassen. Wir ankerten in der Antelopebai, eine Viertelmeile von Valentia. Der Kapitän wünschte, daß Herr Maxfield sie aufnehmen möchte, und ich bewilligte zwei Tage deswegen zu warten, aber die Ausführung ward durch die Krankheit des Herrn Maxfield verhindert. Ungeachtet der Kapitän mir berichtet hatte, daß die Antelope mit Allem zur See ausgerüstet sey, so waren doch die Lebensmittel in einem schlechten Zustande, und es war ein Glück, daß wir die Reise nicht fortsetzten. Am 23. Junius kamen wir bei Dschabbel Aroe vorbei, und nden, daß statt aus einer Gruppe kleiner Felsen. die roes aus einer großen Insel und fünf oder sechs anern von verschiedener Größe nach Osten und Süden esteben. Das Fahrwasser war wenigstens sieben Meien breit und wahrscheinlich war bis an das Ufer und die Felsen tiefes Wasser. Am 24sten erreichten wir Mocha, ich gieng sogleich ans Land und nahm Besitz von den obern Zimmern in der Factorei.

Am 21sten Junius. Zwei englische Seematrosen, die zur Antelope gehörten, giengen, aus Furcht vor den Drohungen des Kapitäns zu dem Dola über; wir versuchten sie zurück zu erhalten, aber unsere Bemühungen waren umsonst. Das System, die Seeleute in den muhammedanischen Häven zu verführen, ist ein so großes Uebel für alle christliche Schiffe, daß es die Aufmerksamkeit der Regierung verdient. Die Muhammedaner werden nicht durch einen religiösen Bewegungsgrund dazu veranlaßt, sondern durch die Idee, daß alle Christen das Kanonengießen verstehen, und zu diesem Geschäft sind sie alle bestimmt; zur Zeit Niebuhrs erhielt ein Renegat monatlich anderthalb Thaler, die Summe ward darauf auf drittehalb Thaler erhöht, und in den letzten 10 Monaten, in Hinsicht auf den hohen Preis aller Dinge, bis zu 10 Thaler vermehrt. Der Kapitän des Renegaten ist ein Italiener, der vor 30 Jahren als Befehlshaber eines indischen Schiffes hierher kam; er nahm den Islam an, verkaufte das Schiff und die Ladung und theilte den Gewinn seiner Schändlichkeit mit dem damaligen Dola. Er ist jetzt das vornehmste Werkzeug, um auch Andere zum Abfall von ihrer Religion zu verleiten; er erwartet sie auf der Brücke und ladet sie in die Judenstadt ein, wo starke Getränke verkauft werden. Betrunken führt man sie zum Dola, wo es nicht leicht ist zu entkommen. Man beobachtet einen Schein von Großmuth und erlaubt in den ersten drei Tagen ihren Freunden sie zu sehen; während dieser Zeit werden sie nicht beschnitten, man macht ihnen aber die glänzendsten Anerbietungen, und insonderheit widersteht ein Seemann selten der Versuchung eines freien Zutritts zu den Weibern. Bald überfällt sie Reue wegen der Armuth und der Entbehrung ihrer gewohnten Bequemlichkeiten; die neue Religion macht ihnen nicht viele Sorge, obgleich sie zuerst die nothwendigen Gebete, und die Arten der Niederwerfung und des Waschens lernen müssen.

Diesen Unterricht erhalten sie zu Musa, einer Stadt, die etwa 30 Meilen im Lande liegt. Bei ihrer Rückkehr nach Mocha werden sie durchaus nicht gezwungen, die Moschee zu besuchen; jetzt sind hier nur vier weiße Renegaten, obgleich sehr viele von unserer Flotte, während ihres hiesigen Aufenthaltes, desertirten. Man hielt es damals für nothwendig, die Regierung von Yemen zu gewinnen, und folglich geschahe nichts, obwohl verschiedene Offiziere, deren Leute fortliefen, Drohungen gebrauchten, und die Araber wurden durch unsere Nachsicht in ihrem Uebermuthe bestärkt.

Die Hitze war drückender, als ich sie je empfunden hatte; die Winde kamen von Norden, und waren äußerst warm, obgleich das Thermometer nur auf 92 — 94° stand; es regnete täglich gegen Norden und auf den Gebirgen des Innern, aber kein Tropfen erreichte Mocha. Wir erhielten Trauben, die leidlich waren, und einige schlechte Feigen und Pfirsiche. Ich erfuhr auch, daß der Kapitän Keys die Besitzer der Dow dahin zu bringen gesucht hatte, keinen Lootsen anzunehmen, daß er, ehe er Mocha verließ, seinen Widerwillen gegen die Reise erklärte, und darauf rechnete, gerade nach Suez zu gehen.

Früh morgens am 6ten sahen wir zu unserm großen Vergnügen den Fuchs, und gegen Mittag gieng er auf der Rhede vor Anker; ich schrieb sogleich an den Kapitän und ersuchte ihn, mich nach Bombay mitzunehmen, was er mir auf eine sehr verbindliche Art bewilligte; er war wegen der Fortschritte der Wehabis von Dschidda herabgekommen; diese hatten Dsambo genommen und belagerten Medinah, das sich aus Mangel an Lebensmitteln nicht lange halten konnte. Der Sherif, äußerst besorgt für Mekka und Dschidda, die beiden einzigen in seinem Besitz bleibenden Oerter, kam nach dem letztern Platze herab, um den Kapitän Vashon zu sehen, den er um Hülfe bat; er verlangte insonderheit, daß der Fuchs seine Flotte begleiten sollte, um Dsambo wieder zu nehmen. Das Unglück hatte seinen Stolz gedemüthigt, und er war die Artigkeit und Aufmerksamkeit selbst. Wäh=

rend der Aegyptischen Expedition hatte er jedoch den Admiral Blanket äußerst übermüthig behandelt, und kein Engländer konnte das Land unbeleidigt betreten. Der Kapitän hielt es nicht für rathsam, irgend eine seiner Forderungen zu erfüllen, sondern versprach, sie mit der möglichsten Schnelligkeit der Regierung von Indien mitzutheilen.

Das Ansuchen ward auf sein Verlangen schriftlich gemacht und von dem Sherif und Pascha unterzeichnet, deren Pläne, wie ich glaube, nicht wenig durch seine Antwort verrückt wurden. Der Verzug wird ihnen wahrscheinlich verderblich seyn. Die Lebensmittel wurden jetzt zu Dschidda so selten, daß der Sherif nicht einmal den Fuchs versorgen konnte, und da die Wehabis im Besitz des ganzen Landes waren, so konnten sie nur zu Wasser erhalten werden. Die Janitscharen von Dsambo und Cosseir waren dahin zurückgekommen; den letztern Ort hatten die Mameluken besetzt und die türkischen Soldaten fortgeschickt, denn wenn der Feind sie aushungern wollte, konnte die Vermehrung der Besatzung ihren Fall nur beschleunigen. Am 7ten gab ich mein bisheriges Oberkommando über die Antelope auf, und Kapitän Vashon beschloß, auf meinen Vorschlag, sie mit den Depeschen voraus zu schicken, und da mir viel daran lag, daß keine falschen Nachrichten von meiner Unternehmung vor meiner Ankunft verbreitet, und meine Berichte sicher überliefert werden möchten, ersuchte ich ihn, Hrn. Salt die Reise auf derselben zu erlauben.

Ein sonderbarer Vorfall bewies, daß die Religion nur der Vorwand ist, um die Desertion zu begünstigen. Es waren kürzlich ein Paar junge Bursche von der Antelope fortgeschwommen, und zu den Muhammedanern übergegangen. Sie waren aber zu jung, um nützlich gebraucht zu werden, und der Dola schien keine Lust zu haben, ihnen monatlich 4 Thaler für nichts zu bezahlen. Er schickte daher den italienischen Renegaten an Hrn. Pringle und verlangte, daß er die Ueberläufer zur Rückkehr bewegen möchte, weil ihre Lage höchst elend seyn würde. Am 10ten lief auch ein malthesischer Seesoldat von dem Fuchs fort. Der Kapitän fragte Hrn. Pringle, ob es für den Handel der ostindischen Kompagnie nachtheilig seyn könne, wenn er zu Gewalt seine Zuflucht nähme, um die Ehre der brittischen Flagge aufrecht zu erhalten, aber der Resident gab eine unbestimmte Antwort. Ein Bursche, der Muhammedaner geworden war, ließ mich um eine Bibel bitten; ich schickte sie ihm und hielt es für meine Pflicht, ihn auf die Schlechtigkeit seines Betragens aufmerksam zu machen. Ich erhielt eine lange Antwort, worin er mir sagte, daß er jetzt ein so guter Christ seyn könne, wie vorher, und daß er wirklich mehr Zeit habe, um Gott dem Allmächtigen seine Ehrfurcht zu bezeugen. Er kam nachher selbst zu mir, um mich um einige Arznei zu bitten; er hatte sich an den Dola des Ortes gewandt, der ihm sagte, daß wenn er so oft bete als er, so würde er nicht krank seyn; er sah elend aus und gestand seine Furcht, daß meine Vorhersagungen in Erfüllung gehen möchten. Sämmtliche Ueberläufer sollten in wenigen Tagen nach Sana abgehen, um dem Imam vorgestellt zu werden. Die Veränderung des Klima's nebst der schlechten Nahrung wird wahrscheinlich bald ihre Tage endigen. Sana ist äußerst ungesund für die Europäer und die Bewohner von Tehama; vermuthlich legte ihr dortiger Aufenthalt und die Reise durch das Gebirge, den Grund zu den Krankheiten, die Herrn Niebuhrs Gefährten ins Grab stürzten. Am 9ten segelte Hr. Salt in der Antelope nach Bombay ab.

Kapitän Vashon hat mir vorgeschlagen auf 14 Tage nach Aden herabzugehen; da ich eine Veränderung des Klima's wünschte, nahm ich seinen Vorschlag an, und auf den 15ten ward unsere Abreise festgesetzt. Am 18ten kamen wir auf der Rhede in Aden vor Anker; die Stadt gewährt von der See einen erbärmlichen Anblick. Sie ist beinahe ein Haufe von Ruinen, woraus die weißen Häupter zweier Minarets und zweier Moscheen hervorragen. Die felsige Halbinsel, worauf die Stadt liegt, hat ganz das Ansehen, die Hälfte eines Vulkans zu seyn, dessen Krater von der See bedeckt ist, und an dessen Rande die Stadt liegt. Die Felsen erheben sich zu einer sehr beträchtlichen Höhe; auf den Gipfeln sind viele kleine viereckte Forts, und eine zweite Reihe gegen die Bai ist mit den Ueberbleibseln von Linien und Forts bedeckt. Auch die verschanzte Insel (fortified island) war mit Werken versehen, die sich mit den

Hügelforts von Indien vergleichen lassen; sie muß unbezwinglich gewesen seyn und eine geringe Arbeit würde sie wieder dazu machen. Daß der Handel Arabiens sich jetzt von Aden, das einen vortrefflichen Haven hat, nach Mocha, einer offnen Rhede, die sehr starken Windstößen ausgesetzt ist, gezogen hat, kann nur dem Umstande zugeschrieben werden, daß der Beherrscher von Mocha bis neulich im Besitz des ganzen Koffeelandes gewesen ist; da aber sein Königreich jetzt durch die Wehabis zerrüttet ist, so wird Aden wahrscheinlich seine frühere Wichtigkeit wieder gewinnen und der Stapelplatz eines sehr ausgebreiteten Handels werden, wie es zur Zeit des Verfassers des Periplus war, der es bestimmt mit dem Namen Eudaimon bezeichnet. *)

Aden ist der einzige gute Seehaven im glücklichen Arabien, und hat den Vorzug vor jedem Haven in der Meerenge, daß man zu allen Zeiten auslaufen kann, während es ganz unmöglich ist, zur Zeit des Südwestmonsuns aus Babelmandeb herauszukommen. Die jetzigen Trümmer und die einzelnen Minarets geben nur eine geringe Vorstellung von dem Glanze, den es nach der Beschreibung des Marco Polo im 13ten Jahrhunderte besaß. Noch weniger

*) Arabia Eudaimon. Ganz ausgemacht ist dies nicht; im 2ten Bande wird der Uebers. auf die Angaben des Periplus zurückkommen und sie mit denen des Lords bestimmter vergleichen. R.

wird der kleine Sultan eines unbedeutenden Gebi tes sich, mit dem muhammedanischen Anführer vergleichen lassen, der 30,000 Pferde ins Feld stellen konnte. Aden muß damals auf dem höchsten Gipfel des Wohlstandes gewesen seyn, und war, wahrscheinlich wegen seiner günstigen Lage für den Handel, die Hauptstadt von dem glücklichen Arabien. Es scheint nur allmählich verfallen zu seyn; denn noch i. J. 1513 fand Don Alphonso Albuquerque die Befestigungen stark genug, um zwei Mal seinem Angriffe zu widerstehen, obgleich ein großer Theil des Handels nach Mocha und Loheia versetzt war. Aden scheint unter seinen arabischen Herrn geblieben zu seyn, bis die Feindseligkeiten, zwischen dem Sultan von Aegypten und den Portugiesen, den erstern veranlaßten, Schiffe quer über die Wüste nach dem rothen Meere zu bringen, worauf ein Seekrieg zwischen den beiden Mächten ausbrach.

Der vortreffliche Haven machte Aden zu einem Gegenstande von großer Wichtigkeit für jede Partei. Im Jahr 1516 ward es von der Flotte Selims angegriffen, der den Sultan von Aegypten bezwungen hatte, aber ohne Erfolg: indessen bemächtigte sich Suleiman Pascha im Jahre 1539, als er einen Angriff auf die Portugiesen in Indien beabsichtigte, verrätherischerweise, des Gebieters von Aden und nahm Besitz von dem Orte. Die Festungswerke wurden von den Türken sehr vermehrt, und sie führten einige von ihren ungeheuern Kanonen auf die Wälle. Es ward als ein so wichtiger Ort betrachtet, daß noch im Jahr 1610, als Sir Henry Middleton dort war, es einen Pascha zum Gouverneur hatte, auch waren die Mauern noch sehr stark. Bei dem allmählichen Verfalle der türkischen Macht schüttelten die Araber nach und nach ihr Joch ab, und im Jahr 1708 fanden die Franzosen Aden im Besitz eines arabischen Fürsten. Die Festungswerke waren verfallen, und die Bäder die einzigen Gegenstände, deren reicher Marmor noch einige Spuren der alten Herrlichkeit zeigte. Diese sind jetzt ganz verschwunden und keine einzige Kanone vertheidigt die Wälle. Dem Sultan gehört ein kleiner Landstrich, den er bis jetzt gegen die Wehabiten vertheidigt hat. Er ist den Engländern sehr ergeben, und erbot sich, sein Land ihrem Schutze zu unterwerfen. Er gab auch zugleich einen Beweis seiner Aufrichtigkeit, indem er die ganze Armee des Obersten Murray in seine Mauern aufnahm. Es halten sich hier Banianen von Mocha auf, die den Handel von Berbera treiben und die Mirrhe und das Gummi arabicum kaufen, das noch von den Tamaulis hierher gebracht wird, und dem Sultan eine Abgabe von drei Procent einbringt.

Am 19ten Julius. Der Kapitän und ich giengen früh ans Ufer, um einen Platz zu suchen, unser Zelt aufzuschlagen; wir fanden eine ziemlich gute Stelle, auf den Ruinen der Häuser nahe bei einem Felsen. Das Haus des Sultans ist von außen sehr elend; alle übrigen scheinen aus Flechtwerk und mit Matten bedeckt zu seyn. Am 20sten kam gegen Mittag der

Sultan; er pflegt in dieser Jahreszeit sich hier immer auf einige Zeit aufzuhalten, warum, weiß ich nicht, denn gerade jetzt ist Aden ein äußerst unangenehmer Ort. Weintrauben und Granatäpfel gab es in Menge, aber kein Gemüse; das Rindfleisch war bis jetzt schlecht, der Sultan aber versprach uns einige gute Ochsen. Es ward eine Menge todter Muscheln an den Strand geworfen, aber da es keine Untiefen giebt, waren wir nicht im Stande, uns lebendige Exemplare zu verschaffen. Die Boote wurden jeden Morgen ausgesetzt, wenn das Wetter es erlaubte, aber mit wenigem Erfolge.

Zuerst schickten uns, aus irgend einer Ursache, die Eingebornen schlechtes Wasser, aber nach starken Vorstellungen erhielten wir es so gut, als wir nur wünschen konnten. Die Brücke erstreckt sich nicht weit genug, daß die Boote bei niedrigem Wasser anlegen könnten, was äußerst unbequem ist. Der Sultan schaffte uns vortreffliche Ochsen; er selbst ist der einzige Händelsmann mit diesen Gegenständen; er war außerordentlich freundschaftlich und schickte dem Kapitän und mir ein Geschenk von einer Kuh, zwei Schafen, und sieben Ziegen, und ladete uns ans Ufer ein; Pferde wollte er uns verschaffen. Die Limonien sind vortrefflich und im Ueberflusse, Holz zur Feuerung ist zu erhalten. Das Klima ist gesund und ich glaube, daß wir besonders unglücklich waren, es so unlieblich zu finden. Es war unerträglich heiß und dabei außerordentlich stürmisch, so daß auch der Aufenthalt auf dem Schiffe nicht angenehm war; unsere Zelte wurden niedergeweht und in Stücke zerrissen. Am 27sten verließen wir Aden.

In dem Augenblick, als wir die Meerenge passirten, war die Veränderung der Atmosphäre sehr auffallend; die Hitze war so groß, daß der Aufenthalt in der Kajüte unerträglich wurde, und in einer Nacht empfand ich das Stechen derselben mit größerer Heftigkeit, als je vorher. Am 2ten August Abends kamen wir auf die Rhede von Mocha. Weil die Hitze so groß war, beschloß' ich ans Land zu gehen, ungeachtet die Thore verschlossen waren. Ich erfuhr, daß, wie man uns erblickte, alle von der Antelope desertirten Matrosen nach Musa heraufgeschickt wurden, damit wir sie nicht überreden möchten, wieder abtrünnig zu werden. Sie waren in einem jämmerlichen Zustande und bedauerten den Schritt herzlich, den sie gethan hatten; sie wurden nicht mit der Nachsicht, als andere Muhammedaner behandelt, sondern als Sklaven betrachtet, und genöthigt, Alles was ihnen aufgelegt ward, für 4 Thaler monatlich zu thun, eine Einnahme, die kaum hinreichte, sie beim Leben zu erhalten, und selbst dieses wird verringert werden, wenn der Dola, der sie bekehrt hat zurückgerufen werden sollte. Ich erhielt auf meine Verwendung an den Imam folgende Antwort: „alte Gewohnheiten könnten nicht verändert werden; es wäre niemals Jemand ausgeliefert worden, der sich an den Dola gewendet hätte; er wisse, daß die Engländer sehr mächtig wären, und überall das zu thun wünschten, was ihnen gefalle, aber daß mit Gottes Hülfe ihm nichts schaden würde." Ein neulich angekommener Amerikaner hatte einen Brief von einem Banianen mitgebracht, der mit zwei Arabern nach Isle de France gegangen war, um eine alte Schuld von der französischen Faktorei einzufordern; ich vermuthe sehr, daß die ganze Sendung die Absicht hatte, von der französischen Regierung Hülfe gegen die Engländer zu erhalten, und die obige Rede des Imam scheint diese Vermuthung zu bestätigen.

Der Brief erhob die Macht der Franzosen auf's höchste, und berichtete, daß sie 16 Segel von unserer Chinaflotte genommen und in Isle de France aufgebracht hatten. Diesem Berichte, der keine andere Absicht haben konnte, als den Muth zu beleben, ward von allen Amerikanern, zum großen Mißvergnügen des Dola, widersprochen; die Araber halten die Amerikaner für Freunde der Franzosen, und daher haben sie ihnen oft gesagt, daß sie es ebenfalls wären, und die Franzosen zurückwünschten. Herr Pringle forderte mich auf, einen Besuch bei einem Seid, genannt Sidi Mahomet Akil, einem Manne von beträchtlichem Vermögen, der das beste Haus in Moccha hat, zu machen. Er war ein Wehabi und von dem Dola sehr gehaßt; er lebt nur bisweilen hier und ist eigentlich ein Bewohner von Morabad, wo seine Weiber leben; er hat auch Häuser zu Dschidda, Muscat und irgendwo auf der Küste Malabar. Er hatte eine Verwandte des Imam geheirathet, aber da sie ihm nicht gefiel, sie den nächsten Morgen mit der Aussteuer zurückgeschickt. Das Haus war erleuchtet, und da er von meinem Besuche benachrichtigt war, war Alles in der bestmöglichsten Ordnung. Er kam mir an der Thür entgegen, und führte mich schnell von einer engen Treppe zur andern, bis wir endlich zwei sehr angenehme hölzerne Zimmer auf dem Dache des Hauses erreichten, deren Seiten aus venetianischen Blenden bestanden; sie waren mit Teppichen, mit englischen Lehnstühlen und Polstern versehen. Wir wurden mit Scherbet, mit Muskatnüssen gewürzt, und mit Koffee, der mit Gewürznelken parfümirt war, bewirthet. Wir lästerten den Dola nach Herzenslust; und da der Seid gerade von Dschidda kam, fielen wir hernach auf den Sherif; er schien überzeugt zu seyn, daß er, wenn er sich auch einige Zeit halten könne, ohne eine große äußere Unterstützung, sich am Ende aus Hunger werde ergeben müssen.

Die Macht der Türken ward auf etwa 1000 Mann geschätzt; sie sind allen Arabern überlegen und würden hinreichen, ihn gegen die Wehabi's zu vertheidigen. Der Seid erwähnte, daß er nach Bombay gehen wolle und auf meine Unterstützung rechne, um eine Vergünstigung von der Regierung zu erhalten. Die Unterhaltung war freier, als man von einem Araber erwarten sollte. Er lachte über die Weiber und fragte mich, ob ich mit allen Geheimnissen des Harems bekannt zu werden wünsche? Ich antwortete, gern, und er versprach mir ein Buch zu geben, das zu diesem Zweck dienen würde. Nach dem, was er hernach sagte, muß es sehr einer in Europa hinlänglich bekannten Schrift von Peter Aretino gleichen. Er vergaß jedoch sein Versprechen; es kamen andere Dinge dazwischen und ich erhielt das Buch nicht; am nächsten Morgen schickte er mir eine Geschichte und eine Sammlung von Fabeln. Er besaß eine Bibliothek von einigen hundert Bänden, meist polemischen Inhalts und unter andern einen sehr schönen Koran in persischen und arabischen Charakteren, auf Pergament geschrieben. Die einander gegenüber stehenden Seiten enthielten dieselben Sprüche in jeder der beiden Sprachen; das Ganze war reich verziert; er schätzte es auf 250 Thaler. Die untern Zimmer, die ich sah, waren ziemlich groß und mit vielen Spielereien angefüllt, die er auf seinen Reisen gesammelt hatte. Bei'm Abschied ward Rosenwasser auf unsere Schnupftücher gesprengt. Er führte mich wieder bis zur Thür. Es ist der größte Beweis von der Furchtsamkeit dieser Regierung, daß sie einem solchen Mann den Aufenthalt in der Stadt erlaubt. Er ist in offenbarem Briefwechsel mit dem Sherif von Abu Arisch und durch ihn mit dem Anführer der Wehabis Dschond. Es ist indessen möglich, daß der Dola für sich selbst ein Uebereinkommen getroffen hat; er blieb nur in seinem Amte, weil sein Nachfolger nach Beit el Fahih geschickt war, wo die Wehabis schnelle Fortschritte machten. Er fand jedoch, daß er ihnen keinen Widerstand leisten könne, und kehrte nach Sanna zurück, weil es, wie er sagte, nutzlos sey, zu bleihen, wo es viele Ausgaben und wenig Einkünfte gebe. Er mag jetzt das ihm bestimmte Gouvernement von Moccha in Anspruch nehmen.

Am 14ten August kam der Banian des Nayib von Massowah in seinen eignen Angelegenheiten. Da er vollkommen sicher war, führte er eine freiere Sprache. Den Nayib rühmte er als einen vortrefflichen Mann, gestand aber, daß er von seinen Brüdern und allen sie umgebenden Personen, die er als große Schurken schilderte, sehr beschränkt werde; er bestätigte, was ich vorher gehört hatte, daß er gleich nach meiner Abreise gezwungen worden war, ihnen einen großen Theil der Geschenke abzuliefern, die er von mir empfangen hatte. Der arme Banian machte einen kläglichen Bericht von dem Elend, das er ausstehen mußte, als er unser Schiff verließ, um nach Massowah zurück zu kehren; er hatte kein Wasser bei sich, und konnte nicht von dem trinken, das durch die Hände der Christen gegangen und also verunreinigt war. Er benachrichtigte mich, daß seit meiner Abreise der Abuna von Abyssinien gestorben sey, und daß 50 Personen von dort angekommen wären, um nach Aegypten zu gehen und einen andern zu holen; dieses Ereigniß sey den Bewohnern von Massowah sehr angenehm; die Abyssinier wären wackere Leute und verzehrten viel Geld. Der Nayib erhält 100 Unzen Gold; aber die Janitscharen, die nicht vorhanden sind, können nicht 50 bekommen, wie Bruce versichert, obgleich es vielleicht in frühern Zeiten der Fall seyn mochte, als die Macht der Pforte noch ungeschwächt war. Die Askari, die als ihre Nachfolger betrachtet werden können, erhielten nichts, wie der Banian auf's feierlichste versicherte. Der Nayib nimmt auch alle Pferde und Maulesel, die den Boten gehören, in Anspruch. Es war mir sehr angenehm, zu hören, daß die Abyssinier den Banianen beauftragt hatten, sich zu erkundigen, ob nicht ein englisches Schiff in Mocha sey, das sie gegen eine gute Belohnung nach Suez führen und den Abuna zurückbringen wollte. Es verräth eine schmeichelhafte Meinung von unserm Nationalcharakter *).

Mein Wirth in Massowah, Abu Yusuff, hatte die Versicherung Bruce's, daß es keinem verstattet werden würde, über diesen Ort nach Abyssinien zu gehen, bestätigt. Ich fragte den Banianen um seine Meinung, und erstaunte, als er gerade das Gegentheil versicherte; er behauptete, der Nayib würde gar keine Schwierigkeit machen und einen jeden für 400 Dollars völlig sicher nach Gondar zum Könige bringen; er übernahm dafür die Verantwortlichkeit und erbot sich, es schriftlich zu versichern. Ich habe keinen Grund, seine Aussage zu bezweifeln, befürchte aber, daß die Brüder des Nayib suchen werden, von jedem unbeschützten Reisenden Geschenke zu erpressen.

*) Sollte aber der Banian dies nicht bloß gesagt haben, um Sr. Herrlichkeit eine Artigkeit zu beweisen?

R.

Mein Freund, Seid Muhammed Akil, gerieth mit dem Kapitän Vashon in einen unglücklichen Streit. Er hatte Erlaubniß erhalten, verschiedene Schiffe, die er für seine eigenen ausgab, abzuschicken; es ward indeß dem Residenten von verschiedenen Banianen angezeigt, daß er zugleich baares Geld für alle Kaufleute von Surate an Bord habe. Es wurden darauf Boote abgesandt, um die Dow, worauf er sich selbst befand und die den Haven bereits verlassen hatte, zurück zu holen. Durch ein Versehen des Offiziers gelang es jedoch der Dow, sich unter die andern Fahrzeuge im Haven zu mischen; der Seid entkam an's Ufer, und beklagte sich bei dem Dola über den engl. Kapitän. Jetzt kam es zu sehr lebhaften Erörterungen zwischen diesem und Hrn. Pringle. Der Fuchs hatte kurz vorher eine Beschädigung erlitten; um sie auszubessern, war am Ufer eine Schmiede errichtet, und zur Aufsicht darüber ein kleines Kommando an's Land geschickt. Kapitän Vashon sah ein, daß er die Dow nicht ohne offenbare Gewalt zurückholen könnte; allein aus Rücksicht auf die Europäer, die ohne Schutz am Ufer waren, und wegen der Unfähigkeit seines Schiffes See zu halten, mußte er sie aufgeben, und er berief durch Zeichen und Signale alle seine Leute zurück. Sobald der Dola dies erfuhr, ward er äußerst muthig, und er befahl 20 Soldaten und einem Offizier, sich an Bord der Dow zu begeben; jeder von ihnen empfieng zwei und der Offizier 10 Thaler von dem Seid. Auf die Frage, was sie im Fall eines Widerstandes thun sollten (sie wußten sehr gut, daß alle englische Soldaten seit zwei Stunden abgegangen waren), erwiederte er, sie müßten schießen und Gewalt brauchen. Uebrigens wurden die Unterschleife des Seid hinreichend dargethan und er ward wegen der verfälschten Papiere, womit er den Kapitän Bashon betrogen hatte, von den Mitgliedern des Raths mit ernsthaften Vorwürfen überhäuft.

Seit dieser Verhandlung erklärte er, daß er nicht nach Bombay gehen werde, und schlug den Amerikanern vor, ihn nach Isle de France zu bringen; wahrscheinlich um von diesem Ort Hülfe gegen die Engländer zu erhalten. Die Amerikaner verlangten 1000 Rupien für die Ueberfahrt, die er nicht bezahlen wollte. Als der Fuchs fest saß, ward der Minister des Imam um seine Boote ersucht; sie wurden aber bestimmt abgeschlagen. Er rechnete darauf, daß wir nicht abkommen würden, und alsdann glaubte er, vermöge eines alten Gesetzes, das alle gestrandeten Güter dem Imam zuspricht, unsere Kanonen und das Pulver zu erhalten. Admiral Blanket hatte in einem ähnlichen Fall, die Fregatte Forte dem Sherif von Mekka gegeben, und dies ward für ein Beispiel angesehen. Der Dola würde sich jedoch betrogen haben, denn die Besatzung von 200 Mann war hinreichend, um die Stadt zu beherrschen. Das Schiff war vor dem 24sten vollkommen wieder im Stande, in See zu gehen, und ich begab mich am 23sten an Bord. Erst am 25sten giengen wir unter Segel und weil es möglich war, daß ein französischer Kaper unter Kap

Aden liegen konnte, warteten wir einige Zeit, um die Schiffe, die aus dem Arabischen Meere kamen, vor jeder Gefahr zu sichern. Am 12ten September war uns die Spitze Malabar im Gesichte, aber erst am Abend kamen wir näher heran. Ein Offizier von einem Kreuzer der Kompagnie, der an der Mündung des Havens lag, kam an Bord, und nahm uns sogleich ein. Es war trübe, aber die Gegend war noch hinreichend sichtbar; die Inseln sind mit Holz bis an die Spitze bedeckt, und jenseits derselben erhebt sich das feste Land mit einer Gebirgskette von den wildesten und malerischsten Gestalten, die sich denken lassen. Die Insel Bombay mit Kokospalmen bedeckt, sticht dagegen mit ihrer Fläche sehr ab.

Eilftes Kapitel.

Aufenthalt zu Bombay — Abreise nach Puna — Haven von Bombay — Panwell — Campaly — Tillegam — Ankunft in der brittischen Faktorei, nahe bei Puna — Besuch bei dem Paischwa — Bemerkungen über das Reich der Mahratten.

Am 14ten September holten mich Herr Salt und Major Green, Platzmajor von Bombay, im Namen des Gouverneurs, des Herrn Dunkan, ab, der mich sehr freundschaftlich empfieng. Er bezeigte sein Bedauern über das schlechte Betragen des Kapitän Keys, der, wie er mir sagte, seit seiner Ankunft in Arrest gewesen sey; er versicherte mich aller Unterstützung zu meinen weitern Plänen und er hoffte für mich, wenn ich mich entschließen sollte, nach Suez oder nach Bassora zu gehen, ein besseres Schiff als die Antelope, und einen bessern Befehlshaber, als den Kapitän Keys zu finden. Ich säumte nicht, dem Marquis Wellesley den Erfolg meiner Reise mitzutheilen. Zugleich unterrichtete ich ihn von meiner Absicht über den persischen Meerbusen, nach Europa zurück zu kehren und bat ihn um Empfehlungsbriefe an den Pascha von Bagdad. Ich erwartete, daß dieser mir zur Reise durch die Wüste alle Unterstützung gewähren würde. Er war ängstlich um Beistand aus Indien besorgt, um den Einfällen der Wehabis zu widerstehen, und er hatte jetzt einen Abgesandten in Bengalen, der mit aller Aufmerksamkeit empfangen und ganz frei gehalten ward. Ich wollte mich daher lieber seinem Schutze anvertrauen, als noch einmal den widerwärtigen Winden des rothen Meeres Trotz bieten. Es konnte früher, als in 6 Wochen keine Antwort aus Kalkutta eintreffen, und ich beschloß daher die Zeit durch einen Besuch in Puna auszufüllen. Ich schrieb deswegen an unsern Residenten, den Oberst Close, der sein Vergnügen darüber bezeigte und mich zugleich benachrichtigte, daß auch der Paischwa mich zu dem bevorstehenden Feste, der Dussera, das am 13ten Oktober anfieng, erwarte.

Am 6ten Oktober waren alle Vorkehrungen zu meiner Abreise durch den Gouverneur gemacht; es waren Zelte nach den verschiedenen Stationen geschickt, wo ich anhalten mußte, für unsere drei Palankins 40 Träger bestellt, und ich ward mit den goldenen Stäben des Gouverneurs beehrt. Kapitän Young, der auf dem ersten Posten im Mahrattenlande, als Kriegskommissarius für die Armee im Felde stationirt war, erhielt Befehl, mich mit Allem zu versehen und mich selbst nach Puna zu begleiten. Oberst Close hatte es übernommen, für die Reise über die Gauts zu sorgen.

Der Fluß, woran Panwell liegt, ist in der trocknen Jahreszeit nur eine Bucht der See und bei hohem Wasser, bis zu diesem Orte schiffbar; wir mußten daher die Flutzeit erwarten. Der Haven gewann an Schönheit, je weiter wir kamen. Die Inseln sind meistens mit Holz bedeckt, nur die Fleischerinsel ist frei, außer an der Nordseite, wo verschiedene Gebäude, dicht neben einem alten mahrattischen Fort errichtet sind. Unter den hohen Hügeln, die den Hintergrund der Gegend bilden, zeichnet sich der Trichterhügel durch die Sonderbarkeit seiner Gestalt aus. Der Gipfel hat ganz das Ansehen, einer großen auf der Spitze eines Felsen, in der Mitte einer Ebene erhöhten Säule; die ganze Hügelreihe hat ein sonderbares Ansehen; wir fuhren zwischen der Insel Salsetta und Elephanta hindurch, wo die Bai anfängt sich zu verengern; der Einlauf in den Fluß Pan wird durch ein kleines, jetzt beinahe verfallenes Fort vertheidigt, das von den Engländern gebaut, und während des alten Mahrattischen Krieges zu einem Depot bestimmt war. Der Fluß war jetzt so hoch, daß das Wasser die Bäume beinahe halb bedeckte. Die Reißfelder gewährten durch den guten Zustand, worin sie sich befanden, einen angenehmen Anblick, und auch die Gebirge waren mit Grün bedeckt, ausgenommen wo ihre sanfte Oberfläche von Felsenspitzen, die sehr hoch emporragten, unterbrochen ward. Die Wolken schwebten um sie und verbargen sie bisweilen theilweise unserm Blick, wodurch die Scene sehr gewann.

Nirgends in Indien habe ich eine malerische Gegend und eine hohe Kultur so vollkommen vereinigt gesehen. An dem Landungsplatze nahe bei dem Dorfe Panwell ward ich außerordentlich erschüttert über den Anblick der Geier und Pariahunde, die sich um den Leichnam eines Unglücklichen stritten, den die neuliche Hungersnoth hingerafft hatte. Kapitän Young gebraucht 12 Mann, um die Körper zu begraben, mit einem Aufwande von 45 Rupien monatlich. Sie haben bisweilen an einem Tage 30 und während des Regenmonsuns im Durchschnitte 25 bestattet. Das Ausbleiben des Regens hatte Mangel verursacht, der durch die Verheerungen des mahrattischen Krieges bis zur Hungersnoth gesteigert ward. Holkar und Scindia verwüsteten ganze Provinzen und in einem großen Districte ließen sie weder Baum noch Wohnung. Die brittische Macht hat bis jetzt Guzurate, Cocan und die armen Nachbarn von Bombay geschützt; sie ist noch weiter gegangen und hat täglich 12,000 Menschen aus den, aus Bengalen herbeigeführten Reißvorräthen unterhalten. Jetzt machte man den ersten Einschnitt, aber viele werden aus Armuth noch immer die Opfer der Hungersnoth. Kapitän Young ist kaum eingerichtet, und seine Wohnung ganz neu, sie liegt auf einem Felsen, der zur Regenzeit eine Insel ist. Sein Geschäft war, die Lebensmittel für unsere Garnison nach Puna heraufzuschaffen, die sonst Hungers gestorben seyn würde.

Diese Transporte waren ein Glück für die Armen, da beinahe 5000 Menschen dazu gebraucht wurden, die den Unterhalt aus den Magazinen erhielten. Hundert und funfzig Leute wurden auch täglich in der Küche mit Reiß ernährt; dennoch rechnete der Kapitän die Todten, während 6 Monate auf 4000. Da hier Reiß zu erhalten war, strengten die Elenden alle ihre Kräfte an, um hinabzukriechen und kamen sogar im Angesicht des Hauses um. Der Aumildar des Distrikts machte mir seine Aufwartung mit Geschenken von Früchten. Ich erlaubte ihm sich niederzusetzen, weil ich in einem unabhängigen Lande war. Es war ein hübscher Bramine, aber er war sehr unruhig, und wünschte sogar die Leute von Bombay, die hier in öffentlichen Diensten waren, zu beschatzen. Einer ernsthaften Vorstellung zu Folge mußte er es aber aufgeben, ich erwies ihm daher wenig Aufmerksamkeit. Das Dorf scheint volkreich, und liegt sehr hübsch an den Ufern des Flusses, in einer von hohen Bergen umgebenen Ebene. Auch der Priester des Grabes des Kurri Ali Khan machte seine Aufwartung. Es ist ein nettes Gebäude, mit einer Kuppel und zwei kleinen Zinnen, die aus einem Hayn von Mangobäumen hervorragen. Kurrun war, wie er mir sagte, in Lucknow geboren und lebte hier 6 Jahre. Es sind bei dem Grabe, 25 Leser des Koran. — Am 7ten Oktober. Die Wittwe des berühmten Nana Furnese schickte mir nebst ihren Salams ein Frühstück; sie ist eine junge Dirne von 16 Jahren und soll hübsch seyn; er heirathete sie als ein Kind; sie lebt hier mit ihrem

Oheim; unser muhammedanischer Priester schickte uns auch einige vortreffliche Reißpfannkuchen. Ueberall zeigten sich uns die schrecklichsten Gestalten des Elendes und des Hungers. Wegen des Ausbleibens der Träger konnten wir erst spät abgehen, und um halb 8 Uhr erreichten wir erst unsere Zelte, dicht bei dem Dorfe Dschoke.

Am 8ten Oktober. Das Land blieb wie gestern. Die Hügel haben völlig horizontale Schichten. Uns begegneten verschiedene, kaum lebende Elende und zu oft erinnerte uns ein übler Geruch an die Nähe todter Körper. Wir erreichten Campaly noch am Tage; es liegt dicht an dem Fuße des Passes von buschigen Hügeln umgeben, hat einen sehr schönen Wasserbehälter und eine nette Pagode. Verschiedene kleine Ströme kamen von dem Hochlande herab und ein Bach floß durch das Dorf. Leider konnten wir uns an der Schönheit der Gegend nicht erfreuen, weil uns auch hier der Anblick halb verhungerter Menschen und todter Körper verfolgte.

Am 9ten Oktober. Durch einen großen Theil des Gaut waren wir genöthigt zu gehen; es war jedoch weit leichter, als durch den Bessely Gaut, auch war er nicht halb so lang. Gerade auf dem Gipfel liegt das Dorf Canbulla; hier ist ein sehr großer Wasserbehälter, und unterhalb desselben eine Ebene, die einen noch schrecklichern Anblick darstellte, als Campaly; mehr als hundert Leichen bedeckten sie, wovon sich die

Geier und Pariahunde ernährten; in jedem Gesichte war der Hunger unverkennbar, einige Häuser waren unbewohnt, und die letzten Opfer waren noch nicht von der Stelle fortgeschafft, wo sie umkamen. Wir eilten, um diese Scene des Jammers zu verlassen. Das Land war schön und wohl angebaut. Wir erreichten einen Platz nicht weit von den berühmten Höhlen von Carli, wo Oberst Close Zelte für uns hatte aufschlagen lassen; sie waren mit allen Bequemlichkeiten versehen. Der Killadar (Befehlshaber) des Forts Esapor machte seine Aufwartung; er hatte eine Wache von eingebornen Soldaten, seine Besatzung betrug, wie er sagte, 2000 Mann. Zum ersten Mal hatten wir das Glück, von den traurigen Umgebungen der Dörfer entfernt zu seyn; ein Mangotop bildete einen Schutz gegen Süden, und vorn war ein heller Wasserbehälter. Etwas störte uns indeß doch ein schwerer Gewittersturm, da der Regen bisweilen durch unser Zelt schlug. Nie hörte ich so schreckliche Donnerschläge, und sie waren nahe genug, um uns mit Recht zu beunruhigen. Am 10ten setzten wir unsere Reise fort. Es war so kühl, als in England während des Sommers. Der ganze Weg lief durch ein Thal, das mit Stücken Achat, Onyx und Carneol bedeckt war. Die Hügel waren grün bis an den Gipfel, und die Reißfelder häufig. Am 11. durchreisten wir ein ebenes Land, ohne Anbau und Bäume, ausgenommen in der Nähe des Dorfs. Der Rajah von Tillegam ladete mich ein, ihn zu besuchen; ich entschuldigte mich aber unter dem Vorwand, daß ich den Paischwa noch nicht gesehen hätte, eigentlich aber, weil ich mich vorher mit dem Obersten Close über das Ceremoniell besprechen wollte.

Am 12ten Oktober. Früh begaben wir uns auf den Weg. Das Land war durch Holkar verwüstet und das Dorf Aund an dem Ufer des Flusses Muta lag in Ruinen. Ein wenig westlich von dem Dorfe Gunnais Cundah, das diesen Namen von einem nahbelegenen Tempel des Gunnais hat, erwartete mich eine Gesandtschaft des Paischwa. Die Anführer saßen in bedeckten Hauda's auf Elephanten. Ein großes Corps Cavalerie war aufgestellt; die Offiziere begrüßten mich, als ich längs der Linie vorüber gieng. Auf der Ebene war ein Teppich ausgebreitet, wo der Oberst mir die Abgeordneten einzeln vorstellte; ich umarmte einen jeden und wir setzten uns darauf ohne Stühle oder Polster. Die Hauptperson war Abah Purundery, der Dschagirdar von Sapur, ein hübscher junger Mann, mit einem ausdrucksvollen Gesicht und von gefälligem Betragen. Er trug verschiedene Zierrathen von Perlen und Edelsteinen. Ihn begleiteten Anund Rau, Minister des Paischwa für die brittischen Angelegenheiten; Kistnadschie Bowannie, assistirender Dewan des Staats, und Sidobschi Rau Nepawukur, der ein Cavaleriecorps bei der Armee des Marquis Wellesley während des letzten Feldzugs in Dekan befehligte. Es waren auch verschiedene Maunkarri's gegenwärtig, Beamte, die den Paischwa bei allen Staatsbesuchen begleiten müssen; diese wurden hinten gesetzt. Nach den gewöhnlichen Begrüßungen und Artigkeiten erhoben wir uns; die Gesandten begaben sich nach der Stadt, wir nach der Wohnung des Obersten Close, in einer kleinen Entfernung von derselben.

Nach den Beschwerden der Reise war es mir unter dem gastlichen Dache des Obersten Close gar behaglich. Seine Gärten liegen an den Ufern des Muta, wo er in den Mula fällt und den Mutamula-Fluß bildet. Dieser fließt in den Bima, der wieder in den Kistna fällt. Auf diese Art kann man, wenn man kaum 40 Meilen von der westlichen Küste der Halbinsel entfernt ist, zu Wasser nach dem östlichen Meere kommen. Der Ort ist äußerst reizend, mit Cypressen und Fruchtbäumen geschmückt. Auf der Spitze ist ein sehr schöner Bungelow errichtet, wo gespeist wird; an einem Ende ist ein Billard. Die Tafel des Obersten ist vortrefflich; Rindfleisch wird indessen, aus Rücksicht auf die Vorurtheile der Eingebornen, nicht aufgesetzt. Holkar hatte während seines Aufenthaltes so wenig Gewalt über seine Patanenschaaren, daß das heilige Thier oft geschlachtet wurde. Sir Charles Mallet war, als er zuerst als Resident nach Punah kam, genöthigt, in einem elenden Hause in der Stadt zu leben, das für ihn eingerichtet war. Er fand es höchst unangenehm und schlug daher während des Sommers seine Zelte an den Ufern des Flusses auf, aber die Regenzeit zwang ihn zur Rückkehr nach der Stadt. Nach vielen Vorstellungen erhielt er endlich Erlaubniß, sich für den Augenblick in diesem Garten ein Haus zu bauen. Es brannte ab, und da Sir Charles sich jetzt mit Recht beklagen konnte, ward ihm verstattet, den Bungelow anzulegen, der gegenwärtig zum Bureau des Residenten dient. Ein Gebäge war noch immer nicht erlaubt und auch der jetzige Resident findet viele Schwierigkeiten, um einen Thorweg und verschiedene Nebengebäude aufzuführen. Der große Bungelow an den Ufern des Flusses ward für ein Fest gebaut, woran der Paischwa Theil nahm, zum Andenken an den beendigten Mahrattenkrieg. Auf der gegenüber liegenden Seite verbrennen die Eingebornen die Leichen und übergeben die Asche hernach dem Strom.

Am 13ten October. Heute ward das berühmte Fest der Hindu, Dusserah begangen; der Paischwa mußte gegenwärtig dabei seyn und das Hauptgeschäft verrichten. Da ich ihm nicht vorgestellt war, konnte ich ihm, ohne Beleidigung der Etikette, nicht in den Weg kommen; und mußte das Fest daher in einer kleinen Entfernung ansehen. Sobald Se. Hoheit den Pallast verließ, bestiegen der Oberst und ich unsern Elephanten; und von der Reiterei und Suwarry begleitet, verfügten wir uns quer über den Fluß nach den brittischen Linien, wo alle Truppen aufgestellt waren; die Artillerie stand zur Linken. Wir stellten uns hinten, um nicht erkannt zu werden. Der Paischwa begab sich in schiefer Richtung längs der Linie zu einem Ort, wo ein Zweig eines Baums in die Erde gesteckt war. Hier stieg er von seinem

Elephanten ab und verrichtete die eigentliche Ceremonie, die wir nicht sehen konnten. Nach ihrer Beendigung ward ein königlicher Gruß gefeuert. Seine Hoheit setzte sich wieder auf und zog von der rechten Seite nach der linken vor der Linie vorüber: die Truppen empfiengen ihn mit präsentirtem Gewehr. Die Regimentsfahnen wurden gesenkt, nicht aber die des Königs, und als er vor der Artillerie vorbei kam, ward zum zweiten Mal eine Salve gegeben. Er saß in einer Hauda mit Spiegelglas versehen, und hatte nur eine kleine Suwarry. Die brittischen Truppen, die jetzt zum ersten Male bei dieser heiligen Feierlichkeit in der Hauptstadt des Hindureichs erschienen, machten den interessantesten Theil des Festes. Ehemals waren Holkar, Scindia und die übrigen Häupter gewohnt, daran Theil zu nehmen, und ihre ungeheuern Cavaleriecorps bedeckten die umliegenden Ebenen. Ganze Felder wurden alsdann verheert; der Paischwa gab selbst das Beispiel, aber jetzt sammelten seine Begleiter bloß einige wenige Aehren.

Nach der gemeinschaftlichen Feier des Festes pflegten sie ihre räuberischen Einfälle in die benachbarten Länder anzufangen; aber diesen Einfällen ist jetzt wahrscheinlich auf immer ein Ende gemacht. Der Tag ward für glücklich gehalten, einen Krieg anzufangen, weil an ihm der Sieg, den Ram über den Riesen Ravan erhalten hatte, gefeiert wird. Da ich nur wenig sehen konnte, wandte ich mich durch Oberst Close an die einsichtsvollsten Braminen, die mir folgenden Aufschluß gaben. Als Ram im Begriff war den Riesen Ravan anzugreifen, der seine Frau Sita entführt hatte, kam er zu einem Orte Kiskinda genannt, der von einem Affen oder einer Meerkatze Wali beherrscht ward. Wali hatte sich des Weibes seines Bruders Sugriu bemächtigt und ihn aus der Stadt vertrieben. Sugriu von vier andern Meerkatzen, namentlich Hunuman, Nul, Nil und Dschamnwunt begleitet, nahm seine Wohnung auf einem Berge, sechs Kos von Kiskinda. Ram gieng über diesen Berg, und sobald Sugriu ihn in einiger Entfernung wahrnahm, schickte er den Hunuman ab, um zu sehen wer er sey. Hunuman setzte dem Ram die Sache des Sugriu auseinander, vermochte ihn, sich derselben anzunehmen, und führte sie darauf zu einander. In kurzer Zeit vernichtete Ram den Wali, gab die Frau des Sugriu zurück, und setzte ihn in die Regierung von Kiskinda ein. Ram, vom Hunuman begleitet, auf dessen Rücken er ritt, brach von Kiskinda auf, um den Ravan anzugreifen, am 10ten des Monats Asvin, welcher als der Widschia = Dasmi oder der zehnte des Sieges gefeiert und gewöhnlich der Dussera genannt wird. Die erste Nacht hielt Ram unter dem Schatten eines Baums, Gokorni genannt, der mir eine Cassia scheint, und seinen Namen von der Aehnlichkeit seiner Blüte mit der Gestalt eines Kuhohrs hat, an; (Go bedeutet im Sanscrit Kuh und Kuru, Ohr.) Ram verrichtete unter diesem Baum, der selbst ein Gegenstand derselben war, seine Andacht; nach ihrer Beendigung brachten ihm die Meerkatzen Blätter von dem Gokorni, die einzigen Opfer, die sie damals bringen konnten. In einer kurzen Zeit indessen waren alle Blätter des Baums erschöpft; sie überreichten darauf die Blätter eines andern Baumes, Aptah, und als auch dieser entblättert war, das Laub eines dritten Baumes Schommi (einer Mimosa). Ram befahl hierauf, daß wenn er in seiner Unternehmung wider den Ravan glücklich seyn würde, immer einer von diesen drei Bäumen, wo möglich dem Gokarni, wenn aber keiner vorhanden wäre, der Aptah und endlich der Schommi an den Widschia Dosmi verehrt werden sollte. Nachdem die Meerkatzen dem Ram die Opfer gebracht hatten, vertauschten sie die Blätter unter einander.

So hat mir ein gelehrter Bramine, der seine Freunde um Rath fragte, die Geschichte dieses Festes erzählt. Diesmal ward der Aptah verehrt; ich sah die Blätter, es ist eine Art Bauhinia Ist kein Baum in einer bequemen Gegend, so wird ein Zweig, wie hier geschah, in die Erde gesteckt; die Ceremonie wird in den Sanscritbüchern beschrieben, die von den Ceremonien handeln, welche die Hindu's in jedem Monate verrichten müssen. Der erwähnte Bramin gab mir folgende Erklärung. Die Verehrung des Baums an dem Dussera kann jeder Hindu, ohne Beistand eines Braminen verrichten; es ist auch nicht nothwendig, daß irgend ein Theil der Kleidung abgelegt wird. Zuerst gießt er ein wenig Wasser über den Baum oder Zweig, wirft darauf ein Paar Reißkörner darüber, reibt dann etwas pulverisirtes Santelholz in Wasser gemischt daran und ziert ihn mit Blumen. Ein wenig Zucker oder irgend eine Süßigkeit, und einige auf die gewöhnliche Art bereitete Betelnüsse werden als Opfer vor dem Baum gelegt. Etwas wird einem armen Braminen gegeben, der auch das vor dem Baum gelegte Geld nimmt; dies ist das Ende der Zeremonie, die durch alle Gebiete der Hindu's begangen wird. In Puna indessen wird ein Zusatz gemacht, der durch keins ihrer Bücher befohlen ist. Der Paischwa empfängt eine Anzahl Blätter von dem Zweige, die er seinen Begleitern giebt; diese vertauschen sie unter einander, um die Meerkatzen nachzuahmen. Hernach hält er einen Durbar, wo ihm Nasurs von zwei bis fünf Goldmohurs überreicht werden und zur Vergeltung giebt er jedem ein Blatt. Er schickt auch Kelats und Blätter an den Rajah von Sattara und Scindia. Der Bramine wußte mir weder ein Motiv für den Austausch der Blätter, noch eine Wirkung desselben anzugeben. Ich möchte ihn für eine Art Bündniß zum gegenseitigen Beistande bei dem bevorstehenden Kriege halten. Es fand am Abend Statt und als wir nach Hause kamen, war es beinahe dunkel.

Am 14ten Oktober. Dieser Tag war zu meinem Staatsbesuche bestimmt. Die glückliche Stunde war gegen vier Uhr. Die Ceremonien waren beinahe dieselben, wie bei den Besuchen anderer indischer Großen, nur war die Suwarry des Paischwa weniger glänzend. Beim Eintritt zog ich meine Pantoffeln aus, auch hatten wir keine Stühle oder Polster und setzten uns auf das weiße Tuch, durften aber unsere Füße nicht ausstrecken, weil es für respectwidrig gehalten wird, die Sohle des Fußes zu zeigen; es wird nicht laut gesprochen, sondern nur geflüstert. Ich sprach mit dem Obersten, der es dem Dewan übersetzte; dieser näherte sich dem Paischwa auf seinen Knieen, mit gefalteten und aufgehobenen Händen und wiederholte ihm mit leiser Stimme, was ich sagte. Der Paischwa äußerte den Wunsch, daß wir uns nach einem andern Orte begeben möchten, um uns freier unterreden zu können. Wir folgten ihm daher in ein sehr nettes kleines Zimmer; hier setzte er sich auf einen kleinen türkischen Teppich in dem Winkel. Ich saß dicht zu seiner Linken, und die übrigen bildeten einen Halbcirkel vor ihm. Er fieng jetzt eine sehr interessante Unterhaltung an. Er ließ viel von seiner Etikette nach, lachte und sprach sehr oft unmittelbar mit mir und dem Obersten; seine Wendungen waren beinahe immer gewählt; über politische Gegenstände sprach er deutlich und ausführlich und zeigte sich weit besser unterrichtet, als ich erwarten konnte. Nach einer Stunde kehrten wir zum Durbar zurück und jetzt hatten die gewöhnlichen Abschieds-Ceremonien Statt. Nur wurden, gegen die Etikette der übrigen Asiatischen Höfe, die niedrigsten zuerst mit Pan u. s. w. bewirthet. Die Ueberreichung der Geschenke ward bis auf das Fest verschoben, das er mir zu Ehren auf seinem Landhause geben wollte. Der Paischwa und sein Bruder waren in einem einfachen mousselinenen Kleide, ohne Edelsteine; der Dewan des Reichs trug in seinem Turban einige flache Diamanten, ein Halsband von Smaragden, große Perlen und goldene Ohrringe, woran die schönsten Perlen hiengen, die ich je gesehen habe; sie waren ganz rund und hell und so groß wie die Pupille eines menschlichen Auges.

Der Pallast ist ein leiblich hübsches Gebäude und war sehr reinlich. Das Zimmer zum Durbar ist groß, und wird durch hölzerne Pfeiler mit artigem Schnitzwerk unterstützt. Sein Guddy oder Thron war von weißem Mousselin, reich mit Gold und bunter Seide gestickt. Seine Begleiter standen rings außerhalb der Pfeiler, bis auf wenige mit silbernen Stäben. Holkar beschädigte den Pallast nicht sehr, nahm aber Alles fort, was beweglich war, selbst ein kleiner Schrank und die Elephantenhauda's wurden nicht zurückgelassen. Verschiedene Häuser sind groß und aus viereckten Granitblöcken, etwa 14 Fuß vom Boden erbaut, der obere Theil besteht aus hölzernem Fachwerk mit leichten Mauern, bloß um die Feuchtigkeit, die Nässe und die Luft abzuhalten. Der Kalk und die Ziegeln sind so schlecht in diesem Lande, daß der Regen jedes Gebäude, das nicht durch Holz gestützt wird, fortspült; eine große Menge von diesem nützlichen Material wird von den Gauts und den westlichen Ländern gebracht; es ist nicht viel theurer, als zu Madras.

Holkar's Aufenthalt hat die Stadt nicht verbessert; er riß verschiedene Häuser nieder, um nach Schätzen zu suchen, und soll wirklich Vieles gefunden haben. Wir passirten auf einer Fähre den Fluß. Die Fundamente einer granitnen Brücke erheben sich über dem Wasser, aber sie waren in einer unglücklichen Zeit gelegt und der Aberglaube erlaubt daher nicht, sie zu vollenden. General Wellesley ließ eine Brücke von Booten darüber legen, aber sie ward nicht unterhalten. Der Anblick todter Körper an dem Ufer des Flusses, in jedem Stadium der Fäulniß, war höchst betrübt; während der Hungersnoth wurden viele, wegen des Reißes, den sie eben von der englischen Mildthätigkeit erhalten hatten, todtgeschlagen. In Bombay war eine Summe von 40,000 Rupien unter den Auspicien der Lady Mackintosh zusammengeschossen und hierher gesandt; der Oberst Close hatte die Vertheilung, er unterhielt Anfangs täglich 1500 Personen mit gekochtem Reiß; aber der Anblick der Nahrung machte sie beinahe rasend, es entstand Verwirrung und viele, besonders die Hülfloseren, giengen ihres Theils verlustig. Daher beschloß er die Austheilung auf Geld zu setzen, und zwar jeder Person so viel zu geben, daß sie sich in 24 Stunden eine gute Mahlzeit kaufen konnte; acht Peiß reichten dazu hin; Kinder erhielten eine geringere Summe, hatten aber nebst den Weibern den Vorzug. Ungefähr 5000 wurden täglich unterstützt und es dauerte, bis die neuen Aerndten eingesammelt waren, so daß sie wirklich der Gesellschaft erhalten wurden; das Geld wirkte weniger auf ihre Gefühle, als die Nahrung; die Verwirrung war daher geringer.

Es war das regelmäßige Geschäft eines Offiziers, mit einer Wache von Sipoys die Vertheilung zu besorgen. Man hielt es für unzweckmäßig Reiß herauf zu senden, um die Kosten zu ersparen. Indianischer Weizen und Dschuwarry waren bereits eingebracht, und den Reiß hoffte man in etwa 14 Tagen einzuärndten. Der Offizier, der die Garnison befehligte, war äußerst besorgt, die Felder um die Stadt zu beschützen, und der englische Name ist daher unter den geringern Ständen sehr beliebt. Die Wache von 100 Sipoys reichte zu diesen Zwecken gerade hin; einige Braminen, die keine Almosen nöthig hatten, mischten sich unter die Bettler und suchten einen Theil zu erhalten; sie wurden aber bei der Entdeckung mit ein Paar Dutzend Hieben bestraft, troz der Heiligkeit ihres Charakters, und es sind keine Vorstellungen dagegen gemacht worden. Der Paischwa unterhält eine große Anzahl aus seiner Kaste, aber weiter erstreckt sich seine Mildthätigkeit nicht. Jetzt ist das Unglück vorüber. Das Aehrenlesen ist in Indien erlaubt, und ernährt in diesem Augenblicke viele. Jeder kann auf das Feld gehen, und so viel nehmen, als er bedarf, oder auch ein Bündel Gras zurückbringen. Das Lager beschäftigt viele Hände. In keinem Lande sind die Mittel des Unterhalts leichter zu erwerben, als in den Mahratten-Saaten; diese sind ein wahrer Garten, der Aerndte auf Aerndte gewähren würde, so schnell als man sie säete, nur müßten überall Wasserbehälter angelegt werden, um in jeder Jahreszeit einen Wasservorrath zu haben.

Heute empfieng ich den Besuch von dem Vakil Scindia's, der am folgenden Tage abreisen wollte. Er heißt Dschuswunt Rao Gore Pora, und wird für einen treuen Freund der Britten gehalten. Er genießt Scindia's Vertrauen in einem hohen Grade, und ward von ihm zum Vakil bestimmt, um den letzten Frieden mit General Wellesley zu unterhandeln. Seine Familie ist sehr achtungswerth und die Britten gaben ihr, bei der Eroberung von Meisore den kleinen Distrikt Sondor, ein schönes Thal zwischen Dschittledrug und Neydrug, das ganz von dem englischen Gebiete umgeben ist. Am folgenden Tage empfieng ich die übrigen Vakils, unter ihnen den des Imrut Rao, des angenommenen Bruders des Paischwa. Ragonaut Rao hatte keine Hoffnung Kinder zu erhalten, als er ihn adoptirte, aber hernach wurden der jetzige Paischwa und sein Bruder geboren. Anfangs standen sie daher in keinem guten Vernehmen mit einander; sind aber jetzt durch die Vermittelung des Obersten Close ausgesöhnt. Imrut Rao ist auf dem Wege nach Benares, um dort seine Reinigung zu verrichten. Er ist der erste seiner Familie, der es thut, und dieser Umstand erhöht seine Freude darüber sehr.

Am 19ten Oktober. Gestern kam von Heider-

Abad ein Neffe des Obersten Close, 370 Meilen, die er in 12 Tagen zurückgelegt hatte. Das Land des Nizam ist durch den Hunger eben so mitgenommen, wie das des Paischwa. In verschiedenen Dörfern war kein lebendiges Geschöpf gewesen und todte Körper lagen vor den Thüren und in den Häusern. Er selbst war beinahe vor Hunger umgekommen und hatte, seitdem er Heider-Abad verließ, nur einheimisches Korn und dann und wann etwas Milch bekommen. Man muß dies dem Mangel an Regen zuschreiben, denn Holkar und Scindia haben in diesem Lande keine Verwüstungen verursacht.

Das Fort Saoghur liegt auf dem andern Ufer des Flusses auf einem flachen Berge; es scheint stark, bedeckt aber nicht die ganze Oberfläche des Hügels, so daß es auf der einen Seite zugänglich ist. Holkar nahm diesen Ort nie ein und seine Anerbietungen waren nicht im Stande die Treue des Killadar wankend zu machen. Puna scheint mir im Ganzen wohlbelegen und wird, wenn es einige Zeit die Seegnungen der Ruhe genossen hat, eine hübsche Hauptstadt werden.

An diesem Tage machte mir der Paischwa den Gegenbesuch, uud er ward von uns mit großen Feierlichkeiten empfangen. Es war gerade ein großer Festtag, wobei er eigentlich hätte gegenwärtig seyn müssen; wegen seiner Abwesenheit ward er um einige Hundert Rupien bestraft, zu großer Zufriedenheit der Braminen.

Die Geschenke, die er bei dieser Gelegenheit erhielt, wurden von der ostindischen Kompagnie bestritten, sie waren etwa 12,000 Rupien werth, und die seiner Begleiter etwa 8000.

Am 20sten Oktober. Wir machten heute einen Besuch auf dem Landhause des Paischwa, dem Horabaug. Es liegt sehr hübsch an dem Ufer eines sehr großen Wasserbehälters, von einer ganz unregelmäßigen Gestalt; in der Mitte desselben befindet sich eine kleine Insel mit einer Pagode. Das entgegengesetzte Ufer erhebt sich nach und nach in einen spitzen Hügel, dessen Gipfel mit den weißen Gebäuden einer der Perbutti geweihten Pagode bedeckt ist. Das Gebäude selbst ist unbedeutend und nie vollendet. Der Garten ist schön, und mit verschiedenen edlen Mangobäumen und vielen Kokospalmen verziert, die ich nirgends, oberhalb der Gauts, gesehen habe. Man wollte mich sogar versichern, daß sie dort nicht wüchsen. Sein Thron oder Guddy war in eine Verandah gesetzt, die auf ein Bassin mit Springbrunnen sah, und von einem Rebengeländer bedeckt war. Wir benachrichtigten den Paischwa von der Einnahme von Dschandor, durch die vereinigte Armee der Britten und des Paischwa, wodurch er sehr erheitert ward. Er bat mich, ihm eine arabische Stute zu verschaffen. Der Oberst versicherte ihn natürlich, daß ich mir alle mögliche Mühe geben würde, aber leider erkannte ich die Unmöglichkeit, denn die Araber trennen sich nicht von ihren Stuten. Wir wurden bald gebeten hinaufzu stei

[...]en, und der Paischwa gieng durch eine Hinterthür; [...]ben wurden wir nach einer Plateforme geführt, an je[...]dem Ende mit einer Verandah.

In der einen war ein weißes Tuch ausgebreitet, auf demselben lagen so viele Pisangblätter, als Engländer gegenwärtig waren; auf einem jeden stand eine Braminen-Mahlzeit, die aus gewöhnlichem und süßem Reiß, einer zusammengerollten uud dünnen Pastete, Pastetenkuchen, Brod und Erbsenpudding bestand; auf der einen Seite lag eine Reihe von Confituren, die wie Farben auf einem Malerbrett aussahen, auf der andern standen sieben verschiedene Arten von gekochten Gemüsen; jeder hatte Reißmilch, Dschi und einige andere Getränke in kleinen Schüsseln von Pisangblättern vor sich; Alles war in seiner Art vortrefflich. Wir hatten die Vorsicht gehabt, Gabel, Löffel und Messer mitzubringen, die wir gebrauchten, ohne Rücksicht auf unsern Wirth, der sich bald zu uns gesellte und sich etwas außerhalb der Verandah auf den Thron setzte, natürlich konnte er sich nicht verunreinigen und in unserer Gegenwart essen. Wir giengen nach der Mahlzeit herunter und nun wurden, mit den gewöhnlichen Ceremonien die Geschenke überreicht; sie waren besser, als sie jemals bei einer solchen Gelegenheit gegeben werden. Die Herren von der Niederlassung erhielten gar nichts. Zuletzt gab er mir ein Schwerdt, das sehr schön gearbeitet war und eine vortreffliche Klinge hatte; es gehörte nicht zu den Staatsgeschenken und war mir daher besonders werth. Wir kehrten durch die Stadt zurück, die weit größer ist, als ich dachte und der Basar übertraf meine Erwartung. Es giebt verschiedene große Häuser von drei Stockwerken; die Pagoden sind unbedeutend.

Am 21sten Oktober. Wir besuchten den Garten des Paischwa; und wir wurden mit denselben Ceremonien, wie am gestrigen Tage empfangen. Ich nahm jetzt von ihm Abschied, und drückte meinen aufrichtigen Wunsch aus, daß das gute Vernehmen zwischen den Mahratten und den Britten fortdauern möge. Der folgende Tag war zu meiner Abreise bestimmt; ich hatte hier verschiedene alte Figuren von Hindugottheiten und einige von vorzüglichem Verdienste erhalten, und meine Leute hatten eine große Menge von Achaten gesammelt, die hier im Ueberfluß sind. Diese Sachen wurden in der Nacht vorausgeschickt. Viele von meinen Begleitern waren an Fiebern krank; ein sehr gewöhnliches Uebel, das die Bewohner von Coram befällt, wenn sie die Gauts besteigen. Es ist auch der Fall mit den Europäern. Mir dünkt diese Erscheinung ungewöhnlich zu seyn, obgleich sie auch in Tehama in Arabien Statt findet.

Das Reich der Mahratten, das einst mächtig genug war, um den Besitz Indiens den Muselmännern streitig zu machen, war, obgleich geschwächt durch die gänzliche Niederlage, die sie bei Paniput erlitten, dennoch in einem sehr blühenden Zustande und nur innere Unruhen verhinderten sie, ihre siegreichen Waffen durch den größten Theil der Halbinsel zu verbreiten. Der Vertrag von Bassein hat indessen in der Thar, dies Reich vernichtet und die mehr oder weniger unabhängigen Staaten des Berarrajah, des Paischwa, des Scindia, des Guikwar und, wenn er nicht in dem gegenwärtigen Kriege besiegt werden sollte, das Holkar an die Stelle desselben gesetzt. Die brittischen Provinzen haben dadurch einen Grad von Sicherheit erlangt, der sich gar nicht berechnen läßt, denn nach der Besiegung Tippu's hatten sie nur eine Vereinigung der Hindu-Fürsten zu befürchten.

Die größten Schwierigkeiten fand die Union zwischen England und dem Paischwa in seinem schwankenden und unzuverlässigen Charakter, dem es an hinreichender Festigkeit fehlte, um solche entscheidende Maasregeln zu ergreifen, deren Nothwendigkeit er selbst einsah. Er war von offenen und heimlichen Feinden umgeben und nur, dem Namen nach, im Besitze seiner gesetzlichen Macht. Lord Wellesley gab seiner Furchtsamkeit, allen seinen Launen und Zögerungen nach und gewann endlich sein völliges Vertrauen. In der Privatunterredung, die ich mit ihm hatte, drückte er aufs allerstärkste seine Anhänglichkeit an England und die Verpflichtung aus, die er gegen uns habe. Oberst Close glaubte, daß seine Versicherungen aufrichtig wären, die er nie so unzweideutig erklärt hatte. Sein Herz ist vortrefflich, wie die Vertraulichkeit zwischen ihm und seinem Bruder Dschimnadschi beweist.

Sie leben in Einem Hause und scheinen nur Einen Beutel und Eine Meinung zu haben, und doch konnte er wohl einige Eifersucht gegen diesen Bruder hegen, der selbst, während der Verwirrungen, die auf den Tod des Madu Rao Narein folgten, zum Paischwa erhoben ward.

Der Paischwa ist, wie die Mehrzahl seiner Landsleute, in hohem Grade abergläubig. In einem Punkte, weicht er jedoch von der Strenge seiner moralischen Verpflichtungen ab, er hat drei Weiber und verschiedene Beischläferinnen. Das Betragen seines Bruders ist ernster und in jeder Hinsicht so gesetzt, daß er beim Durbar weder Hand noch Fuß bewegt. Der Paischwa ließ an dem Feste des Gunnais eine große Anzahl Frauen vor der Gottheit tanzen, und er wird beschuldigt, sich bei dieser Gelegenheit möglichst vortheilhaft angekleidet zu haben. Sein Bruder glaubte, daß er seiner Würde dadurch etwas vergeben habe, und machte daher dem Obersten den Antrag, ihm darüber eine Vorstellung zu machen, den dieser aber ablehnte.

Zwischen dem Mahrattischen Cabinet und dem englischen Residenten besteht eine sehr große Herzlichkeit, aber wegen ihres Aberglaubens ist es oft unmöglich ein Geschäft vorzunehmen. Die Erwartung eines glücklichen Tages wird für äußerst wichtig gehalten, und stirbt ein Mitglied aus der Familie des Ministers, so schließt er sich auf einen Monat ein, und alle Verhandlungen ruhen. Ehemals wurden solche Schwierigkeiten absichtlich hervorgesucht, aber noch jetzt ist man ihrer nicht ganz überhoben. Wir haben unsern Einfluß bisher dazu verwandt, die Gemüther Aller zu versöhnen. Der Bruder der Wittwe des Nana furnese war während einiger früheren Unordnungen ins Gefängniß gesetzt. Wir bewirkten seine Befreiung und versuchten ihm etwas zu verschaffen; auch dem adoptirten Bruder des Paischwa, Imrut Ran, haben wir wesentliche Dienste geleistet. Freundschaft wird wahrscheinlich nie unter ihnen Statt finden; aber bei dem Frieden mit Holkar kann ihm eine Versorgung ausgemittelt und er in ein Verhältniß mit seinem Bruder gesetzt werden, welches ihm jedoch nicht erlaubt, demselben zu schaden. Die Abwesenheit des Imrut Ran auf einer Wallfahrt nach Benares wird den Unwillen des Paischwa abkühlen, und seine religiösen Vorurtheile werden durch die Wohlthaten, die dadurch auf die ganze Familie zurückfließen, Befriedigung erhalten.

Imrut Ran war gewiß die Hauptursache von des Paischwa's Unglücksfällen. Er hatte den Holkar nach Puna gerufen und stand die ganze Zeit mit ihm in Verbindung; seine Absicht scheint gewesen zu seyn, einen seiner Söhne auf den Thron zu setzen, und in dessen Namen den Vater zu regieren; der Paischwa würde, wenn man sich seiner bemächtigt hätte, gefangen gehalten worden seyn. Imrut Ran hat sein schlechtes Betragen von Herzen bereut, alle seine bösen Verbindungen aufgegeben und sich in den Schutz der Engländer begeben. Er empfängt jetzt seinen

Unterhalt von ihnen und sie verwenden sich für ihn bei seinem mit Recht erzürnten Bruder; sein Sohn, ein hübscher Knabe, ist bei ihm. Die Familie des Nana furnese war in die Verschwörung verwickelt, aber wir haben den Paischwa bewogen, ihr zu verzeihen; er that es nicht ohne Widerwillen und hat auch ihr Vermögen nicht wieder zurückgegeben.

Es landeten zwei sehr einsichtsvolle Franzosen, die gewiß schon vorher in diesem Lande gewesen waren, an dieser Küste und begaben sich zu dem Paischwa, der gerade auf einer religiösen Reise nach der Quelle des Kistna begriffen war; er schickte sie aber, ohne sie vor sich zu lassen, als Gefangene nach Puna, und übergab sie auf sein Verlangen dem Oberst Close. Der Paischwa ist in der Beobachtung aller seiner Religionspflichten äußerst genau, wozu die Besorgniß über den gegenwärtigen Zustand der Seele seines Vaters beitragen soll. Viele hegen einen Argwohn über den Tod des Sewai Mahdu Rao Narain, der durch einen Fall von der Terrasse des Pallastes starb. Einige glaubten, Ragonot Rao sey daran Schuld gewesen; der Oberst Close hält ihn aber für unschuldig. Er meint, daß der Paischwa sich in einem Anfall von Schwermuth herabstürzte, wegen eines ernsthaften Vorwurfs, den ihm Nama machte, der ihn als ein Kind behandelte. Der Dewan entdeckte, daß er mit dem jetzigen Paischwa und seinem Bruder unterhandle, um sich von der Vormundschaft des alten Mannes zu befreien. Sie waren alle junge Männer; was sie thaten, war natürlich, aber der Ausgang war unglücklich. Der Tod des Narain Rao lastet noch schwerer auf dem Ragonaut Rao; obgleich er in einem Aufstande seiner Wachen getödtet wurde, so glaubte man doch allgemein, daß es von seinem Oheim angestiftet worden sey, der unmittelbar den Vortheil des Verbrechens geärndtet und Paischwa geworden wäre, wenn nicht die Braminen erklärt hätten, eine seiner Weiber sey mit einem Sohne schwanger. Es befand sich auch in der That so und ob er gleich bei dem Tode des Knaben Ragonaut Rao, auf einige Zeit die höchste Gewalt in seinen Händen hatte, so ward er doch aus Mangel an gewissen Förmlichkeiten, niemals wirklicher Paischwa. Die kindliche Frömmigkeit des Sohnes, durch eine Menge guter Werke die Seele seines Vaters von diesem Verbrechen zu befreien, ist allerdings lobenswürdig.

Der Paischwa ward freilich von den großen Vasallen der Mahratten-Staaten, dem Scindia, Holkar Guiowar und dem Rajah von Berar, als das Bild eines Souverains anerkannt; aber der Einfluß, den er auf Fürsten, deren Einkünfte und Kräfte den seinigen gleich waren, ausüben konnte, mußte immer nur sehr gering seyn; zuletzt hatte ihn Scindia wirklich in einen Zustand der Unterwürfigkeit versetzt, und brauchte seinen Namen bloß als einen Mantel für seine ehrgeizigen Entwürfe, die ganze Macht des Mahratten-Reichs in sich zu vereinigen. Bei diesen Versuchen widersetzte sich ihm Holkar, der von ihm geschlagen wurde; unvorsichtigerweise verstattete er ihm aber, sich ungehindert nach Dschandor zurück zu ziehen, wo er sich schnell verstärkte; er griff darauf die Truppen des Scindia und des Paischwa 40 Meilen von Puna an, schlug sie, und bemächtigte sich der Hauptstadt. Der Paischwa nahm in der grössten Eile die Flucht und ließ seine Familie zurück. So aus seinen Rechten und Besitzungen von seinen Vasallen vertrieben, war es natürlich, daß er dort Hülfe zu erhalten suchte, wo er sie zu erhalten hoffte. Er gieng daher die Off- und Defensiffallianz ein, welche die brittische Regierung von Indien ihm anbot, und schloß endlich am 31 December 1802 den Vertrag von Bassein. Es wurden sogleich die nachdrücklichsten Vorkehrungen zu seiner Wiedereinsetzung getroffen; Generalmajor Wellesley marschirte an der Spitze einer Armee von Süden und nöthigte die Truppen Holkars, Puna zu räumen. Durch einen schnellen Marsch von 60 Meilen in 32 Stunden sicherte er die Stadt vor einer Plünderung. Am 13ten Mai 1803 zog der Paischwa feierlich in seine Hauptstadt ein, und durch die Unterstützung seiner Bundesgenossen gewann er nach und nach seine Besitzungen wieder.

Auch seine Finanzen sind durch die Verbindung mit den Engländern wesentlich verbessert worden. Ehemals behielt jeder Sirdar so viel von den Einkünften, als ihm gefiel, und aus vielen Provinzen floß gar nichts in die Kassen des Paischwa. Dies war der Fall in Bundelcund, das jährlich auf 60 Lak Rupien geschätzt ward, und in den von Tippu abgetretenen Provinzen, deren Ertrag man auf 41 Lak schätzte. Das erstere ist den Britten abgetreten, durch einen Vertrag, der auf den von Bassein folgte, und giebt jetzt 44 Lak; 36 werden zum Unterhalt der Hülfstruppen zurückbehalten, und der Paischwa empfängt die übrigen acht. Ursprünglich waren die letztern den Britten abgetreten und obgleich sie gegen Bundelcund zurückgegeben wurden, war das Erhebungssystem doch so weit verbessert, daß der Paischwa jetzt gegen 21 Lak daraus erhält. Die Provinzen in der Nähe der Regierung waren natürlich einträglicher, aber dagegen auch allen den Bedrückungen ausgesetzt, die unter einer schwachen Regierung Statt finden, und wurden zu oft durch die feindliche Gegenwart der streitenden Anführer, oder durch die freundschaftlichere, aber nicht weniger fürchterliche jährliche Versammlung einer undisciplinirten Kavalerie bei der Dussera verwüstet. Die brittischen Siege haben diesen Uebeln ein Ende gemacht und namentlich wird die Einnahme der Hügelforts, die Holkar gehören und die Pässe zwischen den beiden Ländern beherrschen, das Land vor allen künftigen feindlichen Einfällen sichern. Durch die Anwesenheit einer Hülfsmacht wird auch eine regelmäßigere Bezahlung der Abgaben bewirkt.

Die sämmtlichen Einkünfte des Paischwa lassen sich füglich auf 7,164,724 Rupien berechnen;*) flössen sie wirklich in seine Kassen, so würden diese Summen mehr als hinreichend seyn, um ihn als Haupt des mahrattischen Reiches zu unterhalten. Die Erhebungskosten sind sehr groß; die zahlreichen Hügelforts sind mit großen Garnisonen versehen, die regelmäßig bezahlt werden müssen; zum Gebrauch seiner Familie werden Lebensmittel in Natura gesandt und eine noch größere Ausgabe veranlaßt der Umstand, daß er vielen Mißbräuchen nachsehen muß, um die vornehmsten Eingebornen zu gewinnen, die seine Person umgeben. Dennoch empfängt er jetzt doppelt so viel als vorher, und wenn er den Rathschlägen des englischen Residenten folgt, so wird er in Kurzem einen Schatz sammeln, zu dem er

*) Speciell nach folgender Liste:

In Guzurate	Ahmud	200,000	Rupien.
	Dschumbusir	500,000	—
	Duboy	125,000	—
Cokan	. . .	900,000	—
Sevendrug rc.	. . .	200,000	—
Oberhalb der Gauts N. und W. von Punah.	Dschuner	1,000,000	—
	Sungumnere	1,000,000	—
	Ahmednaggur	400,000	—
Hinzugefügt d. den Vertrag von Seringapatnam 1792.	Savanor	872,838	—
	Bunkapor	751,278	—
	Durwar	415,608	—
Bundelcund.	. . .	800,000	—
	S.	7,164,724.	—

bei plötzlichen Bedürfnissen seine Zuflucht nehmen kann. Die Engländer haben sich mit großer Klugheit und Nachgiebigkeit gegen ihn betragen. Dadurch ist nach und nach sein Argwohn gegen dieselben verschwunden, er glaubte lange, daß sie Alles an sich reißen, und ihn nur zu einem Werkzeuge ihres Ehrgeizes gebrauchen wollten. Sehr ängstlich wünschte er die Rückkehr des Generals Wellesley, von dessen militärischen und politischen Talenten er die größte Vorstellung hat. So lange er in dem Mahratten-Kriege den Befehl führte, war der Sieg beständig auf unserer Seite, aber seit den Verwirrungen, die Holkar erregte, hat er das Kommando nicht gehabt, und die Ereignisse sind weniger günstig gewesen. Holkar ist ein fähiger und thätiger Mann, und benutzte sehr klug die Zeit, da sein Nebenbuhler Scindia in einen verderblichen Krieg verwickelt war, das ganze Vermögen seiner Familie an sich zu reißen, seine Kassen anzufüllen und sein Heer zu ergänzen; wäre er hiermit zufrieden gewesen, so würde er ruhig im Besitz geblieben seyn, obgleich er nur ein unehelicher Sohn des letzten Holkars und folglich nicht der Repräsentant der Familie war. Aber statt dessen machte er die unvernünftigsten Ansprüche auf Länder jenseits Delhi, welche er vor der Schlacht bei Panipat gehabt zu haben behauptete; da seine Forderungen abgeschlagen wurden, fieng er die Feindseligkeiten an, indem er von dem Rajah von Dschipor, einem Bundesgenossen der Britten, Kontributionen erhob. Oberst Monson fiel in sein Land ein, und bemächtigte sich Rampura's. Unglücklicherweise aber verachtete er seinen Feind zu sehr; die Zufuhr der Lebensmittel ward ihm abgeschnitten, und er war zum Rückzuge genöthigt. Er ward auf demselben von Holkar verfolgt, und verlor viele Menschen, alles Geschütz und alle Ammunition.

Es ist in gewisser Hinsicht ein Glück, daß Holkar auf diese Art nach Norden gezogen ist, wo er nichts gegen die Armee des Generals Lake ausrichten kann; sonst würde er die Ebenen von Guzurate geplündert und dem Guickwar einen nicht zu berechnenden Schaden zugefügt haben, ein Unglück, dem jetzt durch den Erfolg des Obersten Wallis vorgebeugt ist. Das ursprüngliche mahrattische System Krieg zu führen, ist durch Scindia sehr geändert; statt großer Kavaleriekorps, die in forcirten Märschen über ein Land unerwartet herfielen und sich mit ihrer Beute zurückzogen, ehe eine hinreichende Macht zum Widerstand versammelt werden konnte, suchte er ein Heer von Infanterie zu errichten, das nach europäischer Art disciplinirt und von europäischen Offizieren befehligt ward. So wie dieses zunahm, verminderte er die Reiterei, aber glücklicherweise verleitete ihn seine Eitelkeit zu einem Kriege mit den Engländern, eh' seine Plane zur Reife gekommen waren. Gewarnt durch sein Schicksal hat Holkar sein größtes Vertrauen auf seine Kavalerie gesetzt; sie besteht aus 18,000 Mann, außer 12,000 Pindanis oder undisciplinirten Freibeutern, während seine Infanterie sich nicht über 10,000 Mann beläuft.

Zwölftes Kapitel.

Abreise von Punah. — Ankunft zu Dschindschur. — Besuch bei einer vorgeblichen Vermenschlichung der Gottheit Gunputti. — Besuch bei dem Rajah von Tillegam. — Nachricht von den ausgehöhlten Pagoden zu Carli. — Besuch des Hügelforts von Laughur. — Besuch der Wittwe des Rana Furnese. — Rückkehr nach Bombay. — Bemerkungen über diesen Ort. — Charakter der Perser. — Gesandtschaften nach Persien. — Besuch bei den Pagoden zu Salsette und Elephanta.

Am 22sten Oktober verließ ich das gastfreundliche Haus des Obersten Close. Bald hernach ward ich auf das Dorf Aund, als einen merkwürdigen Beweis, von der Art, wie die Besitzungen der verschiedenen Häuptlinge des Mahratten Reichs von einander getheilt waren, aufmerksam gemacht. Dieser kleine Distrikt, obgleich er von jeder Seite von den Besitzungen des Paischwa umgeben ist, ist das Eigenthum Scindia's, während am andern Ende des Reichs Kulpi jenem gehört. Auf dieselbe Art war

Waufgorn, obgleich nur 20 Meilen nördlich von Puna, die Geburtsstätte der Familie des Holkar, dem auch Kudsch an den Ufern des Dschumna gehört. Diese Mischung der Staaten ward ehemals für wohlthätig gehalten, weil sie die Trennung der Interessen verhinderte, aber jetzt da die Vereinigung der unabhängigen Fürsten aufgehört hat, ist der Vorschlag gemacht, solche abgerissene Besitzungen auszutauschen, und die Gebiete eines jeden zu consolidiren. In dem Lager von Dschindschur fand ich den Obersten Chalmers, und andere meiner Freunde, die mich hier erwarteten, um gemeinschaftlich die merkwürdige Person zu besuchen, die von vielen Mahratten für eine Verkörperung ihrer Lieblingsgottheit Gunputti gehalten wird; und wovon Kapitän Edward Moore im siebenten Bande der Asiatic rechearches Nachrichten geliefert hat. Ich schickte sogleich bei meiner Ankunft einen Boten an Dschinta-mundeo, die jetzt regierende Gottheit, mit den gewöhnlichen Höflichkeitsbezeugungen, und zeigte ihr meinen Besuch an. Ich bat zugleich, daß mir ein gelehrter Bramine geschickt werden möchte, um mir einige Auskunft über die Familie zu geben. Ich erhielt auf diese Art folgende Nachrichten.

Muraba Gossin war in Beder geboren, und ein mahrattischer oder Landbramine; in seiner Jugend wollte er sich zu keinem Geschäft bequemen, er durchstrich das Land, sammelte Blumen, und bot sie den Gottheiten dar. Da sein Vater fand, daß er nichts aus ihm machen konnte, warf er ihn aus der Thür. Als er durch Moraischwer nahe bei Baramutti kam, ward er von der Gottheit Gunputti ergriffen, und beschloß, ihr eine regelmäßige Andacht zu bezeugen; er gieng indessen bis nach Dschindschur, das damals nur zwei Häuser und keinen Namen hatte; ihm gefiel der Ort und er nahm daselbst seine Wohnung. Am Morgen verrichtete er regelmäßig seine Waschung in dem Flusse und gieng dann nach Moraischwer, das 25 Kos entfernt war, bewies seine Andacht dem Gunputti, und kehrte gegen Abend nach Dschindschur zurück; die mahrattischen Braminen aus der Familie Pingli, hatten damals zu Moraischwer eine große Macht und verrichteten die Puscha (das Opfer); bei dem ersten großen Feste des Gunnais Dschaut faßte Muraba, nachdem er die nothwendigen Opfer und Blumen bereitet hatte, große Hoffnung, zu der Verrichtung der Ceremonie selbst im Stande zu seyn, was er für besonders verdienstlich hielt. Da die Pingli-Braminen im Besitze der bürgerlichen Macht waren, verrichteten sie die Ceremonien mit großem Glanze. Muraba war arm, und konnte sich wegen der Menge reicheern Bittenden nicht nahen; hierüber innig betrübt, zog er sich endlich an den Fuß eines Naiptbaums zurück, verrichtete seine Puscha und hinterließ seine Opfer. Am Abend kehrte er wie gewöhnlich nach Dschindschur zurück; im Laufe der Nacht wurden die Opfer versetzt, und die Muraba's lagen vor der Gottheit, während die der Pingli's an dem Fuße des Baumes gefunden wurden.

Diese erstaunt und beunruhigt fragten, wem die angenommenen Opfer gehörten, und erfuhren, daß ein Bramine aus Kokan am vorigen Tage dort gewesen und nachdem er seine Andacht am Fuße des Baumes verrichtet habe, verschwunden sey. Als er sich am folgenden Tage wiederum einfand, ließen ihn die Pingli's sogleich zu sich bringen; er erzählte ihnen einfach den ganzen Hergang und entgegnete auf ihre Frage, wo er wohne? „unterhalb der Gauts, der Ort aber hat keinen Namen; wenn ihr Lust habt, so kommt mit und seht ihn selbst." Sie hielten dies der Entfernung wegen für unmöglich, wenn er nicht etwa ein Zauberer wäre, ließen ihn sogleich über den Fluß treiben, und verboten ihm unter schwerer Drohung zurück zu kehren. Murabu war jetzt ganz niedergeschlagen; er warf sich an dem Fuße einer Mimosa nieder, demüthigte sich vor der Gottheit, bat um Abwendung ihres Zorns, und erklärte sich bereit ihr sein Leben aufzuopfern, was er für unvermeidlich hielt, weil er vor Verrichtuug seiner Andacht nicht essen durfte, und ihm jetzt alle Möglichkeit, sie zu vollenden, geraubt war. Als er aufsah, erblickte er vor sich einen Braminen, der aber wirklich Gunputti war. Dieser fragte nach der Ursache seines Grams, und, nachdem er sie erfahren hatte, tröstete er ihn, bot ihm Geräthe und Lebensmittel an, und fügte hinzu, daß er ihn selbst zu der Gottheit führen wolle. Muraba wandte dagegen ein, daß das Opfer ohne Verdienst seyn würde, wenn nicht die dazu erforderlichen Sachen von ihm selbst angeschafft wären, und bat ihn daher, daß er ihm das dazu erforderliche Geld auf seine Lota, d. h. das kleine Gefäß, worin er seine Lebensmittel zu bereiten pflegte, vorschießen möchte. Der Bramine erwiederte hierauf, daß er ohne die Lota das Opfer nicht mischen könnte, er sollte daher zuerst die dazu erforderlichen Ingredienzien kaufen, und wenn die Ceremonie vorbei, und die Lota gewaschen sey, möge er sie ihm zum Pfande geben.

Diesem Vorschlage stimmte Muraba bei, gieng, von dem Braminen begleitet, in die Stadt, und traf nirgends ein Hinderniß. Nachdem die Andacht verrichtet war, kehrten sie zu dem Fuße des Baumes zurück und aßen zusammen. Muraba gieng darauf an den Fluß herab, um seine Lota zu waschen, aber bei seiner Rückkehr war der Bramine verschwunden. Er fürchtete, daß vielleicht der Kaufmann betrogen seyn möchte und wollte daher diesem sein Gefäß zum Pfande bringen, fand aber, daß der Bramine Alles bezahlt hatte und kehrte nach Dschindschur zurück. Diese Nacht erschien Gunputti den Pinglibraminen und andern obrigkeitlichen Personen, bezeigte ihnen sein Mißfallen über die schlechte Behandlung des armen Braminen und erklärte, daß er nicht mehr von ihnen, sondern von diesem bedient seyn wolle. Am Morgen fand sich Muraba wie gewöhnlich am Fuße des Baums ein, wagte aber, ohne seinen freundlichen Braminen, nicht weiter zu gehen. Sobald seine Ankunft den Pingli's angezeigt war, giengen sie ihm, von allen Beamten und andern Obrigkeiten begleitet, entgegen. Nur mit

Mühe konnten sie ihn bewegen zu bleiben, weil er abermals eine schlimme Behandlung fürchtete; sie erzählten ihm ihren Traum und verlangten, daß er in Moraischwer bleiben möchte. Er schlug es bestimmt ab; dann fragten sie ihn, wo er lebe und er erwiederte, sie möchten Jemand mit ihm schicken, um es zu sehen. Sie thaten es, aber Niemand konnte ihm weiter folgen, als 10 Kos. Endlich erschien Gunputti dem Muraba, immer noch in Gestalt des freundlichen Braminen, und sagte ihm, daß er zu viele Mühe habe, um jeden Tag nach Moraischwer zu gehen; Gunputti werde ihn am nächsten Morgen in seinem eigenen Hause besuchen und seine Wohnung bei ihm aufschlagen. Muraba wusch sich am Morgen bis an seinen Unterleib im Fluß und tauchte, wie gewöhnlich, zugleich seine zusammengelegten Hände und seinen Kopf unter das Wasser; als er sie wieder emporhob, war er gleich erstaunt und überrascht über das Bild des Gunputti, das er, so wie es zu Moraischwer verehrt wurde, in seinen Händen fand. Er nahm es nach Hause, salbte es mit rother Farbe, bereitete einen Altar dafür und verrichtete seine Puscha vor demselben, ohne es für nothwendig zu halten, Moraischwer zu besuchen.

Der Ruf, daß die Gottheit ihre Wohnung zu Dschindschur genommen habe, zog eine große Menge Braminen dahin, und einer von großem Ansehen bot dem Muraba seine Tochter an. Sie wurden verheirathet und nach einiger Zeit erschien der Gott dem Muraba in einem Traume und sagte ihm, daß seine Frau schwanger sey, daß ihm nur ein Sohn beschieden sey, daß aber er selbst dieser Sohn seyn würde; „woh humara avatar howega;“ er befahl daher, ihm einen seiner Beinamen beizulegen, Dschintan Mundeo. Natürlich ward die Prophezeihung des Gottes erfüllt, und Dschintan Mundeo empfieng die Anbetung des umherliegenden Landes; er hatte seinerseits einen Sohn, der Narain Deo genannt ward, und seit dieser Zeit wechseln ihre Namen, so daß der eine Dschintan Mundeo, der andere Narein-Deo heißt. Jetzt wird der siebente Abkömmling verehrt, der denselben Namen führt; Moore nennt ihn Bavar, und seinen Vater Dschababschi, aber diese Namen sind unter den Mahratten so gewöhnliche vertrauliche Benennungen wie Aba, Apa, Nana, die für die Fremden so beschwerlich sind. Jede Gottheit wird bei ihrem Tode verbrannt, und beständig hebt sich ein kleines Bild des Gunputti aus der Asche, das in ein Grab gesetzt und verehrt wird. Ich fragte, ob Dschintan Mundeo, der selbst ein Avatar (sichtbare Verkörperung einer Gottheit) war, seinem andern Selbst, wie es aus dem Wasser genommen war, die Puscha dargebracht hätte; man erwiederte, allerdings, denn die Statue war die vornehmste Gottheit und ihre Macht ward durch den Avatar nicht vermindert. Ich fragte auch, woher sie wüßten, daß die Nachkömmlinge des Dschintan Mundeo Avatar's wären. Als Gunputti, sagte man mir, zuerst seine Wohnung bei Muraba aufschlug, fragte er ihn, wie lange er bei ihm bleiben werde, und erhielt die Versicherung: durch 21 Generationen; da Kapitän Moore nur 7 angiebt, so wiederholte ich meine Frage, erhielt aber bestimmt dieselbe Antwort. Ich bemerkte die Möglichkeit, daß die männliche Linie ausgehen könnte, aber die Braminen wollten dies durchaus nicht zugeben, sondern erklärten, Gunputti habe das Versprechen gethan und würde für die Erfüllung Sorge tragen.

Ich vermuthe indessen, sie haben nicht mit ihrer gewöhnlichen Klugheit gehandelt, denn der jetzige Deo hat keinen Sohn und seine Frau ist noch ein Kind; sollte er sterben, ehe sie alt genug ist, um Kinder zu zeugen, so wird es den Braminen, bei aller ihrer Schlauheit schwer werden, den Betrug weiter fortzusetzen. Kapitän Moore erwähnt das beständige Wunder, daß die Ausgaben des Deo weit größer, als seine Einkünfte sind. Es läßt sich leicht erklären durch die geheimen Beiträge anderer Braminen, oder durch einen geheimen Schatz, der in ihre Hände gefallen ist. Dieser Umstand ist in einem Lande nicht selten, wo beständige Gefahr Jedermann veranlaßt, einen großen Theil seines Vermögens zu vergraben, ohne das Geheimniß irgend einer Seele anzuvertrauen. Dieselbe Vermuthung kann zu Erklärung eines Vorfalls dienen, der sich neulich in Bisnagor ereignet hat. Es erschien daselbst ein Mann, und erklärte, er sey vom Himmel gesandt, um die alte Stadt aufzubauen, und entwarf wirklich den Plan zu einer neuen Stadt, in einer regelmäßigen Manier, mit Gärten bei jedem Hause. Der Bau geht schnell vorwärts;

wenn er Geld bedarf, so geht er zum Gipfel eines Hügels, und versichert, daß er es dort vom Himmel empfängt, aber wahrscheinlich hat er einen heimlichen Schatz gefunden, der ihm so große Hülfsquellen gewährt.

Der Deo wohnt auf der entgegengesetzten Seite des Flusses, in einem für das Land vortrefflichen Hause. Ein Theil desselben ward von dem alten Nana Furnese und ein anderer von dem Hurripund gebaut. Wir setzten in einem Boot herüber, und landeten an einer Stelle, wo die frühern Deos begraben waren. Die vorhin erwähnten Bilder sind von verschiedener Größe, ohne alles Verdienst; die Pagode für die erste Gottheit ist die größte und von Stein ohne Verzierungen. Die Mauern sind sehr dick mit starken Thüren und Riegeln inwendig. Unsere Braminischen Freunde begleiteten uns und machten uns auf Alles aufmerksam; wir giengen nicht in die kleinen Gräber hinein, nahten uns aber dicht bis zu den Thüren. Als wir zu der Wohnung des Deo kamen, wurden wir in die durch Kapitän Moore beschriebene Verandah gesetzt; die kleine Thür, die zu dem Zimmer, wo der Deo auf einer kleinen Erhöhung saß, führte, war offen; wegen der Dunkelkeit des Zimmers war er kaum sichtbar; ich und der Oberst überreichten einen Nasur. Das Geld wurde in die Hände eines Braminen gegeben, der es zu seinen Füßen legte; er sah es aufmerksam an und befahl dann, es fortzunehmen.

Nach einem Komplimente fragten die Leute, ob

ein Arzt bei uns sey, und nach unserer Bejahung sagte der Bramine, daß der Deo seines Beistandes bedürfe; ein Fenster war geöffnet, so daß wir ihn deutlicher sehen konnten. Er war ein düster aussehender Mann mit sehr schwachen Augen, und eben um sie zu stärken, verlangte er unsere Hülfe. Hr. Murray wünschte sie zu untersuchen, und deswegen bewegte sich der Deo auf seinem Sitze ganz nach dem Lichte, und Hr. Murray erhielt in das Allerheiligste Zutritt. Er erzählte selbst seine Krankheit und antwortete gehörig auf alle Fragen. Eine Haut war ganz über beide Augen gewachsen, so daß ohne beständige Aufsicht, welche ihm unmöglich geleistet werden konnte, wenig Hülfe zu hoffen war. Er wollte Herrn Murray nicht erlauben, seine Augen zu berühren, weil er schon, wie er sagte, seine Reinigungen für den Tag verrichtet habe. Morgen würde nichts dagegen eingewandt seyn, weil er alsdann sich hätte reinigen können, aber jetzt wartete er nur auf unsere Abreise, um mit einer großen Menge Braminen zu Mittag zu speisen, er hatte folglich keine Zeit zur Reinigung. Ihm wurden Mandeln gebracht, von denen er eine Hand voll nahm, und sie in die meinige schüttete, die ich zu ihrem Empfange unter der seinigen hielt. Wir traten einer nach dem andern in das innere Gemach. Er hütete sich sorgfältig, daß ihn Niemand berührte; er gab mir auch eine Schüssel voll Reiß, die von einer sehr feinen Sorte und besonders heilig seyn sollte.

Wir nahmen jetzt Abschied und Hr. Murray versprach, ihm etwas für seine Augen zu schicken. Er sagte, ob ich ihm einige Fragen zu machen habe, er wolle sie beantworten. Ich fragte bloß, ob ich sicher nach Hause kommen würde, worauf natürlich eine bejahende Antwort erfolgte. Die Braminen kehrten mit uns zurück; ehe sie sich entfernten, nahmen sie Gelegenheit zu bemerken, daß sie ihn, aber er den Gunputti verehrte. Während Holkar's Einfall war diese menschliche Gottheit dem Lande sehr wohlthätig; es ward hier nicht geplündert, wahrscheinlich aus einem Aberglauben des Anführers; die Braminen aber schreiben es einem Wunder zu. Sie erzählten uns verschiedene Geschichten, z. B. einige Patanen versuchten sich der Stadt zu nähern, sahen aber zu ihrem Schutz eine übernatürliche Wache von Reitern aufgestellt; eine andere Partei, die gerade zu dem Hain, worin wir uns lagerten, dicht an den Fluß, dem heiligen Begräbnißplatze gegenüber, kam, ward von solchen Schmerzen in den Eingeweiden ergriffen, daß sie voll Angst sich zurückziehen mußten.

Am 23sten Oktober. Am Vormittag erreichten wir Tillegam. Der Rajah ladete mich ein, ihn zu besuchen; er besitzt bloß unter der Verpflichtung des Kriegsdienstes seinen kleinen Staat; ehemals war er mächtig, jetzt aber ist er, wie so viele andere, sehr herunter gekommen. Da sein Gebiet zwischen Puna, wo gemeiniglich die brittische Hülfsmacht stationirt ist, und der Präsidentschaft Bombay liegt, so ist es rathsam, mit ihm in gutem Vernehmen zu stehen. Daß er während der letzten Hungersnoth fast ein ganzes Dorf erhielt, gereicht ihm sehr zur Ehre. Die Stadt ist größer, als ich vermuthete und schien wohlhabend; des Rajah's Wohnung trug die Zeichen alten Glanzes. Er war noch ein junger Mann, mit einer gutmüthigen offenen Miene; er antwortete, auf unsere Fragen nach seinem Befinden, Englisch und sein englischer Dolmetscher sagte, daß er ihn diese Sprache lehre; er sprach auch ziemlich gut Persisch, was bei einem Mahratten ein merkwürdiges Zeichen der Wißbegierde ist. Bei der Mahlzeit war eine Flasche mit Branntwein, ein Getränk, das ich nicht im Hause eines Rajah's zu finden hoffte; er scheint demselben aber sehr ergeben zu seyn. Die Gesellschaft war zu groß und er hatte nicht für Alle Geschenke bereit, es ward daher verabredet, daß er mich allein beschenken sollte. Der Minister übergoß mich, statt mit Rosenwasser, mit gemeinem Wasser, welches nicht angenehm war. Bei unsern Zelten unterhielt uns eine Bande Bäsigurs oder Nats. Die Weiber tummelten sich sehr rüstig herum, es waren starke Figuren; ihre kleinen Zelte waren außerhalb der Stadt aufgeschlagen, und glichen an Größe denen unserer Zigeuner. Kapitän Richardson, der in den Asiatic rechearches im 7ten Bande von ihnen handelt, hat noch auf andere Umstände aufmerksam gemacht, die in einem hohen Grade seine Vermuthung begünstigen, daß sie einen gemeinschaftlichen Ursprung haben. *)

*) Der indische Ursprung der Zigeuner ist längst hinlänglich erwiesen. Wahrscheinlich ward durch Timurs Kriegszüge

Am 24sten Oktober. Um die Höhlen von Carli besser besehen zu können, schlugen wir unsere Zelte am Fuß des Hügels auf, der diese interessanten Alterthümer enthält. Er liegt dem Fort von Laugur beinahe gegenüber, in einer Entfernung von 4 Meilen, quer über das Thal gerechnet. Die Hügelkette läuft hier gerade östlich und westlich, der Hügel selbst aber tritt in rechten Winkeln aus ihr hervor. Die Haupthöhle sieht nach Westen. Es sind auch einige in einer ungestalteten Spitze an dem südlichen Ende, deren Eingang von dem Boden sichtbar ist. Der ganze Weg war mit kleinen Agaten bedeckt, und sehr lang. Am 25sten giengen wir früh, ehe die Sonne herauf kam, zu den Höhlen. Der jähe Aufgang war, durch in den Felsen gehauene Stufen, leicht gemacht. Der ganze Hügel war mit Gebüsch bedeckt, das die Höhlen versteckte, bis wir zu einem offenen Platz von ungefähr 100 Fuß gelangten, wo der Hügel abgetragen und geebnet war, bis man eine perpendiculäre Oberfläche von etwa 50 Fuß auf dem nackten Felsen gefunden hatte. Hier war eine Reihe von Höhlen ausgegraben, deren große und besondere Gestalt mich mit dem größten Erstaunen erfüllte; sie bestand aus einem Vorhofe von einer länglich viereckigen Bildung, von dem Tempel selbst, der gewölbt und durch Pfei-

irgend ein Stamm gezwungen, dem mongolischen Heere zu folgen, es war ganz in der Regel der mongolischen Kriegsmanier, ganze Völkerschaften mit sich zu nehmen: so machten es schon die Hunnen mit den Ostgothen.

R.

zer unterstützt war, getrennt. Das Ganze ist 126 Fuß lang und 46 breit. In der Pagode findet man keine Figuren der Gottheiten, aber die Mauern des Vorhofes sind mit Elephanten, Figuren von Menschen beiderlei Geschlechts, und dem Buddha in ganz erhabener Arbeit bedeckt; der letztere sitzt an einigen Stellen mit untergeschlagenen Beinen und hält die Hände in der bei den Cingalesen gewöhnlichen Stellung. Bei andern steht er aufrecht, aber überall von Figuren, die ihn verehren, begleitet; an einer Stelle fächeln ihn zwei, auf dem Lotus stehende Gestalten mit Schauris, während zwei andere eine reiche Krone über sein Haupt halten. Ich glaube daher bestimmt, daß das Ganze dem Buddha gewidmet war. *) Die Inschriften sind an verschiedenen Stellen zahlreich, und alle in demselben unbekannten Charakter, der an den 7 Pagoden gefunden wird. Wir kopirten alle, die wir entdecken konnten, und überzogen die Buchstaben zum Dienste künftiger Reisenden mit Kreide. Es mögen unter dem Schunam, der noch einen großen Theil der Mauer bedeckt, noch andere verborgen seyn; wo er abgebrochen ist, sind die Zeichen des Meißels völlig sichtbar.

Die Rippen auf dem Dache sind von Holz und ihre Bestimmung läßt sich schwer angeben. Sie können nicht von gleichem Alter mit der Höhle seyn, und doch läßt sich auch nicht begreifen, wer später die Ko-

*) Eine nähere Nachricht hat der Lord der gelehrten Gesellschaft zu Bombay mitgetheilt; in deren Verhandlungen sie erscheinen wird.

ſten daran gewandt haben ſollte. Die Anhänger des Buddha haben ihren Gottesdienſt nicht mehr hier: das Land iſt im Beſitz ihrer großen Feinde, der Braminen, und die Pagode ſelbſt wird für den Aufenthaltsort böſer Geiſter gehalten, trotz der Nähe der heiligen Göttin Bovanni, ſo daß der eingeborne Zeichner, der die Höhle von Ellora für Hrn. Charles Mallet zeichnete, durchaus nicht beredet werden konnte, uns zu begleiten; er erklärte, daß, wenn er es thäte, der böſe Geiſt ihm Schaden zufügen würde. Außerhalb des Hofes ſteht eine 24 Fuß hohe Säule von acht Fuß im Durchmeſſer, worauf eine einzige Zeile in unbekannten Charakteren ſich befindet. Auf dem Kapital ſind vier Löwen, die den chineſiſchen ſehr gleichen. Ihr gegenüber war eine andere Säule; ſie ward aber vor ungefähr 40 Jahren weggenommen, um dem unbedeutenden Tempel der Bovanni Platz zu machen, der jetzt ihre Stelle einnimmt. Der Paiſchwa hat der Pagode der Bovanni ein jährliches Einkommen ausgeſetzt und Braminen verrichten regelmäßig den Dienſt dabei, während die glänzende Wohnung des Buddha ganz vernachläſſigt iſt. Eine Reihe von Höhlen zieht ſich ungefähr 150 Ellen weit im Norden der großen Höhle hin; ſie haben alle platte Dächer, eine viereckte Geſtalt, und ſcheinen für die Diener der Pagode beſtimmt geweſen zu ſeyn. Gegenwärtig hängt ein Schleier über das höhere oder geringere Alter der Buddhiſten und der Braminen, der wahrſcheinlich in der Folge gelüftet werden kann; doch wird dieſe Hoffnung herabgeſtimmt, wenn man ſich erinnert, daß alle

Pp 2

Gelehrsamkeit Indiens im Besitz der Braminen ist, die völlig über ihre Nebenbuhler, die Buddhisten, die frevelhaft der königlichen Kaste den Vorzug vor dem priesterlichen Geschlechte gaben, gesiegt zu haben scheinen. Wir brauchten diesen und den folgenden Tag, um Alles zu zeichnen, abzuschreiben und auszumessen, und als ich am 27sten mit der übrigen Gesellschaft nach Lau Ghur abgieng, blieb Hr. Salt zurück.

Unter dem Hügel, auf dessen Gipfel das Fort Esapor liegt, sahen wir eine Reihe von Höhlen. Mein Bedienter besuchte einige, um zu untersuchen ob sie etwas Merkwürdiges enthielten; er berichtete, daß daselbst ein kleiner gewölbter, dem zu Carli ähnlicher Tempel sey, daß aber die Säulen nichts enthielten, daß selbst keine Inschrift und Buddhafigur vorhanden sey, und auf jeder Seite kleine flache, aber unbedeutende Höhlen wären; wir nahmen uns nicht die Mühe hinauf zu klimmen. Der Killadar von Esapor führte uns zu dem Dorfe, am Fuße des Felsen, worauf Lau Ghur liegt. Wir stiegen auf einem sehr jähen Pfade in einem Zickzack nach der Spitze; hier waren 5 Thore mit Brustwehren und Schießscharten für kleines Gewehr; sie vermehrten aber die Stärke des Platzes nicht, da sie an vielen Stellen einer stürmenden Mannschaft Gelegenheit darbieten, sich fest zu setzen. An jedem Thore war eine Wache. An der Nordseite ist eine Reihe unbrauchbarer Kanonen, die übrigens doch auch keinen Nutzen haben würden, da die Höhe des perpendiculären Felsen auf allen Seiken zu groß ist, um gestürmt zu werden. Gegen Westen streckt sich ein sehr sonderbarer Vorsprung mehrere Ellen lang und ungefähr 20 breit aus. An jeder Seite ist eine Mauer gezogen, um Unglücksfällen vorzubeugen; in kleinen Entfernungen sind Häuser, die von der Wache bewohnt werden. Obgleich dieser Vorsprung niedriger ist, als der eigentliche Boden des Forts, so ist er doch hoch genug, um vor jedem Angriffe sicher zu seyn, da der Felsen ganz nackt und perpendiculär ist. An Gestalt gleicht das Ganze einer Kröte, das Fort bildet den Körper und dieser Vorsprung den Schwanz. Von dem Gipfel war eine sehr weite Aussicht. Die See jenseits Bombay erschien im Westen, im Lande zeigte sich in jeder Richtung eine Kette von Hügeln, deren Gipfel oft ähnliche Festungen trugen, und deren Seiten ebenso lothrecht waren. Das Sonderbarste war die Regelmäßigkeit der Schichten und die gleiche Höhe der Felswände. Zöge sich die Linie von einem Hügel zum andern fort, so würden dieselben Schichten mit einander zusammenfließen. Die Spitzen waren größtentheils grün, und des Anbaus fähig.

Lau Ghur hat viele Wasserbehälter, und einige kleine Ströme fallen die Felsen herunter; Esapor ist höher und nur einen Musketenschuß von Lau Ghur; wenn es aber auch in den Händen eines Feindes wäre, so könnte es doch nur wenig Schaden thun, da der Ort sehr geräumig und überall gegen Schüsse gesichert ist. Dem Dondu war vom Nana Furnese das Fort anvertraut; hier hatte Nana alle seine Schätze, die Beute aus Puna und die Ersparungen seiner Verwaltung niedergelegt und hier wohnte auch seine Wittwe. Dondu weigerte sich nach seinem Tode es zu überliefern, und verlangte zuerst die Einsetzung der Anhänger des Nana in ihre Aemter, welches der Paischwa unmöglich bewilligen konnte, weil sie alle Rebellen gewesen waren. Endlich wurde, besonders durch Vermittelung der Engländer, eine Uebereinkunft getroffen, Dondu übergab den Platz und zog sich mit seinem Privatvermögen nach Tanna und die Wittwe nach Panwel zurück. Die Engländer bewilligten ihr persönliche Sicherheit und 12,000 Rupien jährlich, auch ward ihr eins der Häuser des Nana zu Puna eingeräumt, wo sie sich aufhalten kann, wenn es ihr gefällt. — Die Gebäude sind elend. Beim Herabsteigen untersuchten wir die Thorwege, und ich bin überzeugt, daß alle diese künstlichen Werke die natürliche Stärke des Ortes sehr vermindern. Jede hohe Seite des Weges bildet einen Schirm, der gegen alle Angriffe von oben sicher ist, sowohl gegen das kleinen Gewehr, als ihre gewöhlichen Waffen, nämlich große Steine, die sie herabrollen. Wäre das Ganze geebnet, und auf dem Gipfel bloß ein starkes Werk, so glaube ich, daß keine indische Macht es nehmen könnte; es wird auch für das stärkste Fort im Besitz des Paischwa gehalten und um es zu besehen, war ein Befehl desselben nothwendig. Die Magazine sind in den Felsen gehauen, jetzt aber beinahe leer; wenn indessen der Staat reicher wird, wird man wahrscheinlich für ihre Anfüllung sorgen.

Am 28sten Oktober. Auf der Spitze des Gauts hatten wir eine vortreffliche Aussicht; die kleine Ebene, die uns zum Lagerplatze diente, war am Ende einer Zunge des Hochlandes; auf einer Seite war die See sichtbar, auf der andern Lau Ghur und die übrigen Hügel; dicht neben uns lag ein waldiges Thal, von unzugänglichen Felsen eingeschlossen, die so tief wie der ganze Gaut waren; an einem Ende desselben fiel ein Wasserfall zwei oder drei hundert Fuß herab, der in der Regenzeit schrecklich seyn muß. — Es ist ein merkwürdiger, doch fast unglaublicher Umstand, der aber die geduldige Ergebung der Hindu's beweist, daß während der ganzen letzten fürchterlichen Hungersnoth Korn nach Puna durch Dörfer hinaufgebracht ward, wo die Einwohner selbst umkamen, und was noch fürchterlicher ist, ihre nächsten Angehörigen vor Mangel sterben sahen, ohne daß ein einziger Tumult Statt fand oder ein einziger Transport aufgefangen ward. Am 29. und 30. Oktbr. setzten wir unsere Reise fort, ohne daß uns etwas Merkwürdiges begegnete, ausgenommen neue Beispiele von den immer fortdauernden schrecklichen Folgen der Hungersnoth.

Am 31sten Oktbr. erreichte ich Panwel. Nana's Wittwe schickte mir süße Kuchen, und ich erfuhr, daß ihr Bruder Purseram Punt, vor vier Tagen aus Puna angekommen sey, um bei meinem Empfange gegenwärtig zu seyn. Auch der ehemalige Befehlshaber von Lau Ghur, Dondu, war hieher gekommen; bei dem Besuche, den er mir machte, sprach er sehr viel von seinen großen Verdiensten um uns, worauf wir aber wenig achteten.

Er sagte, daß er bei der Kapitulation nur noch auf 3 Monate Lebensmittel hatte; zu seiner Zeit war die Garnison nach den Umständen 1000 bis 3000 Mann stark; er hatte 30 Jahre daselbst gelebt, ohne hinabzusteigen, und klagte, daß ihm das Klima hier unten nicht bekomme, doch hoffte er, es bald gewohnt zu werden. Einige hundert Pferde, die er mit herabgebracht habe, wären gestürzt; Kapitän Young sorgte zum großen Heil für Panwel, (wo die meisten gehalten wurden, denn seine Begleiter hätten das ganze Land geplündert,) um sie zu ernähren. Um 4 Uhr legten wir unsern Besuch bei der Wittwe ab; ihr Haus ist nicht groß und ihre meisten Leute sind Braminen. Wir wurden in einen kleinen Hof geführt und setzten uns auf Teppiche, die mit weißem Tuche bedeckt waren, in einer Veranda; an dem Ende derselben war eine Thür mit einer Purda von Binsen, wodurch man leicht jeden Gegenstand hätte unterscheiden können, wenn das Zimmer nicht dunkel gewesen wäre. Eigentlich ist es nach mahrattischen Gewohnheiten nicht verboten, daß Männer die Weiber sehen, sie haben aber von den Muhammedanern die Sitte angenommen, sie zu verbergen; es kostete daher große Schwierigkeiten, ehe sie sich entschloß, sich uns zu zeigen. Endlich beglückte sie uns doch mit ihrer Gegenwart. Sie ist wirklich sehr hübsch, hat ein rundes Gesicht, schöne Augen und ist dem Anschein nach etwa 17 Jahr alt. Nach der Sitte Indiens darf sie nicht wieder heirathen; sie wird als das Haupt der Familie des Nana betrachtet und alle seine zahlreichen Freunde halten sie daher sehr in Ehren; sie wünscht einen Sohn zu adoptiren, der alsdann Ansprüche an die Vorrechte des alten Mannes machen würde; diese sind aber zu groß und zu wichtig, als daß der Paischwa wünschen sollte, sie wieder hergestellt zu sehen; sie wird daher schwerlich ihren Wunsch durchsetzen. Sie bat uns ihr einige von ihren eigenen Juwelen, deren sich der Paischwa bemächtigt habe, wieder zu verschaffen, und zweitens verlangte sie ein Gartenhaus bei Puna, das ihrem Manne gehört hatte; wir versprachen ihr unsere Mitwirkung. — Am 1sten November erreichte ich Bombay.

Bombay verdankt seinen Ursprung ganz den Portugiesen, denn als es ihnen im Jahre 1530 abgetreten ward, war es bloß ein von dem, zu Tanna auf der Insel Salsette herrschenden, Befehlshaber abhängiger Ort; die günstige Lage an dem Eingange des schönsten Havens an der Westküste von Indien erregte bald die Aufmerksamkeit der neuen Gebieter, und ein Fort ward von ihnen errichtet, um den Ankerplatz zu vertheidigen. Indessen konnte es sich wegen der Nähe von Goa, der Hauptstadt von allen ostindischen Besitzungen der Portugiesen, in der Zeit, die es in ihren Händen blieb, nicht zu großer Wichtigkeit erheben; aber als es im Jahre 1662, als ein Theil der Mitgabe der Königin Catharina von Portugal, den Engländern abgetreten ward, nahm es schnell an Bedeutung zu und ward zuletzt das große Seearsenal der Britten, und eine unabhängige Präsidentschaft, obgleich nur die dritte im Range. Die Befestigungswerke von Bombay sind, so wie die Stadt an Handel und Wichtigkeit zunahm, sehr vermehrt und haben besonders einen großen Zuwachs an Stärke erhalten, nachdem der Hügel Dungari mit in die Verschanzungen herein gezogen ist; er beherrschte ehemals die Stadt, es ist indeß zweifelhaft, ob es nicht rathsam gewesen wäre, ihn abzutragen. Die Vertheidigungslinien waren vorher zu weit, und erforderten eine Garnison von einigen Tausend Mann, während selten so viele Hundert an dem Orte waren. Gegen die See ist Bombay außerordentlich stark und Batterie über Batterie beherrscht vollkommen den Haven. Gegen die Landseite ist es bei weitem nicht so sicher; neue und größere Werke würden auch nichts helfen, da gegenwärtig, wenn ein Feind einmal gelandet und fähig wäre, regelmäßige Approchen zu machen, die Stadt sich ergeben müßte. Die Häuser, die hoch und verbrennlich sind, stoßen so dicht an die Mauern, daß, wenn sie einmal in Flammen wären, es den Truppen unmöglich seyn würde, auf den Wällen zu bleiben. Ein Bombardement würde die ganze Stadt und selbst die Magazine in wenigen Stunden in Asche legen. Wenn Bombay und die kostbaren Arsenale und Schiffsvorräthe völlig gesichert werden sollen, so muß ein großer Theil der Stadt zerstört und der Umfang der Befestigungen beschränkt werden.

Ein Zufall hat dies weit leichter und wohlfeiler gemacht, als es ehemals gewesen seyn würde; denn eine fürchterliche Feuersbrunst hat ein Drittheil der Stadt in Asche gelegt, gerade in dem Quartiere, das, nach dem obigen Plan, außerhalb der Wälle angelegt werden muß. Mit der äußersten Schwierigkeit ward der Ueberrest der Stadt, durch die Anstrengung des Gouverneurs und der Soldaten, vor der Zerstörung bewahrt. Das alte Gouvernementshaus in dem alten Fort ward häufig durch die dahinfliegenden Funken in Brand gesetzt und wenn er nicht gelöscht wäre, so würde die Explosion von mehreren 1000 Pfund Pulver unstreitig die ganze Stadt vernichtet haben. Ueberdies scheinen noch verschiedene andere Veränderungen nothwendig zu seyn, um Bombay gegen einen Ueberfall so sicher zu machen, als es gegen einen offenen Angriff ist: vorzüglich der Haven und der Landungsplatz sind durchaus nicht mit der gehörigen Vorsicht bewacht. Bombay ist besonders als ein Niederlagsplatz für die Bedürfnisse der Marine wichtig, und bis jetzt ist diese Wichtigkeit durch die Eroberung von Trincomale, das nur einen dürftigen und zufälligen Vorrath von Lebensmitteln für eine Flotte darbietet, wenig vermindert worden. Es sind Docken angelegt für die Ausbesserung der königlichen Schiffe sowohl, als die der Kompagnie, aber alle Einrichtungen sind verfallen und vernachlässigt und besonders haben sich in die Marine der Kompagnie eine Menge von Mißbräuchen eingeschlichen, die laut eine Verbesserung fordern. Höchst nachtheilig ist der ewige Wechsel und die geringe Anzahl der Offiziere auf ihren Schiffen; auch müßte die Disciplin verbessert, und das Verhältniß ihrer Offiziere zu denen der königlichen Flotte auf einen bestimmten Fuß gesetzt werden. Die Arbeiter bei den Docken sind jetzt einzig Perser; man hat versucht europäische Schiffsbaumeister anzustellen, aber die neu angekommenen sind immer bald gestorben; die Perser sind diesem Geschäft freilich gewachsen, aber das Monopolium, was sie besitzen, veranlaßt viele Unterschleife. Es fallen auch Mißbräuche vor, weil es an der gewöhnlichen Aufsicht und Controlle fehlt.

Die Präsidentschaft von Bombay ist in politische Unbedeutenheit versunken, seitdem die Regierung von Kalkutta alle Verhandlungen mit dem Mahratten-Reiche, und den übrigen Nachbaren an sich gezogen hat; dagegen hat sie eine schwere Bürde auf sich, die Armeen auf dieser Seite Indiens mit Vorräthen und Geld zu versehen. Die Ausgaben betragen daher monatlich über 15 Lak Rupien, ungeachtet die ganze Einnahme, mit Einschluß der abgetretenen Distrikte in Guzurate, sich nicht über 14 Lak beläuft; der Mangel wird durch Wechsel auf Bengalen gedeckt und es zeugt von einem günstigen Zustande des Handels in Bombay, daß so große Summen, ohne sehr hohe Zinsen, zu bekommen sind. Der Handel ist gegenwärtig jedoch weit geringer, als in vorigen Zeiten. Hauptsächlich ist daran die Begünstigung Schuld, die man den Arabern, besonders dem Imam von Muscate ertheilt hat, dessen Flagge als neutral anerkannt wird; seine Schiffe segeln daher immer zwischen Isle de France, führen Vorräthe dahin und bringen Prisengüter zurück, die sie um den halben Preis verkaufen. Die Navigationtsakte scheint, in Hinsicht auf sie, ganz aufgehoben zu seyn; sie laufen mit ihren Schiffen in Bombay, als Engländer ein, und schiffen von einem Punkte der Halbinsel nach dem andern, ohne einen Europäer oder eine Rupie brittischen Eigenthums an Bord zu haben; oft haben sie auch einen französischen Paß, so daß sie bald Franzosen, bald Engländer sind, wie es die Umstände mit sich bringen; es ist also kein Wunder, daß ihre Marine zunimmt, während die englischen Schiffsbauer kaum Arbeit finden können, um ihre Leute in Beschäftigung zu erhalten.

Die Stadt ward von den Portugiesen angefangen, und auch die späterhin gebauten Häuser sind von ähnlicher Bauart. Sie haben hölzerne Verandahs, mit hölzernen Pfeilern gestützt, Bombay gleicht daher in seinem Aeußern keiner von den übrigen Städten in unsern Präsidentschaften. Das Gouvernementshaus ist ein schönes Gebäude mit einigen schönen Zimmern, die nur nicht gut verbunden sind. Herr Duncan meidet allen Aufwand, und scheint vielleicht zu weit darin zu gehen; denn schmutzigere, lumpigere Geschöpfe, als die Peons der Regierung habe ich nie gesehen. Der Anblick von dem Fort gegen die Bai ist außerordentlich schön, deren sanfte Fläche hin und wieder von den Inseln unterbrochen wird; viele derselben sind mit Holz bedeckt; und die hohen und seltsam gestalteten Hügel des Hochlandes bilden einen passenden Hintergrund zu der Landschaft; auf drei Seiten des Forts ist die See, und auf der vierten eine Esplanade, an deren Ende, versteckt in einem Hain von Kokospalmen, die schwarze Stadt liegt. Die Lage sollte gesund seyn, aber leider bewies't die Erfahrung das Gegentheil; das

Fieber macht jetzt sehr große Verheerungen und die Leberkrankheit ist hier häufiger und schädlicher, als in irgend einem Theile Indiens. Herr Duncan und Dr. Scott versichern mich, daß die gegenwärtige Jahreszeit ungewöhnlich ungesund sey; aber beide bestätigen die allgemeine Ungesundheit des Ortes; besonders behaupten sie, daß wenn man sich dem Landwinde aussetzt, der jeden Abend eintritt, gewöhnlich ein Fieber und oft der Verlust des Gebrauchs aller Glieder erfolgt.

Dieser Wind ist gegenwärtig durchdringend kalt und seine verderblichen Wirkungen müssen nicht allein diesem Umstande, sondern auch den schädlichen Dünsten zugeschrieben werden, die er mit sich bringt, indem er über die hohe Vegetation weht, die gleich nach dem Regen in den, die Bai begränzenden Morästen emporsproßt. Die Insel Salsette ist noch ungesunder als Bombay, da das Gesträuch dichter und die Thäler mehr eingeschlossen sind; eine mäßige Lebensart und sorgfältige Vermeidung aller Extreme, dient am meisten zur Erhaltung der Gesundheit. Hier, so wie in andern Theilen Indiens, findet man viele Leute, die entweder bei Unmäßigkeit oder großer Enthaltsamkeit ihre Gesundheit erhalten haben; beide empfehlen ihr eignes Beispiel, und dennoch sind, meiner Meinung nach, beide Ausnahmen von einer allgemeinen Regel. Hunderte sterben gewiß aus Unenthaltsamkeit, so wie auf der andern Seite das dürftige Leben der Eingebornen sie nicht vor den Fiebern sichert; im

Gegentheil werden sie ihnen noch verderblicher wegen der Unmöglichkeit, ihre Diät noch mehr herabzustimmen.

Die Sucht nach Landhäusern herrscht in Bombay so allgemein, als in Madras und ist mit denselben Unbequemlichkeiten begleitet; denn da alle Geschäfte im Fort betrieben werden, so ist Jedermann genöthigt, am Morgen sich daselbst einzufinden und Abends zurückzukehren. Der Gouverneur lebt fast allein beständig in der Stadt und hat sein Landhaus zu Parelle, an Herrn James Mackintosh überlassen. Dieser Ort, der schönste auf der Insel, war das Eigenthum der Jesuiten; die Zimmer und Verandahs sind außerordentlich hübsch, und die ehemalige Kapelle im untersten Stockwerk ist jetzt ein prächtiges und hohes Speisezimmer; die Seeluft hat jedoch keinen Zugang und er scheint daher nicht gesund zu seyn. Die meisten Landhäuser sind bequem und zierlich, und haben sie gleich nicht die glänzenden griechischen Säulengänge von Kalkutta und Madras, so sind sie wahrscheinlich dem Klima besser angepaßt und haben unstreitig den Vorzug schöner Aussichten; denn auf der Insel Bombay selbst liegen verschiedene schöne Hügel, die entweder mit Kokosnußwäldern oder mit Villen der Eingebornen bedeckt sind. Es läßt sich nicht erwarten, daß die dritte Präsidentschaft es an Glanz und Aufwand mit den übrigen aufnehmen kann. Die Gesellschaft ist weniger zahlreich und die Gehalte sind geringer; man befleißigt sich daher, durch eine Art stillschweigender Uebereinkunft mehrerer Sparsamkeit. Die Lebensart ist indessen oft fein, immer bequem und ohne Beschränkung; ich gestehe, daß ich sie, da ich mein Vaterland noch nicht lange verlassen hatte, der glänzenden Verschwendung Kalkutta's vorzog. Die Nothwendigkeiten des Lebens sind hier theurer, als in allen andern Gegenden Indiens; und die Gehalte der Bedienten daher viel höher.

Reiß, die vorzügliche Nahrung der untern Stände, wird auch in guten Jahren aus Bengalen eingeführt; jetzt hatte die Hungersnoth den Preis desselben zu einer ungeheuern Höhe getrieben. Die Engländer haben jedoch Alles gethan, was in ihren Kräften war, um dem Elende abzuhelfen; es wurden Hospitäler eröffnet, um diejenigen, die zu sehr erschöpft waren, allmählich zum Leben zurückzuführen, und Hircarras wurden an den Gränzen gestellt, um Alle, die aus Schwäche Bombay nicht mehr erreichen konnten, zu unterstützen. Unter Einer Regierung darf Indien niemals eine Hungersnoth befürchten; denn die Jahreszeit, die in einem Theile schlechte Aerndten veranlaßt, erhöht gemeiniglich den Ertrag in andern Gegenden, und den Verwüstungen feindlicher Armeen ist ein Ende gemacht. — Zu Bombay ist eine Societät errichtet, ungefähr nach dem nämlichen Plan, wie die asiatische Gesellschaft in Kalkutta; sie beschränkt sich aber auf den gegenwärtigen Zustand der Sitten und verbreitet sich nicht über die alte Mythologie und die Geschichte des Landes; es lassen sich von den vielen Mitgliedern, ihren Kenntnissen und ihrem langen Aufenthalte in Indien, treffliche

Aufschlüsse über die Gegenden erwarten, die sie zunächst zum Gegenstande ihrer Untersuchungen gewählt haben.

Eins der größten Uebel in Indien ist die Wohlfeilheit der geistigen Getränke, wodurch eine fürchterliche Sterblichkeit unter den europäischen Soldaten, besonders bei ihrer ersten Ankunft, bewirkt wird. Im Felde bestimmt die Regierung einen Gallon für 20 Mann, oder für jeden zwei Rationen, sonst nur die Hälfte. Diese Quantität würde keinen Schaden thun, wenn sich nicht der Soldat von den Marketendern, die von der Regierung privilegirt sind, und von Allem, was sie verkaufen, eine Abgabe bezahlen, für sein Geld so viel verschaffen könnte, als ihm gefällt. Diesen Plan hat man der alten Einrichtung vorgezogen, nach welcher die Vortheile aus dem Verkaufe den kommandirenden Offizieren zukamen, was zu den größten Mißbräuchen führte. Es ist unmöglich, in einem Lande, wo in einem jeden Dorfe um einen geringen Preis starke Getränke verkauft werden, die Soldaten vom übermäßigen Genusse derselben abzuhalten; man hat es daher für vortheilhafter gehalten, ihn mit einem Vorrath von besserer Art zu versehen.

Der größte Theil der Bewohner von Bombay besteht aus Persern, Nachkömmlingen der alten Parsen, die vor der Verfolgung des Schah Abbas flohen, der im 16ten Jahrhundert die Tempel in dem Gebirge Albent zerstörte, und die Feueranbeter nöthigte, eine Freistätte in andern Städten zu suchen. Bombay haben sie sich ganz zu eigen gemacht, denn kaum gehört ein Haus oder ein Fuß breit Land einem andern. Sie bilden eine von allen andern Völkern Indiens ganz verschiedene Nation, die in ihrem neuen Wohnplatz völlig einheimisch geworden zu seyn scheinet; sie sind sehr reich, thätig und redlich und tragen sehr viel zum Wohlstande der Kolonie bei; es giebt kein europäisches Handelshaus, worin nicht einer von ihnen interessirt ist, und gemeiniglich ziehen die Perser den größten Theil des Gewinnes. Ihr Einfluß ist daher sehr groß und die brüderliche Verbindung, die zwischen ihnen Statt findet, setzt sie in den Stand, mit der Kraft einer verbundenen Familie zu handeln. Die Regierung beträgt sich gegen sie mit großer Nachsicht und Weisheit; ich halte sie für eine schätzbare Klasse von Unterthanen, die immer eine mächtige Schranke gegen die mächtigern Kasten Indiens bilden werden. So lange Bombay unter europäischer Herrschaft gewesen ist, haben die Perser nur wenig von den ostindischen Sitten angenommen. Sie tragen zwar die Kleidung, die sie bei ihrer Ankunft annahmen, aber sie essen und trinken, wie die Engländer. Ardisir Dadi, einer ihrer reichsten Mitglieder, gab mir ein sehr prächtiges Fest. Der Tisch für die Europäer war größtentheils mit englischen Gerichten bedeckt, sie schickten mir aber einige von ihren Schüsseln, die sehr stark gewürzt und gut waren. Die Weine waren vortrefflich; als ich zu ihrem Tisch gieng, erstaunte ich nicht wenig, vor jedem Perser Likóre zu sehen, die sie wie Wein tranken, und die, obgleich sie lange saßen, keine Wirkung auf sie zu haben schienen. Ihre Häuser sind mit einer Menge von englischen Spiegeln, Kupferstichen und Gemälden verziert, sie erleuchten sie beständig ausgezeichnet wohl; aber bei dieser Gelegenheit waren alle Gärten mit Fackeln und Lampen erhellt, die eine vortreffliche Wirkung machten. Die in der Verandah spielenden Musikanten, und die Menge verschieden gekleideter Leute, glicher einer englischen Maskerade. Auch unterhielt uns eine sehr gute Gesellschaft von Tänzerinnen. —

Die Perser sorgen für alle ihre Armen und es giebt unter ihnen kein einziges öffentliches Mädchen oder Maitresse. In den höhern Klassen sind sie großmüthig und glänzend, und in den untern thätig und verständig, und übertreffen als Diener, die Muhammedaner und Hindu's weit. Sie sprechen meistens sehr gut Englisch. Sie sind ein schöner Menschenschlag, schöner als die Eingebornen, doch ist ihre Haut nicht so hell, als die der Europäer. Ihre Sitten sind durchgängig sanft und freundlich; sie haben viele Tempel des Feuers, aber ihre Priester scheinen in weltlichen Angelegenheiten kein Ansehen und auch keine große geistliche Herrschaft zu haben. Die Schönheit der Esplanade wird jeden Morgen und Abend durch die Diener der Sonne erhöht, die dort in ihren weißen flatternden Gewändern, und ihren bunten Turbanen sich versammeln, um ihren Aufgang zu begrüßen, oder demüthig niedergeworfen ihren scheidenden Strahlen ihre Ehrfurcht zu bezeugen. Weiber erscheinen bei dieser Gelegenheit nicht, aber sie gehen noch immer zu dem Brunnen, Wasser zu holen, wie die Weiber der alten Patriarchen. Viele der Vornehmern ziehen sich des Abends nach ihren Landsitzen zurück, in welchem Falle sie sich in ihren einspännigen Chaisen, an einem Orte die Bresche (Breach) genannt, versammeln, wo ein ehemaliger Gouverneur einen prächtigen Damm mit einem Aufwande von 10,000 Rupien erbauete, und dadurch einen beträchtlichen Landstrich vor den Verwüstungen der See sicherte, die ihren Weg beinahe quer durch die Insel gefunden hatte. Es ist ein Werk von großem Verdienste und hat aller Gewalt des Südwestmonsuns widerstanden; die indische Kompagnie war jedoch mit den Kosten unzufrieden, und der arme Gouverneur verlor seine Stelle. Die Gegend, die man gewonnen hat, war bisher morastig und unbenutzt; einige Einwohner haben es jetzt, dem Anscheine nach mit Erfolg, unternommen sie auszutrocknen.

Die strenge Aufmerksamkeit, die in Bengalen auf das Betragen der Kadetten, bei ihrer Ankunft gerichtet wird, findet unglücklicherweise in Bombay nicht Statt, und die Folgen dieser Vernachlässigung sind traurig. Bei ihrer Landung sind sie oft genöthigt im Wirthshause zu leben, weil sie keinen bestimmten Aufenthaltsort haben, wo sie sich nicht nur zum Nachtheil ihrer künftigen Aussichten in Schulden verwickeln, sondern auch durch Gelegenheit zu Ausschweifungen den Samen der Krankheiten legen, die sie nachher frühzeitig ins Grab stürzen. Warsowa ward zum Aufenthalt für die Kadetten gewählt, aber im Jahre 1804 brach das Fieber daselbst aus, und sie mußten nach Mehum gebracht werden; wiewohl erst, nachdem viele durch das ungesunde Klima und, wie es heißt, aus Mangel an zweckmäßiger Aufsicht umgekommen waren, denn die jungen Leute konnten sich nach Gefallen baden, und der Einwirkung der Nachtluft aussetzen.

In einem der Landhäuser in der Nachbarschaft von Bombay fand im Julius 1802 der unglückliche Tod des Hadschi Kaleb Khan Statt; nur vor wenigen Tagen war er als Gesandter des persischen Hofes an die Regierung von Indien angekommen, als sich ein Streit zwischen einigen seiner Begleiter und den Sipoys, die das Haus bewachten, erhob, weil einer der erstern in einen Theil des Gartens gehen wollte, der nach dem Befehl des Ambassadeurs verschlossen bleiben sollte. Die Schildwache verweigerte den Eintritt; der Perser war betrunken, zog sein Schwerd und da seine Landsleute ihn unterstützten, begann eine förmliche Schlacht. Der Gesandte hatte sich zur Ruhe begeben, nachdem er sich zu sehr den Vergnügungen der Tafel überlassen hatte; er erhob sich, als er den Tumult hörte, und eilte heraus, um die Streitenden aus einander zu bringen. In der Verwirrung ward er nicht erkannt, und zufällig endigte ein Schuß in einem Augenblick sein Leben; auch einige seiner Begleiter kamen um, aber sie verdienten ihr Schicksal, denn sie hatten die Sipoys durch die beleidigendste Sprache, und durch die empörendste Verspottung ihrer religiösen Vorurtheile gereizt. Der Neffe des Gesandten ward schwer verwundet, erholte sich aber und war von den Offizieren der Regierung zu Bombay mit der zärtlichsten Sorgfalt behandelt.

Marquis Wellesley erfuhr bald nach seiner Ankunft in Indien, daß Tippu eine innige Allianz mit Seman Schah, Sultan von Kabul zu schließen, und ihn zu einem Angriff auf die Britten in Norden zu veranlassen suchte, während er ihre Aufmerksamkeit durch Feindseligkeiten in der Halbinsel beschäftigen wollte. Um seine Entwürfe zu zerstören, schickte der Lord einen achtungswürdigen Eingebornen, Mindi Ali Khan an den Hof nach Ispahan, um eine Verbindung mit dem gegenwärtigen Beherrscher zu eröffnen, der damals in Krieg mit Seman Schah verwickelt war. Er war beauftragt, den König zu einem Marsche gegen die Gränzen von Chorassan zu veranlassen, sobald sein Feind sich gegen Indien in Bewegung setzen würde, und im Fall einer günstigen Aufnahme *eine* öffentliche Gesandtschaft von Seiten des Generalgouverneurs anzukündigen, die einen Handelsvertrag und eine genaue Verbindung zwischen den beiden Reichen zu Stande bringen sollte. Der König von Persien sah die Wichtigkeit einer brittischen Allianz ein und erfüllte das Verlangen. Seman Schah, der bis Lahor vorgedrungen war, kehrte sogleich zurück, und sein Bruder benutzte seine Unpopularität, entthronte ihn und ließ ihm die Augen ausstechen. Die Verbindung mit Persien ward darauf im Jahr 1799 durch den Major Malcolm befestigt und es wurde auch ein Handelsvertrag abgeschlossen. Das unglückliche Schicksal des erwähnten Gesandten konnte keine Veränderung der Verhältnisse herbei führen; es ward sogleich eine Erklärung abgesandt, da aber Hr. Loveit, der sie überbringen wollte, von einer unzeitigen Furcht ergriffen, den Brief an Hrn. Manesty übergab und dieser sich selbst zum Ambassadeur aufwarf und in einem großen Glanze in Persien erschien, kostete diese Sendung der Kompagnie 3 Lac; der König verlangte unsern Beistand gegen Rußland, und war daher sehr unzufrieden, daß Hr. Manesty nur von dem Tode des Hadschi Khaleb Khan, der ihm ganz gleichgültig war, reden konnte. Durch ein kluges Betragen kann eine genaue Verbindung zwischen den beiden Ländern gegründet werden, und die einzige Schwierigkeit, einem Alliirten gegen den andern beizustehen, könnte durch Unterhandlungen in Petersburg gehoben werden.

Jetzt ist unser Ansehn im persischen Meerbusen nicht groß; wir geben zu, daß unsere Handelsschiffe von den Seeräuberstaaten an den Küsten desselben geplündert und unsere Kreuzer beleidigt werden. Von diesen sind die Dschohesserm Araber die mächtigsten; ihre Küste erstreckt sich von Kap Mussendom nach Bahrein. Ihre Haupthäven sind Rosselkeim, ungefähr 40 Seemeilen S.S.W. vom Kap und Eymam ungefähr 24 Meilen weiter. Durch die systematische Duldsamkeit der Regierung von Bombay sind sie zu einer großen Seemacht geworden, und besitzen wenigsten 35 Dows von verschiedener Größe, die 50—300 Mann führen; sie haben wenige Kanonen, aber sie sind brav und kühn, entern daher gewöhnlich und stoßen jeden, der sich widersetzt, mit ihren krummen Dolchen nieder. Sie haben zwei große Schiffe genommen, die Hrn. Manesty gehörten, und hatten sogar die Kühnheit, die Fregatte Mornington anzugreifen, wurden aber abgeschlagen. Die Kreuzer der Kompagnie haben bestimmte Befehle diese Kaper mit Schonung zu behandeln, sie nie anzugreifen, sondern nur vertheidigungsweise zu verfahren; die Folge ist, daß sie sich nur vor größern Schiffen scheuen, aber jedes nehmen, das nicht widerstehen kann. Abgesehen von dem bedeutenden Verlust, den die einheimischen Kaufleute durch die gekaperten Waaren erleiden, muß diese Unterwürfigkeit aufhören, weil unsere Nachsicht in den Augen Persiens ein nachtheiliges Licht auf uns wirft; und wir würden dann diese Macht, die nie eine große Seemacht gewesen ist, noch werden kann, sehr verbinden, wenn wir ihre Küsten gegen die Verwüstungen dieser Korsaren sicherten.

Die Pagode zu Carli hatte mich so sehr befriedigt, daß ich mich entschloß, auch die auf der Insel Salsette, die nach einem ähnlichen Plan gebaut seyn sollten, zu besuchen. Am 22sten Nov. gieng ich, begleitet von Hrn. Salt und einigen Leuten des Gouverneurs, früh am Morgen ab. Zuerst besuchten wir in der Nähe des Dorfs Ambolen eine große Aushöhlung, die Anquetil du Perron unter dem Namen Dschegueseri, beschrieben hat. Alle Gemächer waren viereckig; und das Dach durchgängig flach; in der Mitte war ein kleineres Gebäude mit dem Lingam, das Ganze war daher wahrscheinlich dem Mahadeo gewidmet; einige halberhobene Gruppen von Figuren schmückten die Mauern. Sie waren sehr verfallen und das Ganze gewährte einen unangenehmen Anblick. Der Boden war niedriger als die Gegend umher; folglich war es sehr beklommen, und das Licht, das drei Eingänge zuließen, war nicht besser als eine sichtbare Finsterniß. Sie laufen nach Norden und Süden, man geht über einen kleinen, zum Theil mit Gebüsch besetzten Hügel. Es fand sich keine Spur von aufwartenden Braminen; aber der Lingam war neu geziert. Unsere Zelte waren zu Montpesir aufgeschlagen, wo die Ruinen einer sehr schönen Kirche und eines Klosters sind, die ehemals den Jesuiten und nicht, wie Anquetil du Perron sagt, den Franciskanern gehörte. Die Kirche war ursprünglich mit einer hölzernen Vertäfelung eingefaßt, die in Fächer getheilt und reich mit Schnitzwerck verziert war. In der Mitte eines jeden, war ein ziemlich gut gearbeiteter Kopf eines Heiligen, von Blumenkränzen und anderer phantastischer Bildnerei, in einem vortrefflichen Geschmack umgeben; das Ganze liegt in Trümmern, da das Dach eingefallen ist. Der angeführte Schriftsteller leitet es von den Verheerungen der Mahratten her, die das Holz nach Tarra schafften; aber dies ist unwahrscheinlich, und wenn sie die schwereren Materialien fortführten, würden sie wohl nicht die reich verzierten Stücke zurückgelassen haben. Unter der Kirche ist eine kleine Pagode in dem Felsen gebildet; sie ist viereckig, hat ein flaches Dach und einige wenige Gottheiten und andere Figuren in halb erhabener Arbeit. Die guten Priester hatten diese mit einem leichten Anstrich von Kalk überzogen und das Ganze in eine Kapelle verwandelt; jetzt aber sind die ursprünglichen Eigenthümer enthüllt, und wiederum Gegenstände der Anbetung für die unwissenden Eingebornen geworden.

Früh am Morgen des 23sten giengen wir nach den Höhlen von Kennery, den wichtigsten in der Insel; sie sind aus einer hohen Hervorragung in der Mitte der Hügelreihe gebildet, welche die Insel in beinahe zwei gleiche Theile absondert. Ich fand bald, daß ich bei meiner beschränkten Zeit nicht im Stande sey, alle Hügel zu untersuchen, und ich wandte meine vorzügliche Aufmerksamkeit auf die große, die der einen in Carly gleicht: sie ist länglich und hat ein gewölbtes Dach, obgleich sie an Größe, an Zierlichkeit des Entwurfs und an Schönheit der Ausführung jener nachsteht. An dem obern Ende hat sie dasselbe wunderbare Gebäude und der Vorhof ist ebenfalls mit Figuren geschmückt. Ihre besondern Zierden sind zwei *gigantische* Figuren des Buddha, beinahe 20 Fuß hoch, von denen jede eine Seite des Vorhofes ausfüllt; sie sind sich ganz gleich und vollkommen erhalten, weil sie von den Portugiesen getauft und roth angestrichen wurden, die sie als eine Zugabe an einer christlichen Kirche beibehielten, in welche der Tempel des Buddha von ihnen verwandelt ward. Das Bild des Gottes in allen seinen gewöhnlichen Stellungen verschönert verschiedene andere Theile des Vorhofes, und eins insonderheit ist mit der konischen Mütze, die von dem chinesischen Fo getragen wird, verziert. Der Eingang, auf welchem verschiedene Inschriften in unbekannten Schriftzügen befindlich sind, sieht nach Westen.

Es ist merkwürdig, daß diese beiden Umstände und das gewölte Dach den Buddhatempeln eigenthümlich zu seyn scheinen; wenigstens ist es so in den beiden, die ich gesehen habe, und in denen zu Ellora, die Hr. Carl Mallet beschrieben hat. In einer der großen viereckigen Höhlen, die an die oben erwähnte stoßen, sind viele Figuren, darunter eine die sehr merkwürdig ist. Sie stellt den Wischnu selbst dar in der Stellung, wie er den Buddha mit dem Schauri fächelt. Eine höhere Gottheit muß man jedoch den runden Tempeln zuschreiben; denn in ihnen ist kein Bild, wenn nicht etwa das runde Gebäude, das bei den Eingebornen Dhagope heißt, als ein ungeheurer Lingam betrachtet werden soll. Ich muß hinzufügen, daß in der Höhle bei Ellora eine Statue mit dem Dhagope verbunden scheint, die nach der Art, wie sie die Finger der einen Hand, zwischen die Finger und den Daumen der andern hält, wahrscheinlich für den Buddha gehalten werden muß. Die unzählichen, in allen Theilen des Hügels gebildeten Höhlen, sind viereckig mit flachen Dächern; ich halte sie für Wohnungen der aufwartenden Braminen.

Anquetil du Perron gedenkt einer wunderbaren Sage, die von einem Jesuiten in einer Geschichte von Westindien angeführt wird; daß nämlich diese Höhlen das Werk eines Hindukönigs sind, der seinen einzigen Sohn vor den Versuchen, ihn zu einer fremden Religion herüber zu ziehen, sichern wollte. Diese Thatsache muß wahrscheinlich auf einen Streit der Braminen und Buddhisten bezogen werden, und könnte vielleicht einiges Licht auf das Alter der beiden Religionen werfen. Der Umstand: daß die von den letzten gebrauchten Schriftzüge nicht mehr verstanden werden, während die der erstern noch immer im Gebrauch sind, macht es schwer zu glauben, daß die Ansprüche der Braminen auf höheres Alter gegründet sind. Nicht bloß die zahlreichen Höhlen, sondern auch die Wasserbehälter, die Treppen, die von einem Ort zum andern führen, geben eine Vorstellung von der ehemaligen großen Bevölkerung dieser nackten Felsen; doch jetzt wird kein Fußtritt gehört, außer wenn die Neugier eines Reisenden ihn veranlaßt, der zerstörten Wohnung von Geschlechtern, deren Name sogar verschwunden ist, und deren angebaute Gefilde, ein fast undurchdringliches Gebüsch, der Schlupfwinkel von Tigern und der Sitz der Krankheit und Zerstörung geworden sind, einen flüchtigen Besuch zu machen. —

Am Vormittage erreichten wir Tanna, die Hauptstadt der Insel Salsette. Ein kleines Fort beherrscht die Ueberfahrt zwischen der Insel und dem Mahratten-Lande, ist aber sonst von geringem Nutzen. Bei der ehemaligen Beschränkung der Colonie Bombay war die Erwerbung der Insel Salsette von außerordentlichem Vortheile, weil sie eine beständige Zufuhr von frischen Lebensmitteln für die Stadt und Flotte sicherte. Wenig ist jedoch geschehen, um ihren Ertrag zu vermehren und der größere Theil bleibt, statt in Reißfelder und Zuckerpflanzungen verwandelt zu werden, ein unnützes Gebüsch. Selbst Holz kann, hauptsächlich aus Mangel an Vorkehrungen, nur um einen hohen Preiß erlangt werden. Wenn auch die Insel nicht besser benutzt werden könnte, so würde sie doch diesen Artikel um die Hälfte wohlfeiler liefern können.

Ich ward hernach durch den grünen Anblick der Insel Elephanta, die ihr waldiges Haupt beinahe in der Mitte der Bai erhebt, so wie durch den Bericht von ihrer Höhle veranlaßt, daselbst einen Besuch zu machen. Niebuhr hat sie so genau beschrieben, daß ich nichts hinzuzusetzen weiß; nur giebt weder seine Zeichnung, noch der Umriß in den asiatic recherches den Character der dreieinigen Gottheit wieder. Brama's Miene drückt auf eine bewunderungswürdige Art die ungestörte Ruhe des Schöpfers der Welt aus. Wischnu zur Linken hat alle Züge des Wohlwollens, während der Lotos, den er in seiner Hand hält, sich unter dem heitern Strahl seines Auges auszudehnen scheint; Sewa im Gegentheil hat ein schreckliches und wildes Ansehen, das gut zu den Gegenständen, die er vor sich hält, zwei der giftigsten Schlangen, paßt. Es war mir angenehm, daß die große Höhle von Elephanta, die sich nach Norden wendet, keine Inschrift in unbekannten Schriftzügen und keine Figur des Buddha hat. Die sonderbarste Figur und die alle Reisende bemerkt haben, ist eine Amazone, die, weil sie vier Arme hat, wahrscheinlich irgend ein überirdisches Wesen darstellt. Es ist nicht wahrscheinlich, daß zur Beschädigung der Figuren eine große Gewalt gebraucht ist; hätten sich die Portugiesen dazu der Kanonen bedient, so würden Spuren der Kugeln sichtbar gewesen seyn, und die Zerstörung müßte sich unter den Figuren zeigen; jetzt aber verfallen die Pfeiler schneller als das Uebrige; das Wasser bleibt während des

Regens in der Höhle und der Stein, der weich ist, zerfällt sichtbar in der Nähe der freien Luft. Die Aussicht von dem kleinen ebenen Raume vorn ist außerordentlich schön, und eine kühle Luft mildert die Hitze, selbst am schwülsten Sommertage. Die Schönheit der Stelle ist jedoch sehr durch eine Mauer vermindert worden, die quer herüber gezogen ist, um das Vieh abzuhalten, und, wie man mir sagte, zu verhindern, daß neugierige Reisende nicht, verrätherischer Weise, die Schenkel, Köpfe und Arme dieser hülflosen Gottheiten forttragen möchten.

Ende des ersten Theils.

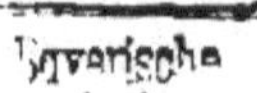

Zeitfracht Medien GmbH
Ferdinand-Jühlke-Straße 7
99095 Erfurt, Deutschland
produktsicherheit@kolibri360.de